幻想の革命

十月革命からネップへ

梶川 伸一 著
KAJIKAWA Shin-ichi

京都大学学術出版会

Revolution in Illusion
From October Revolution to NEP
*
KAJIKAWA Shin-ichi
Kyoto University Press, 2004

はしがき

飢えで始まった十月革命についての最初の拙著である、『飢餓の革命』（名古屋大学出版会、一九九七年）を出して七年が過ぎようとしている。そこの「はしがき」で触れているように、最初は「穀物調達問題を基軸に十月蜂起からネップ体制の成立までを扱う一巻の著作を予定し」ていたのだが、贅言を重ねて分量がいたずらに脹らんだ結果、戦時共産主義期の農村を舞台に描いた『ボリシェヴィキ権力とロシア農民』（ミネルヴァ書房、一九九八年）と分冊にし、その後にネップへの移行を扱う著書を公刊する予定にしていた。しかし、後者で吐露しているように、「後はちょっと息が続かなくなった」ために、これは延び延びになっていた。それがようやく「約束」を果たすことができて、正直ほっとしている。ともかく、これで「三部作」は一応完結したことになる。

実は本書で扱われているネップへの移行に関するテーマは、ぼく自身の二〇数年以上も前の院生時代の処女論文と重なっていて、研究生活の振り出しに戻った感がないわけではない。それにしても、一九二一年という時代は、戦時共産主義期の凝縮でもあり、すでに前年からタムボフ県ではアントーノフ、ウクライナではマフノーを指導者とする大規模な農民蜂起が荒れ狂い、そのほか西シベリアでも未曾有の規模で新たな農民蜂起が勃発し、ことさら寒い冬のさなかに全国的規模で燃料と食糧の欠乏が極限にまで達しようとしていた二月末にクロンシュタット叛乱が起こり、それから間もなく三月に第一〇回ロシア共産党大会で割当徴発から現物税への交替が決議され、いわゆるネップが開始されるという、どこを切開してもドラマチックなテーマが伏在しているという、きわめて意味深い時期である。それに、例年よりはるかに早い雪解けと雨のない春を過ぎて次第に顕著になる大飢饉を加えなければならない。要するに、ボリシェヴィキ革命の諸要素、あるいは諸々の矛盾が濃密に噴き出しているのがこの時期なのだ。十月革命の本質が凝縮されている時期ということもできる。これらを総合して新たな歴史像を提示するには、完全に力不足を実感し、この部分を起筆するまでは遠い道のりであった。それでも、二〇〇二年の夏にモスクワで資料調査を行っていたとき、あるちょっとした文書に出会い、それは本書の執筆に取りかかるヒントを与えてくれた。それを道標に、以前に書き綴った原稿の断片や〇二年一二月の関西ロシア・東欧研究会での報告などを基に、ほぼ半年間で書き上げたのが本書である。

ただし、この内容は先に述べた二一年に内在する主要問題に正面から立ち向かったのではなく、戦時共産主義からネップへの移行を、共産主義「幻想」をキーワードにして、従来とは異なる視野から解きほぐし、民衆の悲劇の根源をその中に探求しようとしている。戦時体制は、二〇年秋に基本的に内戦が勝利したその時から緩まる環境が整えられたとしても（実際はそうではないのだが）、共産主義体制から、もしくはその根幹をなす共産主義「幻想」から後退すべき論理的根拠はその当時はまったく存在していなかった。戦時共産主義期末に、すでに土地革命によって「プロレタリア分子」は勤労農民に転化していた農村ではもちろんのこと、ボリシェヴィキ権力がその支持基盤としてきた「都市プロレタリアート」さえもが都市経済の崩壊の中で失われつつあるという状況の下で、ますます強くなる共産主義「幻想」は権力と民衆との乖離をいっそう深め、それが重大な結果を招いたその現実を描こうとしている。ボリシェヴィキ指導者の発言を引いて粉飾するような歴史の後知恵的解釈を極力排除して、この観点から二一年の悲劇の原因と結果を探ろうとしている。したがって、予めお断りしなければならないのは、農民蜂起やクロンシュタット叛乱の分析と解明や二一年体制の基本的構造にすら、本書ではほとんど言及されていない。それらはまた別の機会に譲るとしたい。

こうした不充分さを残しながらも、本書を上梓した理由は、従来のネップ解釈への批判としての論考を最低限は尽くし、それに対して新たな解釈を提示していること、さらに、ネップへの移行を二一年飢饉と結びつけることができたと考えているからに外ならない。飢餓で始まった十月革命が、その必然的帰結として二一年の大飢饉を生み出し、この事実を抜きにいわゆるネップへの転換がありえなかったというのが、ここでの主張の一つである。

実は二一年の春から夏にかけての自然発生的な市場形成の問題は、最初に論文を執筆して以来ずっと悩ませ続けてきた難題であった。内戦期以来の闇取引や担ぎ屋の実態からこの状況を導くには、何かが欠けているとの思いがつきまとっていた。だが、当時ロシア全土で蔓延していた飢饉の現実を視野に入れることで、全体的構図が少しずつ見え始めるようになった。特にこの問題は、ぼく自身がネップへの移行に関する先の論文でまったく見過ごしてしまっていたとの反省もある。これについて弁明するなら、ソ連時代の文献では大飢饉の被害はまったく過小評価されてきた。現在でもネップへの移行と飢饉を直接に結びつける議論はほとんどなく、最小限ヴォルガ流域の実状に触れているとしても、実際には周辺民族地域の方がはるかに膨大な犠牲者を出したという事実に、ほとんどすべての研究者が沈黙している。そしてこの膨大な被害が、ボリシェヴィキの政策に由来することについてはまったく看過されている。それではこの時期のボリシェヴィキ権力の本質を完全に見失うことになる。本文でも繰り返されているが、ネップへの移行に関する多くの文献の基調は、苛酷な内戦期と適正なネップ期との対比である。この図式は完全に誤っている。これらの文献で二一年における民衆の辛酸が描かれることは余りにも少なく、その甚大な犠牲は余りにも軽んじられている。本書でくどいまでに飢饉の実態に触れているのは、ボリシェヴィキの農民政策が導いたその悲劇を明らかにしたいと思うからであり、歴史家は過去を裁く裁判官ではないが、過去の過ちを観念的でなく具体的に指摘する責任があると考えるからである。現代世界でもこのような民衆の悲劇は繰り返されている。議論を尽くしたとは言い難い一片の党大会決議で、ボリシェヴィキ権力の本質に根本的な変化が生ずるはずもなく、戦時共産主義の理念が切断されることもなかったことを示すことができたなら、本書の大きな目的は果たせたと思っている。

それに、前著のような「枕本」(退屈で眠るときの枕にするにちょうどの厚さであると、友人が命名したもので、誤解なきよう)

は絶対に避けようとしたことも理由の一つである。内容はともかく、厚さも値段も手頃であるのを第一義的に考えたために（少なくともこの点に関しては、合格点が付くのではなかろうか）、叙述すれば冗長になるおそれのある二一年体制については、ほとんど言及されていない。

前著を公刊してからも何度かモスクワの公文書資料館（アルヒーフ）を訪れる機会があったが、年齢を重ねるにつれてその作業効率は低下するばかりで、何らかのまとまった成果を挙げれば、できるだけ早いうちに公表しなければならないとの強迫観念も、ここで上梓する少なからぬ理由となっている。

前著についての批評で、ロシアの様々な地方の情報が混在して分かりにくいために、地域を特定すべきであるとのご指摘に、一言返答したいと思う。地域研究に特化できない最大の理由は、本人の怠惰のために地方アルヒーフ資料をまったく利用していないことであるが、それは措くとしよう。それを除けば、ここで検討すべきはモスクワと地方との関係であり、または権力と民衆との関係であり、それは地域の特性とその時の状況によって多様な形で現出し、地域を特定すれば失われる部分が多いと判断して、それぞれのケースでその現象がもっとも顕在化した地域を考察の対象にしている。例えば、農民蜂起についてはタムボフ県を、飢饉についてはサマラ県を、といった具合に。しかし同時に、これらの県が特異な例でないことも、ほかの地域の実態を引くことで明示する必要がある。また、それぞれの地域の実状については、郷、村ソヴェトの議事録から地元農民の請願に至るまで、モスクワのアルヒーフで基本的には読み取れると考えているのも、その理由である。さらに、アルヒーフ資料だけでなく、地方紙も劣らず貴重な情報源であるが、モスクワでも網羅的とはいえないまでも、そのかなりの部分を渉猟することが可能である。これらの点を考慮に入れて、あくまでもソヴェト＝ロシアの全体像を描くことにこだわりたいと思っている。なお、これまでは基本的にロシア・ソヴェト共和国を叙述の対象として扱ってきたが、ネップへの移行または飢饉が孕む問題は周辺民族地域との関係に触れざるをえないために、これらの地域も考察の対象になっている。民族自治州・共和国はそれ自体で複雑な背景を持つが、紙幅の関係上それらについては本文では触れることができず、『用語解説』を参照して頂きたい。

すでに述べたように、本書の原稿を擱筆したのは一年以上も前なのだが、その執筆より辛い思いをしたのは出版社捜しで、一応は営業上の理由を挙げて、心当りのある出版社からはことごとく断りの返事を受け取った。年々出版事情が悪化しているとはいえ、自分の研究が不毛であるかもしれないとの不安を肌で感ずる瞬間である。それでも何とかこうして上梓にこぎ着けるまでに、個々のお名前を出すのは控えさせてもらうとしても、国外でも日本でも、大勢の先輩、学友、学兄のお力を貸して頂いた。

〇二年はちょうど一〇年ぶりの長期のロシア滞在であったが、この時ようやく、ルビャンカ近くのロシア連邦保安局中央アルヒーフでの資料閲覧が、ロシア科学アカデミー・ロシア史研究所コロードニコヴァ女史のご尽力で実現できた。その結果、おそらくは余り外国人には開放されていないこのアルヒーフ調査で、いくつかの興味ある資料に出会うことができ、それらは本書で活用されている。ロシア国家経済アルヒーフでは八月の閲覧室閉館中も、その女性職員(昔からの馴染みなのだが、失礼なことにお名前を存じ上げない)のご厚意により書庫保管室で資料を読むことができた。またその夏には、友人のヴィクトール・コンドラーシン・ペンザ国立教育大学教授の地元に暫く滞在させて頂いた。この時、残念ながら本書では利用されていないが、初めて地方アルヒーフで閲覧する機会を得ることができた。そして、彼を通して、セルゲーイ・エシコーフ・タムボフ国立工科大学教授と出会い、タムボフの街を案内してもらった上に、ご自慢の喉とご馳走を堪能させてもらうとの贅沢も味わった。このような巡り会いは、ロシア滞在中に体験する幾多の不快な出来事を忘れさせてくれる、数少ない至福の時である。また、〇四年の春に訪れたスタンフォード大学フーヴァー研究所と図書館の職員の方々のご親切も忘れることができない。このようにしてここでお名前を挙げなかった人も含めて、多くの人々のお世話になっている。心から感謝している。

本書に関わるテーマで平成一二、一三、一四年度科学研究費補助金が交付され、平成一三年度日本学術振興会長期派遣研究者として約半年間ロシアで、本書の叙述の基礎となった資料調査を行うことができた。なお、本書の刊行に当たって、独立行政法人日本学術振興会平成一六年度科学研究費補助金（研究成果公開促進費）の交付を受けている。それぞれの関係機関にお礼を申し上げる。

それにしても、国立大学法人になり、特にわれわれのような地方大学では、「自主規制」か「模様眺め」のためか、行政管理体制は予想以上に強まり、妙な「成果主義」が横行し、明らかに応用部門よりも基礎研究、理工学系より人文系は冷遇され、研究環境が目に見えて悪化している事実だけはここで指摘したいと思う。法人化以前に謳われていた、そこで実現されるはずの自主性や創意はいつの間にか消失し、行き所のない閉塞感だけが漂っている。国立から解除され、いっそう官僚的色彩が濃くなったのは、悲しいパラドックスである。先に挙げた出版事情も含めて、われわれのような日本できわめてマイナーな研究分野は、市場原理や競争原理によって押しつぶされる危険性が迫っていると考えるのは、本当に杞憂なのだろうか。

それでも、悲観的なことばかりではなく、この一〇年ばかりで日本のロシア＝ソ連史研究事情も大きく変貌している。比較的容易にアルヒーフ資料に近づくこともでき、いくつかの事実の新たな発掘も可能になり、多彩な研究方法も提示されるようになり、研究実績の底上げは確実に感じられる。何より、ロシアの研究者との交流も活発に行われるようになり、「アルヒーフ詣で」だけの時代から徐々に脱却しつつある。例えば、現在は、奥田央・東京大学大学院経済学研究科教授を代表とする、「二〇世紀ロシア農民史研究」のプロジェクトが進行中で、若手研究者を含めた日ロ専門家の合同シンポジュームがすでに開かれ、それに基づく論文集（露文）も近々刊行される運びになっている。こうした新しい流れも確かに存在し、将来への希望を予感させている。そのような流れの中で、本書が多少なりともロシア＝ソ連史に関心を抱かせるきっかけとなったなら、それは筆者の望外な喜びである。

最後になったが、厳しい環境の中で出版を引き受けてくださった京都大学学術出版会、特に編集員の高垣重和氏には、お礼を申し上げます。いつもながら、最初の読者であり批評家である妻・百世にも感謝する。

二〇〇四年八月一日のよき日に

梶川伸一

幻想の革命◎目　次

凡例

一　ここで用いられる年度とは、断りがなければ、八月一日から始まり翌年七月三一日までの調達年度である。

一　おもな度量衡は、一プード＝四〇フント＝約一六・三八キログラム。
一ヴェルスタ＝五〇〇サージェン＝約一・〇六七キロメートル。
一サージェン＝約二一三・四センチメートル。
一デシャチーナ＝約一・〇九ヘクタール。

一　人名には力点が打たれているが、すでに流布している人名についてはこの限りではない。

一　断りがなければここで用いられる暦は一九一八年二月に導入された新暦である。

一　［　］内は筆者により補われたことを示す。

一　電文などの原文で、頻繁に見られる句読点の省略や、誤記などは断りなしに補正されている。

一　県名は、ヴェリキィ＝ウスチュグを県都とするセヴェロドヴィナ県などを除き、原則として県都名と一致する（エニセイ県ではなくエニセイスク県とする）。

一　本書での考察対象期に行政区画が大幅に改変され、県境の変更、いくつかの自治共和国の形成などがあったが、それらの名称の表記はその当時のものとする。

　二一年初めでロシア・ソヴェト連邦社会主義共和国には、トルケスタン、バシキール、タタール、キルギス、ゴール、ダゲスタンの六民族自治共和国（独自のソヴェト大会と人民委員部を持ち、ロシア共和国の利害に抵触しない限り、一定の自立性が保証される）、チュヴァシ、ヴォチャーク、カルムィク、マリの四自治州、カレリアとパヴォルジエ・ドイツ人の二勤労コミューンを含んでいた（本書で言及されるこれらの地域については『用語解説』を、またこの問題に関する詳細は、Поляков Ю. А. Советская страна после окончания гражданской войны. M.,1986. を、参照のこと)。

本書では、次の公文書館資料が用いられている。

Российский государственный архив социально-политической истории.（ロシア社会政治史国家アルヒーフ）
Государственный архив Российской Федерации.（ロシア連邦国家アルヒーフ）
Российский государственный архив экономики.（ロシア国家経済アルヒーフ）
Центральный архив федеральной службы безопасности Российской Федерации.（ロシア連邦保安局中央アルヒーフ）
Hoover Institution Archives.（フーヴァー研究所アーカイヴ）

ここで利用された地方紙の発行機関は以下（紙名から明らかなものを除く）。

Воронежская коммуна.（ヴォロネジ県革命委・党中央委県ビューロー）
Вятская правда.（ヴャトカ県執行委・党県委）
Коммуна（Самара.）（サマラ県執行委・党県委）
Коммуна（Калуга.）（カルーガ県執行委・党県委）
Красная деревня（Воронеж.）（党ヴォロネジ県委）
Красная деревня（Курск.）（党クルスク県委農村活動課）
Крестьянская жизнь.（トヴェリ県執行委・党県委）
Моршанская правда.（タムボフ県モルシャンスク郡執行委・党郡委）
Советская Сибирь.（シベリア革命委・党シベリア州ビューロー）
Тамбовский пахарь.（タムボフ県播種委）
Тверьская правда.（トヴェリ県執行委・党県委）

ヴォチャーク(ウドムルト)自治州

二〇年一一月の全ロシア・ソヴェト執行委幹部会布告によって、ウラル西部にヴャトカ県の一部から形成。当初、州都はグラゾフであったが、二一年六月にイジェフスクに移された。

カムパニア

キャンペーン。活動家や民衆の大衆動員を伴う、政策を集中的に施行するために採られる態勢。

共同体農民

基本的農民大衆。三圃制の下で土地分与と割替を伴う共同体的土地利用は、そこでの農民に強い共同体的規制と一体感を植え付けることになる。そのような共同体農民の全体集会がスホード(寄合)であり、そこでの決定は全会一致を原則とした。この時期の村ソヴェトは基本的にスホードと同じである。一七年一〇月のソヴェト権力の樹立とともに出された土地についての布告では、共同体を通して没収地の分配を認めたために、共同体から離脱した独立農民が復帰して、共同体的土地関係が強化される結果となった。したがって、この時期のほとんどすべての農民は共同体農民である。左翼エスエルはこのような農民全体を勤労農民として捉えたのに対し、ボリシェヴィキはその中に、富農、中農、貧農の階級的分化が存在すると認識していた。

キルギス・ソヴェト社会主義共和国

二〇年八月にウラル地方のオレンブルグ、ウラリスク県から西シベリアのステップ(トゥルガイ、アクモリンスク、セミパラチンスク県の一部)に及ぶ領土で設立。首都はオレンブルグ。二〇年代半ばに同共和国はキルギスとカザフ共和国に分離される。

クラーク

農村ブルジョワジー、富農とほぼ同義。革命以前または集団化前夜になるとおもに資本家的経営を行うとの意味が加わる。要するに、農村におけるボリシェヴィキ権力の敵である。ボリシェヴィキは基本的に農民を、クラーク、中農、貧農と分類するが、本文でも触れているように、その規定はまったく公にされなかった。ソヴェト文献では、農民蜂起を「クラーク反乱」と呼称することで、それらに反革命的な政治的意味を持たせるとともに、一般的農民大衆の不満の表出であるとの解釈を認めなかった。

コミッサール

人民委員。当時の行政官庁の責任者。または中央から地方に派遣される行政責任者。

現物税　食糧税

基本的には同じもの。現物税の最初の構想は一八年のレーニンのいわゆる『八月テーゼ』に認められ、階級的性格を強調した現物税布告は同年一〇月二六日の人民委員会議で最終的に承認された。財政政策との関連で、これは財務人民委員部の所管であった。研究者の間では、割当徴発との関連で同布告の有効性と二一年に実施される布告との継承性について議論がある。二一年に第一〇回ロシア共産党大会以後実施される現物税は、その内実から食糧税とも呼ばれる。この税は徴税方法が複雑であり、さらに二一年夏以後商品＝貨幣関係が復活し定着するとともに、農業現物税は一定の簡素化を経て、徐々に貨幣税に移行し、調達年度途中の二四年一月に農業現物税の徴収は停止され、農業貨幣税に一本化された。

コルホーズ　コミューン　アルチェリ

コルホーズは集団農業経営のこと。この時期には農業生産性を向上させるとの観点から、大規模農場が奨励されていた。土地や家畜、農具などの生産手段の共有化形態の程度によって、ほとんど完全にそれらが共有化され、模範定款によれば構成員の財産所有権が認められないコミューンから、土地の共同耕作を目的として個々の基本的所有権が残される土地組合的トーズに分かれる。アルチェリは、主要な土地は共有化されるが宅地付属地は私的所有が認められるその中間形態。

商品交換　生産物交換

商品交換とは一般的な商品間の交換を指すのではなく、社会主義的交換形態である無貨幣交換、すなわち、生産物交換への過渡的交換形態を意味する。ボリシェヴィキ指導者は十月革命直後から、マルクス主義理論に基づきこの制度への移行を構想していた。

食糧人民委員部　食糧委員会

食糧の調達と生産物の分配を司った中央官庁。その地方組織が食糧委員会で、基本的には県と郡単位に配置された。この機関は、食糧独裁の実施に関連して大権が付与され、「コミューン国家」への移行措置でも重要な役割を果たしたが、二四年一月以降農業現物税の廃止に伴い、この機関も清算され、その機能は財務人民委員部に移管された。

食糧独裁

一八年五月に出された布告により、地方権力組織により実行されていた食糧活動を全面的に中央の食糧人民委員部が掌握し、食糧調達を実行するための軍事力（労働者部隊と食糧軍）の行使をも含む強大な権限が食糧人民委員部に付与された。この政策は同時に、当時まだ残されていた地方ソヴェトの自治権を完全に否定し、さらに中央では左翼エスエルの政権からの離脱を引き起こし、ボリシェヴィキ独裁の形成過程で重要な役割を果たした。

人民委員会議

閣議に相当。同会議の議長がレーニン。

人民委員部

中央省庁に相当。旧来の省に替わる名称。人民委員を長とし、それを補佐する人民委員代理が置かれ、その下に重要事案の審議と決定を行う参与会がある。一八年憲法の規定では、参与会は当該人民委員部の決定に反して人民委員会議またはソヴェト中央執行委に上訴する権限が与えられたが、ボリシェヴィキ独裁後はこの規定は有名無実となった。地方組織として、例えば、農業人民委員部はそれぞれの地方ソヴェトの下に農業部を設置した。

ソヴェト体制

一八年七月に公布されたロシア共和国憲法によれば、最高権力機関は全ロシア・ソヴェト大会とされたが、その開催期間外では全ロシア・ソヴェト中央執行委員会、実際には同幹部会がそれと同等の権限を行使した。しかし、行政府として設置された人民委員会議も事実上中央執行委と同様な立法権を獲得するようになった。一八年夏に左翼エスエルが、人民委員会議と全ロシア・ソヴェト中央執行委から脱退するとともに、本来的にそれぞれの国家機関が持つ固有の機能と権限の区別は徐々に消滅した。

ソフホーズ

国営農場またはソヴェト農場。その組織形態と管理・運営方法は国有化工場ときわめて類似する。農業人民委員部の直接管轄にあったのは少なく、多くは地方ソヴェトの管理下に置かれていた。これらはもっぱら工場労働者などの非農民住民から構成されたために、充分な農業経営を遂行できなかっただけでなく、周辺の共同体農民との摩擦を引き起こした。

タタール自治ソヴェト社会主義共和国

二〇年五月にロシア共和国布告によって設置。行政区域は、カザン、ウファー、サマラ、ヴャトカ、シムビリスク県の部分から構成されたこともあり、複雑になっている。そのため、以後国境線は幾たびか変更された。

チェー・カー　非常委員会

元々は反革命行為、サボタージュ、投機との闘争のために一七年一二月にヂェルジーンスキィを議長として設置された非常委員会。その後に内戦状態と農民蜂起が強まる状況の下に、全ロシア非常委(ヴェー・チェー・カー)として、次第に反革命行為の情報収集とその根絶という政治的色彩が強調され、まさに「赤色テロル」の執行機関となった。この組織は二二年二月の布告によって、内務人民委員部「国家保安局(ゲー・ペー・ウー)」に改変された。また、チェー・カー資料集やルビャンカ近くの保安局中央文書資料館は、研究者にとって非常に興味深い有益な情報源となっている。

チュヴァシ自治州

二〇年六月のロシア共和国布告によって、チェヴォクサルィを州都としてニジェゴロド、シムビリスク県の一部から形成された。

ドイツ人コミューン

エカチェリーナ時代に設定されたヴォルガ中域のドイツ人入植地に起源を持つドイツ民族の自治州。一八年一〇月にパヴォルジエ・ドイツ人州としてソヴェト大会と執行委を独自に持つ「コミューン」として民族自治が認められ、二四年二月に自治共和国となる。

独立農民　フートル農　オートルプ農

一九〇六年から始まるストルィピン土地改革の中で共同体の解体が図られ、共同体農民は、共同体内の分散する分与地をまとめて区画地として土地の所有権を確定し、一定の条件で共同体から離脱する権限が与えられた。その際、農戸を以前の村落に残し区画地（オートルプ）を持つ農民と、農戸をともに移す区画地（フートル）を持つ農民があった。伝統的土地利用を脅かす区画地の確定作業は共同体農民のきわめて厳しい抵抗を引き起こし、彼らの独立農民への敵意は日常的現象であった。これら独立農民の経営は一般的に共同体農民以上に貧しく非常に苦しい状態であった。

トルケスタン自治ソヴェト社会主義共和国

革命以前の行政単位「トルケスタン・クライ」を国境として二〇年一〇月に制定。現在のウズベク、キルギス、トゥルクメン共和国とタジク、カザフ共和国の一部を含む、非常に広大な行政区画を持つ。首都はタシケント。二四年一〇月に民族ソヴェト共和国の形成過程で清算された。

突撃企業

国家的に特に重要な意義を持つ戦略的企業。これらの労働者・職員には優先的に食糧配給が保証されていた。

突撃県

一〇〇〇万プード以上の穀物割当徴発が課せられた穀物調達の重要な対象県。

バシキール自治ソヴェト社会主義共和国

一九年三月に、ウラル地方にオレンブルグ、ウファー、ペルミ、サマラ県の一部から形成。二〇年五月のロシア共和国布告で国家体制が規定され、同年秋にステルリタマクを取り込み、国境を僅かに脹らませた。それに伴い首都をウファーからステルリタマクに移す。

貧農委員会

食糧独裁を農村の調達現場で支援するボリシェヴィキ権力の階級的拠点として、一八年六月布告によってロシア共和国全土に設けられた。実際には、その構成員としてボリシェヴィキが想定した貧農は当時の農民層の中にはほとんど存在しなかったため、その多くが都市労働者から構成された。これら委員会は、勤労農民からの激しい不満と敵意を引き起こしただけで、ほとんど成果を挙げることなく同年末に解散された。

マリ自治州

二〇年一一月に、クラスノコクシャイスクを州都として、ニジェゴロドとヴャトカ県の一部から形成。その後二一―二二年で、ニジェゴロド県、タタール共和国、チュヴァシ自治州との境界が確定される。

ロシア共産党中央委員会　政治局　組織局

「民主的中央集権主義」によって党組織体制は、党活動の基底をなす地方委員会や細胞から最高機関である党大会への双務的経路が開かれていると、標榜されている。だが実際には、ほぼこの時期に形成された党＝国家体制の中で、党中央委が事実上国政を決定する最高機関となった。その中でも政治局は重要な政策を審議し決定した国家機関の中枢。また党内の組織問題を扱う組織局は、特に地方での厳しい活動家不足の中で党員の配置転換を実施した点で、大きな役割を果たす。

幻想の革命——十月革命からネップへ

はじめに

次に掲げる文書は、一九二一年三月一七日にロシア共産党中央委員会組織局会議に提出された、ある食糧活動家からの上申書(全文)である。

一八年一月から今日まで、わたしは食糧関係で働き、この間できる限りの任務を執行してきた。一八年一月から五月までチェリャビンスク地区での食糧人民委員部全権に、一八年五月から食糧人民委員部穀物飼料管理部部長補佐に任命された。六月には、タムボフ、ヴォロネジ、オリョール、クルスク県の食糧人民委員部全権を拝命し、一八[年]九月から一九[年]二月までモスクワで穀物飼料管理部部長補佐として活動し、個々の任務を遂行した(カザン、イヴァノヴォ＝ヴォズネセンスク、ヴラヂーミル、ヴィテブスク県における活動の構築のため)。一九年二月にはタムボフ及びヴォロネジ県全権、同時にタムボフ県食糧コミッサールに任命された。二〇年二月にはアルタイ及びセミパラチンスク県全権であると同時にアルタイ県食糧コミッサール、二〇年八月からシベリア食糧委参与、そして一二月から現在までシベリア食糧委議長代理に任命された。

この三年余の食糧活動での困難さに触れるのは余計なことである。わたしはこのことだけを述べよう。わたしは初めて一八年夏に、タムボフとヴォロネジ県で武装力によって穀物を取り上げなければならなかった。これは食糧活動での最初の前進であった。

活動は異常に緊張した精神状態の下で信じがたいほどに過酷であった。一九年のタムボフ県での活動も容易ではなかった。シベリアでの活動の開始はいくらか容易に行われたが、二〇年五月から活動は緊張して再三熱に浮かされたようになった。この活動すべてがわたしを肉体的にひどく消耗させ、わたしの神経を根本からずたずたにした。わたしは、もし完全でないとしても暫時わたしを食糧活動から免除し、ほかのソヴェトまたは党活動に転任させるよう、衷心からロシア共産党中央委に要請する。わたしは、食糧人民委員部は異議を唱えないと期待する。なぜなら、現在わたしは食糧活動家として活動能力の五〇パーセントを失うまでに疲労困憊しているので。

［署名、日付三月一〇日］

この申請に基づいて、党［以下断りがなければ、党とはロシア共産党を指す］中央委組織局は五月三〇日の会議で、この食糧活動家Л・E・ゴーリマンに一ヶ月間の休暇を与えるよう命じた[1]。

彼は上申書に記されているように地方で辣腕を振るい、その活躍ぶりはよく知られていた。もちろん、彼は綺羅星のごとく輝く党中央委員でもなく、食糧人民委員部参与のエリートでもない食糧人民委員部の責任ある活動家といわれる上級幹部の一人に過ぎない。そのような彼が、戦時共産主義期の過酷な調達活動で心身ともに衰弱し、活動の限界を告白しているのがこの文書である。この上申書で象徴的に表されているように、ソヴェト＝ロシアもまた七年に及ぶ大戦と内戦の中で、物理的にも精神的にも完全に消耗していた。

二一年のソヴェト＝ロシアで現出したのは、農業であれ工業であれ、経済システムの完全な疲弊と瓦解であった。農民の気分は、戦時共産主義の開始とともに実施された割当徴発の合法的ならびに非合法的行為によって、完全に打ちのめされるか、ボリシェヴィキ権力への憎悪が漲っていた。

この時期に、ソヴェト権力の崩壊に関する様々な風聞が、特に農村で流布していたのは偶然ではない。アクモリンスク県では、モスクワやペトログラードで蜂起が起こったと、ヴォログダ県では、至る所でコムニストが皆殺しにされ、縛り首になっている、との噂が広まっていた。サマラ県では、「都会では子供たちは鼻疽 can のために大勢が死んでいるとの風聞が広まった。この風聞が否定された後、ソヴェト権力は国内の経済を打ち立てるのに無力であることを悟り、そのために国全部をアメリカに譲り渡したとの噂が流れた。農村では、モスクワに一〇〇万のアメリカ兵が到着し、すべての工場ではすでにアメリカ人労働者が働き、アメリカ軍が工場を防衛していると囁かれている」。同県チェー・カー［対反革命非常委員会］は、ブグルスラン郡でトロツキーが国外に亡命したとか、農民蜂起のためにコムニストはブグルスラン市を見捨てたなどの扇情的風説を確認した。これら風聞が民衆の潜在的願望の表出とするなら、これらが意味することは明らかである。[2]

それに加え、ロシア全土でボリシェヴィキ党組織はおもに党員の不足のために、完全に崩壊していた。二〇年六月にカルーガ県から、「誠実な党活動家にきわめて困窮している」として、県と郡の党委員会への同志の派遣が党中央委に要請された。このような要請はこの時期に多数寄せられた。その理由は党員が前線などに動員されたためだけではなかった。「党内の雰囲気を評価するなら、一方で、組織からの同志の脱党と、その一方で、新たなメンバーの加入を指摘することができる。脱党の基本的理由は、組織がこれら同志に充分な政治教育を施すことができず、彼らは党の理念に涵養されることなく、机上でのみ党員として存在していたことであり、そこで彼らにとって党の規律は鬱陶しく、自分の損得のために党内に留まっていた」と、タムボフ県モルシャンスクから二一年春の党内事情が報じられたように、自発的脱党が急速に広まり、都市でも農村でも党活動は自壊していた。

そのため、コムニストの動員はこの傾向に致命的打撃を与えた。二〇年八月にカザンから、「最近の動員によって、ソヴェトと党活動は特に都市で著しく崩壊した。いくつかのソヴェト部局は、活動家がいないためにもっとも哀れな жалкое 存在となっている。郡のわれわれの管轄における活動家の切実な不足にわが勢力を投入するのが必要だが、われわれにはそれがない」として、県委は党中央委に対して動員命令の破棄を要請した。九月にはヴィテブスク県民警長は、民警［警察］とコムニストが余所に動員されることによって、「犯罪と兵役忌避との闘争に対する民警の活動に完全な解体が引き起こされ」、郡には匪賊が満ちあふれ、彼らとの闘争が非常に苦しくなっているとして、党県委への動員命令を停止するよう党中央委に訴えた。しかし、この県委は動員命令を改めて指示する返電を受け取っただけであった。[3] こうして、地方の党組織はコムニスト活動家の慢性的不足に悩まされ、そのために日常的現象となった党活動家の配置転換と補充なしに党活動はありえず、地方における党組織の命運は党中央委組織局が持つ人事権に全面的に支配されるようになった。

二一年における戦時共産主義から新経済政策（ネップ）への政策転換を考察する際に、従来の解釈では三月に開催された第一〇回党大会の決定を過大評価しすぎていたように思える。二〇年末からの「党内の危機」と評される労働組合論争など、地方紙ではほとんどまったく取り上げられなかった。二一年夏から広汎に展開される党の「粛正」の問題は、党大会での分派闘争の禁止決議や党の統一との関連でこれまで説明されてきたが、それはこの時期の党組織の疲弊と崩壊現象という現実を無視することになる。これは「粛正」ではなく、不適切なコムニストの党からの文字通り「浄化 чистка」である。(4)

二一年一月初めに出されたサマラ県サマラ郡食糧会議プリカース［命令書］一号は、党活動家の弛緩により割当徴発が滞っている現実への危機感が漲っていた。「一月一五日は、すべての食糧組織が革命的プリカースの態勢で、それらに課せられている穀物とその他の割当徴発を完遂するよう義務づけられている期限である。それでも、県食糧会議の一連の絶対的要求とプリカースに反して、サマラ郡の食糧地区での調達や活動における集中力と緊張状態は絶対的に低下している。［……］食糧、党、ソヴェト活動家は彼らに課せられている任務を忘れ始めているのが認められる。サマラ郡食糧会議は、食糧カムパニアのもっとも速やかな終了と播種カムパニアの組織化に向けて適時な措置を執る必要があるとの目的で、同じく、一月一五日までにすべての割当徴発を一〇〇パーセント遂行せよとの人民委員会議［以下ＣＨＫ］議長レーニンと県食糧会議の絶対的命令に鑑み」、「郡のすべての党とソヴェト機関に活を入れ」、割当徴発を一〇〇パーセント遂行するよう命じた。この時期の最大の政治的、経済的任務と設定された播種カムパニアに党郡委員会は二〇五人に動員を命じたが、一五七人だけがそれに応じ、郡農業部と播種委の定員の僅か三〇パーセントだけが充足された、と郡農業部部長は三月に報告したように、二一年の農村での党やソヴェト活動は多くの地方で麻痺状態にあった。(5)

このような、戦時共産主義期末から特に深刻になるロシア国内の全般的な危機的現実（物質的にも心性的にも）を抜きにして、二一年の「政策転換」を考察することはできない。これが、ネップへの移行を考察する際の本書の基本的前提である。

これをテーマとする一連の研究書の中で、一九六〇年代後半に出版された、Ю・A・ポリャコーフの『ネップへの移行とソヴェト農民』と、Э・Б・ゲーンキナの『レーニンの国家活動』は、依然として無視できないだけの価値を持っている。[6] 双方ともに、この時期にヴォルガ中域諸県を襲った飢饉について、現物税の徴収に関連づけて飢餓住民のための国家的支援を中心に触れている。当然にも、そこでは飢饉の原因は旱魃である。要するに、穀物生産地帯の飢饉にもかかわらず、成功裡にネップへの移行を達成したというのが、これら論考の基調である。もちろん、ここでこれら著作だけが際だっているのではない。[7] 第一〇回党大会直後から現物税の実施に関連して、小冊子を含めて様々な文献が出版されたが、それらはほぼ一様に、ソヴェト＝ロシアでの経済的荒廃は戦争と内戦により引き起こされ、その中で負担の重い割当徴発を農民に強いるのを余儀なくされ、そのため疲弊した農民の経済状態を改善する目的で、現物税が導入されたことを指摘する。これらの文献は、共和国全土に吹き荒れていた農民蜂起や厳しい飢饉の現実にも一切沈黙することで通底する。そのような論調が基本的にそれ以後のネップ解釈の源流となった。[8]

だが、あらゆる公文書館資料は、この時期にヴォルガ地方だけでなく、西部と中央農業諸県のごく一部を除くロシアのほとんど全土、及びその周辺に位置する民族自治共和国など非常に広汎な範囲が飢饉に見舞われたことを示している。したがって、飢饉はネップへの移行に際しての副次的付随的現象ではなく、そこでの本質的契機と考えるのが合理的である。つまり、飢饉にもかかわらずネップへの移行が達成されたのではなく、飢饉であったからこそ二一年の転換が生じたのである。

しかし、問題がより深刻なのは、全ロシア的規模で飢饉が存在していたにもかかわらず、レーニンを含めて当時のボリシェヴィキ指導部は、これを重大な事態として受け止めていなかった事実である（この実情を充分知悉していたとしても）。この理由について、ほとんどの研究書は沈黙している。

内戦が基本的に終了した二〇年秋から冬にかけてソヴェト体制の平和的建設が唱えられるようになっても、党中央で戦時共産主義期に特徴的であった抑圧的システムを再検討するような議論が生ずることもなく、実際にはこの時期に共産主義への傾斜が深まった。全国的規模で猖獗する農民蜂起にもかかわらず割当徴発が強化され、民衆の物質的欠乏状態にもかかわらず生産物交換への移行措置が立案された。都市でも農村でも「プロレタリア分子」は消滅しつつあったその中で。この状況が二一年に集中的に表出する民衆の悲劇を増幅することになるのだが、それをボリシェヴィキ指導者が依然として囚われていた共産主義「幻想」から読み解こうとするのが本書の目的である。

内戦の終了という状況は、彼らにとって、十月革命以来脈々と流れ続ける構想に基づく「共産主義社会」の実現が眼前に迫っていると思わせた。当時の彼らの視点によれば、内戦はボリシェヴィキ体制に、二一年三月の第一〇回党大会以後語られるような抑圧と強制のシステムを余儀なくさせた要因ではなく、「共産主義社会」の実現を阻止させた障碍でしかなかった。こうして、ボリシェヴィキによる内戦の勝利(ポーランド戦争を除き)は、これら障碍が除去されたという意味で、この幻想が一気に実現されるとの期待を脹らませる契機となった。

だが、ここで次の二点を付言する必要があるであろう。第一は、多くのマルクス主義者にとって「共産主義社会」そのものが現実性のない観念的産物でしかなかったということである。いったいその社会はいかなるものか、どのようにして実現されるかについて、マルクス本人すらほとんど言及していないのは、周知の通りである。まさにそれは、諸矛盾が凝縮された資本主義社会を映す逆さ鏡のようであるが、その像がイメージであって実体が伴わないのと同じく、どのような社会を目指そうとするのかの具体的議論は、十月革命後もなされないままであった。レーニンは革命直前に執筆した『国家と革命』の中で登場させた「理想郷」を引き合いに出すこともなかった。第二は、それだから以下本文で触れるように、二〇年末に無貨幣交換形態への移行のための前提条件が認められるや(それは幻影でしかないとしても)、それを核として共産主義「幻想」への傾斜がたちまち深まるのであった。レーニンが、共産主義とはソヴェトプラス電化であるとのテーゼを表明したのもこの頃である。だが、実際にはその前提条件とは、ハイパー・インフレーションのために紙幣は実質的意義を失い、厳しい統制下で市場関係が完全に崩壊した結果、貨幣交換が姿を消したという現実の反映にすぎなかった。その現実と理念との混同が、この時期に共産主義「幻想」を肥大させることになった。

国内の危機的状況の中で開かれた二〇年末の第八回全ロシア・ソヴェト大会でのきわめて楽観的な雰囲気は、このような背景がなければ説明できないであろう。この共産主義「幻想」の一つの帰結が現物税の構想であるとの観点から、本書は考察されている。そうであるなら、第一〇回党大会での決議『割当徴発から現物税への交替』は、新路線への転換を必ずしも意味しない。以前に、戦時共産主義とは幻想、混乱、飢餓の要素からなる構造であると指摘したが[9]、二一年の状況はまさにこれら要素の混濁状態であった。したがって、二一年のネップへの政策転換を理解するためには、この幻想からの解放過程が重要な意味を持つであろう。そして、以下で叙述するように、この幻想を解体させたのは、飢餓の苦しみの中で生き抜こうとする民衆の動向であった。当時ロシア全土を覆っていた農民蜂起や匪賊運動に劣らず、積極的であれ消極的であれ、このような彼らの行動こそがボリシェヴィキ指導部の「幻想」を打ち砕いたのである。その意味で、ネップへの転換は、政策的よりむしろ自然発生的である。

ソヴェト史の再評価を求めて、錚々たる研究者の論文集として公刊された大部の著書の中で、ペテルブルグの研究者C・B・ヤーロフは、「ネップへの移行を促した主因に関して、歴史家に合意はない」と、この問題解決の困難さに触れ、「ソヴェト文献では、内戦の終了により権力と農民との関係を再検討する必要性からネップの導入は予定されていたとするのが多数意見である。この過程は必然的で、二一年の経済・政治危機はそれを促進したに過ぎない。他方で、多くの西欧の研究者は、二一年危機が戦時共産主義を再検討するための基本的原因と見ている。クロンシュタット叛乱と結びつけるのもいる」と、従来の学説を紹介するだけで、自説の主張を慎重に回避している[10]。

本書は、当時のロシアの社会状況を、おもに共産主義「幻想」に囚われ続けるボリシェヴィキ指導部と、その実状がまったく顧慮されることもなく困窮の中で生存し続ける民衆との確執を描くことで、二一年の「政策転換」の意味を問い直そうとしている。ここで描かれる光景は、通常ロシア革命について叙述される一般的イメージとは異なっているとしても、基本的に公文書館資料に依拠している。

まず、十月革命以後に飢餓はいっそう深化した事実から指摘しなければならない。

註

1 Российский государственный архив социально-политической истории. Ф.17, Оп.112, Д.137, Л.2об.,48; Д.176, Л.5.［以下 РГАСПИ. と略記、数字はфонд, опись, дело, лист の順に置かれている］Д・E・ゴーリマンの活動については、拙著『ボリシェヴィキ権力とロシア農民』(ミネルヴァ書房、一九九八年)で触れている。彼の活動には問題があったようで、二〇年夏にシベリアでの組織活動について、シベリア食糧委議長カガノーヴィッチは、彼は食糧コミッサールとして活動せず、彼の指導下でセミパラチンスクとアルタイ県で割当徴発は不適切に行われていると、食糧人民委員部に通知した(Россиский государственный архив экономики. Ф.1943, Оп.1, Д.682, Л.1.［以下РГАЭ. と略記］)。

2 РГАСПИ. Ф.17, Оп.84, Д.61, Л.13; Коммуна (Самара.) .1921. 28 янв.; Центральный архив Федеральной службы безопасности Российской Федерации. Ф.1, Оп.5, Д.105, Л.5.［以下 ЦА ФСБ. と略記］ロシア社会における風聞の重要な役割については、Кабанов В.В. Слухи как исторический источник.-В Кн.: Труды историко-архивного института. Т.33. М.,1996. を見よ。十月革命以来、特に農村地方で様々な風説が流布し、それに対して革命側も反革命側も禁止措置を執った。例えば、一八年六月に出された「西シベリア臨時政府条例」では、「政府、公務員、軍隊について虚偽の噂を流すこと」が禁止され、七月にサマラ県スタヴロポリ郡でのコムウチ全権の条例では、「虚偽の狼狽させるような風聞を広めない」ことが戒厳令下の市民に義務づけられた(拙著『飢餓の革命』、名古屋大学出版会、一九九七年、五ページ。Белое движение: Каталог коллекции листовок. Л.37,343.)。それでも、この時期に風聞は地方でのもっとも重要な情報源であった。鼻疽についていうなら、これはおもに馬が感染する伝染性潰瘍で、二一年のロシア南部で馬匹の半分以上がこれに感染していた(Девятый Всероссийский съезд советов: стеногр. отчет. М.,1922. С.108.)。

3 РГАСПИ. Ф.17, Оп.66, Д.89, Л.141; Оп.13, Д.1030, Л.13,62; Оп.65, Д.286, Л.143,214-216. 農村ソヴェト組織でのコムニスト比は非常に低く、二〇年の調査によれば、工業県といわれたイヴァノヴォ＝ヴォズネセンスク県八郷の村ソヴェトの党派構成は、無党派九九・一パーセント、コムニスト〇・九パーセント、典型的農業県であるタムボフ県八〇郷ではそれぞれ九九・三パーセントと〇・七パーセントであった(Власть советов. 1921. №2. С.13.)。

4　第一〇回党大会の決議に従って、党の健全化と浄化を目的に全ロシア的規模で、党構成員の点検が、八月一日から一〇月一日までの期間に実施されることが、六月二五日の党中央委政治局会議で決議された。その際に、十月革命以後の入党者、公務員のうち旧政府の職員、何らかの特別な事情でソヴェト権力の職務に従事する者、ソヴェト職員は特に入念な点検が必要とされた(РГАСПИ. Ф.17. Оп.3. Д.179. Л.6.)。だが、多くの地方で作業を期限内に終了することができず、その実施は低調であった。

5　Коммуна (Самара.) .1921. 7 янв.; 6 марта. 本紙は、二一年のサマラ県内の飢饉を含めた現状を生々しく伝える一級資料である。

6　Поляков Ю. А. Переход к нэпу и советское крестьянство. М., 1967; Генкина Э. Б. Государственная деятельность В. И. Ленина: 1921-1923 гг. М., 1969.

7　ネップへの移行については、先駆的研究である奥田央『ソヴェト経済政策史』(東京大学出版会、一九七九年)第1章で、筆者とはいくらか解釈の相違があるとはいえ、興味ある考察がなされている。以前に拙稿で、ネップへの二段階的移行(党大会で「現物税＝商品交換体制」が構想され、実際にはこの構想が崩れた結果、夏から秋にかけて「現物税＝市場経済体制」が定着した)を論じようとする余り、飢饉の問題を完全に欠落させている(「現物税について」、『史林』第六二巻四号、一九七九年)。そのほか、ネップへの移行の全体図に関して、ボリシェヴィキ指導部の理念と現実との乖離を扱った、拙稿「食糧人民委員部、「幻想」の社会主義革命」、ソビエト史研究会編『ロシア農村の革命』、木鐸社、一九九三年などを参照のこと。

8　ここでは、Арский Р. Налог вместо разверстки. Черкасск, 1921; Свидерский А. Почему вводится продналог? М., 1921; Ярославский Ем. О продналоге. Тамбов, 1921; Мещеряков Н. Л. Продовольственный налог и кооперация. М., 1921; Продовольственный налог и новая экономическая политика. Пг., 1921. などの小冊子を念頭に置いている。

9　Кадзикава С. О военном коммунизме. В-Кн.: Россия в XX веке: Судьбы исторической науки. М., 1996. С. 331-337; 拙著『飢餓の革命』、八–二三ページ。

10　S. Iarov. The Tenth Congress of the Communist Party and the Transition to NEP. *Critical Companion to the Russian Revolution.* Arnord, 1997, p.125.

第一章 飢餓は続く

一九一七年二月二三日［旧暦］のペトログラードでのパンよこせデモで始まった二月革命は、さらに深まる飢餓の中で十月革命へと転化した。元々飢餓状態にあったペトログラード、次いで、一八年三月以後モスクワを拠点とするボリシェヴィキ政府が、政権樹立と同時に直面したのは都市労働者への食糧の確保であった。個々のまたは集団的労働者の担ぎ屋行為を統制し、組織することから始まった国家による食糧調達活動は、農民の備蓄から穀物を汲み出す段階になって、次第に勤労農民だけでなく彼らの意志を体現する地方権力と対立するようになった[1]。

十月革命への過程で、すでに地方農村での革命は都市革命に先行し、村や郷から県までを単位とした多様な自立的権力が生まれていた。十月革命直後に生まれた政治体制とは、中央＝都市ボリシェヴィキ権力と自立的地方権力（県ソヴェトから村団に至る）との緩やかな連立でしかなかった。これら地方権力の多くも一様に穀物不足に悩まされ、それらは地域内の食糧を確保するために、おもに中央の工業地区から派遣される労働者部隊による穀物徴発に激しく抵抗した。ここで発生する農民の抵抗が、旧ソ連史学界では「クラーク反乱」と解釈された。中央における食糧危機の昂進とともに、農民自治または地方権力の自立性に終止符を打ち、中央工業都市への食糧確保を目指したのが、一八年五月に宣告された食糧独裁であり、それを保証するための農村の拠点が、「農村における階級闘争」を実行する目的で六月に導入された貧農委員会であった。この時から、中央と地方、都市と農村、都市プロレタリアートと共同体農民との亀裂は決定的となった。[2]

この意味で、内戦期における農民革命の展開を次のように特徴づける、ロシア農民史の碩学、Β・Π・ダニーロフに基本的に同意しなければならない。「地主的土地所有を清算し、灰色の外套をまとった農民と闘う気持ちがないことで、ボリシェヴィキは権力の座に就いた」。「だが、農民の自然発生的な革命性と、ボリシェヴィズムの革命的変革の志向性は、様々なヴェクトルを持って、一八年春以降に破滅的飢餓の脅威のため農村から穀物を要求するようになって、急激に離反するようになった。割当徴発に基づく(すでに一六年にツァーリ政府が、一七年には臨時政府がそれに突き進んだが)農村での食糧の強制的収用システムは、激戦を伴う新たな戦線と農民への国家的抑圧の新たな形態を生み出した。ボリシェヴィキと農民との関係がいかに錯綜しようとも、それは反革命の攻撃に耐えた。農民(反地主、反ツァーリ)革命は、白衛軍と緑軍[農民パルチザン軍]などへの勝利のもっとも重要な要因の一つであった。同時に、農民革命からボリシェヴィキ体制に対する農民戦争への転換が生じた[3]」。

農民一揆について、ヴャトカ県ヤランスクから一九年四月初めに次のように打電された。「郡では一週間に渡り食糧が原因で過激行動が起こった。シャライグスカヤ郷では武装した匪賊によって郷執行委員が殺害された。セルジスカヤ郷執行委員は、群衆による脅しの下に集荷所から約二〇〇〇プード[約三万二八〇〇キログラム]の穀物を分け与えた。コルリャコフスカヤ郷では群衆により食糧軍兵士が惨殺された。そのほかあらゆる郷で、住民は怒り、脅し、穀物倉庫を破壊している[4]」。このような飢餓一揆が各地で頻発した。

ボリシェヴィキ権力は軍事力なしに穀物調達を遂行するのは不可能になり、都市と農村との分裂はさらに拡大した。レーニンによって再三提唱された「労農同盟」は、まったく架空の「神話」でしかなかった。中央黒土地帯にあるタムボフ県食糧会議は一八年一二月半ばに、「県からの食糧軍の撤収による大打撃が明らかになった。集荷は最小限にまで低落し、家畜の徴収は完全に停止した。［……］担ぎ屋の波が再び活発化し、一面レベジャニ郡を埋め尽くした」と伝えた。またタムボフ郡委と郡執行委は、郡ではクラークの力は強く、党細胞が組織されていないので、六月から一〇月までに農民の直接行動が勃発したことを考慮して、郡チェー・カー組織の設置をレーニンに要請した。この時期に穀物調達に赴く労働者部隊は、一様に関係機関に武器の引渡しを求めた。これら部隊を現地で統制するサマラ県労働者局は一九年秋に、武器なしで県内の調達活動は不可能なので、たとえ、部隊の三分の一にでも武器を引き渡すよう、モスクワにある軍事食糧局に要求した。このように、多くの地方食糧委は、慢性的な武器の不足に悩まされ続けた。[5]

だがより深刻な欠乏は彼らの食事にも現れ、後述するように軍事部隊でさえ食糧事情は劣悪なため、彼らが余儀なくされた食糧自給活動での狼藉ぶりは様々に報じられた。一八年一〇月にカザン県食糧委全権は、軍事食糧組織が勝手に行動するため、労働者部隊が穀物を獲得できなくなっている状況からの改善を訴えた。サマラ県では、第五軍食糧供給全権は食糧人民委員部の調達を妨害し、根拠なしに食糧活動家を逮捕したため、食糧人民委員代理Н・П・ブリュハーノフは軍事人民委員に、「食糧活動への介入を停止させ、逮捕者の釈放を」要請した。一九年八月にはパヴォルジエ・ドイツ人州から次のような報告がСНК議長レーニンと食糧人民委員А・Д・ツュルーパに打電された。「ゴロカラムィシ郡での収穫の全滅の理由の一般的特徴は、わが地域で活動している第一〇軍旅団の部隊による完全な掠奪であり、［……］現地農民と食糧その他のソヴェト組織から第三七旅団によって一万頭の馬や家畜、農民と地区食糧委にあるすべての穀物貯蔵、土鍋、家庭用品、農民荷馬車、わが騎兵部隊にある武器の一切合切が没収され、女性は陵辱されている。これらすべての兵士の掠奪、狼藉、強奪がもっとも穀物豊かな郡を絶滅に至らせた」。ヴォログダ県では、「赤軍兵士によって恐ろしい掠奪が行われた。すべての農民から根こそぎ強奪した。食糧と播種の穀物さえ残さなかった。要するにすっかり奪い取った。穀物の有無を尋ねることなく、登録された穀物がなければ、馬や牛を、それに農民自身を監獄に連れ去った」。こうして、農民の中で赤軍への憎悪が深まった。[6]

労働者部隊や赤軍兵士によって蹂躙された農村で発生したこれら飢餓一揆を武力的に鎮圧することは、「農村における階級闘争」の行使として正当化された。一八年八月初旬にペンザ県ペンザ、モルシャンスク郡を席巻した、中央の食糧政策に反対する農民蜂起に関する電報を受け取ったレーニンは、八月一一日にソヴェト議長B・B・クラーエフ宛に次のように回答した。「同志諸君！クラークの五郷の蜂起を容赦なく鎮圧しなければならない。革命全体の利害がこのことを要求している。というのは、今や至る所でクラークとの「最後の決定的戦闘」が行われているので、手本を示さなければならない。㈠一〇〇人以上の名うてのクラーク、富農、吸血鬼を縛り首にせよ（必ず民衆が見えるように縛り首にせよ）、㈡彼らの名前を公表せよ、㈢彼らからすべての穀物を没収せよ、㈣昨日の電報に従って人質を指名せよ。周囲数百ヴェルスタ［数百キロメートル］の民衆がそれを見て、身震いし、悟り、悲鳴を挙げるようにせよ」[7]。幸いなことに、このレーニンの指令は実行されることなく蜂起は鎮圧されたが、このような素朴な階級闘争論の認識が、ロシア民衆の悲劇を生み出す主要な原因の一つとなった。農民の飢餓にボリシェヴィキ権力がきわめて鈍感であったのも、根元は同じである。これがボリシェヴィキ革命の基本的枠組みである。

このような状況の中で、ロシア革命の誘因となった飢餓は、ボリシェヴィキ権力の下で解決されたのではなく、いっそう強まった[8]。農村での飢餓が深まっただけでなく、過酷な割当徴発を行使しても都市労働者の食糧事情は改善されず、ロシアの民衆がボリシェヴィキへの不満で一致して立ち上がった二〇年夏以後、ソヴェト＝ロシアの中に転機が生まれようとしていた。だが、これを生み出すには、多大な民衆の犠牲が必要とされた。

一九年初夏の地方チェー・カーの報告書から、われわれは飢餓の深まりと民衆の不満を容易に知ることができる。「ノヴゴロド県ベロゼルスク。五月二三日。苔と白樺からパンが焼かれている。ニジェゴロド県イゾフカ。六月二日。われわれは畑に播種しなかった。小麦も全部食べた。オリョール県トゥルブチェフスク。大きな飢餓。ドゥブロフカ。六月八日。穀物はなく、どこにも見つからない」。これら飢餓の最大の原因は、消費基準を超えて一切合切徴収するそのやり方、すなわち、一九年一月以後に全国的規模で導入された割当徴発であった。「トヴェリ県ラメシキ。五月五日。ここではすべての穀物が取り上げられ、二月から食い手当たり二フント［約八二〇グラム］しか残されず、そのように生活すれば餓死しなければならない。イヴァノヴォ＝ヴォズネセンスク。われわれには月七から五フントしか残されていない」。すでにこの時期からいくつかの地方で餓死の存在が報告された。「トヴェリ県。六月一三日。次第にひどい生活になり、民衆の非常に多くが栄養失調のために死んでいる。リャザニ。六月二三日。われわれのところにはひどい飢えがあり、一日に一〇人は死んでいる。全員が飢えでやせ衰えた。イヴァノヴォ＝ヴォズネセンスク県ロヂャンキ。六月二二日。今では家畜のようにあらゆる雑草を食べている。われわれ民衆は飢えで大勢が死んでいる。カルーガ。六月二六日。穀物はなく、餓死している。プロヒノ。六月三〇日。われわれには穀物は全然なく、村で五〇人が餓死している」。このような飢餓の直接的結果は、中央権力への不満である。「サマラ県エルショフ。六月四日。馬具、首輪、飼料をともなう［家畜の］動員は農民の不満を引き起こしている」。ニジェゴロドからは、役馬の不足のために完全播種ができなかったと報告された。「サラトフ県ヴォリスク。われわれは天からの解放者としてコルチャーク［元海軍提督で反革命指導者］を待ち望んでいる。バザルィ。五月一八日。農民はコルチャークを待ち望み、コムニストに憤慨している」。餓死を免れようと家族のために運んだ食糧の最後のフントまで没収する闇食糧取締部隊への不満もあった（ヴラヂーミル県）。そしてより重大な帰結は、種子がないための播種不足であった。播種不足の先に待ち受けるのは餓死である。「ペンザ県クラスノスロヴォドスク。六月九日。種子はまったくなく、土地の半分以上が播種なし」。そのほかトヴェリ県コルチェフから伝えるように、消費基準をも考慮しない権力の穀物の収奪によって、農民は明らかに農業生産への意欲を失っていたことも、播種不足の重要な要因になり始めていた。「サラトフ県バラショフ。六月二日。播種したいが取り上げられるなら同じだ、といっている。そのようにして播種面積は何十分の一かに縮小した」[9]。

播種面積の縮小は十月革命直後から、様々な地方ですでに生じていた[10]。リャザニ県では一六年の農業センサスで五六万八二一六デシャチーナ［一デシャチーナは約一・〇九ヘクタール］あった秋蒔き播種面積は、一八年には七パーセント近く縮小した。旧地主領地の分配後に自分が利用するための土地を受け取った都市からの到来民は、土地の条件が悪いためにそれを耕作することができず、さらに村団同士で土地の帰属に関する紛争が頻発し、結局このような係争地であった混在耕地に無播種地は集中した。実際に、十月革命後の「土地革命」は多くの場合、それまでの農民運動の延長上で、すなわち、上級権力と関わりなく村団自治の枠内で実行された。地方からの報告によれば、総じてこのような土地革命は不徹底で、しばしば土地関係の悪化を招いた。

ペンザ県では、十月蜂起時の第二回全ロシア・ソヴェト大会で採択された『土地についての布告』は、ようやく一七年一二月に多くの村が知るようになった。しかし、この時までに自然発生的な農民蜂起による土地の占有は事実上終了していた。同県党機関紙は土地革命に関して次のように報じた。「地主の資産、特に家畜、農具、農業機械、穀物貯蔵はおもに富裕経営農の手に落ちた」。一八年春に土地の再分配が行われたが、土地組織は一人当たり一・五デシャチーナの基準に満たない小土地しか持たない郷と村落に、没収フォンドから僅かな土地を追加しただけであった。さらに、それらの土地の多くは耕作区画の外に割り当てられ、しばしば一五―二〇ヴェルスタ離れた所に分散された（当時の農民は、五ヴェルスタ離れた土地には施肥をせず、長年それを放置している、といわれた）。こうして土地革命の結果、多くの土地を持つ農民は畑を集中したのに対し、小土地農民は遠隔耕地に悩まされ、農具や家畜の不足も相まって、このようにして受け取った土地を利用する可能性が失われ、多くの播種なし地を生み出すことになった。土地革命は土地の均等化を達成することができなかっただけでなく、旧来の土地利用の悪弊を根絶することもできなかった。

一八年夏に農民経営の三つの敵として次のような実例が紹介された。第一は遠隔耕地で、それは大きな村に存在し、サラトフ県には七〇ヴェルスタ離れた分与地が存在する。第二は細分地条である。これは村落で土地を慎重に（土壌、地表の傾斜、村落からの距離、水利の便、雪の吹き溜まり量などを考慮して）配分する際に、村落の土地を圃場に、圃場を区画に、さらには区画を地条に細かく分割したためにほとんどの村落に存在する。それぞれの圃場には何十もの、ときには六〇以上の区画があり、それぞれの区画が非常に幅広い畦によって隔てられ、それら区画が籤によって経営ごとに地条として分けられる。そのため、地条の幅は一サージェン［約二・一メートル］までになっている。最後は混在耕地である。区画を分割する際に、通常は区画ごとに一地条が経営に与えられ、そこで最初に籤を引いた経営主は第一の地条を、次の経営主は第二の地条を受け取り、こうしてそれぞれの経営は、区画ごとに混在する地条を耕作しなければならなくなった。このような土地利用の結果、耕作するために異常な時間とエネルギーを浪費しただけでなく、施肥や農具と機械を利用する可能性が奪われた[11]。

土地革命に伴う土地整理もほとんど成果を挙げなかった。そもそも、土地革命にボリシェヴィキは明確な方針を持たず、土地整理のための測量士も機材も不足した。土地整理がもっとも進んだといわれているヴォロネジ県ザドンスク郡でも、郷の間でも村落間でも土地の分配で量的にも質的にも完全な均等化は達成されず、混在耕地、細分耕地、遠隔耕地の弊害は克服できなかった。農民の心性によれば、隣人がどのように分与地を受けるかを疑わしげに眺め、誰も他人より小さい悪い土地を受け取ろうとしなかった。そこで頻繁に割替が行われ、土地の均質性を保持するために、混在耕地は土地整理の中でいっそう強まり、住民の不満を招いた。土地革命も期待した成果を挙げず、農業革命はその緒にさえ就いていなかった[12]。

このような土地革命の限界が、この時期の播種不足の主因の一つであった。一九年二月のサラトフ県カムィシン郡の農業部郡大会で、四〇から一五パーセントまでの非常に深刻な播種不足が様々な郷から報告され、この原因として、著しい種子の不足と並んで、遅くて不適切な土地の配分、混在耕地と二〇から三〇ヴェルスタの遠隔耕地などが挙げられた。

だが、徐々に悪化する飢餓がその大きな原因になり始めたことも、各地から報じられた。早くも一八年春にノヴゴロド県デミャンスク郡の郷から、「わが住民は凶作に遭い、農村の半分は飢饉に晒されている。すでに種子用のオート麦の多くは食い尽くされ、畑は播種されないままに残された」と、プスコフ県から、畑の著しい部分が播種されないままになり、種子の一部は食べられ、農民は畑を増やしたものの種子がなく、元の地主領地の大部分が荒廃していると、食糧人民委員部に報告された[13]。

一九年の播種不足は、収穫期が近づくにつれ二〇年の凄まじい飢餓を現出させた。ボリシェヴィキ権力があらゆる犠牲を払って確保しようと努めた、両首都の食糧事情さえ厳しかった。二〇年夏のモスクワ市は次のように報告された。七月七日。食糧貯蔵は完全に枯渇した。八日にソヴェトに女性と子供が集まり、わたしたちはひどく飢えている、パンをください、と叫んだ。ソコリニキ［地区］で労働者は憲法制定議会を求めて、デモを挙行した。七月一〇日。モスクワではパン配給券でパンが交付されなかった。事態は尖鋭化している。モスクワでは暴動が現れ始め、工場はすべて停止し、民衆はパンを求めている。七月一三日。権力打倒を叫んでいる。いくつかの工場でストがあった。ペトログラードでも同様である。六月二八日。工場ではわれわれ全員が飢えで絶滅するであろうとの風聞が流れ出した。ペトログラードはひどく飢え、食堂では一皿しか出されず、パンは減量された。市の売店は完全に閉鎖され、何も手に入れることができない。七月八日から九日にオブホフ工場の労働者がストを行い、もっと多くのパンと食糧を与えるよう要求し始めた。「働かないなら銃殺する」との脅しがかけられた。集会で労働者は、「ソヴェト権力打倒、戦争反対、パンをよこせ」と叫んでいる。プチロフ工場も不穏である。多くの工場は操業を停止し、飢餓のために民衆の間で暴動が始まっている。七月一七日。工場でストが始まり、食堂では水一杯だけが出され、パンは八分の一フントしか受け取っていない。

地方はさらに悲惨であった。北部のオロネツ県ペトロザヴォドスクでは七月一〇日の晩に、女性たちが群をなして市参与会に押しかけ、すでに一週間も交付されていないパンを要求した。「パンを渡したくないというなら、何のために白衛軍をペトロザヴォドスクから追い出したの」。彼女らを脅して、解散させ帰宅させた。スモレンスク県スモレンスク。七月一〇日。シュリコフスカヤ郷ヴォラチニャ村で、反ソヴェト権力の暴動が準備されている。ゴロトフカ。七月一九日。

民衆は恐ろしく飢えており、このためひどい病気にかかっている。西洋ゴボウを食している。今では飢えた者たちはこれをとびきりのパンと思っている。ドロゴブジ。七月一二日。農村には飢餓があり、苔と西洋ゴボウを食べている。[14]
二〇年のロシア全土で、飢餓による政情不安は一般的現象になっていた。例えば、八月に地方チェー・カーから届けられた報告書は、異口同音にこのことを物語っている。

トムスク県。コムニストへの対応に敵意がある。農民への政治活動の欠如や農民の無知のため、「コムニスト」という言葉は彼らに憎悪を抱かせるまでになっている。クラークの直接行動の時に、コムニスト全員が幼子も一緒に彼らの家族とともに斬殺された。村ではコムニストの殺戮 избиение が起こっている(七月一―一五日)。タムボフ県。農村での非常に厳しい食糧危機のため、クラークと聖職者によって反ソヴェトの情宣が行われている(七月一―一五日)。オレンブルグ県。サポジコーフ蜂起[15]の影響の下に、オレンブルグの主要な工場で、七月二〇日から二一日に明らかに反革命的性格の労働者の直接行動が起こった。二一日朝に、市内のあらゆる工場に、鉄道と工場での集会への招聘状が送られ、呼応した労働者グループは、勝手に様々な職種の鉄道従業員と合同で労働時間内に会合を開いた。次いで、コムニストを議長として集会が始まった。気分は明らかに無政府主義的であった。自由商業を実施し、すべてのソヴェト組織を改選し、ユダヤ人を追い出すことなどが決議された。オレンブルグ鉄道従業員の直接行動のおもな理由は、食糧問題、乏しい党活動、反革命的情宣である(七月二五日)。トムスク県。シェグロフスク郡で郡食糧委エイジェントと民警の殺害は大衆的性格を帯びている。多くの地域で、割当徴発のために不満が増大し、それは武装直接行動になるおそれがある(六月一日から七月一日)。ヴャトカ県。マルムィジ郡のヴァトツィ村で、飢えた群衆が穀物を要求した。地方権力の側からの、多くの非合法的な憤慨させるような行動が見られる(七月二四日)。トムスク県。七月前半で一揆と蜂起が頻発し、それらは全県に及んだ。ノヴォニコラエフスク郡では七月六日に、ソヴェト権力に対する公然とした武装蜂起が勃発した。蜂起参加者によってコルィヴァニ市が一時占領された。そこでソヴェト活動家が全員斬殺され、元コルチャーク派議員と著名な市のブルジョワジーからなる市ドゥーマ［議会］と管区執行委が組織された（七月一―一五日）。チェリャビンスク県。反割当徴発の公然とした直接行動と、赤軍に穀物を引き渡すのを無条件に拒否する事態が頻出した（六月一五日から七月一日）。サマラ県。農民の間に物質的欠乏が原因で不満が強まっている。農民騒擾が現れている（七月一―一五日）。トムスク県。六月一七日にニコラエフカとナゴルノ＝イタレ村で一揆が勃発し、武装したクラークの一群はコムニストを殺害した。蜂起のおもな理由は、食糧と肉の割当徴発を遂行したがらない農民の気持ちである（七月一―一五日）[16]。

すでにこの時期に、個々の農民経営の崩壊だけでなく農村全体の解体が随所で認められていた。村を捨てての大量移住である。オロネツ県ヴィテグラから一九年に、郡では飢餓のために農民は資財をうち捨てて何百人もが村から逃げ出している、彼らは移住の途中でチフスなどの伝染病により絶滅している、と報じられた。飢餓が深まるにつれ、移住の波が強まった。二〇年には、「市民が例外なく雑草や樫の樹皮などの代用食を口にしている」カルーガ県コゼリスク郡で、農民大衆は乏しい播種を放棄してほかの県に逃げ出していた。このため、大勢の農民が穀物諸県への移住証明書を申請しに、郡疎開部を取り囲んだ。飢餓が強まるとともに移住の波はいっそう高まり、二一年夏までにヴォロネジ県コロトヤク郡では農村住民の三二パーセントが村を去った。その後には、播種されないままの大量の農地が残され、こうして飢餓地方で無播種地がさらに増加した[17]。

戦時共産主義期には、総じて農民はコムニストに対して敵対的または不信感を抱いて対応し、党の農村での活動基盤はきわめて脆弱であった。このため、党中央委の下に農村活動部が設置され、一九年春に地方での現状解明のために巡察した全ロシア・ソヴェト中央執行委員会［以下ВЦИК］全権の会議が開かれ、そこで同幹部会員Ю・М・ステクローフは次のように発言した。

純粋に農民的な県では、われわれソヴェト権力一般、特に共産党は社会的基盤を持っていない。そこでは、われわれを信頼し、わが綱領を理解し、われわれを擁護するつもりのある広汎な住民大衆を見いだすことができない。わたしは、クラークやブルジョワジーの残党のことをいっているのではない。彼らはほとんど残っていない。わたしは、労働者やクスターリ［手工業者］、おもに農民の広汎な大衆について話しているだけだ。事態は悲劇的になっている。郷での動員は挫かれた。自発的動員は失敗した。われわれはたとえ一人たりとも提供しないとの労組からの一連の拒絶に遭った。農民は敵意を抱くようになった。わたしは、そこに意識的な反革命家がいるといおうとしているのではない。そんなのはいない。反革命家は取るに足らないグループがいるだけで、残りの住民は無関心な気分か、わが党に対して敵対的気分である。多くの地方でコルチャークが待望されている。実際、コルチャーク軍が進軍すると気分はわが方に変わったが、それも長くは保たなかった。この理由は多数ある。このおもな理由は、ロシア全土で、われわれは農民に実質的に否定的なもの以外、何も与えなかったことにある。かつて、都市は農民にとっては搾取者であり、何も与えなかったが、残念なことに、ソヴェト＝ロシアでも同じことが繰り返されている。織物も塩もタールも与えずに、おぞましい事態が発生し、そのことでわれわれに刃向かうクラーク、中農、貧農が団結している。遺憾ながら、党員は、たとえ幻想を抱かせようにも、余りにも無神経である。ヴャトカ県では、党員は国家権力の代表であるかのように振る舞っている。共産党とソヴェト権力との区別は失われ、すべてのことが共産党のためになされている。ヴャトカ農民は完全に零落した。馬は一七世帯に一頭だけが残され、四輪荷馬車はほとんどない。軍隊がそれら全部を取り上げ、勝手に供給している。個々の師団、個々の連隊がその隊員に資格証明書を与え、彼らは村々を訪れ、革命委も軍事委も考慮せず、種子に至るまで全部を取り上げている。赤軍が種子を没収したために、多くの地方で畑は播種されていない。ツァーリ体制の最悪の時でさえ、共産主義的ソヴェト＝ロシアで行われているような狼藉はなかった。われわれはテロルによってのみ維持されている。われわれの下にそのような恐ろしい空しさが創り出されている。ヴャトカを例に挙げれば、そこには三五人のコムニストがいるが、どんな社会的支柱もない。テロルが支配し、遠征隊は農民を銃殺し、農民は現在までこれを忘れなかった。[18]

衝撃的である。言及されている内容はいうまでもなく、このような事実が党中央委内で指摘されながらも、ボリシェヴィキによる農村への対応はその後も改善されなかっただけでなく、さらに悪化させるような政策が継続されたことが、いっそう衝撃的である。

このようなソヴェト・党活動の脆弱な基盤を飢餓はさらに浸食した。一九年春にプスコフ市施設の職員と労働者は、ひどい食糧不足のために穀物を求めに地方に頻繁に出向くようになり、市の行政は大きく停滞した。厳しい旱魃の結果、カルーガ県コゼリスク郡では餓死者と栄養失調による病気が大量に現れ始めた二〇年夏に、郡執行委は現地での混乱を次のように報告した。「大量の兵役忌避者が認められるが、これら兵役忌避者の多くは穀物を求めて、様々な地方に出向いている。郷は毎日パスポートを持って穀物諸県に出かける者たちで溢れている。市内も同じ状況。この状態は、特にソヴェト施設に反映され、職員は自分の職務があっても、口実を設けてコゼリスクから消えている。郡国民教育部部長がいうには、部内の定員は七二人だが、全部で一一人しかおらず、全員が充分に職務を全うしているのでもない。参与は七人のうち、たった三人しかいない。［……］工場は食糧と軍事動員への不満のためにほとんど機能していない」[19]。こうしてソヴェト施設は食糧危機のために機能せず、農民は穀物を探し回るために赤軍の徴募を拒否した。

食糧を求めての労働者と職員の欠勤率は、食糧事情が深刻になるにつれ高まった。ブリャンスク工場の労働者は二〇年四月になると月に麦粉を四フントしか受け取れなくなり、このための罹病と食糧探しのために、彼らの欠勤率は一九年一月の三二・一パーセントから二〇年四月には四一・三パーセントにまで上昇し、これは軍隊への動員とともに工業復興の大きな障碍となった。そのため、ボリシェヴィキはこのような欠勤に対し、勤労忌避 трудовое дезертирство として断固とした闘争を指示した。

広大なロシアで食糧輸送の意味でも、兵員移送の意味でも、鉄道の果たす役割は重要であり、鉄道従業員には赤軍兵士に次ぐ食糧供給の優先順位が与えられた。それでも、鉄道での勤労忌避は大規模に展開され、二〇年四月に党中央委は次のような現状を明らかにして、それとの闘争を訴えた。「戦時中は動員から逃れるために大量のクラーク分子が鉄道に入り込んだ。内戦の年に、意識の高い革命的労働者は赤軍の隊列に留まるか、社会主義建設の様々な分野に散ったときにも、これら利己主義的クラーク分子の流入は続いた。その結果、赤軍のコムニストが一〇パーセントとすれば、鉄道にはコムニストは二パーセントもいない。鉄道従業員大衆のそのような政治的水準に応じて、彼らの間には勤労規律の大きな欠落が見られ、そこでの様々な形の勤労忌避は許し難い規模にまで達した。いくつかの鉄道では、労働者の出勤拒否 невыход на работу は三月に八〇パーセントにまでなった」[20]。飢餓のためにソヴェト共和国であらゆる機能が麻痺していた。

同時代の研究者は、戦時共産主義期末の状況を簡潔に次のように描いた。内戦の下で強固な社会主義的経済の基盤である大工業が解体されただけでなく、労働者階級が失われた。その優れた部分は、前線で落命するか、ソヴェトや党活動から離れた。工場の閉鎖は都市プロレタリアートの著しい部分を雲散させた。全般的崩壊の状況下で、プロレタリアートの部分的な階級脱落は革命の社会的基盤を弱めた。農村では、貧農とバトラーク［雇農］は小経営に転化することで、プロレタリアートの同盟者が失われた。内戦の終了は、都市プロレタリアートとの利害の矛盾を感じていた農民反革命を解き放った[21]。

戦時共産主義の様々な負担に農民は耐えていたとしても、八月が訪れ、二〇年の旱魃による凶作が明らかとなったとき、燎原の火のごとくロシア全土を農民蜂起が埋め尽くした。

註

1　例えば、穀物県サラトフについてアメリカ人研究者は、「サラトフのコムニストは一八年八月まで政府の穀物専売と固定価格を無視したように、経済的「地域主義（ローカリズム）」は政治的地域主義を伴った」、と適格に指摘する（Raleigh D.J. Experiencing Russia's Civil War: Politics, Society, and Revolutionary Culture in Saratov,1917-1922. Princeton U.P.2002, p.282-83.）。

2　Figes O. Peasant Russia, Civil War: The Volga Countryside in Revolution (1917-1921).Oxford, 1989,p.71. この間の状況については、拙著『飢餓の革命』、第四章、第八章、を参照。

3　Данилов В. П. Крестьянское движение в Тамбовской губ. в 1919-1921 гг. («Антоновщина»): Документы и материалы. Тамбов, 1994. С .6.

4　Государственный архив Российской Федерации. Ф.393, Оп .22,

Д.81. Л.228.〔以下ГАРФ. と略記〕なお、同県で一八年夏に最初の穀物割当徴発が実施されたことはよく知られている。戦時共産主義期の農村の実情とソヴェト政策に関しては、拙著『ボリシェヴィキ権力とロシア農民』を参照のこと。また同時期の農民運動の実態については、Кондрашин В. В. Крестьянское движение в Поволжье в 1918-1922 гг. М.,2001. が詳しく分析している。

5　ГАРФ. Ф.130, Оп.2, Д.762, Л.132,138; Ф.5556, Оп.1, Д.37, Л.5,33,39.

6　Там же. Ф.130, Оп.2, Д.708, Л.205,312,298; Д.709, Л.459; РГАСПИ. Ф.17, Оп.65, Д.453, Л.133,135.

7　В. И. Ленин Неизвестные документы :1891-1922. М.,1999. С.246.

8　もちろん、このことは革命以前に農民の生活条件がよかったというのではない。二〇世紀になっても農民の日常生活がまったく改善されなかったことは、一九一二年のカザン県からの次のような特派員報告が物語っている。「総じて圧倒的多数の農民は、二〇年以上も前よりもよくない経済状態にある。彼らの住宅事情は改善されなかった。大多数は昔ながらに、狭くて寒い百姓小屋(イズバー)に住み、そこには小家畜や家禽もいる。〔……〕しばしば籾殻が付き、雑草などで汚れたパン、肉なしシチュー、煮込んだ馬鈴薯、茶と砂糖が、現地農民のほとんどすべての通常の食事である。農民の家畜と家禽の数は完全に減少した。彼らの所で飼われる馬は、以前と同じくどこにも見ることはできない。その一方で、他と同じようにここでも人口の増加のために、農民の間での食糧の消費は著しく増加している。このために、地方の市場やバザールで地方農民によって販売される穀物の量は、減らないとしても増えもせず、凶作年の暗黒の日々には経営主に残される穀物貯蔵は急激に減っている」(Лященко П.И. Хлебная торговля на внутренних рынках Европейской России. СПб., 1912. С.365.)。このような実情から、さらに悪化したのである。

9　РГАСПИ. Ф.17, Оп.65, Д.141, Л.36-39об.,63об.

10　当時の統計資料は、統計員の不足などの技術的理由や、農民はできるだけ収用される穀物量を少なくしようとして播種面積を隠匿しようとしたために、必ずしも信頼できる数字とは言い難いとしても、この傾向は明白である。

11　РГАЭ. Ф.478, Оп.1, Д.330, Л.200; Ф.1943, Оп.3, Д.216, Л.46; Беднота.1921. 25 авг.; Вятское нар. хоз-во. 1918. №4/5. С.22-24. 共同体による土地配分のこれら実例は、B・カバーノフにより典拠なしで引用されている(Кабанов В. В. Октябрьская революция и крестьянская община // Ист. записки. Т.111. С.117.)。

12　Первые итоги аграрной реформы. Воронеж,1922. С.5; Берзин А.К. Итоги землеустроительной и переселенческой кампании 1920 года // Сел. и лес. хоз-во.1921. №1/3. С.217,221-222. 一九年から始まったヴォロネジ県での社会主義的土地整理作業は、二一年七月までに終了した。南部郡では内戦と長期に渡る匪賊運動のためにほとんど手つかずで、これはおもに北部郡で実施され、県の全農業面積の約五四パーセントをカバーした。この結果、土地利用のあらゆる欠陥(村落間の混在耕地、遠隔耕地)は著しく減少したとされたが、それでも次のような欠陥は是正されないままに残された。一、大規模な村落(県平均で村落の規模は一八七世帯)、二、僅かな水系の周囲に村落が密集し、そのため分与地は水系に沿って一〇ヴェルスタほどの狭い地帯に広がり、村落間の混在耕地が発展している、三、ほとんど至る所で共同体的土地利用は三圃制と村落内の混在耕地と狭い地条に特徴づけられている(РГАСПИ. Ф.17, Оп.84, Д.998, Л.18-18об.)。要するに、もっとも土地整理事業が実施されたといわれるヴォロネジ県でも、共同体的土地利用の弊害を根本的に改善することはできなかった。

13　РГАЭ. Ф.478, Оп.6, Д.1015, Л.86об.-87,97; Ф.1943, Оп.3, Д.216, Л.46; Беднота.1918. 25 авг.

14　РГАСПИ. Ф.17, Оп.65, Д.453, Л.123об.-128.

15　サポジコーフ蜂起とは、自由商業の要求などを掲げて、サマラ県ブズルク地区で二〇年七月一三日に勃発したサポジコーフ麾下の第二トルケスタン騎兵師団の叛乱である。このような赤軍正規軍の叛乱は中央権力を震撼させ、革命軍事評議会議長トロツキーはこれの断固とした鎮圧を命じ、叛乱軍を人員で五倍以上、武器では圧倒的に有利な兵力が投入されたが、その鎮定には二ヶ月を要した。その大きな理由は、叛乱軍のスローガンに共鳴した多数の農民が義勇兵として参加したことである。詳しくは、Кондрашин В. В. Указ. соч. С. 313-319. 参照。

16 ЦА ФСБ. Ф. 1, Оп. 4, Д. 162, Л. 3-5об., 14а-14о.

17 ГАРФ. Ф. 393, Оп. 10, Д. 78, Л. 11; РГАСПИ. Ф. 17, Оп. 65, Д. 489, Л. 254; РГАЭ. Ф. 1943. Оп. 6, Д. 578, Л. 87.

18 РГАСПИ. Ф. 17. Оп. 65, Д. 7, Л. 141. このための県組織が各地で設置されたが、その活動も決して充分でなく、二〇年秋にヴォロネジ県では県農村活動部は動員のために部長が不在となり、「活動に水が差され」、これに関する活動報告は県内一三郡のうち四郡からしか送られなかった(Воронежская коммуна. 1920. 26 окт.)。

19 ГАРФ. Ф. 393, Оп. 10, Д. 80, Л. 3; Д. 21, Л. 63а-65. このようなソヴェト施設への不満も強く、サポジコーフ蜂起の際の檄では、「すべてのソヴェト施設には革命の敵、ブルジョワジーと将校が居座っている」と記された(Советская деревня глазами ВЧК-ОГПУ-НКВД 1918-1939: Документы и материалы. Т. 1. М., 1998. С. 759.)。

20 Смит М. Обеспеченность промышленности рабочей силой.- В Кн.: Продовольственная политика в свете хозяйственного строительства Советской власти. М., 1920. С. 21-22. РГАСПИ. Ф. 17. Оп. 65. Д. 285. Л. 1.

21 Дубровский С. Очерки Русской революции. Вып. 1. М., 1923. С. 235.

第二章 割当徴発の停止

通常、割当徴発の停止は、現物税の導入と同義と解釈されている（時にはネップ構想もこれに関連づけられた）。こうして、農民の気分を緩和するために現物税が導入された、との主張が繰り返された。果たしてそうだろうか。民衆の不満を考慮して割当徴発が停止されたのか、また割当徴発の停止によって事態は改善されたのだろうかという点については、改めて具体的な検討が必要である。

ここでは、いかなる事情で割当徴発が停止されたのかを検証するため、まず、当時猖獗していた農民蜂起と割当徴発停止との関連を見なければならない。

タムボフでの農民蜂起

タムボフ県は、肥沃な黒土を持つ豊かな穀物県として、僅かな期間を除いて戦場となることもなく、モスクワに比較的近距離にあるために、食糧と人的資源の尽きせぬ源泉として十月革命直後から徴発と動員の標的となり、それに応じて農民蜂起も頻発していた。

対匪賊全権として二一年二月に同県に派遣された元タムボフ県執行委議長B・A・アントーノフ＝オフセーエンコは、アントーノフ蜂起までの「もっとも農民的な」県の実情を次のように報告した。「農民経営の需要を考慮せずに寄食する何十もの赤軍兵士部隊に、南部郡は耐えてきた。［……］特に食糧割当徴発は重く県にのしかかった。前線付近の軍事部隊が集結したため、畑作経営が没落して家畜と農具に大きな損失を蒙った県は、食糧人民委員部から生産県の一つとして認定され続けてきた。莫大な努力を払った末に、力の及ばぬ負担であった一九／二〇年度の割当徴発は半分が遂行された。［……］二〇／二一年度の割当徴発は、前年比で半分に縮小されたものの、完全に力の及ばぬものであった。大きな播種不足と異常な凶作の下で、県の著しい部分は自分の穀物も賄えなかった」。戦前平均で一人当たり穀物約一八プードと飼料七プード余りの年間消費であったが、「割当徴発が一〇〇パーセント遂行されたなら、農民一人当たり穀物一プードと馬鈴薯一・六プードしか残らなかった。そこで割当徴発はほぼ五〇パーセントが遂行された。すでに、［二一年］一月までに農民の半分が飢えていた。ウスマニ郡、リペツク郡の一部、コズロフ郡では飢餓は極限にまで達している（樹皮を噛み砕き、餓死者があった）」。

二〇年一〇月の食糧人民委員部報告で同参与A・И・スヴィヂェールスキィは、タムボフ県を視察した結果、割当徴発を完遂できないのは、パニックに陥った県食糧委が「英雄的措置」を行使していないためであるとして、そこでの凶作の存在を認めなかったが、そこで示唆されているように、中央権力による割当徴発の遂行が二一年飢饉の原因であるのは明らかであった。突撃県と認定されたタムボフ県で二〇年一二月一〇日までの割当徴発の遂行率は三六・九パーセントしかなく、すでに農民には供出すべき穀物がなかった[1]。

二〇年春の播種は壊滅的と報告され、この時までに県内各地で飢餓は顕著になっていた。キルサノフ郡からは、「生きて行くことはできない。穀物は取り上げられ、家畜は奪われ、われわれには飢餓が残されている」と、リペツク郡からは、

「農民からすっかり穀物も一粒残らず家畜まで全部を奪っている。何も与えず、衣服も何も与えてくれない。そのようなことがタムボフ県全土で起こっている。このために暴動が勃発するだろう。農民は部隊に反対している。何も播種できない」と、ルジェフからは、「われわれの所に部隊が到着し、穀物を取り上げ、一人当たり二五フントが残されているだけである」との、農村の窮状が報告されていた。このように窮乏化した農民からも割当徴発は容赦なく徴収され、農民はそれからの救済を訴えた。二月にキルサノフ郡の郷執行委議長は、「勤労人民の領袖にして真理の擁護者」レーニンに、現在郷にいる食糧部隊は割当徴発により消費基準と種子も残さずに穀物を一〇〇パーセント汲み出し、貧農は凶作のためにそれを遂行することができず、繁殖用の家畜さえも奪われている現実からの救いを求めた。四月に党中央委はタムボフ県委に、「タムボフ全県で農民から穀物を徴収する際に、一連の不正行為が認められると指摘する申請が入っている。今回はウスマニ郡についてで、コムニストの赤軍兵士の上申によれば、プシキノ村の農民から基準を考慮せずに春蒔き播種用の種子さえ残さずに、すべての穀物が取り上げられた。農民から集められた穀物は最寄りの駅で腐っており、農民は憤慨している。これらの憤慨は次のことでいっそう強まっている。農民を鞭打ち、彼らを寒い納屋に閉じこめ、そのほか農民から奪った穀物で部隊長は、これら農民に自分たちのためのサモゴンカ[非合法の自家醸造酒]を醸造するよう強いた。[……]この事実は、この公文書を作成した郷ソヴェトにより確認されている」と、県でのきわめて危険な兆候を指摘した。[2]

とはいえ、ボリシェヴィキ権力は、割当徴発制度を根本から変更することなど思いもよらなかった。五月に開催されたタムボフ県ソヴェト大会で、県執行委議長となったA・Γ・シリーフチェルは食糧問題に関する長い演説で次のように述べた。食糧問題はソヴェト社会主義の現状におけるもっとも深刻で困難な問題の一つである。そこでは、「穀物割当徴発は住民にとって重い負担であり、非常に厄介な тягостные 方法によって、抑圧と強制の方法によって実行されている、との非難を一再ならず聞かなければならなかった」。このようにいわれている。「穀物の強制割当徴発は、誤った不適切な任務である。ソヴェト権力により行われ、築かれているすべてのことが、ほかならぬもっぱら勤労大衆の利益のために行われているときに、なぜ、国家集荷所に余剰を引き渡すことを勤労者に強制するのか。まさにソヴェト権力が存在したその時から、以後すべてが勤労者の利益のためだけに行われると、厳かに宣言したのに、なぜ、強制するのか。勤労者はまともな人間である。昨日はまだ地主の土地で彼らにへつらっていた農民が、今日では土地を受け取り、自由な耕作者になった。彼らは自分の意志ではソヴェト権力に近づこうともせず、余剰だけでなく自分のために残した分までも取り上げられ、おまえたち労農権力は労働者や農民のために創り上げた秩序を護っていないのではないか」。シリーフチェルはこのような声を理解できるとしながらも、そのほかの方法が案出されていないために、割当徴発の継続を認めた。穀物がなければ帝国主義者がわれわれの息の根を止め、労働者は四散し工場制工業が停止する。彼はいう。「革命は犠牲を必要とする」。したがって、個々の行き過ぎは排除されなければならないとしても、割当徴発を遂行するための、「懲罰的措置としての逮捕、没収、徴収、すなわち、穀物任務を達成するための階級的国家的抑圧は必要である」。[強調は引用者] 割当徴発を一八年夏に初めてヴャトカ県で実施した指導的食糧活動家の認識はこのようであった[3]。

二〇年の収穫が明らかになるにつれ、旱魃による県内の異常な凶作が認められるようになり、ボリソグレブスク郡では播種分の収穫までもが危ぶまれた。それでもキルサノフ郡食糧委は、文字通りすべての穀物と家畜を徴収し、畑には何も植えられず、そのため農民は播種のために馬の返却を要請した。リペツク郡では、雹害や旱魃のためにライ麦の収穫はなく、ある村ソヴェトは、公的文書によって村は自分を賄うことができないだけでなく、畑に完全に播種することもできないことが確認されていることを根拠に、СНК議長とВЦИК議長М・И・カリーニンに、「翌年の農業に完全な崩壊をもたらす国家的割当徴発」を免除するよう要請した。農民の窮乏は極限にまで達しようとしていた[4]。

増え続ける赤軍への召集も農業荒廃の一因となり、それへの不満も高まり、内戦が激化し召集兵が増えるにつれ、召集を拒否したり軍隊から脱走したりする兵役忌避者дезертир の数がロシア全土で急増した。赤軍兵士の多くは農閑期の冬に召集され、夏の収穫期とともに脱走した。夏の徴募は困難で、トゥーラ県一一郡（一二郡のうち）では、一九年五月の兵役志願者は七九八人であったが、八月には一九二人に激減した。共和国で一九年後半に赤軍からの脱走兵は一五〇万を数え、ある戦線では収穫期に八〇パーセントの兵士が脱走した。動員された兵士は残された家族と畑を心配した。各地で働き手の支柱を失った赤軍兵士の留守家族による経営は崩壊したが、そのための援助はほとんどなかった。二〇年七月にはコストロマ県で、赤軍兵士家族の餓死が記録された。それでも、割当徴発の際にこのことは斟酌されなかった。二一年春にゴメリ県の元赤軍兵士は、女手だけが残されたために留守家族を扶養することもできず、労働力不足のために土地は耕作されなかったにもかかわらず、割当徴発はその土地全部に課せられたとして、その軽減を訴えた。[5] そもそも、農民兵士は、共同体の外で繰り広げられる「世界革命」の夢を、ボリシェヴィキと共有することは決してなかった。

内戦の勝利とともに、赤軍の輝かしい戦歴が賞讃されたとしても、その実情は厳しかった。入隊した赤軍の食糧事情も劣悪であった。二〇年二月の赤軍部隊に関する報告書の中で、ヤロスラヴリ第三中隊では二月四、五日の二日間で「パン一フント、スープ一杯、ピロシキ三個のほかには何もなく」、この部隊は「全員がぼろをまとい、草鞋を履いて」厳冬の中を行軍し、ペルミ第四中隊は「パンは一フント以下、スープは水同然」を食し、モギリョフ第四中隊では、「装備はまったく与えられない。裸足で行軍し、草鞋もない。給与はもう三ヶ月間受け取っていない。タバコは交付されていない。パンはあるときは一フント、またあるときは半フントが供されている。スープは飯盒に一杯」などの劣悪な現状が、三七ページにも渡って延々と綴られた。八月にシベリア軍事食糧局は、制服が支給されるはずの部隊は旧い夏服のまま一ヶ月間着の身着のままで、冬装備を受け取れないなら部隊は活動を停止すると訴えた。一〇月のチェー・カー報告は、装備と衣服がないために、寒さの到来とともに脱走兵が著しく増加した事実を指摘した。[6]

兵役忌避者の増加とともに、各地で兵役忌避との闘争特別委員会が設置され、そのカムパニアが繰り広げられた。一八年一二月二五日づけ国防会議政令により、兵役忌避はもっとも重大な犯罪として、忌避者には銃殺に至る、隠匿者には五年の強制労働の厳罰を定め、一九年六月三日の同政令では、処罰をいっそう厳格にし、現地住民が頑強に忌避者を幇助する場合には、郷または村全体に連帯責任で罰金か強制労働が課せられた。このような措置にもかかわらず、赤軍の徴募は遅々として進まなかった。スモレンスク県ユフノフ郡で一九年五—六月に大量のコムニストとシンパが動員カムパニアのために送り出されたが、この間に赤軍の徴募に応じたのはわずか六一人で、七月までに出頭に応じた兵役忌避者は二〇〇人であった。同県では、二ヶ月間原隊に復帰しなかった兵役忌避者は銃殺された。ヴェー・チェー・カーの報告書によれば、二〇年一〇月前半に共和国全体で、一〇万一四一六人以上の兵役忌避者が捕獲され、少なくとも七一二人に銃殺の判決が下された[7]。

兵役忌避者家族に対する資産の没収と人質は、この闘争の中で広汎に適用された手段であった。党中央委は党県委に宛てた二〇年五月の極秘 совершенно секретно 文書で、一九〇一年生誕者の召集に向けてのあらゆる措置が執られたが、出頭拒否や移送時の軍用列車からの脱走などの兵役忌避が著しく増加した事実を指摘し、「脱走兵は必ず肉体的懲罰を受けなければならない」ことを命じた。だが、厳罰を適用しても、住民の支持を得て広汎に展開する兵役忌避と闘争するのはほとんど不可能になっていた。三月のクルスク県チェー・カーの報告書は、その実情を次のように伝えた。「兵役忌避は増加しつつある。現在までチェー・カー機関、ソヴェト民警、対兵役忌避闘争県委の適時の尽力により、約六〇〇〇人を捕獲したが、県には一万から一万五〇〇〇人の忌避者がまだ捕獲されずにいる、との非常に根拠のある推測がある。兵役忌避者の大多数は他県に配属された赤軍部隊からの脱走兵である。そのような現象との闘争はまったく困難である。すべての郡でソヴェト民警の多くがチフスに感染し、対匪賊闘争委の特別部隊は県内での兵役忌避を根絶する任務に適していない農民から構成されているので、当てにできない」。八月にサラトフ県ヴォリスク郡の村で、兵役忌避者家族から家畜が没収されたことに端を発して、斧や三叉で武装した農民が決起した。このように農民大衆の間に蔓延する動員への恐怖に気づいたボリシェヴィキ指導者はほとんどいなかった。二〇年の第九回ロシア共産党大会に登壇したトロツキーは、輝かしい赤軍の戦歴を引き、強制動員による農民大衆からなる労働軍の創設を提唱したのであった[8]。

タムボフ県に広がる森林地帯は、兵役忌避者に絶好の隠れ家を提供し、ここにも多数の忌避者が徒党を組んで跳梁していた。二〇年五月にはタムボフ郡とボリソグレブスク郡の境界付近で彼らが指嗾した農民蜂起は、いくつかの郷を巻き込み、派遣された捕獲部隊を武装解除した。県チェー・カーは七月の報告書で、全県で強力に組織された匪賊の活動と兵役忌避者の群れを確認した。秋にはその数は二五万に達し、彼らは徒党を組み、穀物集荷所やソフホーズへの襲撃を繰り返していた[9]。

これら徒党の指導者の一人が、元エスエル党員A・C・アントーノフであった。八月に兵役忌避者の捕獲にタムボフ郡カメンカ村を訪れた部隊は匪賊に急襲され、その後に県チェー・カーから派遣された部隊も村付近で粉砕された。八月一九日に決起した約一五〇〇人の農民は、近くのソフホーズを襲い家畜を掠奪して、コムニストを殺害した。赤軍部隊によって村が鎮圧された二四日の晩に、徒党を引き連れたアントーノフが到着した。これが、その後一年数ヶ月にも及び、約五万人の犠牲者を出した「アントーノフ運動 Антоновщина」の始まりであった。

この蜂起に関するもっとも早い中央への報告書（全ロシア繊維工労働組合中央委への報告）は、その有り様を次のように生々しく描いている。

タムボフ県では毎年蜂起が起こり、匪賊の領袖、アントーノフ「何某」は、農民が彼に共鳴しているのを見て、自分の充分に武装された匪賊とともに攻撃を開始したが、農民ならびに労働者は、完全に反革命的気分にあることを強調しなければならない。そのため、アントーノフの蜂起はサムポル［ママ、カメンカの北にあるサムプルの誤り］駅と村で起こり、当然にも農民と労働者は匪賊に合流して戦闘を開始し、わが赤軍兵士は退却し、次いでタムボフから増援部隊が送り出され、八月二五日にそこでの交戦が始まり、八月二九日に匪賊は二〇ヴェルスタ離れたヒトロヴォ方面に向かった。ヒトロヴォは支持を表明し、次いで匪賊は組織的やり方で三ヴェルスタ離れたメリノフカに進み、さらに大きな村のヴェルフネ＝スパッスコエに向かい、丸ごとスパッスコエから合流した農民は、ラスカゾヴォを攻撃した。

こうして農民と労働者に支持されたアントーノフ軍は、蜂起発生から数日間で工業地区を含む広汎な地域を瞬く間に占領した。村ソヴェトはパニックを起こして逃げ出し、匪賊がラスカゾヴォを攻撃するや、コムニストの半数は何処となく失せた。八月三〇日に党地区委は全コムニストに武器を持って参ぜよとのプリカースを出したが、そこに現れたのは「羊の群れ」でしかなかった。組織性もなく、急遽設置された防衛参謀部のメンバーは、「退却用の立派な馬を用意し、残りのコムニストは全員が非武装であった」。労働者は自分の工場の防衛に喜んで馳せ参じると期待されたが、実際にはそれは無条件に拒否された。翌三一日にタムボフから赤軍騎兵部隊と軍学校生徒が到着し、農民と匪賊への攻撃を開始したが、ヴェルフネ＝スパッスコエの農民は赤軍との戦闘にもっとも積極的に参加した。戦闘は三日間続き、この村はほとんど丸ごと焼かれ、多数が殺害された。「約三〇〇〇人の匪賊と決起した農民は、［繊維工場のある］ラスカゾヴォを占領し、羅紗を掠奪し、コムニストを皆殺しにしたいと思っていたが、これは成功しなかった」。民衆のアントーノフ軍への支持、現地の党・ソヴェト組織の狼狽と無秩序状態は、二一年二月に中央から全権特別委が派遣されるまで続いた。

アントーノフ＝オフセーエンコは、先に触れた二一年七月のレーニン宛の膨大な報告書でその原因を的確に次のように指摘する。「県内には少なからぬ軍事部隊からの脱走兵と、強奪行為に手慣れて戦争により階級から脱落した様々な分子、紛れのない白衛軍兵士も潜んでいた。農民経営の需要を考慮せずに寄食する何十もの赤軍兵士部隊に、南部郡は耐えてきた。ソヴェト権力は、厳格な軍事行政的性格を帯びた。経済、啓蒙組織は充分広汎な建設的活動を展開することができなかった。［……］没収した家畜の利用と穀物と野菜の保管に関して、食糧委組織は充分ぞんざいで粗末にнехозяйственно扱い、大量の家畜が絶滅し、穀物は腐り、馬鈴薯は凍った。農民への荷馬車賦課は、特に北部郡で、飼料がないため森林委による薪搬送の義務すら履行されなかったことを勘案すれば、非常に重い負担であった。総じて、大多数の農民の観念では、ソヴェト権力は、郷執行委と村ソヴェトに大胆に命令を下し、まったく支離滅裂な要求を履行しない廉で権力のこれら地方組織代表を逮捕するために訪れるコミッサールや全権と同一視され、しばしば農民経営に直接の害を与えてまったく国家の利益にならずに行動する食糧部隊とも同一視された。大方、農民は、ソヴェト権力を彼らへの対応に関して何か外のもの、支配するだけで、非常に熱心だが先見の明なく命令を下す何かと見るようになった」[10]。まさにタムボフ県での農民蜂起の原因は、彼が指摘するように、飢餓とコムニスト権力への農民の憎悪であった。

一一月半ばで県全体の割当徴発の遂行率は、二九・八パーセントときわめて低い数字であったが、特にアントーノフ匪賊が猛威を振るうボリソグレブスク、キルサノフ、タムボフ郡での遂行率は、それぞれ、一六・八、二五・〇、二二・二パーセントと県内での最低の数字であった。農民史研究者B・B・コンドラーシンはヴォルガ流域の農民運動を考究した大部の研究書の中で、国内のきわめて苦しい食糧事情により、農民革命は一八年以後に新たな段階に入り、これ以後は先行する時期とは異なり、農民運動は農業経営を疲弊させるボリシェヴィキの農業政策からの「防衛的性格」を帯びるようになったと、適切に特徴づける[11]。この特徴づけは、タムボフ県にも該当する。だが、乏しい収穫でも何とか生き長らえることができたときにはボリシェヴィキの圧政にも耐えてきたとしても、経営が完全に荒廃し、畑に疎らで膝丈もなくすでに黄ばんだ麦しか見られないような厳しい飢饉の下で、絶望に駆られた農民は命を賭して立ち上がった。

これまでの多くの農民直接行動は、通常は政治的スローガンを掲げず、農民の生存の権利を要求した地域的運動に留まった。だが、都市労働者から構成される食糧部隊による割当徴発が彼らの生存を脅かすようになり、彼らによって満足な収穫も実現されなくなったとき、食糧部隊員によって具現化されるボリシェヴィキは農民の共通の敵となった。こうして、二〇年夏以降に生存を賭けての新たな農民戦争が地域を超えて各地で大規模に展開された。二一年三月の第一一回タムボフ県党協議会で採択された『エスエル匪賊運動との闘争に関する決議』の中で、飢饉と農民蜂起について、「異常に苦しい県の食糧事情が、エスエルなどの反革命的プロパガンダを成功裡に有利に導いている」と述べられたように、飢饉は農民を反ボリシェヴィキへと駆り立てた。同様な事実は、二一年一月末に勃発した西シベリアでの農民蜂起の震源地となったチュメニ県イシム郡の七月の政治情勢に関する党郡委報告書で、「多くの地域で森林の中を匪賊の徒党が徘徊し、力の及ばない国家的食糧割当徴発によって人為的に創り出され、昨年の旱魃による大凶作のためにいっそう強まった飢饉のために、匪賊運動が盛んになっている」と伝えられた。

アントーノフ蜂起は、タムボフ県からサラトフ、ペンザ、ヴォロネジ県へと浸透し、サラトフの東に隣接するウラリスク県からも、二一年二月に匪賊活動の拡大が伝えられたように、連鎖反応的に農民蜂起が随所で勃発した[12]。さらに、西シベリアのイシム郡で発生した農民蜂起は二月以降急速な展開を見せ、この時期最大規模の反ボリシェヴィキ運動となりつつあった[13]。ウクライナではマフノー匪賊がその攻勢をますます強め、きわめて危機的な政治状況の下で、ようやく農民蜂起の問題が党中央で取り上げられるようになった。

二一年一月一二日の党中央委で、農民にある気分に関する問題が審議され、カリーニン［ВЦИК議長］(議長)、E・A・プレオブラジェーンスキィ、Φ・A・アルチョーム(セルゲーエフ)を構成員として、凶作の被害をもっとも蒙った諸県のいくつかで農民の状態を速やかに緩和するのに可能な措置を審議する特別委と、Φ・Э・ヂェルジーンスキィ［ヴェー・チェー・カー議長］、C・C・カーメネフ［共和国全軍総司令官］、C・C・ダニーロフ、アルチョームを構成員とし匪賊行為の根絶を早急に準備する特別委が設置された(因みに、この会議で第一〇回党大会の報告者が指名された)。

アントーノフ蜂起について現地から、タムボフはいうまでもなく、サラトフやヴォロネジからも悲鳴にも似た軍事要請が幾度も打電され、党指導部はこれら状況を完全に知悉していたにもかかわらず、中央からの本格的な介入は著しく遅れた。二月二日づけでサラトフ県執行委議長代理は、レーニン宛に次のような極秘覚書を送っている。「タムボフ県内での六ヶ月以上に渡る野戦部隊の強化［にもかかわらず］、タムボフ県でもサラトフ県でも匪賊との闘争は望ましい成果をもたらさず、匪賊は充分な反撃に出会っていない。この時までに、匪賊は駅を占領し、いくつかの機関車を破壊し、駅に甚大な損害をもたらし、サラトフ県に浸透し始めている。匪賊の機動性は、わが方に充分な数の騎兵がないことで説明される。匪賊の侵入は、最終的に播種カムパニアを崩壊させ、県内の食糧と原料のすべての貯蔵を根絶させるおそれがある。県境に騎兵がないために、匪賊に道を開かせ、何千もがもっとも穀物の豊かな地区に進撃している」。同じ頃、ヴォロネジから国防会議特別全権B・П・ミリューチンも次のようにレーニンに軍事要請を打電した。「県執行委は、ヴォロネジ県の情勢にもっとも重大な関心を払うよう執拗に要請する。武装されよく組織された匪賊の徒党一〇〇〇人が、[……人名二人]の指揮の下にヴォロネジ県の南部地区を跋扈し、ソヴェト活動家とコムニストを殺害し、集荷所を掠奪し、鉄道を破壊し、列車から強奪している。徒党は見事に武装され、見事に訓練されている。県の北部地区、ボブロフとノヴォホピョルスク郡は、タムボフ県から侵入したアントーノフ徒党の攻撃に晒され、彼らはあらゆるソヴェトと党活動に妨害を加えている。それでも県執行委の管轄下には、いかなる部隊もほとんどまったくない。われわれが持つ唯一の軍事力である一〇〇〇人の特別歩兵連隊は、追撃の役には立たない[14]」。

二月二日の政治局会議は、Н・И・ブハーリンの報告を聴き、凶作を蒙り食糧に困窮する地方での政治状況と農民蜂起に重大な関心を払うよう食糧人民委員ツュルーパに指示し、これら諸県で農民の食糧状態を緩和するための一連の措置を執るよう食糧人民委員部に委ねた。ここでようやく党指導部は、飢餓と農民蜂起との関連を認める一方で、農民蜂起との闘争への政治的指導と支援のために、タムボフにВЦИК特別委の即座の派遣を組織するよう党中央委組織局とВЦИКに命じ、ペルミ県播種委議長であったアントーノフ＝オフセーエンコをタムボフに招致することを決定した。この政治局決議を受け、翌三日の組織局会議は、彼に替わるペルミ県播種委議長を審議し、アントーノフ＝オフセーエンコを議長とする特別委の組織化をВЦИКに委ね、タムボフに優れた活動家二〇〇人を緊急派遣することを決議した[15]。

二月一六日にタムボフに到着した彼が見たのは、地方権力組織の完全な荒廃であった。その直後に彼はタムボフ農民に、「アントーノフ匪賊は崩壊し、赤軍騎兵は彼を追撃している」との檄を出したが、事態は現地軍では処理できないほど深刻になっていた。二月二六日に彼は中央委組織局宛に電報を送り、その中で、「県委、県執行委、司令部幹部会の満場一致の意見に従って、アントーノフ＝オフセーエンコ（議長）、パーヴロフ［軍司令官］、ジャービン［軍政治部部長］、ヴァシーリエフ［県委書記］、ラヴローフ［県執行委議長］の構成で、匪賊運動の根絶に関する［ママ］全権特別委」を承認するよう党中央委に要請した。これを受け、三月三日の組織局会議は、タムボフ県委から提案された匪賊運動との闘争に関する全権特別委を承認するとともに、アントーノフ＝オフセーエンコ、パーヴロフ、ジャービンを構成員とする革命軍事評議会を設置することを認め、タムボフ県に活動家を派遣するようヴェー・チェー・カーに提案することを決定した[16]。

党中央委で農民の気分に関する問題が取り上げられてから現地で態勢を整えるまでに、二ヶ月間が過ぎようとしていた。この時までにタムボフではアントーノフ軍と赤軍との戦闘は、三月初めに受け取った以下のレーニン宛の電文が物語るように、抑えようのない規模にまで拡大していた。「兵力三〇〇〇人のアントーノフ匪賊は、オゼルキ村（タムボフ南東四五［ヴェルスタ］）で敗北し、南部方面に退却し、アトホジャヤ駅地区で三月一日に匪賊はわが三個の騎兵中隊への襲撃に移り、アトホジャヤ駅を占領し、大砲四門を奪った。最後まで防戦した砲手は殺害された。わが部隊は南部方面のオブロフカ駅に後退した。［……］北部への移動を続けているコレースニコフ匪賊はテルノフカ駅を占領したが、わが軍によってそこから放逐され、北東方面に後退し、テルノフカ駅から三〇ヴェルスタで北西に転じた。コレースニコフ匪賊の通過に関連し、モルドヴォ＝ボリソグレブスク鉄道の地区で個々の匪賊の活動の強化が認められる。コプィル村（テルノフカ駅西三五ヴェルスタ）の地区で、わが大隊は一五〇〇人の匪賊の攻撃を受け、戦闘の結果、匪賊はわが部隊によってサドーヴァヤ（アンナ駅北西七ヴェルスタ）への後退を余儀なくされた。残りの地区では、わが軍事部隊は成功裡に匪賊との戦闘を行っている」。

いかなる文書資料を紐解いても、党中央がアントーノフ蜂起の鎮圧にきわめて緩慢であった事実を合理的に説明することはできない。ボリシェヴィキ権力はこの時までに軍事力を動員する能力を失っていたと強く推測できるだけである。この鎮圧の遅れのためにボリシェヴィキ権力はその後に膨大な軍事力の投入を余儀なくされ、その戦闘は辛酸を極めた[17]。さらに、これら軍事部隊の糧秣の負担すべてがタムボフ農民に重くのしかかり、苛酷な現物税の徴収の下で農民の権力への不満をさらに募らせ、そのため鎮圧をいっそう困難にした。

農民蜂起へのこのような対応を勘案すれば、これを直接の理由としての割当徴発の停止は考えにくく、農民革命が割当徴発を破棄させ、ネップを導入させたとの主張に同意することはできない[18]。何よりアントーノフ匪賊への中央からの直接的介入以前に（アントーノフ＝オフセーエンコのタムボフ到着は二月一六日）、すでに割当徴発は停止されていた（タムボフ県がその停止指令を受け取ったのは二月八日）。そもそも、農民蜂起の主因を割当徴発と関連づけるような議論は、当時にあっては稀であった。三月の第一〇回党大会でアルタイ県代表П・Л・パホーモフは、当時西シベリア一帯を覆っていた農民蜂起に触れて、その原因を食糧割当徴発に見ることを拒否し、われわれの所には巨大な「エスエル系の」「農民組合 крестьянский союз」があり、コムニストよりも多くの「農民組合」員がいる。それがこれら蜂起を生み出した契機である、と発言した。「労農同盟」を標榜する以上、ボリシェヴィキ指導者にとって労農政府の政策に反対して農民大衆が決起することはありえなかった。アントーノフ蜂起も、公式には「エスエルと勤労農民組合により導かれた」反革命的政治運動と解釈された。したがって、官報『イズヴェスチャ』紙上では、オムスク一帯の「クラーク反乱を組織した「シベリア州勤労農民組合」は「タムボフ県と」同様な役割を果たした」と評された。

一般に理解されているように三月の党大会決議で割当徴発が廃止されたのではなく、二月下旬に始まるクロンシュタット叛乱以前に、中央ロシアのほとんどですでに割当徴発は停止されていた。したがって、二一年四月のサマラ県チェー・カーからの極秘報告が、「食糧割当徴発が現物税に替わり、生産物の自由交換「が認可された」のは、もっぱらクロンシュタット水兵の要求とそのほかの蜂起のおかげであり、それらがなければこれは行われなかったであろう」との、農民の間に流布している根も葉もない風説を指摘しているように、同叛乱も割当徴発の廃止と関わりがないのは明白である[19]。

集団経営「幻想」からの解放

二一年初めの新聞紙面をもっとも頻繁に飾ったのは、労働組合論争などではなく、播種カムパニアであった。この未曾有のカムパニアと割当徴発の停止を関連づけようとするのは論理的であり、このことについて検討しよう。

周知のように、特に中央農業諸県を襲った二〇年の旱魃とその結果としての凶作は、ソヴェト政府に深刻な危機感を抱かせ、二〇年九月一日のＣＨＫ会議は、凶作諸県で食糧フォンドを創設するための検討を、食糧人民委員部と農業人民委員部に命じた。さらに九月一四、二八日のＣＨＫ会議は、食糧人民委員代理ブリュハーノフを議長とする食糧人民委員部特別委に、穀物割当徴発と凶作との相互関連についての報告を委ねた。同特別委は一一月一五日の会議で、第一に、割当徴発に製粉税と春蒔き種子を含めるのは合理的である、第二に、モスクワ県など四県とドイツ人コミューンを除き、これ以上の割当徴発の縮小を行わず、第三に、北カフカースとシベリアは変更を必要とせず、前者の割当徴発をさらに増やすのが可能であり、後者に対してはより強力な穀物の汲み出しのためにしかるべき抑圧の行使を必要と見なす、との決議が採択された。この決議は、六月の資料に基づき作成された穀物割当徴発を根本的に修正する必要はないとの勧告を付け、公表不要としてＣＨＫに提出された[20]。食糧人民委員部はすでにこの時期、飢餓諸県で三一三万八〇〇〇人の住民が窮状にあることを完全に知悉し、その深刻な被害状況が明白であったにもかかわらず、ボリシェヴィキ政府は割当徴発を縮小する必要を認めなかったのである。もちろん、その廃止など思いもよらないことであった。こうして、二一年のロシア民衆の悲劇を回避できたかもしれない最後の時機を逸してしまった。

農業人民委員部の報告によれば、ヨーロッパ＝ロシア全体での播種面積は、一六年の四五九二万二九〇〇デシャチーナから二〇年には三〇五九万六八〇〇デシャチーナに、すなわち、三分の二に激減した。同報告書は、この縮小はそれ自体で巨大だが、作物個々の面積の変動を考察するなら、作物別の縮小は均等でなく、一連のもっとも貴重な作物が、まさにそれら主産地でもっとも大きく縮小した事実に言及する。ライ麦は小麦生産地区で小麦を駆逐し、黍は穀物作物を押しのけて増えた。亜麻と棉花の播種の縮小は特に破滅的特徴を帯びている。肥料の低下をもたらす家畜の減少、鉱物肥料の不足、農具の不足と摩耗が収穫率を大きく減退させた事実も指摘された[21]。

このような農業の荒廃とその帰結としての中央農業諸県での凶作を背景に、農業生産の向上をめぐる論戦が二〇年秋から繰り広げられた。

ここでの主役は、自ら播種委員会を設置した経験を持つ元トゥーラ県執行委議長であり、その実績を買われて八月五日に食糧人民委員部参与に任命されたH・オシーンスキィであった[22]。彼は党中央機関紙『プラウダ』を中心に論陣を張り、その九月五日号の論文では、「ソフホーズの強化によってのみ農業の再建を期待するのは、ユートピアの道を歩むことを意味する」として、トゥーラ県において二〇年の春蒔き播種で実施された強制播種のような、農業生産への国家による強制的介入の必要性を主張した。これに対し、H・ボグダーノフは中央経済関係機関紙『経済生活』紙上で、彼に反論を加え、強制の観念を深めることは不可能であり、それに替わる「経済的促進の原則」を訴えた[23]。

従来は、この両者の対立は強制か経済的刺戟かの原理的対立として捉えられ、ボグダーノフの主張はネップの先取りと解釈されてきた[24]。だがボグダーノフの議論を仔細に検討するなら、彼の構想は、集団経営を展望して経済的促進によって農業の向上を目指すものであり、明らかに戦時共産主義的理念の枠内にあった。すでに一九年に彼は『国民経済』誌の中で、ソフホーズの組織化が社会主義的農業路線でもっとも合理的であるとの論を展開していた。

当時最大の部数を誇る党中央機関紙『貧農』に掲載された両者の論文も、この点で対照的である。すなわち、オシーンスキィによれば、ロシア農業が後進性から脱却するには、農民経営による多圃制と人工肥料、機械化への移行が必要であった。一方、ボグダーノフにとって重要なのは、土地への労働力の適正な配分であり、工業と同様に農業生産においても大規模経営が有利とされ、コミューンとアルチェリを軸とした集団農場の優位性が主張された[25]。

しかし実際には、戦時共産主義期における農業の全般的衰退現象の中でも、特に経営基盤が脆弱な集団経営は各地で崩壊していた。例えば、二〇年秋にリャザニ県には全部で一万八〇〇デシャチーナの土地を持つ九六ソフホーズがあったが、馬は二九デシャチーナに一頭しかなかった（当時は馬一頭で三デシャチーナを耕作できるといわれた）。このような役畜の不足は馬匹の動員により拍車がかけられ、一九年にスモレンスク県のソフホーズ議長は、県軍事委員会は馬匹の動員を強要し、僅かな馬の収用さえ春の播種作業を停止させるので、県軍事委の要請を破棄するための命令をＣＨＫに求めた。ロシア共和国で一九年には九五、二〇年には八五のコミューンが崩壊した[26]。

それでも、一九年八月のツュルーパの回状電報によって、すべてのソフホーズが割当徴発の対象になり、そこでも過酷な調達が実施された。サマラ県ブグルスラン郡で地区食糧委に穀物の引渡しを拒否するソフホーズに対し、ツュルーパはソフホーズ員の逮捕を命じた[27]。二〇年三月のコストロマ県党協議会で、集団経営に期待をかけたが、何も提供しないことが明らかになったと指摘され、二〇年の旱魃に襲われたリャザニ県ではソフホーズからの収穫はデシャチーナ当たり九プードしかなく、これは播種に要する量と同じであった。アントーノフ＝オフセーエンコはタムボフ県の実情について、「ソフホーズへの対応は（それらを通してソヴェト権力への）、ほとんど至る所で農民は敵意を抱いている。最近まで熱心に定着させていたコルホーズでも多くの場合、同様な敵対的関係に出会う。［……］ソフホーズならびにコルホーズにしばしば元の地主が居座り、彼らが召使いなどの人々を仕切っている。ソフホーズに劣らずコルホーズは傷痍軍人と怠け者の避難所となった。それらのうちごく僅かだけに経営的価値がある」と、レーニンに報告した[28]。彼が報告したようなソフホーズやコルホーズへの敵意は、それらが農民運動で頻繁に襲撃対象となった事実からも見て取れる。

一九年三月に執筆されたロシア共産党綱領草案においてレーニンが、「ソフホーズ、すなわち、大規模な社会主義農場の設営」を、社会主義的農業に向けての措置と見なしたように、農業の社会主義化路線の下でソフホーズは重要な役割を果たすと位置づけられた。初代農業人民委員であったミリューチンは、ソフホーズの組織化は「大規模生産を保全する可能性を与えただけでなく、初めて工業プロレタリアートを参加させる可能性をも与え」、「都市と農村との強固な環を創り出した」と、それを高く評価した。この方針は二月一五日づけCHK布告『工業プロレタリアート施設によるソフホーズの組織化について』で具体化された。播種面積の増加及び工業労働と農業労働の接近を目的とした同布告により、ソフホーズを建設するために非勤労地や無播種地などを農業人民委員部から受け取る権利が都市労働者組織に与えられた。こうして、工業企業は、食糧を確保することで労働者の食糧を求めての勤労忌避や出勤拒否などの職場放棄を回避し、労働者に精神的息抜きを与え、これらソフホーズは、農民経営のための家畜や種子の「繁殖場」となり、社会主義的土地整理の卓越性を農民に誇示するモデルとなるはずであった。[29]

この構想の基本にあるのは、「穀物工場」としてのソフホーズの位置づけであり、ミリューチンや農業人民委員部参与Ю・ラーリンらは、「穀物工場」としてのソフホーズを高く評価した。ミリューチンは、小農業経営の統合を金属工場の統合になぞらえ、二月の『社会主義的土地整理法』では、ソフホーズとコミューンに土地利用の最優先順位が付けられ、ソフホーズには工場労働者が採用されることが原則とされ、そこでの労働時間は八時間を超えないものとして、工場管理的方法が取り入れられた。[30]

一八年一二月に開催された第一回全ロシア農業部・貧農委・農業コミューン大会で、農業人民委員C・Π・セレダーは、これまで全面的に推進されてきた農業コミューンの組織化を批判的に総括して、ソフホーズ重視への路線転換を表明し、ソフホーズに対する評価は決定的となった。これに続いて一九年三月一六日の『プラヴダ』紙上で、農業人民委員部参与クラーエフは、コミューンの理念はまだ農業人民委員部の地方活動家の間では人気があるが、最近組織されたコミューンは寄生的性格を帯び、このようなイデオロギーと断固として闘うことが必要であると主張した。[31]

この方針はそのまま第八回ロシア共産党大会に持ち込まれ、三月二〇―二三日の農業部会（レーニンは党綱領の策定作業に忙殺され、この会議に出席できなかった）は農業政策に充てられ、第一回会議でクラーエフが報告に立った。彼は、農業生産性の向上を農業革命の主要な任務に据え、ソフホーズの創出にその解決策を求めた。「真の社会主義的形態は穀物工場としてのソフホーズである、といわなければならない。［……］われわれは、繊維工場や機械などの工場を組織するように、わが酪農、穀物、その他の工場を組織しなければならない」。そこでは、「農業的工業」を組織する担い手は、農業プロレタリアートは文化水準が低いので、工場制工業と同様に都市プロレタリアートであった。コミューンについては、それは社会主義的農業の最高形態と理解されているが、それら支持者はその本質を見失い、コミューンを共産主義的アクセサリーとしてしか評価せず、このような立場は誤りがあるとして退けた。彼にとって、ソフホーズこそが「生産物の国家化огосударствение」を保証するのに相応しい形態であった。

彼の報告に対する討論では、オリョール県代表И・Н・ゴルシコーフが、報告者は全体として間違っていると、徹底的な非難を浴びせた。コムニストが理解している穀物工場や文化の普及は共産党が引き受けるべきものであり、そうでなければソフホーズは党細胞になってしまう、農業は専門家でなければ管理できないのだと、農業についての報告者の無知を酷評した。ボリシェヴィキ指導部の本質を喝破した、正鵠を射た発言であったが、おもな批判はこれだけであった。地方からの発言者は、論調の差はあるにせよ、概ねソフホーズを支持した。

この党大会は、「中農路線」が確定された大会として知られているが、同大会で採択された中農に関する決議では、中農は長期に渡って存続し彼らとの協調が必要であるとの前提で、集団化への強制加入の禁止などが謳われたが、従来の路線（あの「農村における階級闘争」を断行しようとして、農村に混乱と憤激を持ち込んだ貧農委路線）からの変更は特に明示されなかった[32]。

ソフホーズ政策が最優先されたのは、ボリシェヴィキの農業に対する無知は措くとしても、第一回全ロシア農業部・貧農委・農業コミューン大会でセレダーが報告したように、個人農民経営は生産性が低く、大規模農業への移行によって農業の最大の懸案である生産性の向上が達成される、と想定されたからであった[33]。しかしながら、これら大規模集団経営は当時の土地利用形態のごく僅かな割合でしかなかった。一九年九月でロシア共和国三二県の農地のうち、九六・六パーセントが共同体的土地利用にあり、〇・六パーセントがコルホーズ、二・八パーセントがソフホーズ、施設、企業の管理下にあっただけである。その上、『貧農』紙で公表されたソフホーズの現状は、まったく悲惨であった。共和国三六県で、二月に三万九〇〇〇デシャチーナあったソフホーズの面積は八月までに一一九万七〇九六デシャチーナにまで増加したが、それに対し、必要とされる馬六万五〇〇〇頭のうち繁殖所を含めて二万一〇〇〇頭しか確保されていなかった。それらも役畜として充分に利用されず、農具の数は足りていたが、すべてが修理を必要としていた。農産物加工施設の設備は劣悪で、石油発動機は損傷と石油不足のために動かなかった。収穫しても余剰はなかった[34]。

二〇年になるとソフホーズのますます厳しい実態が、各地から報じられるようになった。そこでは、あらゆるものが欠乏していた。役畜も労働力も。トムスク県農業部は、ソフホーズでの最大の問題は労働力であり、それにすべてが困窮し、いくつかは近い将来に活動を完全に停止するおそれがあると報告した。シムビリスク県執行委は三月に、ソフホーズには春の畑作業のための労働力がまったく欠け、そのため避難民労働者рабочие беженцыが動員されたが、破滅的状況が創り出され、著しい面積が播種なしに残されていることを理由に、労働力として赤軍部隊の提供を要請した。ヴラヂーミル県チェー・カーは八月の報告書で、県国民経済会議は一六のソフホーズを持っているが、それらはまったくカオスの状態にある、播種用の種子がないために、それぞれの経営で二、三デシャチーナしか播種されず、その改善策が管理部によってまったく執られていない、と指摘した。

サマラ県メンゼリンスク郡から報じられるように、総じて集団経営は貧しく、コミューンは『赤色勤労』、『社会主義が灯されるトーチ』、『戦闘同盟』とか、アルチェリは『夜明け』、『光』、『赤い星』と、プロレタリアートがここで新しい生活を構築するために、その名称だけが革命的で戦闘的であった。だが、これら経営の多くは生産手段を何も持たない非農民住民か貧農によって構成され、国家的支援がないことも相まって、物質的条件は劣悪であった。同県ノヴォウゼンスク郡の農業勤労アルチェリ員八四七二人のうち、農民は一八八七人に過ぎず、残りは僅かの教師と大部分は都市から逃げ出した労働者と村職人であった。当然にも、彼らはほとんどまったく農具も家畜も持っていなかった。サマラ郡農業部は、土地の社会化法は農民に土地を与えたが、生産手段を彼らに与えなかったので、彼らはコミューンに脱出したと報告した。このような「プロレタリアート」がそこでのおもな労働力であった。集団経営のこのような危機的現実は、すでに一九年の第八回党大会でペンザ県代表によって、コミューンには中農もクラークもおらず、何の持ち合わせもない貧農だけが加入し、彼らは穀物も農具も馬もなく、餓死を運命づけられている、と報告されていた。「通常農民大衆は、集団経営の組織化を未来への希望に結びつけた」とは、ソ連時代のある研究者の指摘である。[35]

これら経営に対する近隣農民の対応は、否定的または敵対的であった。一七年から一八年にかけての土地革命は一時的と見なされ、地主地の最終的な所有の問題が未確定であり、農民は収奪した土地がソフホーズやコミューンのために取り上げられるかもしれないことを恐れた。トゥーラ県エピファニ郡で農民たちは、ソフホーズやコルホーズへの土地割当を不当と見なしたが、それらの経営が明確な模範を示すこともなく崩壊したのを見て、その感をいっそう強めた。農民の眼からは、これらのメンバーは国家的利益ではなく個人的利益を追求する利己的分子であった。このようにして、ソフホーズは共同体農民の怨嗟の的となり、農民蜂起の際には、共同体から離脱した独立農民であるフートル農やオートルプ農と並んで、それらへの襲撃が頻発した。「匪賊はソフホーズとソヴェトを破壊し、党・ソヴェト活動家と激しい戦闘を繰り広げている」と、タムボフ県モルシャンスク郡委員会農村部で二一年二月に報じられたように、ソフホーズはボリシェヴィキ農業政策の象徴的存在となった。それだからこそ、クロンシュタット叛乱のスローガンに、「農民のほかに自由な経済的文化的連合体を窒息させて、生産的連合体のあれこれの形態を押しつけようとするボリシェヴィキ国家の志向（例えば、コミューンの人為的移植）との闘争、官僚的播種委との闘争、「国家穀物工場」としてのソフホーズの清算」が掲げられた。[36]

すでに集団的大規模経営路線の見直しの声は、地方から挙がっていた。二〇年三月に開かれた第三回コストロマ県党協議会で食糧問題が審議された際に、「都市の飢餓を緩和するために、われわれはかってはソフホーズ、コミューン、アルチェリなどに期待をかけたが、経験によって、それらは何も提供しないことが明らかになった。逆に、それらはわれわれからしばしば食糧を要求し、しかるべき労働者のカテゴリーと対等に受け取ることさえ求めている」との声が挙がった。オシーンスキィは、地方活動家としての経験からこの現実を敏感に感じ取り、ソフホーズ路線を批判したとき、彼の主張は当時のロシア農業の実情を充分に反映していた。サラトフ県農業部は、ソフホーズとコルホーズの面積は全農業生産の僅か四パーセントほどを占めるだけで、現状はそれらに不利に作用し、ソフホーズとコルホーズを通してわれわれが農業建設の最終目標に到達できないのが明らかとなった、オシーンスキィが『プラヴダ』紙上で、ソフホーズの強化によって農村を再建しようとするのはユートピアの道を進むことを意味すると述べたのはまったく正しい、と彼の主張を擁護した。依然として「ユートピア」にしがみつくボグダーノフは論拠を失い、こうしてオシーンスキィが来たる農業カムパニアの主導権を手に入れたのであった[37]。

集団経営「幻想」は、ソフホーズやコルホーズが各地で崩壊すると同様に、二〇年秋には崩れ去ったが、それは当時支配的であった共同体的土地利用が、安定した農民経営を保証していることをまったく意味しなかった。

農業人民委員部から出された一九年六月二八日づけ臨時規程の中で、特に一八年に割替が行われた地区と村落で、土地整理なしで土地を割替えるのは望ましくない、と指示されたにもかかわらず、一八年の一連の土地革命を暫定的と見なしていた農民によって一九年にも土地の割替は頻発した。カザン県のほとんどの郡で、すべての土地が割替の対象となった。ヴォルガ流域や中央黒土地帯でも同様であった。ヴォロネジ県ザドンスク郡では、新たに獲得した土地を均等に分配するのが農民には技術的に困難である上に、都市から毎年住民が戻るたびに農民はそこでの土地の均等化を要求したため、頻繁に割替が実行された。一八―一九年で一七九村落のうち一一四村落で三度の割替が行われた。その一方で、土地整理がもっとも徹底されたとされる同県でさえ、四八パーセントで土地整理が行われたにすぎなかった。土地整理をしようにも、多くの地方で測量士や機材が不足した。セヴェロドヴィナ県では、技術的、事務的人材に不足し、予定されたうちの二〇パーセントしか確保されず、広大な領域で僅か三五人だけがその活動に従事し、農繁期にはその数は一七人にまで減少した。したがって、彼らの活動期間は、春と秋の泥濘期を除けば年に四ヶ月間しかなく、彼らは衣服も食糧もなく、土地整理作業はまったく進んでいない、と二〇年一一月に報告された。このような土地革命の経緯を評して、農業人民委員代理И・А・テオドローヴィッチは第八回全ロシア・ソヴェト大会の党フラク会議で、「土地利用の革命は起こったが、農業の革命は実現されなかった。農民経営は従来通りに小経営のままである」と報告した[38]。

共同体的土地利用の安定を図るための問題は、二〇年三月一七日の農業人民委員部参与会会議で審議され、これを受けて三月二四日の同参与会会議で修正を付けて採択された布告草案は翌二五日のCHK会議に提出され、特別委の検討を経た後、四月三〇日づけCHK布告『土地割替について』として採択された。同布告によれば、最終的割替で明らかな不均等が確認される場合にしか、割替は認められなかった。サマラ県では、同布告は、郡農業部を経て郷農業部に通知され、測量指導官と県土地整理指導官にも配布され、彼らにあらゆる機会を通して布告を住民に周知徹底することが義務づけられた。この結果、同県では農民は至る所で割替を停止した。農民は土地利用形態に関しても保守的で、彼らは共同体的秩序に満足していないとしても、土地利用の新しい形態に対して臆病で不信感を抱き、現行の土地利用形態にしがみつくしかなく、伝統的農法は温存された[39]。

このような状況で、二〇年夏の土地整理カムパニアは惨憺たる結果に終わった。ノヴゴロドとヴォロネジ県だけが、辛うじて五〇パーセント近くの成果を収めただけであった。トゥーラ県から一二月に出された土地整理に関する報告書では、「今年の凶作に加えて、収穫の余剰だけでなく、通常の条件ならば農民住民自身の消費のために残さなければならない生産物さえも収用するような過酷な食糧カムパニアの下では、土地整理や多くの分与地を受け取ろうとすることへの、すなわち農業自体への関心が大きく損なわれた」ため、農業経営に大打撃を受けた農民は、土地整理の実施で何ら積極性 инициатива を発揮しなかった、と述べられた。割当徴発による農業の荒廃は、農民の生産への意欲を完全に阻喪させていた。[40]

播種不足を克服せよ

播種面積を増やそうとの試みは、二〇年秋が最初ではなかった。

戦争と革命により、ソヴェト＝ロシア領内での主要穀物の播種面積は、一八年になると三二〇〇万デシャチーナとなり、これは戦前の水準より四〇〇万デシャチーナの縮小であり、この播種面積の縮小は一億七〇〇〇万プードの穀物不足に相当した。

したがって、食糧人民委員部にとって播種面積の拡大は穀物調達を増やすために重要であったが、割当徴発制度の存在がそれを許さなかった。一八年八月一〇日づけで出された消費基準に関するツュルーパの回状指令によれば、住民用食糧と家畜飼料にのみ消費基準が定められ、播種用穀物はこれに含まれなかった。だが、まもなくこの回状を補足して、八月二二日づけ一八年の収穫の登録と徴収に関する指令で、ブリュハーノフは、県、郡、地区の平均値に基づくデシャチーナ当たりの播種用の種子を残すことを指示した。割当徴発の実施に関連して出された一九年の登録の際の消費基準に関する一九年七月二九日づけ食糧人民委員部プリカースでは、播種基準については先のブリュハーノフ指令が踏襲されたが、ここで触れられたのは播種と食糧用穀物消費基準だけであり、家畜飼料基準にはまったく言及されなかった。種子は確保されても、今度は牽引力が保証されなくなった。農業経営の実情がまったく反映されない基準であった。さらに、九月一六日のツュルーパ指令は、このきわめて低い消費基準を地方権力が変更できないことを定めた。[41]

地方権力は播種不足を防止するため、様々な方策を早くから実施していた。一八年七月のオリョール県食糧委の指令は、村落での種子不足を調査し、不足する村落に種子を搬送するよう、郡、郷食糧コミッサールに義務づけた。タムボフ県リペツク郡の郷農民大会で、種子を持たない農民に種子を確保するため、製粉所からライ麦を徴収することが決議された。農民にとっても、播種不足は将来の飢餓を運命づけるために、切実な問題であった。一二月のサマラ県ソヴェト大会は、一九年の播種面積拡大に関する問題を審議し、一九年春に「すべての畑は強制的勤労賦課によって播種され」、このため、すべての郷貧農委に播種に怠慢にならないようすべての市民を監視し、サボタージュを行う人物とクラークに厳格な責任を負わすよう決議した。ヴォロネジ県ザドンスク郡ソヴェトは、村団に連帯責任を負わせて春蒔きに予定しているすべての土地への耕作を指示した[42]。

地方で播種拡大への措置が模索される中で、一九年一月二八日づけで国家による穀物播種の組織化に関するＣＨＫ布告が出された。これによれば、播種に利用されていない土地は国家フォンドとされ、そこでの播種を国家が組織し、その収穫は食糧人民委員部の管轄に入り、この組織化のために播種面積委員会комитет посевной площади（通常は簡潔にオルグセフ Оргсев と呼ばれた）が設置された。これに続く二月二二日づけＣＨＫ政令により、オルグセフは、農業人民委員部下に置かれ、ＣＨＫにより任命される議長と、農業人民委員部、食糧人民委員部、最高国民経済会議、全ロシア労組評議会からの各代表の四人から構成され、播種フォンドの利用計画を作成し、播種面積の増加に向けて一連の措置を検討することが、その任務とされた。次いで、オルグセフから地方における播種の組織化に関する指令が出され、その組織化は、農業人民委員部の地方組織である農業部、県食糧委と県国民経済会議の支援で行われ、地方権力はオルグセフ全権への無条件の従属が義務づけられた。地方での活動のために、二月には農業人民委員部から責任ある活動家を派遣することが決定された。三月四日のＣＨＫ会議では、農業人民委員セレダーの提案により、播種面積を増やす目的で、国家フォンドにある耕地に農具と家畜を持つ農民を動員し、農民利用地での播種不足を避けるため当該村落の農民と労働者を勤労動員することが決議された[43]。

ヴャトカ県で播種の組織化は次のようにして行われた。ソヴェトスク郡では一八年九月になってようやく郡農業部が設置されたが、県農業部からいかなる指示も訓令も受け取ることなく、活動は土地社会化基本法とヴャトカ県ソヴェト大会で採択された土地均等化に関する指令に準拠して行われた。農業部参与会は森林課、農業課を組織し、一九年六月には農業課は農業技師を含むまでに陣容を整えた。ここでのもっとも重要な活動は、播種不足との闘争であった。県農業部の指示によって、ようやく四月に郡農業部の下に播種面積課が設置され、現地で播種されない面積を調査し、住民に種子材を供給し、農具と家畜を均等に配分し監視するのがその任務とされた。しかし、同課は当初は専門技師を持たず、一月の播種の組織化に関する布告以外に具体的指示はまったくなかった。その後布告を実施するために出された郡農業部の義務的条例によれば、馬なし赤軍兵士家族が春の畑作業を行うのを支援するため、馬を持つ市民が無償で動員され、この執行が郷執行委、郷農業部、村ソヴェトに義務づけられ、これを拒否する市民からすべての農具と馬が没収され、播種を望む農民に引き渡された。こうして、赤軍兵士家族の畑はことごとく播種され、この郡では一九年の春蒔き面積は前年に比べて増加した。

ヤランスク郡では、早くも一月二〇日にヤランスク市で開かれた第一回郡農業部・コミューン・貧農委大会は、郡農業部による播種不足との闘争に関する報告の後、これを決議した。次いで、郡農業部はこの決議に準じて実践的任務を作成し、すべての郷農業部と村ソヴェトに発送した。大会決議に基づき、同郡ではオルグセフはこの布告の発布後直ちに組織された。郡オルグセフは郡農業部、郡執行委、郡国民経済会議、労組、協同組合ヤランスク連合、党郡委の代表から構成され、その命令はすべてのソヴェト機関にとって義務的とされた。郡オルグセフ幹部会により、種子用オート麦を確保するための措置が直ちに執られ、郷内でまず赤軍兵士家族に種子用オート麦と労働力を充足する旨の指令が出された。五月の第七回郡ソヴェト大会では、郡のすべての土地に播種する目的で、オルグセフに播種を監視し、郡食糧委を通して種子材を調達する義務が課せられ、分与地を利用する貧農が種子材を持っていなければ、彼らが必要とする種子材は一一月以後に収穫から同量のプードを返済する条件で農業部による貸付が行われた。村団内で明らかになったすべての播種不足に対しては村ソヴェトが、郷内での播種不足に対しては郷農業部が責任を持ち、それらの怠慢によって播種不足が発生した場合には、それらは職務への犯罪とサボタージュとして厳罰されるとのテーゼが採択された。だが、このような強制的播種の方針が万端整えられたものの、実際には、役馬を持っている隣人は播種の際に貧農を援助せず、郷農業部や村ソヴェトも彼らの困窮状態を斟酌せずに種子を配分して貧農を擁護せず、彼らは餓死を運命づけられている、との嘆願が多くの郷から寄せられた。種子用馬鈴薯に関しては、一連の措置が執られても一プードの馬鈴薯も引き渡すことができず、そのため郡食糧委と郡オルグセフは、作付を求める農民に馬鈴薯の独立調達権を交付するのを余儀なくされた[44]。

一九年には春の播種を前にして、種子調達の任務命令が農業人民委員部から出され、食糧人民委員部はその七〇パーセントを遂行した。しかし、そのほとんどがオート麦、大麦、春蒔き小麦であり、肝心のライ麦は僅かであった。サラトフ県では春蒔き小麦用種子一〇万プードを調達する任務命令のうち九万三〇〇〇プードが遂行されたが、二月末になっても輸送が停滞したために発送されなかった。ウファー、ペルミ、ヴャトカ県では軍事状況のためにほとんど種子調達は遂行されなかった。さらに、種子用に調達された穀物の一部は、当時の食糧事情の下では食用に回され、実際には多くの地方で調達された種子用貯蔵は失われた。ヴャトカ県ではそれは一〇パーセントに、ヴォロネジ県では七パーセントに、クルスク県では六パーセントにまで減少し、カザン県では種子貯蔵は完全に食用に消尽された。こうして一九年春の種子調達カムパニアは、実際には数字ほどの成果を挙げなかった。

その一方で、これら強権的種子調達は調達現地で種子不足を生み出していた。リャザニ県では北部郡の種子不足を補うために県内でオート麦の種子調達が行われていたが、中央への膨大な量の種子搬出命令が停止されなければ、県には播種材がなくなってしまうと訴えた。クルスク県では四月に開かれた県食糧委、県農業部、オルグセフの会議で、種子の配送は訪れた泥濘期のために停止しているが、現地のソフホーズやその他の多くの農地が播種なしに残されている現状を考慮に入れて、県の収穫を駄目にするおそれのある今後の種子の搬出を中止することが決定された。

飢餓の下での種子の確保は、ことさら難しい問題であった。ペンザ県では県内で春蒔き播種のためにオート麦六〇万プードが必要とされた。このため県食糧委によって調達されたオート麦一〇万プードをその需要に回すことを予定したが、一八年一二月に県食糧委は中央からオート麦一〇万プードの搬出命令を受け取った。県内は特にオート麦が雹害を蒙り、そこではその種子不足は特に顕著であった。県食糧委は県内需要のためにオート麦を残すよう中央に請願したが、それに対する回答は、オート麦の積載を再度命ずる電報であった。それら種子はアストラハンとニジェゴロド県に発送され、こうしてペンザ県は種子不足に陥った[45]。

一九年の播種を組織化する試みは、おもに活動資金の不足によって妨げられ、実質的な成果を挙げることなく、オルグセフの活動は二〇年三月まで続けられ、その後は農業人民委員部供給中央管理局種子部に引き継がれた[46]。この活動期間中に、春蒔き種子に関して申請された必要量二六四〇万六〇〇〇プードに対して四一・七パーセントが遂行されたが、秋蒔き種子に関しては一六・七パーセントが遂行されただけであった。農業経済史研究者Ｂ・Ｂ・カバーノフが、オルグセフの活動は大規模に播種を構築しようとした国家による最初の試みであったが、経験も資金もなく、活動家も種子も農具も不足し、さらに官庁間の意見の対立により、それは期待した結果をもたらさなかったと評しているように、これが不調に終わった原因の一つに食糧人民委員部と農業人民委員部との軋轢があった[47]。

一八年五月二日のＣＨＫ政令により、旧食糧省（臨時政府により農業省から一七年五月に分離独立）が担っていた播種の組織化に関する活動は農業人民委員部に移管され、食糧人民委員部には農業人民委員部の計画に準じて種子を調達する任務が残された。こうして播種問題は基本的には農業人民委員部の所管でありながら、穀物調達の際に農民経営内に種子を残すのは食糧人民委員部の権限であり、それらの調達も食糧人民委員部の独占的管轄事項であり、この問題は食糧人民委員部とも深い関わりを持っていた。このような種子をめぐる両機関の対立問題は、一九年初めの第一回全ロシア食糧大会で多くの活動家によって取り上げられ、この大会の性格上、発言の多くは農業人民委員部に批判的であった。アルハンゲリスク県からのA・И・ヴィノグラードフは、一八年秋の播種カムパニアで農業人民委員部は種子調達計画を食糧人民委員部に提出せず、前者はこの活動で何も行っていないと、サマラ県代表のK・ミャスコーフも同様に、農業人民委員部の活動を批判し、すべての種子調達問題を食糧人民委員部に委ねるべきであるとした。結局、同大会でもこの問題での両機関の対立は解消されなかった[48]。

この間にも農業危機は進行し、二〇年に入ると生産地区からの報告でも、播種不足がはっきりと認められるようになった。ヴォロネジ県パヴロフスク郡から、秋蒔き畑は全体的に播種不足で、穀物は絶滅したので種子材が不足している、と県オルグセフは報告した。ヴャトカ県ヤランスク郡ソヴェト大会では、七年間の戦争で穀物貯蔵は失われ、一九年収穫の残りはなく、負担過重な割当徴発のために、郡で春蒔き区画の四五から五〇パーセントが播種されなかったことが確認された。同県ウルジューム郡の郷執行委は、穀物任務命令［割当徴発］を一二〇パーセント遂行したが、そのため、郷には播種期になっても何も播種するものがない、と訴えた。ヴャトカ県では二〇年になると収穫見込みは急速に悪化した。七月一日現在で全県の収穫等級は、五等級評価баллによればライ麦が一九年の三・〇から一・九に、大麦は三・二から一・八に、牧草は三・五から一・八に軒並み大幅な下落を示した[49]。農村の至る所で種子不足が明らかとなり始めた。タムボフ県タムボフ郡では種子がないために、耕地の一五パーセントに播種できなかった。四月に同県キルサノフ郡オガノフスカヤ郷執行委はレーニン宛に、郷には種子がなく、援助は拒否された、援助の特別措置を執ることが必要であり、そうでなければ実り豊かな土地が播種なしのままに残され、そのため餓死のおそれがあると打電した。同県の播種状態は、秋蒔きは二〇パーセントだけが平年並みで、残りは不作または凶作で、春蒔き播種は壊滅的であった[50]。

二〇年の大規模な播種不足はもちろん種子不足だけが原因ではなく、この年の初春は寒く風の強い天候が続き、春蒔きはそのために被害を蒙った地方があった。そのような地方では、晩生への播種換えが、つまり大麦、蕎麦、馬鈴薯への播種の転換が必要となった。こうして春の終わりまで降水量が少なかったために、春蒔き穀物の播種が遅らされただけでなく、黍、蕎麦、馬鈴薯への播種換えが行われ、播種不足以上にライ麦のような主要穀物の播種面積が縮小した。さらに、二〇年夏にブリャンスク県では、いくつかの畑に小さな黒い幼虫が大量に発生し、例えば、蕎麦のようなまだ収穫していない春蒔き作物に大きな被害を与えていた。目撃談によれば、この幼虫は数時間で大きな菜園を食べ尽くすという。このような報告は、中部や南部諸県の多くの地方からも寄せられた[51]。

七月には、全ヴォルガの穀物の収穫は非常に悪い、サマラ、サラトフ県の多くの地方で熱波のために収穫は全滅し、平均収穫は高々二五から三〇プードで、播種用穀物が保証されない懸念が生じたと伝えられ、二〇年の秋蒔き播種の確保が緊急の課題となった[52]。

このため、七月三〇日づけでレーニンと食糧人民委員代理ブリュハーノフの連名で、以下の軍事プリカースが打電された。秋蒔きの完全播種は軍事的任務であり、秋蒔き播種を行わない者の土地は村団に引き渡され、労働力が不足する場合には村団全体による播種が義務づけられる、秋蒔き穀物の収穫はまず播種に向けられ、秋蒔き区画を登録し、それへの完全播種のための種子を確保することが、郷執行委と村ソヴェトに義務づけられる。このため昨年の秋蒔き収穫のすべてを投入し、不足する場合には新収穫の強制脱穀が組織され、この種子が確保されるまでは食糧への利用は禁じられた(厳しい飢餓状態であったことを想起しよう)。また、種子を持たない者は翌年に一二パーセントの利子を付けて返済することを条件に、国家種子フォンドからの貸付が行われた。これら種子を受け取った者が食糧などに流用した場合には、財産没収と強制労働の処罰を受けるとされた[53]。

この軍事プリカースは地方で厳粛に受け止められ、各地でこれに準じた条令が公布された(ペンザ、ノヴゴロド、ヴャトカ県など)。チェリャビンスク県執行委議長と県農業部部長名の軍事プリカースは、県のすべての地区食糧委、郡執行委、郡農業部に軍事的任務としてすべての秋蒔きの義務的播種面積を公示するよう義務づけ、播種不足を容認した郷執行委、村ソヴェト員を裁判に引き渡すよう定めた。旱魃による凶作を蒙ったトゥーラ県チェルニ郡では、種子用穀物が食用に流用されないように、播種が完了し種子任務命令が遂行されるまで製粉所が閉鎖された。飢えた住民の多くは麦粉を受け取ることができず、このためヴォロネジ県ザドンスク郡では餓死のおそれが生じていた(54)。

このような厳しい軍事プリカースにもかかわらず、至る所で種子不足が発生した。厄介ごとは種子の不足である。すでに現地の力で解決が不可能な状況であった。モスクワ県ルザ郡の農民は次のように救済を中央に訴えた。今年の凶作は非常に深刻で、刈り入れられた穀物は食うにも種子にも不足している。われわれの畑は秋蒔きのために耕起されたが、何も播種できない。七月初めに郡農業部に出向いたが、まだ返事はない。時は待ってくれない。八月一六日にわれわれは郡農業部に赴いたが、種子はまったくなく、現在まで到着していないと聞かされた。われわれには八月一五日以後にライ麦を播種すると、ライ麦は駄目になるとの言い伝えがあるが、その日を過ぎてもわれわれはまだ種子を見ることができず、どのようにして窮状から抜け出すか分からない。

七月の完全播種に関するプリカースは、すべての畑が播種されたことを一〇月一五日までに通告するよう県食糧コミッサールに義務づけたが、播種に関する地方からの情報は惨憺たるものであった。これらの情報に基づき、今年の秋蒔き播種に関する報告が、一一月一八日の食糧人民委員部参与会で行われた。北部、北西部、中央の諸県では一九年に比べて二〇年の秋蒔き区画の播種は増加したとされたが、それでも、北部セヴェロドヴィナ県での二五パーセントの増加を別とすれば、残りは数パーセントの僅かな増加でしかなかった。それに対し、ヴィテブスク、ヴォログダ、チェレポヴェツ、コストロマ、カルーガ、トゥーラ、ニジェゴロド県で播種不足が認められるだけでなく、生産地帯である南部、ウラル地方、ヴォルガ流域諸県で、エカチェリンブルグ、スタヴロポリ、アストラハン県を除き大規模な秋蒔き播種の縮小があった。例えば、一〇月には県食糧コミッサールから秋蒔き穀物の播種は満足に始まったと報じられたサマラ県で、一九年に比べて一九パーセント、オレンブルグ県では七五パーセントもの縮小が認められた（これら諸県が翌年に最大の飢饉罹災地区となるのを後に見るであろう）。この報告の後、縮小の原因についての意見の交換が行われたが、種子、農具、働き手の不足に加えて、いくつかの県では凶作がその原因に挙げられた。だが、割当徴発は問題にもならなかった[55]。

しかしながら、すでに地方では割当徴発と播種不足との因果関係は明白になっていた。一九年三月の第八回党大会でモスクワ県代表により、農民は播種しても割当徴発によってどれだけ残されるのかが分からないために、多くを播種しようとしていない事実が報告された。一二月の第七回全ロシア・ソヴェト大会でヴャトカ県代表は、割当徴発のために「われわれの所では著しい播種不足が起こった」、「割当徴発は不適切に実施され、その負担は大きすぎる。これは未来にとって損失だけをもたらすであろう」と、割当徴発そのものを非難した。ヤロスラヴリ県リャザンツェヴォでは、割当徴発を九〇パーセント遂行したために郷の三分の二が穀物なしになり、翌年に播種するのはまったく不可能になった。それでもこの郷に追加割当徴発が課せられ、二〇年一一月に郷トロイカ議長はその廃止をレーニンに懇願した。播種不足が深刻になるにつれ、割当徴発への非難が高まった。割当徴発のために畑の三分の二が播種されずに残された北カフカースのヴェリコクニャジェンスカヤから三月に現地革命委により、この唯一の解決策として自由商業を求める声明が出された。播種不足のために餓死の脅威に晒されたタムボフ県キルサノフ郡オガノフスカヤ郷執行委は四月に、「郷ソヴェトはこの問題で食糧人民委員部の失政をあえて弾劾した」とレーニン宛に伝えた[56]。播種不足は深刻な政治問題になろうとしていた。

播種カムパニアに向けて

経済的のみならず、政治的にも共和国にとって播種不足の克服に一刻の猶予もなかった。このため、食糧人民委員部内でオシーンスキィを中心に、強制播種に向けての態勢が整えられる。彼の立場はいうまでもなく、播種委を利用しての強制を伴う国家規制の方針と、割当徴発の不動の継続であった。

特に二〇年の夏以後に各地で凶作の被害が深刻になるにつれ、地方から割当徴発の免除と猶予に関する大量の請願が、食糧人民委員部を初めとして、CHKやBЦИKなどの中央機関に寄せられていた。これに関して、サマラ県ブグルスラン郡の郷からの割当徴発の縮小を求める申請を検証し、「現在割当徴発を縮小することも、再検討することもできない。なぜなら、それによって県のほかの郷からも同様な申請を引き起こし、ブグルスラン地区で始まったばかりの穀物の集荷を停止させることになる」と結論づけた、サマラ県食糧人民委員部全権の報告を同封して、オシーンスキィは一〇月一四日にレーニンに書簡を送った。その中で彼は、縮小された消費「基準」通りの割当徴発を播種への被害なしに遂行することは可能であり、それを些かでも修正すれば穀物の受取りにとって重大な損失を招くと警告した。なぜなら、「中央でなされるあらゆる緩和は、免除と縮小のための陳情という疫病を産み出すであろうから。陳情に出向き回答を待つ間、地方で割当徴発が再検討される間、[割当徴発の]執行は停止し、武装行動による業務さえ停止してしまう」。彼のこの書簡は、九月二九日のCHK会議で、「ブグルスラン郡スルタングロフスカヤ郷で、農民は割当徴発を充分遂行したが、彼らの畑は播種なしに残され、[そのため]播種に必要な量を割当徴発から免除してほしい」との請願の検討がレーニンからブリュハーノフに委ねられ、それに対する回答であった。[57] このような見解は当時多くのボリシェヴィキが共有していたとはいえ、割当徴発の下での強制播種の原則が播種カムパニアの基本路線であったことは、そこで果たした彼の役割から判断して間違いない。

一〇月二八日の食糧人民委員部参与会会議で農業カムパニアの組織化の問題について審議が行われた。これに関するオシーンスキィの報告の後、㈠播種カムパニアの準備を開始し、㈡割当徴発終了時の二一年一月半ば以後、食糧組織の主力を穀物の県内再配分と国家種子フォンドの形成に投入し(一月半ばで割当徴発が終了した後、播種フォンドの形成に取りかかることが想定されていたことに注意してほしい)、㈢BЦИK全権、県執行委議長、県農業部部長、県食糧コミッサールからなる特別軍事組織＝播種委員会посевный комитет は、すべての春蒔き区画を完全に播種し、国家にとって重要な作物を復興するための郡別播種計画を策定し、それに必要な種子量を国家組織に集中するために郡ごとの種子割当徴発を作成し、食糧組織がそれを実行し、㈣そのようにして調達された種子を郷執行委議長と村ソヴェト議長の個人的責任の下に村団の共同納屋に保管し、凶作地方の種子需要を考慮し、備蓄のある地方で種子の追加割当徴発を行い、㈤、強制的措置による土地耕作の国家規制を実現する、との基本的テーゼが採択された。この草案に基づくCHK政令の作成のため、ツュルーパとオシーンスキィを含む特別委が設置され、ここで作成された草案が食糧、農業人民委員部の合同参与会での検討に回された。[58]

同日、食糧、農業、交通人民委員部、労農監督局、最高国民経済会議、ВЦИК書記が参加した党中央委政治局会議で、来たる第八回ソヴェト大会の議事日程が審議され、農業人民委員部に農業生産の発展と農民経営への援助の問題を準備することが委ねられた（この時の大会議事日程によれば、同大会は一二月二〇日に開催され、農業人民委員セレダーがこの報告者とされた）。この時から、播種カムパニアは基本的に農業人民委員部の所管となった。トロツキーは後に、強制播種の布告を実施する農業人民委員部機関に強固さが欠けていると危惧されたために、これをCHK布告とせず、全ロシア・ソヴェト大会に農民コムニストと無党派農民を送り込んでいる農村に彼らを通して浸透させるため、ソヴェト大会にこの草案を提出することにしたと、その間の事情に触れた。[59]

彼が指摘するように、強制を伴う播種カムパニアを管轄するには農業人民委員部機関が脆弱なことは否めず、このため強力な播種委を組織することは、その遂行にとって不可欠な条件であった。さらに、播種カムパニアは種子調達を含む以上、割当徴発の継続と密接に絡み合い、そのため食糧人民委員部との関わりの中で、その後展開されることになる。

この政治局会議の翌二九日の食糧人民委員部参与会会議で、農業カムパニアに関するオシーンスキィの報告に基づく法案の作成が、オシーンスキィ、食糧人民委員部参与スヴィヂェールスキィとЛ・М・ヒンチュークに委ねられた。オシーンスキィの手になるこの法案は、ソヴェト大会の議事日程が承認された一一月四日のВЦИК幹部会会議で議題に上程され、次いで、同月二三日にレーニンに送られ、二七日の食糧人民委員部参与会会議で基本的に承認された。そこでは、最終案を一二月一日までにСНКに提出することが決定され、法案の編纂と再検討を、食糧人民委員部からツュルーパ、オシーンスキィ、農業人民委員部から参与Н・И・ムラーロフとテオドローヴィッチ、中央統計管理局長П・И・ポポーフの五人からなる特別委（議長ツュルーパ）に委ねた。

同日に招集された食糧人民委員部参与会・農業参与会合同特別委で、オシーンスキィは次のように法案の骨子を論じた。ソヴェト権力の全組織が農民農業に援助を与え、畑への完全播種を義務づける。農民への全面的援助の組織化と農業カムパニアの指導のために県と郡に播種委が設置され、党とソヴェトの全機関を広汎な農業カムパニアに集中させ、それに軍事的指導を与える。播種計画を国家的賦課とし、それは食糧人民委員部と最高国民経済会議の合意で農業人民委員部により作成され、県播種委によって郡ごとに、郡播種委によって郷ごとに、郷執行委によって村団ごとに、村ソヴェトによって世帯ごとに割り当てられる。義務的播種と種子の引渡しは郷執行委と村ソヴェトが、課せられた義務に対しては各経営主が個人的に責任を負う（ここでは割当徴発の下に実施されていた村団の連帯責任制がすでに廃止されていることに注意）。この趣旨説明の後、実践的問題の審議に移り、彼はそこで、「このカムパニアは農村への新たな進撃であるが、そこから取り上げるためではなく、農民に強力な技術的援助を与えるために」行われるので、種子調達は強制なしで実施されるであろうと楽観的展望を披瀝して、討論が始まった。この草案は本質的に農業をどのようにして適正に経営するかの問題に触れていないとの、農業人民委員部からの反論に対し、オシーンスキィは、ドイツやフランスで実施された強制的計画的播種の試みは草案の合目的性を証明していると再反論し、最終的に投票にかけられた結果、同草案は基本的に承認された。その後、特別委で法案は審議され詳細な修正が加えられた[60]。

一二月四日のСНК会議で、ブリュハーノフによる『農民農業経営の強化と発展について』の報告が行われ、ソヴェト大会に提出する法案作成のため、食糧、農業人民委員部代表、農学専門家、無党派勤労農民代表らを含むセレダー特別委が設置された。同特別委に、同月九日までにＣＨＫに法案を提出し、それと同時に、「プロパガンダと情宣のもっとも広汎なカムパニアを開始する」ために七日までに「どのような根拠で法案がＣＨＫにより検討されたか」を、ラジオで通告するための草案作成が委ねられた。この後段を受け、一二月七日にレーニン、ツュルーパ、セレダーの名で、すべての県執行委、県食糧委、県農業部に、播種の強化に関する法案の基本方針がラジオ番組で流された。ここでは軍事組織として播種委を地方で設置し播種計画を実施すべしとの従来の方針だけでなく、初めて、播種計画の実施と土地耕作で優れた成果を挙げた村団と個々の経営にプレミアを与えることが、商品交換の交付量の増加と割当徴発の際の消費基準の引上げという形で盛り込まれることが報じられた。そして同時に、県農業部には県播種計画の作成のために、郡または地区ごとの播種面積、農民経営内の働き手、家畜、農具の数量に関する資料と、県食糧委には種子フォンドの確保のために、必要な種子量とその過不足量に関する資料の収集が命じられた[61]。

セレダー特別委で作成されたＣＨＫ法案は、同月一一日のＣＨＫ会議でレーニンの修正を付けて、この法案は大会で承認されるまでは法的効力を持たないが、農民への周知と審議のために印刷されるとの但し書を付けて、ソヴェト大会に提出するためにＢЦИＫの承認に移された。同時にＣＨＫは、食糧人民委員部と農業人民委員部に大会までにこの布告に関する指令を準備するよう委ね、この法案は一四日の『イズヴェスチヤ』と『プラヴダ』で公表された。法案が承認される前に内容が公示され、カムパニアの準備が開始されるのは、前例のない手続きであった。

ВЦИＫ幹部会は一二月一六日にこのＣＨＫ法案を承認した。同日レーニンがセレダーから受け取った『農業生産の発展と農民経営への援助措置』のテーゼは、翌一七日の党中央委総会で審議され、ここでテーゼの仕上げのためにレーニン、プレオブラジェーンスキイ、テオドローヴィッチ、セレダー、クラーエフ、ムラーロフからなる特別委が設置され、大会での報告者にテオドローヴィッチが指名され、大会への準備が完了した[62]。

草案の争点は、強制の行使ではなくプレミア条項であった。レーニンは一二月二七日の第八回ソヴェト大会党フラク会議で、セレダー特別委からCHKに提出された草案では村団や集団経営に期待する必要があると述べられていたが、村団を優先するとしても個々の経営にプレミアを与えないのは不適切であると、この問題に触れた。レーニンによれば、法案の内容を公表する際に個々の経営へのプレミア制を広く周知させることが是非とも必要であり、セレダー特別委は七日のラジオ放送でこの条項を盛り込んだのであった（換言すれば、農業人民委員部はこの時集団化「幻想」を放棄したことになる）。レーニンは個人経営にプレミアを付与することにこだわり、これが大会での審議の際に最大の争点になるのだが、ここには確かに農業危機へのレーニンの優れた現実感覚が存在する。

だが、この個人農民へのプレミア条項は、ポリャコーフも指摘するように、ソヴェト大会以前にすでに工芸作物に導入されていた。工芸作物の生産拡大の問題は、工業とより密接に結びついていたために、この問題は早くから取り上げられていた。[63]

九月二一日にCHK会議は、食糧人民委員部、最高国民経済会議、農業人民委員部に、特化作物の生産の増加と拡大についての決議草案を一週間で作成することを委ね、そのためにセレダー特別委が設置された。この草案は、プレミア・フォンドの創出に関する文言を挿入し、一〇月一二日のCHK会議で承認され、工芸作物（亜麻と大麻）の播種面積の拡大と特化作物の現状の改善を目的とする政令として発布された。この政令の中で、亜麻と大麻の播種を拡大した村落とコルホーズに、優先的にプレミアを供給することが謳われた。ここでは、団体への優先的供給に触れているだけで、個人経営への付与に関しては何も言及されなかった。さらに一一月二三日のCHK会議は、セレダー特別委にプレミア・フォンドの創出に関する報告書を二週間以内に提出するよう命じた。この報告書に基づき、一二月一四日のCHK会議は、一〇月一二日政令を補足し発展させた亜麻と大麻栽培のプレミア・フォンドに関する政令を採択した。そこでは、穀物からタールや蹄鉄に至る、食糧、日用品、農耕具などの播種デシャチーナ当たりの詳細なプレミア交付基準を定めるとともに、「フォンドを構成する食糧生産物と大衆消費財は、亜麻と大麻の播種でしかるべき契約を食糧人民委員部組織と結んだ農民経営」やその他の団体に交付されることが明示された。ここでは、個人農へのプレミアの交付は団体と並んで言及され、団体への優先的供給にはまったく触れられなかった[64]。

セレダー特別委に工芸作物を含めて農業生産の向上への措置が委ねられ、その一環として農民農業経営の発展法案の策定作業が行われ、一二月一四日政令により個人経営へのプレミア制が導入されている以上、この法案に含まれる個人農へのプレミア条項は既成の方針となっていた。

むしろこの法案策定作業で、播種カムパニアの指導機関を食糧人民委員部から農業人民委員部に変更したことに注目すべきであろう。食糧人民委員部の下でこのカムパニアを推進することへの懸念があったのかもしれない。このことについて資料は直接には何も語ってくれないし、レーニンの胸中を忖度することも難しい。しかしながら、一二月一一日のCHK会議で布告草案に加えられた修正で、「農業部は播種委の技術的機関と見なされる」との文言に替わり、「播種委はその技術的機関を設置することなく、県農業部を通して活動する」を挿入したのは、播種カムパニアの実施機関としての播種委を、農業人民委員部の地方機関である農業部に掌握させる目的があったのは明白であろう。播種カムパニアの推進者であるオシーンスキィが、間もなく食糧人民委員部参与から農業人民委員代理に抜擢され、この活動を委ねられたのも同じ理由である[65]。

法案『農民経営の強化と発展』をめぐって

第八回全ロシア・ソヴェト大会でソヴェト経済建設が最重要議題となることは、演説、小冊子、新聞などを通じて広く喧伝されていた。一一月二一日のモスクワ県党協議会でレーニンは、新聞で公表された議事日程から分かるように、今度のソヴェト大会では経済建設に関する問題が中心とならなければならず、まだ長期にわたり存続するだろう農民経営を向上させなければならないと述べた。大会直前の一二月一五日に開かれた全ロシア農業教育大会で、農民経営の改善のために法令が作成され、播種委が設置され、播種国家計画が二一年一月一五日までに実施されることが報告された。一二月二二、二三日に食糧人民委員部で開かれた食糧活動家代議員会議で、農業生産の規制について報告したオシーンスキィは、食糧組織に播種カムパニアで県農業部の活動に介入することのないよう警告するとともに、一月の割当徴発の終了により食糧活動家を農業部に異動させ、脆弱な県農業部機関を強化することが可能であると述べ、農民に課せられた勤労賦課の緩和や優れた土地耕作へのプレミアなどに言及した。こうして連日のように、播種カムパニアの問題が集会や大会で取り上げられた[66]。

第八回ソヴェト大会は、全土で猛吹雪が荒れ狂う中、開催予定の一二月二〇日を二日遅れてボリショイ劇場で開かれた。この時期のモスクワは厳しい食糧事情にあり、大会代議員に供された食事は、鰊の頭または腐りかけの酢漬けキャベツのスープ、黴臭い黍粥または脂やけした鰊一切れ、それに粘土のように乾いて堅いライ麦パンであった、とある代議員は回顧している。それでも「国民経済の復興」を目指す代議員にとって、当時の情勢は楽観的に思われ、熱気溢れる戦時共産主義の高揚した気分の中で、法案『農民経営の強化と発展』が大会で審議されたのであった[67]。

法案の骨子は、強制播種とプレミア制にあった。強制播種とは、播種委の指導の下に計画により定められた播種を国家的義務とし、そのために村団、村ソヴェト、郷執行委の責任で種子の割当徴発と再分配を行うことであり、プレミア制とは、播種計画と土地改良に優れた成果を挙げた村団と個々の経営世帯に対して、奨励の目的で、生産用具と消費財を優先的に供給し、割当徴発徴収の際に経営に残る「余剰」の割合を引き上げ、その他の控除を認めることにあった。ただし、ここでは個人経営より村団と集団経営にプレミアの優先権が与えられた[68]。

だが、ここでプレミアとして述べられている経営に残される「余剰」の概念は、すでに字義通りの意味を失っていた。

割当徴発とは、国家が必要とする農産物量を、県に割り当て、県食糧委は郡ごとの播種面積と平均収穫に関する資料に基づき余剰を算出し、それを根拠に郡ごとに割当を行い、郡食糧委は同様な手続きで郷ごとに割当配分する制度として案出された。そこで、郷への割当量は、ボリシェヴィキ権力が階級原理による徴収を標榜する以上、農民世帯の余剰量に基づいて配分を行うための、穀物の世帯別登録が必要であった。その算定根拠として、一八年八月の指令では年間の食糧基準と家畜飼料基準だけを定め、一九年七月のプリカースでは食糧基準と播種基準だけを規定し、これを超える分を余剰と認定した。このように余剰を算出する際に農業経営に必要不可欠な基準への配慮に欠けていたため、農民は権力による世帯別登録に強く抵抗し、登録員や計量器の不足もあって、実際に正確な登録を実施するのは非常に困難であった。

食糧活動家П・К・カガノーヴィッチは、余剰を汲み出すには農民経営が所有する穀物貯蔵の登録が必要であったが、部分的な脱穀が始まり、これを実施するのが不可能となり、食糧人民委員部は余剰の登録の方法から義務的割当徴発への移行を余儀なくされた、と記し、この言及が割当徴発導入の理由としていくつかのソヴェト文献で繰り返された。しかし、これは誤解であり、村団内部で階級原理を貫徹するには穀物登録は不可欠であり、食糧人民委員部指令でも繰り返し正確な登録の実施が要求された。だが、当然にも、課せられた割当量と穀物登録による余剰量との間で齟齬が生じ（もちろん、割当量が計算上の数字を超えるという意味で）、そのため、多数の県、郡食糧委や郷、村執行委または個々の農民世帯は、消費基準に食い込む割当徴発の軽減や免除を関係機関に訴えた[69]。そこで、一九年八月に出された一九／二〇年度割当徴発規程では、郷執行委や農民世帯からの割当量に関する申請が出されても、その検討のために割当徴発を停止してはならないこと、県食糧委は与えられた割当徴発量を増減することができないことが明記された。余剰量として八郡に二六〇〇万プードを割り当てたタムボフ県食糧委に対し、食糧人民委員部は、「われわれの収穫統計資料によって指示された三一一〇万プードにまで割当量を増やすことが充分可能であり必要である」と、中央によって算出された任務命令を無条件に執行するよう要求した。こうして割当徴発は飢餓県を産み出す構造的制度となった[70]。

あらゆる方法で穀物登録の実施に努めても、多くの登録は食糧人民委員部の算定よりも少ない結果に終わった。一九年九月に食糧人民委員部参与A・Π・スミルノーフはすべての県食糧委に、少ない登録にうろたえることなく断固として行動し、穀物を割り当てる際に現地の実情を熟知する人物の恣意的判断を利用するよう命じた。こうして、登録による余剰の算出は次第に合理的根拠を失った。

余剰の規定について、二〇年二月にツュルーパの名で出された、割当量に関する指令一〇四号が重要な意味を持った。そこでは、余剰を超えた割当量が課せられていることを根拠として、多くの農民が割当徴発の納付を拒否している現状を踏まえ、郷への割当量そのものが確定された郷の余剰であるとして、世帯別登録を無条件に禁止した。この方針は党中央委により支持され、九月の同機関誌は「郷に与えられる割当が、それ自体ですでに余剰の規定である」と簡潔に表現した。この文書は党機関誌に掲載され知られることになったが、モスクワ・ソヴェト食糧委からの九月一四日づけ秘密回状では、次のようにより直截な規定となった。「［収穫の］実現のときが訪れた。算定された生産物量の収用に直ちに取りかかること。割当徴発量の増減のいかなる変更も認められない。割当量は、住民への課税として割当徴発による収用で一〇〇パーセントが執行されなければならない。経営に残される基準を確定するのは不可能である。そのため、指導用に貴殿に以下を通知する。残す基準は次のように行われる。全収穫の総量から割当徴発量が控除され、残りすべてが住民に分けられ、この結果が食い手にとっての［消費］基準となる。例えば、収穫が一九五万プードで、割当徴発量が一〇〇万プードなら、収穫からそれを控除して九五万プードが残り、住民が九万五〇〇〇人とするなら、基準は一〇プードとなる」。この回状は郡、地区食糧委宛の内部指導用であり、公表も通達も無用と特記された。

こうして世帯別登録に基づく余剰の概念が失われると、個々の経営でなく連帯責任制の下で村団から割当量を徴収することが求められるようになった。食糧人民委員部は、貧農が余剰以上に割当徴発が課せられるとするなら、その責任は割当徴発にではなく、穀物を隠匿し余所に販売した者にあり、村団は相互に監視し合わなければならないことを指示した。

割当徴発への反対給付としての商品も、割当徴発の遂行に応じて村団に対して集団的に供給された（少なくとも、制度上は）[71]。このような状況の下で、個々の農民経営に残される余剰を引き上げるとしたプレミアの設定は、多くのボリシェヴィキが無自覚であったとしても、割当徴発制度の根幹に関わる問題を含んでいた。

ソヴェト大会初日のCHK報告に立ったレーニンは、法案の意義と経済的基盤としての食糧フォンドの重要性を強調した。「われわれは紙幣と引換えに農民から穀物を取り上げた。われわれは彼らから掛けで取り上げた。われわれはこの掛けを返さなければならない。そしてわれわれは工業を復興してそれを返すであろう。だが、工業を復興するには農産物余剰が必要である」という、従来の循環論法を繰り返した。彼は割当徴発の遂行には楽観的見通しを抱き、農民の不満に対しては、農民を説得し、現物プレミアを与えることで応えられると考えていた。割当徴発による穀物調達の「成功は、農民の大きな困窮、飢餓、飼料不足により達成され、それらはまだ続くかもしれないことを知っている」にもかかわらず、である[72]。

この法案の実質審議は一二月二四日の共産党フラク会議で始まり、テオドローヴィッチとオシーンスキィが報告に立った。テオドローヴィッチは、「破滅的と呼ばなければならない」苦しい農業の現実をまず指摘した。さらに、工業も、農村のために商品フォンドを創り出すような状態にはなく、わが国民経済全体が大きな危機を蒙っている。そこで、第一に、農村は貧しく苦しくなった、第二に、農村は自己消費的で現物経済的になった、第三に、農村大衆は均一化されたとの、適切な現状分析を続けて、このような条件の下で、農業危機を克服するために地方での経験に基づき農業の国家規制の構想に至った、と法案の提案理由を説明した。ここで付言すれば、彼の農業への国家規制の構想には、オシーンスキィと同様に、強制播種だけでなく農耕システムをも含む、広義での農業生産全体への規制が想定されていた。オシーンスキィは、「社会主義的活動の中心は国家の大衆的強制的介入にある」として、これをまず播種不足との闘争から始めて、さらに輪作の完全な規制、個人的耕作から共同耕作への転換に進むことを想定していた。これはオシーンスキィの個人的見解を色濃くしているとしても、食糧人民委員部の中から農業生産の拡大に向けての方針が生まれた画期的論調であった[73]。すでに一〇月二八日の食糧人民委員部参与会議でオシーンスキィによって提起された農業カムパニアの組織化に関する決議草案では、収穫の向上と食糧資源の強化の目的で、いかなる耕作方法が県内の勤労経営にとってもっとも適しているかを見定めることが県播種委の任務として挙げられ、このような耕作を実施するために必要な場合には国家的強制措置が適用されるとされた。テオドローヴィッチもこの構想を共有し、彼にとっては、国家的介入とは播種不足との闘争だけでなく、土地耕作の整備だけでなく、新しい輪作タイプへの移行の確立をも意味した。

党中央委で承認されたテオドローヴィッチのテーゼ第五項にある、「農村ならびに都市にいるすべての勤労住民のために、労農権力はもっとも成功し勤勉な経営を奨励するだけでなく、そのほかのいい加減で怠惰で忍耐のない農民への刺戟となるような、農民経営全体への全国家的援助に向けての一連の措置が無条件に必要である」との行(くだり)を読み上げ、この時、「なんだ、おれたちの党は勤労百姓の党になったのか」との議席からの批判に応えて、国民経済全体の高揚の必要性を訴えた。ここで彼はプレミアの問題に触れることなく演説を終えた[74]。

大会四日目(一二月二五日)は農業問題に充てられ、テオドローヴィッチがロシアの農業の現状と法案に関する長い演説を行った。彼は、「農村を復興させるためには、農村に[……]生産物を供給しなければならない。だがそのためには、まず都市に一定量の原料と食糧が供給されなければならない」との「袋小路」からの抜け道を法案に求め、次のように語った。

> わが農業の主要な欠陥は播種面積の縮小と収穫率の低下である。工業の高揚のために必要な作物の播種面積を最大限に増やすことが農民の義務であり、収穫率低下との闘争が任務である。国家は、規制の下で農民に援助を与え、プレミアによる奨励策を定める一方で、凡庸で怠慢な者に対しては強制的措置が執られる。この報告は大会総会の審議を受けずに、農業部会に回され基本的に採択された。

この問題をめぐる論争の中で、大会には二つの共通認識があった。第一は、集団化「幻想」からの解放である。一二月二四日の大会党フラクの朝会議で、オシーンスキィは集団化路線を批判し、そのような政策は農民を遠ざけ、集団化は農業に新しい技術、トラクター、電化が確保される条件でのみ可能であると指摘し、すぐには来ない強制的コミューンの構想をわれわれは断固として退けなければならない、と結論づけた。レーニンはこの発言を「まったく正しい」と評価した[75]。さらにレーニンはこの会議の演説で、「コルホーズの問題は当面の問題ではない。それらはまだ構築されず、養老院の名に値するような悲惨な状態にある。〔……〕ソフホーズの状態は現在大部分で平均以下である。個人農民に頼ることが必要であり、それは近い将来も変わりようがなく、社会主義と集団化への移行を夢想してはならない」と述べ、この幻想からの決別を宣告した[76]。

もう一つは、農業生産の低下への危機感である。ボリシェヴィキ指導部は国家規制とプレミアによって生産性の向上が可能であると想定していたのに対し、ほかの党派の代表は一様に経済的刺戟を求めて、強制的国家規制の方針に反対した。社会民主党(つまり、メンシェヴィキ)代表Φ・И・ダーンは、内戦の勝利に赤軍だけでなく、広範な労働者大衆の、とりわけ農民の気分が大きな役割を果たしたことを評価し、これ以上の勝利のための基本的問題は農民との関係にあるとの前提に立ち、強制による食糧政策を批判した。「強制に基づく食糧政策は破綻した。〔……〕強制によって農民に播種させることはできない。農民への強制をこれまで以上に深め強めるやり方は、都市と農村との間に手のつけられない亀裂を生じさせ、ロシアのブルジョワ反革命の支柱になるだけである」と見た。そのため、「マルクス主義的用語によれば小ブル的と呼ばれている」ロシア農民経営に対して、「農民への肉体的強制によってではなく、経済的、政治的、文化的方策によって、または商品交換と一般的経済取引に基づく経済的要素によって、これら経営を平和的、社会主義的変革の軌道に引き入れる」よう要求した。エスエル少数派党代表В・К・ヴォーリスキィも同様に、生産への刺戟を農民に与えるよう主張し、強制に反対し、「食糧政策においてソヴェト権力は「余剰」の収用、徴発、没収から、畑の播種と都市と工業中央部の消費のために必要充分な一定の税の確立に移らなければならない」と主張した。レーニンはこれに対して、ダーンとエスエルは批判するばかりで別のやり方を指摘しないと反論しただけで、それ以上の踏み込んだ議論を回避した。彼はこれに対する解決策を模索している最中であった[77]。

一二月二五日夜の共産党フラク会議の議論を見れば、基本的に農業の国家規制は支持され、それを割当徴発の是正と関連づける論調が一般的であった。例えば、イヴァノヴォ＝ヴォズネセンスク県の代表が、割当徴発を農業解体の要因ではなく、逆にそれを発展させるような強力な要素にすることが必要であり、「食糧割当徴発は農業を援助する根本的要素となるべきであり、それは春に宣告され、地区のそれぞれの土壌的条件に応じて農学的統計的資料に基づき作成される」よう主張したのがその典型であった[78]。しかしながら、総じて個々の経営に対するプレミアには批判的で、二五日のフラク会議で草案が審議された際、個人農民経営へのプレミア条項を削除する決定が下された。

それに対して、二七日に開かれた党中央委総会は、農業問題に関するソヴェト大会の決議から勤勉な農民への個人的プレミアについての文言を完全に削除するのを不適切と見なし、党フラクに以前の文案を復活するよう命じた。その際に、個人農へのプレミアは二義的に設定され、「個々の経営がクラーク的やり方を些かも適用することなく、経営的成功を収めたとの条件をもっとも厳格に遵守して」それらの経営にプレミアを与える旨の、レーニンが手書きで総会に提出した補足条項を加えるよう指示された。これを受け、二七日の夜フラク会議では、公然とした個人的プレミアへの反対論も展開されることなく（しかしながら同会議で、経営の成功のためにクラークがもっとも熱心なのは当然であり、「クラークと富農にもっとも多くのプレミアが提供されるのは疑いない」、共産主義的判断では「集団化を通して郷や村団など丸ごと経営が向上するのが望ましいが、これはまったくの空想的信念である」、生産プログラムを遂行した村団にプレミアを与えるといいながら、それを構成する個々の経営にプレミアを与えないのは矛盾であるなど、この措置に関する議論百出であった）、前回の決定は翻され、補足条項を註釈の形で草案に盛り込む、との彼の提案が採択された[79]。

だが、ボリシェヴィキの理解に反して、その他の諸党派は、きわめて限定されたプレミア制の効力に疑問を呈し、より大きな経済的刺戟を求めた。大会本会議で、ロシア社会民主党のД・Ю・ダーリンは、強制に反対し、生産への刺戟を要求し、それは農民に自分の余剰を自由に処分させることであると主張した。その時に議席からの「商業の自由だ」、との野次に対して、「いや、商業の自由ではない。広汎な大衆からだけでなく、ソヴェト食糧政策の著名な活動家からも、とりわけ南部で聞かされることをいっているだけだ」と、彼は反論した。そしてさらに、多くを生産した農民にプレミアを与えることは、「あらゆる農民の均等化を諸君が否定することを意味する」と、痛烈な皮肉を浴びせた。また地方の代議員からは、播種委は当時官僚的中央集権組織の代名詞となっていたグラフク［中央総管理部］であるとか、現在余剰は余りにも少なくなっているなどの不満も表明された。

国家規制の主導者オシーンスキィはこれらの批判に応えて、もし商業の自由をともなう食糧税を実施するなら、税完納後の「自由な残余は生産者の判断にまかされる。すなわち、生産者によって自由に取り引きできる」ようになるが、「われわれには商品フォンドがないので」、余剰は商品交換ではなく私的商人に流れ、「いかなる国家調達も増えないであろう。［……］自由商業のこの扉を開く者は、わが食糧政策を崩壊へ、わが国民経済を破滅へ導くであろう。したがって、これらのあらゆる措置をもっとも断固として退けることが必要である」と、国家規制を支持し、自由商業をともなう税に反対した[80]。これは当時のほとんどのボリシェヴィキが持つ共通認識であった。

一二月二八日の大会本会議で、法案『農民農業経営の強化と発展について』は採択された。播種カムパニアは割当徴発の廃止に大きな影響力をおよぼし、他党派からは現物税の先取り案も提起されたにもかかわらず、トロツキーは二一年一月に本大会を振り返り、「この［強制播種］問題は本質的に大会を目立たぬままに通過した」と、ここでの議論を評価した[81]。トロツキーのこのような評価は、他党派からの論難は別としても、ボリシェヴィキ内ではこの法案については原則的異論もなく、従来の戦時共産主義政策の延長として理解されていたことを意味する。繰り返すなら、個人経営へのプレミア条項は、すでに工芸作物の拡大に関する政令に盛り込まれており、党フラク会議の反対があったとしても、既成事実の追認でしかなく、自由商業の要求は依然として無条件に拒絶されたのである。

しかし、二一年に入ると大会に漲っていた楽観的気分は完全に一掃された。前年に始まることさら寒い冬は、すでに一〇月半ばにカルーガ県から、「共和国が蒙っている燃料危機がわが県にも重くのしかかり、工場は停止し、勤労者の家と施設は凍てついた」と報じられたような燃料危機をいっそう深刻にした。トヴェリ市では薪燃料がなくなり、暖房がないために一一月から市内でも郡部でもほとんどの学校が休校となった[82]。

後に第九回ソヴェト大会で「食糧危機が炭坑地区での活動を頓挫させた」と、ボグダーノフが指摘したような事態がすでに各地で認められた。ポドモスコヴィエ［モスクワ近郊］炭坑から二〇年夏に次のように報告された。多くの地区で食糧配給券はすでに久しく引き渡されず、ある地区では六月半ばに五月分の配給が引き渡されたが、六月分の食糧配給はなかった。採炭鉱夫には月四二フントの麦粉しか交付されず、一日二フントの丸パンにも事欠く有り様で、それも質が悪くライ麦粉と黍が半々であった。このほかに配給券では月に僅かの塩（半フント）と時たま鰊を受け取っただけである。労働者の持つ食糧備蓄は涸渇し、以前はプレミアで受け取った作業着などを穀物と交換するため農民に出していたが、現在は農民も恐ろしい凶作のために自分たちの穀物にも事欠いていた。

労働軍の生みの親であるトロツキーは、二〇年二月八日にウラルのエカチェリンブルグを出発し、そこから第一労働軍を直接指揮したが、彼がそこで見たのは、地方での経済活動の完全な瓦解であった。チェリャビンスク炭坑は約半数しか操業せず、労働生産性も僅かで、至る所の炭坑が同様な状態であった。それでも彼の対抗策は、労働者の動員と戒厳令の布告による強制的措置の強化であった。まさに彼は戦時共産主義の立役者であった。だが、それでも状況はますます悪化し、トロツキーはドンバス炭田について一一月に次のようにモスクワに通知した。「ドンバスの状況はきわめてひどい。労働者は飢え、衣服はない。大衆の革命的気分にもかかわらず、ストがあちこちで勃発している」。さすがの彼も、強制力の限界をそこに見た。「圧力の方法によって、いくらか生産性の向上が達成されているが、その後で反動が訪れる。このため、これに基づく計画的な発展は望めない」として、食糧事情を改善する、作業着と靴を供給する、賃金を保証するなどの打開策を要求したが、当時の状況ではこれらの要求が実現されるはずはなく、それとともに採炭量は激減した。一二月に全ロシア鉱山労働組合中央委は党中央委組織局宛に、一連の責任ある活動家によってなされた約束が履行されていないとして、その実現を要請した。

シベリアの炭坑から二一年二月に中央委は次のような電文を受け取った。「ユゾフ地区。二月一六日、食糧状態は破滅的。飢餓のために動揺がある。アルマズヌィ地区。二月一七日、食糧状態は破滅的。穀物はない。労働者は働いていない。縦坑が水没するおそれがある。セメイキンスク地区。二月一七日、穀物はない。食糧状態は危機的。協同組合に備蓄はない。協同組合多売店五六号は近日中に穀物を受取る期待はないと通告した。採炭は停止し、状況は破滅的。労働者はパンの交付まで入山するのを拒否している」。三月になってもドンバス炭坑の状況は改善されず、炭坑労働者の食糧はもう何日も引き渡されず、馬の飼料もなく一部は斃死し、一部はそれを避けるために住民に引き渡されたため、石炭を搬送する荷馬車輸送は停止した。枕木が腐って鉄道輸送も止まった。縦坑は浸水し、食糧がないために作業は停滞し、二月には二九〇〇万プードが採炭され九〇〇万プードが鉄道で搬送されたが、三月には採炭量は六〇〇万プード以下になった[83]。このようにして、石炭の産出量は最低限にまで低落し、燃料危機の原因は明らかに劣悪な炭坑労働者の生活条件であった。

二月のペトログラードへの石炭搬送計画は二五パーセントが遂行されただけで、市内のあちらこちらで木造家屋が解体され燃料として利用された。モスクワでは電気は晩五時から朝八時までしか供給されず、ペトログラードではその供給時間は二時間に制限された。両首都の住民さえ、寒くて暗い冬を余儀なくされていた[84]。

次いで、この燃料危機は輸送危機を招いた。すべての鉄道で燃料は受け取るより多くが消費され、その貯蔵は日に日に減少し、いくつかの管区で燃料が尽きた。荷橇賦課による薪の搬送が奨励された(石炭不足のために多くの機関車は、効率の悪い薪燃料仕様に改造されていた)。農民の馬は飼料の不足でやせ衰え、死ぬかもしれないが、それでも鉄道に薪を運ばなければならない。たとえ一日でも薪の搬送が停滞すれば、多くの鉄道が停止し、そのため食糧輸送が滞り、労働者が餓死するおそれがあった。北部、モスクワ、カザン鉄道を除くすべての鉄道は、一週間分以上の薪を確保していなかった。このため、南東鉄道では約五〇本の食糧直通列車が立ち往生し、そのほか四五〇〇ヴェルスタで鉄道運行は停止した。このような燃料危機の主要な原因は、駅への薪の少ない搬送であるとされたが、一月から始まった「薪飢餓との闘争」も進捗しなかった。一月一一日から二〇日までに駅に搬送された薪の量は基準の三分の一以下であり、二月に入りいくらか改善の兆候が現れたとはいえ、それでも基準には到底至らなかった。薪搬送の停滞の原因の一つは、馬の激しい消耗であった。すでに二〇年秋にカルーガ県コゼリスク郡執行委から、飼料不足のために疲弊した馬の七〇パーセントまでが疥癬にかかり、薪搬送の命令は執行されていないと報告されていた[85]。戦時共産主義期の過酷な食糧割当徴発や役畜をともなう勤労賦課のため、農民には輸送手段の動員に応じる余力はもう残されていなかった。

二一年一月までに国防会議の任務として鉄道に搬出すべき薪の二〇パーセントだけが執行されたに過ぎず、一月三一日の党中央委組織局会議は、今後の食糧の悪化を予防するため、「燃料飢餓は最近恐るべき規模に達した。鉄道での燃料不足は食糧列車を遅延させ、配給の縮小に移るのを余儀なくさせている。この二ヶ月間で党はその全勢力を鉄道への燃料供給に集中しなければならない。二一年の主要な燃料は昔ながらの薪であり、木材調達の進捗と橇道による薪の搬送の成功に、工業と運輸の復興、及び今年度のすべての消費地区への穀物輸送プログラムの遂行がかかっている」として、薪搬送の強化のために全コムニストの動員を命じた。それでも二月のタムボフ県スパッスク郡執行委会議で報告されたように、薪搬送のために燃料週間が設定されたが、それはわずかしか遂行されず、燃料危機はまったく改善されなかった。

最後に、輸送危機は食糧危機をいっそう深めた。モスクワが受け取る穀物は、二〇年一一月の一二〇六ヴァゴン［一ヴァゴンは一〇〇〇プード］から、一二月には八七〇ヴァゴン、二一年一月には九三〇ヴァゴンと減少した。二月一日のモスクワ・ソヴェト総会でカーメネフは、モスクワ・ソヴェトは鉄道の改善に向けて全力を挙げているが、これら措置は即座に結果を出すことはなく、二月二日から労働者の配給を縮小することを余儀なくされた、と報告した[86]。

要するに、二一年初めにロシアで現出したのは、すべての経済システムの解体であり、それに農業の完全な崩壊が加わった。中央統計局の資料によれば、生産地方の播種面積は一六年の三三四五万二〇〇〇デシャチーナから逓減し始め、二〇年には二三六六万九〇〇〇、二一年には一八八九万九〇〇〇デシャチーナにまでになった。さらに、ただでさえ低い収穫率は二〇年に最低の水準に達し、タムボフ県ボリソグレブスク郡ではデシャチーナ当たりの収穫は一四年と比較して、ライ麦が一一七から二二プードに、馬鈴薯は八〇〇から四六〇プードに軒並み著しい減少を示した[87]。

これが戦時共産主義政策、特に割当徴発を起因とするロシア農業崩壊の現実である。二一年一二月に開催された全ロシア農業部大会で、ある代議員はロシアの優れた農業地区の解体を、ヴォルガ流域地方を例に挙げ、「旱魃と一〇〇パーセントの食糧割当徴発がそれを破滅させた。これは誰にとっても秘密ではない。そこでは収穫の時しか農民は穀物を食べられないだけでなく、穀物が虫に食い尽くされた大斎期［復活祭前］から飢餓が始まった。全部を旱魃のせいにすることはできず、それと同等に食糧人民委員部に責任がある。労働者と都市住民を養うために穀物を必要とする食糧人民委員部に責任を転嫁することはできないとしても、この穀物はわれわれにとって余りにも高くついた」と発言した。

地方の実状を目の当たりにしたコムニストは、驚愕を持ってこの代償を知ることになる。二一年二月初めにВЦИК議長カリーニン宛に次のような報告書が送られた。「チェレポヴェツ県キリロフ郡に休暇で出向いて、ずっと中央で活動していたわたしは、農村での経済的ならびに政治的状況に衝撃を受けた。経済的な点で農村は信じ難いほどの崩壊を見せ、農村ではほとんどまったく工業製品を受け取らず、森林伐採に対して約束された石油と塩さえ引き渡されていない。［……］農民たちの経営は惨めで、現在すでに牛を二頭持つ農民は稀で、昔はこれはもっとも貧しい農民であった。この原因は疑いもなく農民への不適切な対応である。農民の資産から割当徴発の徴収を始めた時、農民固有の小ブル的利己的心理から、三頭の牛の替わりに一頭しか持たなければ何も取り上げられないので、［……］家畜を清算して、経営を放置し始めた。

苦しい飢餓の下でさえも、一定の割合が徴収されなければならなくなったとき、その時自らの過ちを悟り生産物の徴収に対する権力への憎悪が現れ始めた[88]」。

播種カムパニアの開始

ソヴェト大会で採択された決議『農民経営の強化と発展』を実施するための、播種委の設置に関する法令である『農民経営の強化と発展に関する委員会』政令は、二一年一月五日のВЦИК幹部会での承認は次回に延期され、その報告をオシーンスキィに委ねることが決定された。一月一一日の同会議で修正を付けて承認された同政令は、ВЦИК議長カリーニンと農業人民委員代理オシーンスキィの署名を付けて、次のように一月一二日づけの『イズヴェスチャ』で公表された。ВЦИК全権を議長とし、県執行委議長、県農業部部長、県食糧コミッサール、農業改善に関する農民委員会（セリコム）の代表からなる県播種委が、播種カムパニアを実施し、農業カムパニアに関する県播種委のすべての命令は無条件の遂行が義務づけられる。同様に、郡には、県播種委全権を議長とし、郡執行委議長、郡農業部部長、郡食糧コミッサール、セリコムの代表から構成される郡播種委、さらには村団による義務的播種の実施の指導と農業援助を行う郷播種委が設置され、この機構の末端にセリコムが置かれる。セリコムは村落の世帯数に応じて五人から一五人により構成され、個々の世帯の播種カムパニアを直接指導する。ここでも、今後の播種カムパニアの指導機関は農業人民委員部であることが確認され、播種委に強権が付与されたが、種子調達の問題は食糧人民委員部の管轄に留まっていた[89]。

続いて、一月二五日に種子フォンド創出と種子保管に関するСНК指令が策定された。これにより、食糧組織（県食糧委と郡食糧委）に国家フォンドとなる種子の調達と保全が義務づけられ、割当徴発を統括する食糧会議がこの活動の全般的指導を行うとされた。ここでの農業組織（農業部）は、食糧組織への技術的援助という補助的役割に留まった。種子フォンドは村団の共同納屋に集荷され、種子不足の経営には内部再分配により種子が供与されることが定められた。こうして強力な権限を持つセリコムの下で食糧組織により実施される種子調達が、追加割当徴発の性格を帯びるのは避けられないことであった。

さらに、播種カムパニアの過程で具体的措置が執られるにつれ、強制的色彩が強調され始めた。農耕住民の国家的賦課とされる義務的播種計画の作成に関するＣＨＫ指令が一月二七日に出されたが、この手続きは国家割当徴発制度とまったく同一であった。この指令によれば、ＣＨＫにより承認された義務的県播種計画に基づき県農業部が郡ごとの播種計画を作成し、この計画は県播種委により承認された。次いで、県播種委で承認された郡計画に基づき、郡播種委が郷ごとの播種計画を作成し、郷播種委が村落の播種計画を作成した。この郷播種委により承認された村落播種計画により、セリコムは各世帯の播種計画を起案し、播種の世帯ごとの計画を村スホードの審議にかける旨が定められた。ヴォロネジ県革命委機関紙は、前年の秋蒔き播種カムパニアの際に農民を説得するよう多くの配慮がなされたが、説得だけで強制を適用しなかった郡では大きな播種不足が生じ、このため春の播種カムパニアでは情宣だけでは不充分であり、第八回大会で採択された法令で規定されている強制のシステムが断固として実施されなければならない、と宣言した[90]。

これと同時に、食糧人民委員部から農業人民委員代理に異動したオシーンスキィを中心に、農業人民委員部は精力的に播種カムパニアの準備作業を推進した。同参与会は一月一〇日づけの決議で、農業人民委員部に農業カムパニアに関する書記局の設置を決め、一月二一日までにそれによって二一年の播種計画案が作成され、二月七日の同参与会決議によって播種カムパニアの実施のために地方へ五億ルーブリの割当配分が行われた。そして、このカムパニアに異常な数の活動家が動員された。

一月一〇日の農業人民委員部参与会会議は、農業カムパニアに三万二〇〇〇人のコムニスト（うち赤軍から除隊した一万人）、責任ある活動家六〇〇人以上の動員が必要であると認め、それを党中央に要請した。一月三一日の党中央委組織局会議は、播種カムパニアの実施のために、オシーンスキィの要請によりアントーノフ＝オフセーエンコを含むミリューチン、シリーフチェルら二七人の大物活動家を県播種委議長として農業人民委員部の管轄に送り込み、当座は三三〇〇人のコムニストを前線から動員解除し、農業人民委員部の管轄下に置くことを決定した。二月九日の組織局会議は、オシーンスキィの要請を受けシムビリスク県播種委議長にＢ・Ｈ・メシチェリャコーフを追加して任命し、播種カムパニアを促す県委への回状電報を発送することを承認した[91]。

播種委は各地で急ぎ設置された。サマラ県では、一月六日に県執行委議長を議長として、県委書記、県農業部部長、県食糧コミッサール、県国民経済会議議長代理、県労組評議会議長、県統計部部長からなる県播種委が設置され、郡播種委を設置するため各地でコムニストの動員が始まった。スタヴロポリ郡では党員の九〇パーセントが動員された。春蒔き区画に播種するための種子用穀物と馬鈴薯貯蔵の消費は禁止され、種子フォンドは農民の食糧と飼料の消費分を縮小することで形成され、これは国家的賦課とされた。タムボフ県レベジャニ郡で一月半ばに郡ソヴェトは、二一年春蒔き播種に関する播種トロイカを設置し、農民に種子貯蔵を自発的に創り出せとの檄を飛ばし、播種委の組織化に取りかかった。エカチェリンブルグ県でも、郡で播種カムパニアに向けての準備作業が実施され、播種委が組織され、農業技師や指導官の会議と大会が召集された。ヴィヤトカ県サラプル郡では、すべての郷で播種委が組織され、種子の調達が続けられた。サラトフ県では、県播種委により一月三一日に播種カムパニアの組織化に着手し、割当徴発の方法による二週間の予備的種子カムパニアを組織することが決議された。このため党県委によって八〇〇人の党員が動員された[92]。各地で飢饉が深刻化する中で、これらの執行が要求されたのである。

食糧人民委員部と合同で農業人民委員部により二一年春蒔き播種計画案が作成され、この素案は必要な点検と修正のためにすべての県に送られ、三一県で修正なしにこの計画案は受け入れられた。一月二五日のＣＨＫ会議で承認されたこの二一年春蒔き区画の播種計画は、二月六日づけの食糧人民委員部機関紙『食糧新聞』で公表された。至る所で県播種委が設置され、郡播種委の組織化はほとんど完了し、多くの郡ではすでに郷播種委とセリコムの組織化に取りかかっていた。播種に関する問題を審議する、郷、地区、郡、県の無党派農民協議会もほとんどの地方で開催され、党活動家が多数動員された。こうして、一月中には播種カムパニアの準備作業は基本的に終了し、二月になると大量のコムニストの動員を含めた大衆的カムパニアとして、播種カムパニアは全土で大きく展開された。

割当徴発が終了した地方で食糧活動家は播種任務に移され、党モスクワ県委に、モスクワ、ヴォロネジ、タムボフ県の播種カムパニアに動員する目的で、地区から選抜されたコムニストが続々と到着し始め、二月一四日夜に第一陣として一七〇人がモスクワのカザン駅からヴォロネジとタムボフに送り出された。動員されたコムニストの一人は、慌ただしく始まった播種カムパニアの様子を出張先から次のように書き送った。

同志たちは急ぎ整えられた暖房列車［ストーヴの付いた貨物列車］の席に着いた。動員された同志の愉快な気分は、情報がないことへの不満で殺がれてしまった。オシーンスキィの粗雑な説明も、モスクワ委員の門出の言葉も、もちろんコムニスト播種活動家が必要とするものに替わることはできなかった。寒い暖房貨車の中で同志たちは、『播種カムパニアについて』、『貧農について』、『コムニスト播種員の戦術について』などのテーマで討論座談会を催した。モスクワからヴォロネジまでわれわれは六昼夜半かかった。すなわち、この時間の半分は駅に停車していた。リャザニで二〇時間、コチェトフカ［以下の地名はタムボフ県］で四時間、コズロフで一二時間、グリャジで五時間、トロシキで一三時間。モスクワ委員会からわれわれに支給された食糧は三日で不足した。飢えなければならなかったが、コムニストは空腹でも革命歌を唄っていた。ヴォロネジ駅から二月二〇日早朝に赤旗を掲げて革命歌を唱いながら、隊列を組んでわれわれは市街に入ったが、誰も迎えに来ず、歓迎もなかった。ヴォロネジでわれわれは汚い設備のない寒い建物に泊まった。便所も水道も洗面具も湯沸かしもなかった。ヴォロネジの活動家にもっと設備の整った住居を要求しなければならなかったが、彼らは尻が重く無気力であった。精力的活動家の不足を感じる。ヴォロネジ県播種委は近日中にわれわれのために、ソヴェト権力の農業政策、突撃作物（オート麦、向日葵）、施肥、休耕耕作、輪作、種子と播種、種子消毒、疥癬、農業の共同化、単一農業計画、農業発展の措置に関する第八回ソヴェト大会決議、ソヴェト権力の食糧政策、一九、二〇世紀のロシア農民史のプログラムで講習を開く。モスクワのコムニストは、農村での活動の現状に関する県農業部、県国民経済会議、県政治啓蒙会議からの報告を講習に加えるよう要求したが、現地職員の説明によれば、そのような活動は萌芽状態で、農村での活動の部局はないとのことであった。[93]

中央での大々的カムパニアにもかかわらず、意気軒昂な活動家が最初に直面したのは、地方組織の準備不足であった。このカムパニアでの最大の任務は、まず播種用種子の確保にあった。全国的播種計画の遂行のためには二億二〇〇〇万プードの種子が必要とされ、この数字は二〇／二一年度に遂行された穀物割当徴発量にほぼ匹敵した。播種カムパニアはそれだけの意義を持っていたが、農業人民委員部の管轄には二二五〇万プード、すなわち、必要量の約一〇パーセントしかなく[94]、それも播種カムパニアが始まった時点で、この農業人民委員部の種子貯蔵は、全面的飢餓と認められた諸県にすでに配分されていた。したがって、それぞれの県で種子フォンドを、種子割当徴発とその再配分によって創り出さなければならなかった。このため、今後展開される播種カムパニアは、農業人民委員部を主導に展開するとの政府の思惑に反して、食糧人民委員部による種子調達が決定的な重要性を帯びるようになった。サマラ県党機関紙は、「今年の自然災害は、サマラ県だけでなく、ほとんど共和国全体に及んだ。いくつかの諸県で凶作はわが県よりも深刻である。中央ロシアのどの県にも穀物余剰はなく、そのため、余所から種子を搬入する可能性はどこにもない。県の農民自身が、たとえ自分の食糧需要を縮小しても、自分の貯蔵から種子を保管し確保することで、種子フォンドを創り出さなければならない」と、厳しい種子調達を予測した[95]。

この厳しい状況はまずセリコムへの反感として現れた。食糧人民委員部参与スヴィヂェールスキィは、播種カムパニアと結びついている末端組織細胞はセリコムであり、これは課せられる任務を遂行するための軍事組織であると説明したように、多くの農民にとってセリコムは、農村に「階級闘争」を持ち込んだ貧農委員会の再来であった。ソヴェト指導者の一人は、播種の法令はミール［村団］に広範な権利を与え、セリコムは農業の改善の分野でミールの意志を体現するので、それは賦役ではなく、ミール的強制であると表現した。農民はこれまでの経験からこのような強制組織に頑強に抵抗した。チェリャビンスク県の多くの郷で農民は、セリコムは農民を「騙してコミューンに登録させるのだ」、「セリコムは新しい賦役(バルシチーナ)だ、昔は村長(スターロスタ)が旦那の言いつけ仕事をさせていたように、セリコムはどのように農耕するかを命令するのだ」との理由で、その選出を拒否した。ヤロスラヴリ県ヤロスラヴリ郡の郷では、三月になってもほとんどまったくセリコムが組織されていなかった。三月初めに郷にセリコムの指導官と組織活動家として、郷播種委議長と書記に任命された二人が差し向けられたが、彼ら二人はセリコムについて何の説明をすることも、それを組織することもできず、今度は郡農業部がセリコムの組織化に着手した。三月五日に郷に郡農業部部長が到着し、彼はセリコムが組織されていないことに激高し、郷執行委員全員を罵倒し、セリコムの選出のために彼らを村に追いやった。三月八日までに選出を終了しなければならなかった。この日に同部長はセリコム郷大会を指定し、そこで期限内にセリコムが組織されないなら、執行委員全員を逮捕するとの恫喝でようやくセリコムが選出された。このようなセリコムの選出が至る所で認められた。後に出された農業人民委員部の報告書は、播種カムパニアは割当徴発に引き続いて実施され、カムパニアの遂行が幹部の力量不足と拙劣なやり方のために農民の不満を招いて、「多くの地方でセリコム選出を拒否する場合があった。このことは通常、農民はセリコムに貧農委の復活を見たことで説明されている。いくつかの場合には、セリコムは強制的やり方で「コミューンに追い立てる」であろうとの危惧も表明され」、「セリコムは大きな力と発意を発揮することができなかった」と、結論づけた[96]。

次いで国家フォンドを形成するための種子調達への反発があった。ヴォロネジ県では、種子の内部再分配［地域内での需給調整］のために詳細な指令が出され、その中で、「再分配は、まず県播種計画の遂行を完全に保証する春蒔き種子フォンドの創出の目的で利用される」ことが強調され、ここではおもに郷内で再分配が実施された。郡から受け取った計画に準じて郷ソヴェトは、郷で種子供給を必要とする村落の需要を確定し、この算定に基づいて、郡任務命令［すなわち、割当徴発］の追加の形で生産物の徴収すべき量を定め、すべての村落の間で徴収の増加分を配分した。この実施のために設置される「郷五人委員会」は、村ソヴェトにその任務を通知し、村トロイカ［三人委員会］を組織し、種子用穀物の引渡し期限を定め、集荷所と村落にそれを通知し、これに不服従の村落と経営には懲罰的措置が執られた。このような種子の再配分の際に、割当徴発の実施過程で頻繁に認められたように、種子割当徴発は多くの村で頭割りにより遂行され、こうやって貧農から穀物は最後のフントまで徴収され、富農には何プードも残され、隠匿された。すでに郷や郡にこれまで割当徴発は不適正に課せられた結果、郡、郷、村落にある穀物量はまったく多様になり、公平な種子の再分配を行うのはきわめて困難であった[97]。

このような種子調達とは、農民にとって追加割当徴発にほかならなかった。オリョール県の村では、一つの割当徴発を取り上げて、今や別の割当徴発が課せられるようになった、との農民の不満が聞かれた。この声は、『二つの割当徴発』の見出しを付けて県執行委機関紙に掲載された。このように調達された種子材をほかの村団のために再配分することへの農民の抵抗は強く、二月に同県エレツ郡の村で、六〇〇人の女性が一団となって郷執行委に押しかけ、保管庫をこじ開け、種子材を奪い取った。翌日、食糧部隊と現地のコムニスト部隊によって秩序が回復され、播種カムパニアは再開された。この直接行動は村ソヴェト員によって組織され、事件後一八人が逮捕され、そのうち一二人が女性であった。しかし、それ以上に農民の反発を招いたのは、割当徴発が完遂された地区で、まず種子調達が開始されたことであった。サマラ県では一月一五日から、国家割当徴発を一〇〇パーセント遂行した地区で種子カムパニアが開始された。このため、国家賦課を誠実に遂行した勤労農民が、真っ先に負担を背負うという矛盾が生まれた[98]。

従来の割当徴発以上に種子調達が陥った最大の障碍は、徐々に厳しさを増す農民の窮乏であった。凶作に襲われた地方では、住民は播種用に残されたなけなしの穀物を食べていた。タムボフ県モルシャンスク郡では二〇年春の発芽状態の資料に基づき、黍はデシャチーナ当たり一五プードとして割当徴発量が算出されたが、実際の収穫は七・五プードしかなく、ライ麦も同様にデシャチーナ当たり一〇〇プードと想定されたが、実際には四〇プードしかなく、このように算出された割当徴発を実施した結果は著しい穀物不足で、播種用種子など残す余裕すらなかった。ペルミ県で播種面積農民協議会は、すべての郡ですでに家畜は消耗し、農具、肥料、種子が不足し、農民は持ち去られることを恐れて、種子の集荷に同意していない、との苦しい現状を指摘した。クルスク県ファテジ郡の村は、郷農業部による種子の不公平な配分について、種子を多く持つ富農が多くを受け取り、貧農は種子なしになったとの不満を訴えた。毎日種子を求めて農民が押しかける窮状にあったセミパラチンスク県では、燃料確保のための薪搬送に動員されたため、種子を搬送するにも人手を欠き、それでも薪の搬送は滞り、燃料貯蔵が底をついて鉄道の一部は運行できなくなり、種子の搬送は完全に停止した。チェリャビンスク県チェー・カーは二〇年一二月後半の報告書で、次のような失態を指摘した。播種に必要な種子が徴収されたが、その際しばしば種子用穀物は区別して納屋に集荷されずに、旧い穀物、すなわち、播種に適さない穀物と混ぜられた。こうして、きわめて発芽率の低い種子が配分された[99]。

早くも調達計画の遂行に翳りが見え始めた。三月のВЦИК会議で報告されたように、地方権力は種子の県外への搬出を拒否し、地域内での種子の確保を目指すようになった。このような状況を背景に、二月に党中央委は、中央ロシアのすべての県委に次のような電報を発した。農民の気分が尖鋭化しているため、「地方組織の一部に、これ以上農民を怒らせないように、種子調達を拒否しようとする志向が認められる。多くの生産諸県は明らかに同じ動機から播種計画を縮小し、外部からの種子搬入を要求している」現状を排除し、国家種子フォンドはきわめて僅かなので、現地で種子調達を強化するために「種子二週間」を組織し、すべての党勢力をこれに投入するよう訴えた。タムボフ県テムニコフ郡では、三月三日の党郡委会議で「種子二週間」実施のためにトロイカが選出された。それでも、交通人民委員部の計画によれば、二月二〇日までに三〇〇万プード以上の種子を搬送しなければならなかったが、遂行されたのは約八四万プードだけであった[100]。

種子調達との関連で、割当徴発の遂行をめぐって地方で混乱と動揺が見られるようになった。二〇年一一月二〇日づけのレーニンと食糧人民委員代理ブリュハーノフの電報により、穀物と搾油用種子の割当徴発の終了期限が二一年一月一五日であると宣告されたが、いくつかの地方で、これを口実に、この期限以後の割当徴発の遂行が停止された。これに対し、ブリュハーノフは、割当徴発を完遂しない地区では、その完全な遂行まで調達を継続すべき旨を改めて打電した。さらに、播種カムパニアが始まり、食糧人民委員部は県食糧委に、県播種委の播種計画に準じてこの遂行に必要な種子量を確保し、食糧人民委員部の割当徴発を遂行した後に住民に残るすべての種子は、播種計画を遂行するためのフォンドであるとの指令を発した。この指令は、地方によっては割当徴発を停止し、種子フォンドを形成し始めることと理解された。一月九日のヴィヤトカ県執行委幹部会は、割当徴発に対する調達カムパニアが基本的に終了したため、割当徴発の重要な実行組織であった県と郡の食糧会議の解散を指示した[101]。

一月二五日にВЦИК幹部会は、サマラ県執行委と党県委の幹部会が二月一日までに全県での食糧活動を停止するよう県食糧委に命じたとの食糧人民委員部の報告を聴き、割当徴発の完遂以前に食糧活動を停止するとの県決定を破棄するよう命じた。同時に、すべての県執行委に、至る所で始まった播種カムパニアは食糧カムパニアと非常に接近しているので、播種カムパニアが適正に実施されないと食糧活動が崩壊する恐ろしい危険が生ずる、これは実際にドン州とサマラ県執行委で起こったことであり、食糧戦線はもっとも重要な戦線であり、割当徴発の完遂まで食糧活動を停止してはならないことを命ずる回状を送った[102]。このВЦИК幹部会決議は、播種カムパニアを実施することで食糧割当徴発が停止され、そのために当座の食糧危機がいっそう深まるとの警告であった。

当面の食糧危機を回避するために食糧割当徴発を継続するか、将来の収穫を確保するために食糧割当徴発を停止してでも種子徴発を実施するか。ソヴェト政府は重大な岐路に立たされていた。

ВЦИК幹部会決議が破棄した決定とは、以下のようなサマラ県での顛末の結果であった。二〇年一二月一日のサマラ県経済会議、県食糧参与会、県執行委幹部会の合同会議で割当徴発の進捗に関する審議が行われた際に、県食糧コミッサール・レーキフと食糧参与ベラコーフスカヤとの間で次のような激論が繰り広げられた。レーキフは、食糧人民委員部が穀物の県内再分配について具体的に何も言及せず、共和国的規模で割当徴発が僅かしか進展していないことを根拠に、飢えた無産住民のために現地でその源泉を汲み出すことが必要であり、そのため一二月一日から製粉税を六フントにまで引き上げ、増加分二フントから貧民用食糧フォンドを形成し、さらにはその一部を種子フォンドとして引き渡すことを提案した。ベラコーフスカヤの提案は、割当徴発を一〇〇パーセントではなくその七五パーセントを要求し、それを超える分は貧農［供給］フォンドとして引き渡そうとするものであった。これらの提案に対し、食糧人民委員部が、現在の共和国の現状で一〇〇パーセントの遂行を放棄することは明らかにありえず、農民に割当徴発を完遂すべきとの言質を与えながらそれを履行しないのは農民の不信を招くとの反論があり、長時間の議論の末に、同会議は基本的に折衷的なテーゼを採択し、次のように決議した。一、割当徴発の完遂をわれわれの義務と見なし、二一年一月一五日までに七五パーセント以上の割当徴発を遂行するのを必要と認める、二、残りの二五パーセントを遂行するのが望ましく、その徴収を種子カムパニアとして実施する、三、凶作を蒙った農民のために製粉税を二フント増やし、四フントは割当徴発に、増加分二フントは貧民の食糧フォンドに算入する。この決議は、割当徴発の七五パーセントを遂行した後にその執行を停止し、種子調達に転換することを意味し、これはまさに食糧人民委員部から二一年二月に出される割当徴発停止命令の先取りであった。何より、レーキフ自身が、一月六日の第一回県播種委会議で、種子カムパニアと食糧カムパニアを同時に遂行するのはまったく不可能であると指摘しているように、割当徴発の完遂を誰も現地では予想していなかった。軍事的任務として設定された県への食糧割当徴発は、二一年一月一日で七七四万四八七プードの穀物が納付され、遂行率は五六パーセントしかなかった。

割当徴発停止案を持ってベラコーフスカヤはモスクワに出張し、割当徴発停止の県執行委と県委の決議は先に触れたようにВЦИК幹部会によって破棄されたものの、彼女は帰還した後の二月一日のサマラ県食糧参与会会議で、次のような興味ある事実を報告した。まず、割当徴発を縮小する問題はСНК会議にかけられ、サマラ県には二〇パーセントの縮小案が提示された。次いで、食糧人民委員部との交渉で、サマラ県には割当徴発の七五パーセントの遂行が設定され、残りは種子フォンドとして徴収が継続される旨が、СНКの正式決定以後発令されることになっている、という。明らかにこの案は、一二月一日の合同会議決議の追認でしかなかったが、この報告が重大な政策転換を意味するなど、その時には知る由もなかった。こうしてサマラ県は、食糧参与のモスクワ出張のおかげで割当徴発の停止を事前に察知することができた。この直後にサマラ県は二月四日づけで、種子カムパニアを速やかに開始するため、搾油用種子を除くあらゆる穀物割当徴発の遂行を七〇パーセントで停止する旨の指令を受け取った。[103] ВЦИК幹部会決議から一〇日ほどで、その決定は覆されたのである。

同様な割当徴発停止の要求は各地から寄せられ、二月一日にリャザニ県からВЦИК幹部会に次のような請願が出された。

リャザニ県執行委第一会期は、播種の組織化とこのための種子調達の問題を検討し、直ちに全勢力を種子材の調達に向けるため、食糧人民委員部から県に与えられた割当徴発の今後の遂行を停止するよう要請することを決議した。そのような決定を採択した県執行委は、次のような判断に基づいている。第一に、実際に遂行された割当徴発の総量は五四パーセントしかない。第二に、食糧割当徴発が完全に一〇〇パーセントに達する可能性はまったくない。第三に、県の食糧状態は、種子調達が遅延するなら播種委が崩壊するおそれがあるほどになっている。すべての種類の作物が播種に要する種子総量四〇二万六〇〇〇プードのうち、県食糧委はその管轄に全部で六万八〇〇〇プードしか持っていない。第四に、農民に残されている穀物飼料の総量はきわめて惨めであり、おそらく種子の需要を充たす状態にない。例えば、オート麦は国家調達から補填されなければならない。第五に、そのように食糧割当徴発の遂行の下で、種子材の調達が些かでも遅延すれば、予想される播種カムパニア全体が失敗の運命を辿る。このような根拠で、春の播種までに残された短い期間を考慮して、割当徴発の即座の停止を訴えた。これから間もなく二月一〇日に、食糧人民委員部から同県は割当徴発停止指令を受け取った[104]。

飢餓諸県では厳しい食糧事情のために、食糧割当徴発と種子カムパニアを同時に遂行するのは明らかに不可能であり、実質的に停滞している食糧割当徴発から種子割当徴発への転換が断行されたのである。このような状況は、両県ともまったく同じであった。

サマラ県では二〇年に蒙った大凶作に加えて匪賊運動が猖獗し、割当徴発の遂行は事実上停止していた。二一年二月初めにバラコヴォ郡執行委議長はВЦИКに、郷執行委と党細胞からの請願は、貧農と赤軍兵士の間で認められる大飢饉голодовкаに直面している郡の状況を的確に示しており、割当徴発の遂行の際に見られる軒並みの没収と逮捕による農民への抑圧という地区食糧委の活動はあらゆる影響力を失っているが、それらが大量に適用されているために郡の経済建設の基盤は解体されている、地区食糧委による農業破壊の政策は、バラコヴォ市の組織的プロレタリアートの気分に反映され、彼らは一丸となって食糧組織の思慮分別のない行動に抗議し、郡の物騒な状況の中で飢えた大衆の圧力による予期せぬ事態が発生するであろう、との危機的状況を打電した。

三月初めに党プガチョフ郡委から受け取った電報も同様である。「コムニスト打倒、地区食糧委打倒をスローガンとするヴァクーリン匪賊がプガチョフ郡を通過したことに関連し、集荷所の破壊、コムニストと食糧活動家の撲滅を目指そうとする農民蜂起に、この郡を含めてすべての郡が覆われ、郡のいくつかの地区では種子用のみならず食用の穀物もまったく持たず、そのため播種カムパニアをわれわれの力では実施することができなくなっている」。プガチョフ郡では二〇年の秋蒔き播種は量と質が半減した。秋蒔きのうち二八パーセントだけが満足な状態で、一七パーセントは発芽さえしなかった[105]。凶作による牧草不足のために繁殖用家畜さえ絶滅するおそれのある状況の中で、馬匹の激減と消耗によって荷馬車による穀物の搬送は完全に停止した。後述するように人肉食や屍肉食も出現するような二一年の大飢饉の主要な舞台となるサマラ県一帯で、前年秋に休耕地でさえ一〇センチかそれ以上も干上がって乾燥し、播種したライ麦がほとんど発芽していないという不安な兆候がすでに現れ始めていた[106]。

リャザニ県の食糧事情も文字通り危機的であった。すでに二〇年夏に、県内で飢えのために全員が衰弱していると報告され、さらに牧草の不作による飼料危機が加わった。九月二一日のCHK会議で、同県はもっとも凶作を蒙った地域の一つと認定され、飢餓住民への国家支援を組織するために凶作諸県の食糧事情調査が命じられた。この調査により、カルーガ、トゥーラ、リャザニ、オリョール、ツアリーツィン県が、もっとも穀物凶作の被害を蒙っていることが判明した。概算によれば、飢餓諸県の困窮住民は三一三万八〇〇〇人と算定された。調査報告を受けたCHKは、飢餓諸県の住民に穀物、碾割りの貯蔵を確保し、特別野菜フォンドを創り、現有の余剰を利用して飢餓諸県の内部再分配と供給に特別に配慮することを決定し、飢餓諸県の県執行委議長、県食糧コミッサール、食糧人民委員部全権からなる特別委員会に飢餓民援助の組織化を命じた。

しかし、現地ではこのようには進まなかった。カルーガ県では県特別委は設置されず、内部再分配も行われなかった。リャザニとオリョール県では、特別委は再三にわたり村住民への食糧援助を回避し、飢餓地域の調査も行わず、食い手の登録もなかった。こうしてこの時までに飢餓住民への実質的援助は進捗せず、スヴィチェールスキィの言葉によれば、リャザニ県では三万人分の、トゥーラ県では三万五〇〇〇人分の、カルーガ県では一万四〇〇〇人分の食糧供給所（食堂）が開設され、七〇〇万プード以上の穀物を必要とする飢餓農村に、食糧人民委員部は馬鈴薯二四六万プードを放出しただけであった。飢餓民の需要を充たす見込みは食糧人民委員部になく、もっぱら内部再分配に、すなわち、当該県での自給に期待がかけられた。膨大な飢餓民の援助として量的に不充分であっただけでなく、食堂の開設についても、リャザニ県カシモフ郡の郷から、「新聞にはリャザニ県の飢えた郷に食堂が開設されたと書いてあったが、われわれの郷はもっとも凶作を蒙ったがここには食堂がない」と報じられたように、適切な援助が欠けていた[107]。

こうして、県内の飢餓は深まり、そこでの労働者の危機的食糧状態について、教育人民委員A・B・ルナチャールスキィはВЦИК幹部会と食糧人民委員部に、リャザニにあるきわめて僅かな貯蔵を二月一日づけの至急電で報告した。これを受けてようやく二月一七日のВЦИК幹部会は、リャザニ県を含む凶作を蒙った一連の諸県での村落住民の調査と支援活動を組織するためにカリーニンを議長とする新たな特別委を任命し、支援態勢を整えたが、事態はまったく改善されなかった。そこでの春の状況は次のようにВЦИК幹部会に報告された。「リャザニ県食糧委は県のひどい食糧状態についてすでに通知した。［……］組織解体のおそれがある。完全に窮地に陥っている。現在はこの脅威が現実となっている。工業企業の半分が閉鎖され、労働者は解雇されている、［給食が提供できないので］まず病院が閉鎖され、孤児院から子供たちが個人の手に引き渡された[108]」。

これら飢餓諸県で割当徴発を続行するのは不可能であり、食糧割当徴発から種子調達への転換がなされた。これが、割当徴発停止の理由である。

だが、この時期すでにロシア共和国のほとんどすべての県が飢餓状態にあるか飢餓地域を含んでいたとしても、すべての飢餓県で割当徴発がこの時に停止された訳ではなかった。ペトログラード県の東に位置するノヴゴロド県チフヴィン郡から、「危機は最高段階にまで達した。市のソヴェト職員、子供、病人にさえ配給券はない。郡の三分の一は文字通り飢え、状況は悲惨で、集荷された種子が食用に利用され、確保されていた地方の資源はすでに枯渇した。住民と同じくソヴェト活動家の気分は殺気だち、苛ついている。経済のあらゆる分野で活動が死滅するおそれがあるので、外部からの援助がどうしても必要である」として、郡執行委議長と郡食糧コミッサールは食糧人民委員部に支援を要請したが、それは中央により拒否された。同県での飢餓状態は中央で議論の対象にすらならなかった[109]。

二一年二月二〇日で穀物割当徴発の遂行は、全体として二億五二五七万プード余で、遂行率は五九・七パーセントであり、ロシア共和国消費諸県の遂行率は一三〇パーセントを超えていたが（その理由は後述）、穀物調達の主力であったシベリアでは四六・九パーセント、北カフカースでは三八・七パーセントしかなかった[110]。強制力と軍事力を最大限に行使しての結果がこれであった。

二〇／二一年度割当徴発の特徴は、内戦の縮小とともにその対象地域が、バシキール、タタール共和国、シベリア、北カフカースなどの周辺地域にまで大幅に拡大されたことにあり、そのため、穀物生産物の割当総量は、前年度を一億五〇〇〇万プード上回る四億五六九〇万プードに設定された。そして、シベリアに一億一〇〇〇万、北カフカースに一億三〇〇〇万プードが課せられ、中央穀物諸県が旱魃を蒙る中で、周辺穀物地方での穀物調達は特に重要な意味を持った。しかし、これら周辺地での割当徴発は遅々として進まなかった。二一年一月一一日づけで北カフカースに派遣されていた食糧人民委員部全権M・И・フルームキンはレーニンに、南東地方での調達の衰退を確認し、一月一五日までに割当徴発を完遂するのを不可能と見なし、一ヶ月後の完遂を目指して赤色強化月間を宣告すると同時に、種子カムパニアを組織する目的で、割当徴発の七五パーセントを遂行したドン州の管区に一月二〇日で、残りの管区には二月一〇日で、食糧活動を停止するよう命じたとの現地の状況を打電した。北カフカースでは、事実上割当徴発は停止され、種子調達カムパニアへの転換が始まっていた[111]。

共和国全体で割当徴発の継続は播種カムパニアと両立しないことが次第に露呈されるようになった。ある食糧活動家は、生産諸県で二〇年一一月に比べ二一年一月に調達が低下したのは、穀物カムパニアが終了に近づき、これに替わり、それら地区の調達機関は春蒔き区画への播種のために種子フォンドを徴収する任務に直面したことが原因であると指摘した[112]。割当徴発への農民の抵抗が強まるとともに、優先的に大々的に実施される播種カムパニアのために、食糧割当徴発の納付が激減したのである。事実上、地方ではすでに割当徴発から種子調達への転換は明白になっていた。

割当徴発の停止は、播種カムパニアの実施との関連で既定の方針となりつつあった。

連日のように『貧農』紙上で播種カムパニアの記事が掲載され、未曽有のこのカムパニアが展開するにつれ、割当徴発への批判のトーンが一気に高まった。二月二日の農民の気分に関する政治局決議は、ВЦИК幹部会に農民の政治的気分を調査し、特に食糧活動家の職権濫用などへの苦情を検討するよう要請した。この要請を受け、二月一〇日の同幹部会は、関係機関に食糧部隊の統御に関する措置を報告させ、過失を犯した部隊の罰則を強化するよう指示し、食糧人民委員部に割当徴発受領後の農産物を傷ませないよう予防措置を執るよう命じた。割当徴発遂行の際に頻出する違法行為を排除しなければ、その遂行は不可能であるとの認識が生まれていた。二月九日に公表された内部再分配に関する県食糧委への指令では、割当徴発の際に見られた、食糧組織の誤った割当配分、住民への割当配分の階級的原則からの逸脱のような、活動の異常に速いテンポと機関の非組織性により引き起こされた調達活動での一連の常軌を逸した行為が列挙された[113]。

ВЦИК議長カリーニンが二月一三日づけ『貧農』紙で割当徴発を公然と批判したのが、種子調達カムパニアの最中であったのは象徴的である。「現在は種子材の徴収と播種カムパニアの準備の時期である。今日までソヴェト権力は農村に割当徴発を実行してきたが、今や農業経営を強化し農村住民を援助する目的を持った方策を農村に施行している。重い国家的賦課である食糧割当徴発は説得と強制によって行われ、許されざる不法な形で強制を適用しているという多くの事実がある（勝手な逮捕、寒い部屋での拘留、殴打、いかなる根拠もない武器による威嚇、悪罵など）。これらは農民大衆の怒りを招かざるをえないし、さらに食糧エイジェントのあらゆる気ままで不正な行動は農民を憤激させている」。

それに続き、二月二六日の食糧人民委員部機関紙にツュルーパの署名で公表された、すべての県食糧コミッサールへの指令では、「食糧活動の基本的部分である穀物割当徴発の遂行は、ヨーロッパ＝ロシアで終了した。この困難な活動の中で、総じて等価物を供給することができなかったので、農民は諸君をもっぱら汲み出すだけの機関と見た。そのような状態のために農民は割当徴発を重い税と見なし、相互関係を尖鋭化させた」ことを認めた上で、現在展開されている播種カムパニアの実施の際に、これまでの食糧活動家への農民の偏見を払拭するよう要求した[114]。食糧人民委員部によって割当徴発カムパニアから播種カムパニアへの移行が宣言されたのである。

割当徴発停止の過程

ソユーズ会館（元貴族会館で、ここに労働者徴発部隊の本部である軍事食糧局が置かれていた）で二月二日に開催されたモスクワ拡大金属工協議会で食糧問題が審議された際に、この日からモスクワで実施される配給券の縮小への労働者の不満を背景に、登壇者によって次々とボリシェヴィキの食糧政策に反対する演説が行われた[115]。これを受け、同協議会は、「一、割当徴発により農民から生産物を受取る現行の形態を合目的的でないと認める、というのは、農業の劣化と解体をもたらす割当徴発は、農民大衆の利益に応えないだけでなく、破滅的な形で労働者の状態にも反映されるので、二、割当徴発を一定の現物税に替えるが、この税は地方的条件に対応し、農民にとって負担にならず、農業の向上と発展のための可能性を農民に与える規模でなければならない」との決議を採択した。レーニンは代議員に請われて、同協議会最終日の二月四日に演説し、誰も労働者ほどには苦しまなかった、農民はこの間に土地を受け取り、穀物を手に入れることができた、しかし彼らはこの冬に窮乏し、彼らの不満は理解できるとして、彼は権力が陥っている困難からの解決策を示した。播種カムパニアを再検討せよとの声があるが、すべての面積に播種しなければわれわれは滅亡する、と播種カムパニアの重要性を指摘して、「現在われわれは一三県で割当徴発を完全に停止しようとしている」ことを表明した[116]。これが農業危機に対するレーニンの回答であった。

すでに、播種カムパニアと割当徴発のこれ以上の遂行が両立しないことが食糧人民委員部では明白になり、党中央委の承認を得て、一定の割当徴発の遂行後その徴収を停止する旨の二月四または五日づけツュルーパ名の電報四八／T号が出された。オレンブルグ県食糧委への電報では、「種子カムパニアの速やかな開始のため、搾油用種子を除くすべての穀物割当徴発の遂行を五〇パーセントで停止する。種子計画を近日中に受け取るように。　食糧人民委員　ツュルーパ　二一年二月四日」と記された。割当徴発の遂行率は地方ごとに異同があるとしても、同様な電文がバシキリア食糧人民委員部、シムビリスク、ウファー、サラトフ、サマラ、ポクロフスク県食糧委にも送られた[117]。これに続いて、二月一〇日の食糧人民委員部参与会会議で、二月二日の政治局決議を受ける形で、二〇年に特に凶作を蒙った飢餓五県、リャザニ、トゥーラ、カルーガ、オリョール、ツァーリツィン県で、二月一五日から八月一日まですべての割当徴発の遂行を停止し、食糧生産物の内部再分配に取りかかることが決定された[118]。

しかし、この決定は突然で、ほとんどの地方組織はその兆候さえ知らされていなかった。

タムボフ県では、党県委は一月一五日の会議で、農民蜂起によって解体された農村で割当徴発を遂行するのがいかに困難であるかを中央に訴えた。二月八日の同会議でアントーノフ運動と白色蜂起の根絶についての報告が行われた際に、軍司令官パーヴロフは、この蜂起は農民の不満の表明であり、彼らの状況は日々に悪化し、赤軍部隊にさえこれへの共感があることを率直に表明した。この対策として彼は、広汎な無党派協議会の開催と並んで、割当徴発の問題をレーニンへの書簡を含めて中央に提起する必要があると認めた。まさに、割当徴発への不満から生じた農民蜂起は、彼が認識するところでは、タムボフの地方的問題ではなく、国家的問題であった。別の党県委幹部会員も、農民蜂起を根本的に阻止するには、県全体から食糧割当徴発を解除しなければならないと主張したのに対し、県委書記ヴァシーリエフは、ロシア革命が農民との衝突という厳しい局面に差しかかっているとの共通認識から出発しても、割当徴発の解除に反対し、抑圧の緩和を提起するに留まった。この後、意見の交換が重ねられ、レーニンにこの報告を持参するための代表団を派遣することが決定された[119]。アントーノフ＝オフセーエンコが中央から派遣されるまでは、地方権力は農民蜂起に対して一定の理解を見せていたのは注目に値する。

そして、まさにその日、二月八日に県食糧会議議長と県食糧コミッサール宛に、「本状の受け取りにより、穀物食糧割当徴発の活動を停止せよ。交付された指令と近日中に貴県に送られる種子任務命令に準じて、食糧機関全部を種子材の再分配と確保に関する活動に投入せよ」との、ツュルーパの電報が到着した。県委の表現によれば、「穀物割当徴発の解除は、タムボフ県に不意打ちを食らわせ」、まったく唐突な指令であった[120]。

同日に急遽開かれた県執行委幹部会決議として、翌二月九日に県内のすべての郡執行委、郡委、郡食糧委に、穀物割当徴発のこれ以上の遂行を停止し、食糧組織の機関を播種カムパニアのために利用し、すべての食糧部隊を解除し、郡委にもっぱら集中的な政治カムパニアを展開させよとの電報が送られた。その際、「食糧割当徴発の解除は、農民をもっとも辛い賦課から解放し、なんら支障なく春の播種カムパニアに取りかかれるようになったことを執拗に強調」し、「最短期間でもっとも優れた勢力を投入し、無党派農民協議会を催し、そこにできるだけ広汎な農村の層を引き入れ、匪賊運動についてと播種委に関する法令を情宣する」ことが命じられた[121]。

さらに、二月一四日の県執行委会議は、この幹部会決議を承認すると同時に、春の播種カムパニアのために凶作を蒙っているオート麦[122]の県外へのあらゆる搬出を完全に停止するよう県食糧委に命じ、「県の破滅的食糧事情を確認し」、県食糧コミッサールに県への食糧支援を食糧人民委員部に要請するよう義務づけるとともに、「県食糧委の貯蔵から実動の軍事部隊に供給するのがまったく不可能であることに鑑み、暫定的措置として食糧人民委員部の任務命令による食糧の受取りまで、軍事組織を通して住民の負担により現地で軍隊への供給を受け入れる」ことを決定した。

しかし、飢餓と匪賊運動が猖獗するタムボフ県にとって、この割当徴発停止命令は困惑を持って迎えられた。なぜなら、割当徴発を停止すれば、非農民住民に食糧を供給することができなくなるのは明白であった。それに加えて県に駐屯する匪賊討伐軍への供給問題があった。二月九日に県食糧コミッサールは、食糧人員委員ツュルーパ宛に次のような内容の機密至急電を送らなければならなかった。「正確な指示を与えて欲しい。穀物割当徴発を今後は遂行する必要はないと考えるのか、それを県内供給のために継続するのか。県の地元都市プロレタリア住民、鉄道従業員、軍隊を扶養するための貯蔵は一週間以上ないので、もし今、割当徴発を停止するなら、彼らを扶養するための穀物はどこから手に入れるのか。割当徴発を完遂したか七〇パーセント以上を遂行した郡で、現地を扶養するために割当徴発の残りを継続して、種子フォンドの再分配と確保の活動を開始すると考えている。そうでなければ、食糧人民委員部は一ヶ月四〇万プード以上の穀物を即座に供給しなければならない」。この現地からの疑問に、食糧人民委員代理ブリュハーノフは県食糧コミッサールへの二月二一日づけ電報で四八号電報を補足し、軍事部隊へは一部は県外から月間五ヴァゴン［五〇〇〇プード］だけが供給され、残りの供給のためには、対匪賊で行動している軍事部隊を利用し、調達地方に戒厳状態を布告し、内部食糧再分配を新しい収穫まで実施して、あらゆる県内食糧需要を確保するよう指示した。これに続く、国防会議議長レーニンと食糧人民委員の電報はより厳しい内容であった。第一に、共和国の異常に困難な食糧事情のため、タムボフ県に穀物援助を行う可能性を食糧人民委員部は持っていない、第二に、タムボフ県内で活動する赤軍部隊と消費者の需要は、まず地方的資源から充たされる、第三に、内部再分配の目的で匪賊に対して活動している軍事部隊を利用し、現地と調達機関に戒厳令を布告し、第四に、内部再分配をまずもっぱら種子確保に対して実施し、新しい収穫まですべての地方的需要を確保する。内容は明白である。こうして、県外からの食糧供給への淡い期待は消えた[123]。

割当徴発の解除が農民や労働者の状態を緩和したと考えるなら、それは大きな誤解である。タムボフ県のような凶作県に、現地住民だけではなく、そこに駐留する軍隊のための需要を委ねた結果は、悲劇的大飢饉であった。

県中央さえ割当徴発の停止命令に困惑し、郡レヴェルではいっそうの混乱があった。この時までに県内の食糧資源は涸渇し、内部資源を当てにすることはできなかった。いくつかの郡では、国家割当徴発が廃止されたのなら、すなわち、県中央には郡に配給するのに充分な量の食糧があるなら、郡で食糧を制限する必要がないと理解した。また別の郡は、穀物割当徴発の停止命令を、あらゆる割当徴発の停止を意味すると解釈した。こうして、割当徴発の停止とともに、内部再分配も止まり、県内の食糧事情はさらに悪化した。国家割当徴発を遂行したコルホーズには食糧は残されず、種子材以外何もなく、アカザやその他の代用食が用いられた。コルホーズへの食糧供給も県食糧委によって拒否され、食糧援助なしでは、残った種子材が食糧に利用されるおそれがあると、県コルホーズ連合議長代理は農業人民委員部に警告した。二月一一日に県労働者供給部はレーニン宛に、割当徴発は解除されたが穀物の納付はなく、県内の労働者の供給状態は危機的で、所によって気分は悪化していると、支援を要請した[124]。

国家割当徴発の停止命令が食糧危機をさらに昂進させたのは、それが有効な調達手段を奪ったからだけでなく、その反対給付としての国家供給や国家的食糧援助の拒否をも同時に意味したからであり、中央からの支援はことごとく拒否された。国家割当徴発制度とは、その理念としては、余剰の収用とそれに対する反対給付としての商品交換、それに困窮者への国家供給を含むシステムなのである。だからこそ、何度も触れるように、「コミューン国家」への移行措置としての割当徴発制度に、ボリシェヴィキは拘泥したのであった(もちろん、これは机上の幻想であったが)。したがって、割当徴発の廃止とともに、最重要と認定された突撃企業を除き、労働者は徐々に国家供給制度から排除された[125]。

二一年の飢饉の下で、タムボフ県の実例が示すように、労働者と職員への食糧供給に対して国家は現地での自給を指示し、制度としての飢餓援助を拒絶したことが、飢饉の犠牲者を増やす一因となった。二一年夏以後ВЦИКや食糧人民委員部により各地で飢餓民援助のための特別委員会が設置されたが、その基本的原資は民衆からの寄付と醵出に依存した[126]。すべてが涸渇したソヴェト=ロシアには、制度として飢餓民を援助するだけの余力は残されていなかった。逆説的だが、制度上は割当徴発の廃止が、飢饉の犠牲者を増やすことになったといえなくもない。

タムボフ県執行委と県委は、郡組織に割当徴発停止の指令を送るとともに、二月九日づけで次のような農民への檄を公示した。「南部とシベリアから僅かずつでも穀物を受け取る可能性が確定したことに関連し、コムニスト県委の報告により、現在タムボフ農民が置かれているあらゆる苦しい状態に配慮し、割当徴発の大部分は遂行され、何人かのクラークにある余剰は非常に僅かであることを考慮し、食糧人民委員部はタムボフ県で今後穀物割当徴発の徴収を停止することを決議した。[……]現在、全県で通知の受取り後直ちに穀物割当徴発の収集を停止し、すべての食糧部隊を解除するとの命令が郡食糧コミッサールに出された」。この檄にある割当徴発停止の論拠が虚偽である以上、この檄の内容も欺瞞であった。ようやく四月二二日に緊急命令によって全県に駐留する労働者部隊は解除されモスクワに送還されても、対匪賊との闘争のために同県には一〇万以上の膨大な数の軍隊が駐屯し、その数は徐々に増加していた。

食糧人民委員部は、西シベリアでの農民蜂起に関連して、シベリアからの穀物の途絶により共和国全体が食糧危機に陥り、そのため現地調達で派遣軍を賄うべきとの認識を持っていた。二月二一日のタムボフ県食糧コミッサールへの電報では月間五〇〇〇プードの搬送を約束したが、翌二二日にブリュハーノフが党中央委に提出した報告では、まったく異なる状況を伝えている。「あらゆる種類の生産物(穀物だけでなく)の調達に従事していた食糧部隊の解除と食糧活動の完全な停止に関するタムボフ県委と県執行委の訓令によって、悲惨な食糧事情がタムボフ県で創り出された。特に穀物割当徴発の問題は、この時までに次のように尖鋭化した。二月一日で、一一〇〇万プードの割当のうち五一〇万が遂行された。そのうち特に匪賊運動に汚染された三郡(タムボフ、キルサノフ、ボリソグレブスク)では、割当量五三〇万プードのうち一四〇万プード(すなわち約二五パーセント)しか遂行されなかった。叛徒たちによって、またいくらかのケースでは、自給に依存したわが赤軍部隊によって、これらの郡からさらにいくらかの量が汲み出されたとしても(決して一〇〇万プードを超えることはない)、そこには著しい穀物が現有すると認めざるをえない。共和国の食糧事情全般は当面は(特にシベリアからの穀物の搬送の停止に関連して)信じがたいほどに苦しい。搬入穀物による(両首都と中央工業地区を犠牲にして)タムボフ県の扶養を放棄することが、無条件に必要である。タムボフ県は、自身で賄い、特に現在そこで行動している軍事部隊を養わなければならない(司令官パーヴロフの最新の電報によれば、タムボフ県には一〇万八〇〇〇人と馬匹一万五〇〇〇頭の軍隊が駐屯し、それに、飼料を除き穀物だけでも月に一一万プードを要し、タムボフ県の労働者と都市住民の一定部分に月三五万プードが必要とされる)」[127]。

要するに、タムボフ県は、割当徴発は停止されたとしても、次の需要のために、飢えた県内での穀物調達が義務づけられたのであった。第一に、播種カムパニア用の種子用穀物、第二に、内部再分配による県内の非農民住民、特に工業労働者への食糧用穀物、第三に、県に駐屯する軍への糧秣である。ブリュハーノフは県内に余剰が残されていることを根拠に、タムボフへの食糧支援を拒否したが、この時のあらゆる文書は県内の食糧資源はすでに完全に涸渇していたことを示していた。

反乱地区での部隊への食糧供給の問題は、中央でも二月二〇日の匪賊運動との闘争に関する特別委会議で取り上げられ、報告に立ったブリュハーノフの提案に基づき、食糧人民委員部は軍隊への供給を遂行できないので、現地の資源を利用して供給を行うことが決定された。彼が軍隊に月間五〇〇〇プードの供給を約束した二月二一日づけ電報は、日付から判断して完全な虚偽であった。さらに、三月一九日の政治局会議はレーニンの草案に従って、タムボフ県で調達を完全に停止する旨の中央委決議を破棄し、現地で匪賊と戦闘行動を行っている軍事部隊に飼料の調達を認可した。オート麦の大凶作が確認されているにもかかわらず、である。しかしながら、県の実情はその遂行を許さなかった。三月二五日に県食糧コミッサール代理は、状況は義務の執行を不可能にしている、調達のために農村へ接近することができない、割当徴発を遂行しなかった郡は匪賊によって掠奪され軍隊を賄うことができない、抑圧の方法は農民の反抗を招くだけで、軍隊の影響の下でも取るに足らない成果しか挙げていない、もっぱら食糧列車の連結を切り離して労働者と軍隊を養っている、穀物生産物はなく、牧草の状態も悪く飼料もなく、プレミアによる調達でさえ何ももたらしていない、と報告した[128]。

県内に穀物が一定量確保される条件で、駐屯軍への負担に耐えることができたとしても、二〇年末から突撃企業労働者への食糧供給さえ急速に悪化し、労働者の間にも不満が高まりつつあった。タムボフ郡ラスカゾヴォの繊維工場労働者は、二〇年一二月から定められた食糧配給を受け取らず、彼らの間に動揺が広がっていた。食糧人民委員部は工場労働者への食糧配給の確保を命じたが、「真っ先に供給しているが、匪賊運動のために農産物が切実に不足し」、県内の食糧源では配給は不可能であると、県食糧委は打電した。リペック採石労働者は一月には麦粉一五フントしか交付されなかった。このような労働者への供給不足に、ルナチャールスキィは、「軍司令官パーヴロフの言明によれば、タムボフには著しい量の穀物と飼料がある。それでも労働者はほぼ二ヶ月間配給を受け取らず、不満は強く、苦しい軍事状況に鑑み、望ましくない」と、ВЦИК幹部会と食糧人民委員部に至急電を打ち、打開を求めた。だが実際には、三月初めでタムボフ県食糧委の管轄に、三日分の穀物貯蔵しかなかった。労働者への供給が緊急の課題となった。

食糧人民委員部はこの事情を充分に知悉し、そのため、サラトフ県食糧委に三月中に穀物九〇万一〇〇〇プードをタムボフ県に発送すべし、との任務命令を与えた。しかし、サラトフ県食糧コミッサール代理は三月九日に食糧人民委員部宛に、タムボフ県食糧コミッサールは直通電話で任務命令の即座の発送を要求しているが、食糧備蓄をサラトフ県は持たず、任務命令を完全に遂行することはできない旨を回答した。

サラトフ県でも、匪賊運動のために県内での播種カムパニアさえも崩壊しつつある恐ろしい状況が生まれていた。三月一九日に党中央委へ、サラトフ県チェー・カー議長から次のような暗号至急電が送られた。「県委、県執行委、リャザニ＝ウラル鉄道代表のしかるべき活動家を伴う合同会議は、軍司令官ブレーニンの報告を聴き、サラトフ県の実情を審議し、様々な措置と方法で二ヶ月半に及ぶ匪賊との闘争は望ましい成果をもたらさなかったと見る。この数日間で匪賊行為は全県を覆い始めている。セルドブスク、バラショフ、カムィシン、ヴォリスク、デルガチ、ノヴォウゼンスク、フヴァルィンスク郡に蜂起がある。充分な数の騎兵も歩兵もないために、匪賊にどこへでも跳梁を許している。彼らの掌中にカムィシンが落ち、フヴァルィンスクがあり、ヴォリスクは脅威に晒され、セルドブスクは包囲され、サラトフから八〇ヴェルスタにあるゾロトエは占拠された。小部隊による匪賊との戦闘は、彼らに武装させる機会を与えるだけであった。そのような県の状況と匪賊との闘争は、これ以上耐えられず次のような結果に至った。一七〇万デシャチーナを播種しなければならない県の播種カムパニアは頓挫し、分配所と共同納屋にある三〇〇万プードの種子は匪賊や農民により盗まれ、県のあらゆる活動は麻痺し、匪賊が通過した地方ではソヴェト権力は認められず、都市は匪賊によって完全に破壊され、穀物に対する中央の任務命令を遂行するのは不可能である。飢餓一揆が県の都市を脅かし、そのような状況は労働者大衆の志気を挫いて堕落させ、彼らの間で動揺とストと生産性の完全な低落が始まった。そのため、歩兵ならびに騎兵の武装勢力を即座に派遣し、闘争の方法と手段を再考し、あらゆる幹部士官を選抜し直し、この闘争での直接の組織化と現地での計画の策定のために権威ある軍事特別委を派遣するよう要求する。県全土の状況は恐ろしい。あらゆる措置が即座に執られるべきであり、そうでなければ、共和国にとってのサラトフ県があらゆる点で失われ、われわれの指摘と要求のあらゆる結果を精算するために、甚大な力と犠牲を払うだろう」。

タムボフ県への支援は完全に断たれた。割当徴発は停止されたものの、県内の肉や碾割りはまったくなくなり、労働者の食糧事情は急速に悪化した。二月一五日から三月一日までの住民の気分に関する県チェー・カー報告書は、「住民の気分は全体として食糧と燃料の危機のために、きわめて殺気立っている。県の農民住民からの食糧割当徴発の廃止は、望ましい成果を挙げなかった」と指摘した。[129] だが、これはようやく始まったばかりの二一年の悲劇の前兆に過ぎなかった。

註

1 The Trotsky Papers:1920-1922. vol.ii. edited and annotated by J.M. Mejer. Moutan, 1971, p.492; РГАЭ. Ф.1943. Оп.1. Д.681. Л.101-102; Правда.1920. 26 дек. 二一年になると食糧人民委員部機関紙は、割当徴発を完遂すればタムボフ県では穀物と馬鈴薯を合わせて一、二プードしか残らないことを公式に認めた(Прод. газета.1921. 22 фев.)。

2 РГАСПИ. Ф.17. Оп.65. Д.453. Л.86-87; ГАРФ. Ф.130. Оп.4. Д.370. Л.96; Д.608. Л.1.

3 Шлихтер А.Г. Хлебная повинность и продовольственные отряды. М., 1920. С.1-3.

4 ГАРФ. Ф.130. Оп.4. Д.603. Л.45, 41; Д.586а. Л.199; Д.604. Л.54; Д.546. Л.37.

5 Figes O. Op.cit., p.316; Молдыгин М.А. Рабоче-крестьянский союз: 1918-1920. М., 1987. С.59; РГАСПИ. Ф.17. Оп.65. Д.141. Л.70об.;

ГАРФ. Ф.130, Оп.5, Д.779, Л.18.

6 РГАСПИ. Ф.17, Оп.65, Д.453, Л.17-18об.; ГАРФ. Ф.5556, Оп.1, Д.37, Л.42; ЦА ФСБ. Ф.1, Оп.4, Д.123, Л.50об.

7 Собрание Узаконений и распоряжений рабочего и крестьянского правительства. 1919. №25. Ст.287; ГАРФ. Ф.130, Оп.3, Д.710, Л.363; ЦА ФСБ. Ф.1, Оп.4, Д.123, Л.50в-50г. 七月のチェー・カー報告では、西部戦線地区での兵役忌避はほとんど根絶されたと述べられていたが(там же. Д.162, Л.12.)、この一〇月報告では西部地区にあるゴメリとスモレンスク県がそれぞれ数の上で圧倒的で、捕獲された兵役忌避者は一万数千人に達した。

8 Курская губ. в годы иностранной военной интервенции и гражданской войны. Воронеж, 1967. С.221; РГАСПИ. Ф.17, Оп.65, Д.434, Л.4; ЦА ФСБ. Ф.1, Оп.4, Д.162, Л.44об.; Девятый съезд РКП(б). Протоколы. М., 1960. С.94, 98.

9 ЦА ФСБ. Ф.1, Оп.4, Д.162, Л.14о. 同県で八月中に忌避者との闘争が精力的に行われた結果、三万一一〇五人が自発的に出頭し、二万三〇六人が捕獲された(там же. Л.64/15.)。

10 РГАСПИ. Ф.17, Оп.112, Д.72, Л.37-38; The Trotsky Papers. vol. ii. p.492-96.

11 Изв. Тамбов. губ. исполкома. 1920. 21 нояб.; Кондрашин В. В. Указ. соч. С.71.

12 Изв. Тамбов. губ. исполкома. 1921. 5 марта; РГАСПИ. Ф.17, Оп.13, Д.1185, Л.50об.; Оп.84, Д.230, Л.8.

13 二一年一月三一日に不当な割当徴発を遂行しようとする食糧部隊と農民との衝突を原因としてチュメニ県イシム郡で勃発したこの時期最大の農民蜂起については、Москвин В. В. Восстание крестьян в Западной Сибири в 1921 году // Вопр. ист. 1998. №6. で活写されている。

14 РГАСПИ. Ф.17, Оп.2, Д.55, Л.4; ГАРФ. Ф.130, Оп.5, Д.712, Л.7-10.

15 РГАСПИ. Ф.17, Оп.3, Д.128, Л.1; Д.120, Л.6. アントーノフ＝オフセーエンコは、二一年一月一日の組織局会議で、地方の活動に派遣するようにとの彼の申請は受理され、ペルミ県食糧会議議長として派遣され、一月三一日の同会議で、播種カムパニアの実施のためにペルミ県播種委議長に指名されていた(там же. Оп.112, Д.111, Л.8; Д.119, Л.2.)。

16 Изв. Тамбов. губ. исполкома. 1921. 26 фев.; РГАСПИ. Ф.17, Оп.112, Д.132, Л.118, 4. 五月六日にタムボフ軍司令官M・H・トゥハチェーフスキィが着任し、同月二五日の中央委組織局会議で、タムボフ革命軍事評議会は廃止された(там же. Д.175, Л.4.)。

17 ГАРФ. Ф.130, Оп.5, Д.713, Л.1. トゥハチェーフスキィの派遣以後に本格的な匪賊の撲滅作戦が展開され、彼は六月一二日づけプリカースで、森林に潜む匪賊を掃討するために、窒息性毒ガスの使用を命じるまでの徹底的な軍事作戦を断行し、その鎮圧措置は凄惨をきわめた(Крестьянское восстание в Тамбовской губ. С.179.)。

18 例えばダニーロフのこのような主張については、Кондрашин В. В. Указ. соч. С.25. を参照。

19 Десятый съезд РКП(б): стеногр. отчет. М., 1963. С.430; Изв. ВЦИК. 1921. 24 июля; ЦА ФСБ. Ф.1, Оп.5, Д.105, Л.15. 二〇年九月に開催された全ロシア・エスエル党協議会で、タムボフ代表は「農民組合はタムボフ農民の支持を受け、組合は村ごとに非常に順調に成長するようになった。特にタムボフ郡でそのようなネットワークが多数あり、そこではほぼ半数の郷で農民組織が形成された」と、エスエルと左翼エスエルとの指導下で農民組合が農民の間で影響力を行使している事実を認めたが、「独立エスエル」を自称するアントーノフとの関連には言及しなかった(РГАСПИ. Ф.17. Оп.84, Д.138, Л.17-18.)。

20 ГАРФ. Ф.130, Оп.4, Д.207, Л.7; РГАСПИ. Ф.19, Оп.1, Д.389, Л.64-65. ドイツ人コミューンでの穀物収穫は、一七年の一三八三万一一九から二〇年には二五四万四四八六プードに激減していた(Hoover

Institution Archives.American Relief Administration, Russian Operations.109-10.[以下HIA.RO.と略記、続く数字はboxとfile番号])。

21　Отчет Народного Комиссариата Земледелия IX Всероссийскому съезду советов за 1921 год.М.,1922.С.9,16.

22　Изв. ЦК КПСС.1991.№2.С.121. トゥーラ県ではすでに二〇年春に播種委が設置され、ボゴロディツク郡では、播種委によってすべての畑への播種の目的で、四月一八日から早蒔き春穀物の播種を実施するための二週間が宣告され、この期間に党活動家八〇人と責任ある活動家二〇人が動員され、エフレモフ郡では郡に駐屯している赤軍部隊が畑の播種のために動員された、と同県での活動が報じられた(Беднота.1920. 27 апр.)。

23　Правда.1920. 5 сент.; Экон. жизнь.1920. 16 сент.『プラウダ』に掲載されたオシーンスキィの五本の論文は、小冊子『農民経営の国家規制』にまとめられ二〇年一一月に緊急出版され、食糧人民委員部機関誌はこれを食糧活動家の必読文献として紹介した(Бюл. Наркомпрода.1920. 20 нояб.С.1.)。

24　См.: Генкина Э. Б. Указ. соч.С.47-48.

25　Богданов Н. Нар.хоз-во.1919. №6.С.16; Беднота.1920. 24 нояб.:14дек.

26　Беднота.1920. 14 окт.; Петроградская правда.1919. 22 нояб.; ГАРФ. Ф.130, Оп.3,Д.710,Л.522; Труды Центрального Статистического Управления.Т.viii. Вып. 2.М.,1921.С.113.

27　Систематический сборник декретов и распоряжений правительства по продовольственному делу. Кн.2. Нижегород,1920.С.354; РГАЭ. Ф.1943. Оп.1,Д.569,Л.136,134.

28　РГАСПИ. Ф.17, Оп.12,Д.263,Л.16; Изв. Рязан.губ.совета.1920. 3 нояб.; The Trotsky Papers. vol.ii,p.488.

29　Ленин В. И. Полн. собр. соч. Т.38.С.123; Милютин В. Два года экономической диктатуры пролетариата в России.-В Кн.: Два года диктатуры пролетариата 1917-1919.М.,1920.С.8; Декреты Советской власти. Т.iv.С.391-393; Рунов. Город и деревня.-В Кн.: Два года диктатуры пролетариата.С.47-48.

30　Изв. ВЦИК.1918. 6 дек.; Труды 1-го Всероссийского съезда земотделов,комитетов бедноты и коммун. Вып.1.М.,1919.С.23; Аграрная политика Советской власти (1917-1918 гг.): Документы и материалы.М.,1954.С.418-422.

31　Труды 1-го Всероссийского съезда земотделов. Вып.1.С.15; Правда.1919. 16 марта.

32　Восьмой съезд РКП(б): Протоколы.М.,1959. С. 230-239,244, 429-432.

33　小麦のデシャチーナ当たりの収量は一九一〇—一四年平均で、フランスは八六プード、イギリスは一四六、ドイツは一四二プードであったのに対して、ロシアは四五プードしかなかった。この原因の一つとして施肥の多寡が挙げられ、人工肥料の年間消費量はドイツが三億二八〇〇万プードであったが、ほとんどを輸入に依存するロシアは五六〇〇万プードしかなかった。大戦の開始とともにこの輸入はほぼ完全に途絶し、収穫量の逓減をさらに加速させた(Монастырский Б. К. К вопросу об основных задачах сельского хозяйства // Продовольствие и революция.1923. №2.С.47.)。

34　Труды 1-го Всероссийского съезда земотделов. Вып.1. С.13-14; Аграрная политика Советской власти.С.40; Беднота.1919. 5 нояб.

35　ГАРФ. Ф.393. Оп.22,Д.372,Л.156об.; Ф.130. Оп.4,Д.535,Л.14; Советская деревня глазами ВЧК-ОГПУ-НКВД.Т.1.С.178-179; Коммуна(Самара.).1921. 3 фев.; Литвин А. Л. Крестьянство среднего Поволжья в годы гражданской войны. Казань,1972.С.81, 276;

Восьмой съезд РКП（б）. С.244; Кибардин М.А., Медведев Е.Н., Шишкин А.А. Октябрь в деревне. Казань, 1967. С.162.

36　РГАЭ. Ф.478, Оп.6, Д.2010, Л.89; Кронштадт 1921: Документы о событиях в Кронштадте весной 1921 г. М., 1997. С.281.

37　РГАСПИ. Ф.17, Оп.12, Д.263, Л.16об.; РГАЭ. Ф.478, Оп.6, Д.2010, Л.62-63. 集団経営への敵意は、「おれたちはボリシェヴィキを支持するが、どんなコミューンも欲しくはない」ことを繰り返したサラトフ県の実例がある（Raleigh D.J. Op.cit., p.328.）。オシーンスキィとボグダーノフの論争に関していえば、オシーンスキィへの反論として、『経済生活』一二月二日号の紙面に掲載されたボグダーノフの論文『農業における社会主義建設への道』には、「今やソヴェト共和国の農業問題は解決に至った。編集部は筆者に同意せず、公開論争資料と見なす」との編集部註が付けられた。政治的にも理論的にもオシーンスキィの完勝であった。

38　РГАЭ. Ф.478, Оп.3, Д.1, Л.80; Оп.6, Д.2010, Л.52; Кибардин М.А., Медведев Е.Н., Шишкин А.А. Указ. соч. С.126; Первые итоги аграрной реформы. С.100-101; Теодорович И. О государсвенном регулировании крестьянского хозяйства. М., 1921. С.4. 二一年末の第九回全ロシア大会の報告でオシーンスキィは、ある会合ですり切れた上着をまとい草鞋履きの農業技師から、長靴を手に入れることができないかと尋ねられた衝撃的事実を紹介し、畑を歩き回り農民の模範となるべき農業技師に長靴もないような異常な現象を克服する必要性を訴えた（Девятый Всероссийский съезд советов. С.106.）。

39　РГАЭ. Ф.478, Оп.1, Д.363, Л.23, 24; Оп.6, Д.2010, Л.57, 58; Собрание узаконений и распоряжений. 1920. №35. Ст.170; №52. Ст.226. 当然にも土地革命後も依然として、農法としては三圃制が支配的であった。ヴォロネジ県ザドンスク郡では割替の指令とともに、再三に渡ってすべての村落に四圃制輪作への移行を勧告したが、これはまったく実現されなかった。集団経営でも同様である。トゥーラ県エピファニ郡から報じられたように、アルチェリやコルホーズでも多圃制輪作への移行は稀で、三圃制が圧倒的であった（Первые итоги аграрной реформы. С.112; РГАЭ. Ф.478, Оп.6, Д.2010, Л.91-91об.）。

40　Кабанов В.В. Крестьянское хозяйство в условиях «военного коммунизма». М., 1988. С.97; РГАЭ. Ф.478, Оп.6, Д.2010, Л.89-91. 当時の農学者П・Н・ペールシンも土地整理に関する総括的研究書の中で、食糧割当徴発が農業生産の拡大への純経済的刺戟を奪った時期に土地整理が行われたことがその不徹底さの原因となったと指摘する（Первые итоги аграрной реформы. С.19.）。

41　Изв. Наркомпрода. 1919. №7/10. С.48; РГАЭ. Ф.1943, Оп.4, Д.343, Л.51, 113; Д.15, Л.72. 一八年八月一〇日の指令によれば、年間の消費基準は、住民一人当たり一二プード、役馬はオート麦一八プード以下、大型有角家畜は九プード以下、豚は五プード以下、その他に五プード以下。これ以外は余剰であり、県食糧委はこの基準を引き下げる権利を持った（ГАРФ. Ф.130, Оп.2, Д.270, Л.71.）。詳しくは、拙著『ボリシェヴィキ権力とロシア農民』五四一ページ参照。

42　РГАЭ. Ф.1943, Оп.4, Д.350, Л.23об.; Советы в эпоху военного коммунизма. Ч.2. М., 1928. С.328, 329; Кибардин М.А., Медведев Е.Н., Шишкин А.А. Указ. соч. С.127; Голос трудового крестьянства. 1918. 20 сент.

43　Собрание узаконений и распоряжений. 1919. №2. Ст.25; №4. Ст.44; Изв. Наркомпрода. 1919. №7/10. С.48; РГАЭ. Ф.478, Оп.1, Д.330, Л.128; ГАРФ. Ф.130, Оп.3, Д.656, Л.34об.

44　РГАСПИ. Ф.17, Оп.5, Д.22, Л.92-96об., 121-123; Д.103, Л.115-115об.

45　РГАЭ. Ф.1943, Оп.4, Д.350, Л.36; Оп.3, Д.284, Л.250; Ф.478, Оп.1, Д.330, Л.200; ГАРФ. Ф.130, Оп.3, Д.709, Л.117; Изв. Наркомпрода.

1919.№7/10.С.48.

46 タムボフ県では二〇年三月初めに県オルグセフは解散され、その機能はソヴェト国民経済部と農業部に移管された（Изв. Тамбов. губ. исполкома.1920. 12 марта.）。

47 РГАЭ. Ф.478, Оп.1, Д.98, Л.64; Д.851, Л.63,64; Кабанов В. В. Указ. соч. С.37.

48 Собрание узаконений и распоряжений.1918.№35. Ст.462; РГАЭ. Ф.1943, Оп.1, Д.30, Л.75-75об.

49 ГАРФ. Ф.130, Оп.4, Д.535, Л.21; Оп.4, Д.604, Л.42; Советы в эпоху военного коммунизма. Ч.2. С.357; Вятская правда.1920. 10 июля. 五等級評価によれば、〇・五から一・五は不作、一・六から二・五は平年以下、二・六から三・五は平年並み、三・六から四・五は平年以上、四・六から五は豊作を意味した。

50 ГАРФ. Ф.130, Оп.4, Д.535, Л.68; Д.603, Л.45; Изв. Тамбов. губ. исполкома.1921. 30 апр.

51 Беднота.1920. 20 мая; 25 июня; 14 сент.

52 ГАРФ. Ф.130, Оп.4, Д.321, Л.19. サラトフ県の穀物収穫は一七年の五四五七万六九九二プードから内戦期に急激に減少し、二〇年には二四九〇万二一一五、飢饉の二一年には八七九万三六六六プードとなった（HIA. RO.109-10.）。

53 Систематический сборник декретов. Кн. v. М., 1921. С.532. この電報は、秋蒔き播種の時期が訪れたが、旱魃のために外部から速やかに種子が到着する期待がなく、地方は自力で播種を行わなければならないとして、『貧農』八月一三日号に掲載され、その際、「このすべての遂行を県農業部部長と県食糧コミッサールは監視しなければならず、彼らの決定は軍事プリカースと見なされる」との文言が加えられた。

54 ГАРФ. Ф.1235, Оп.56, Д.9, Л.218; Ф.130, Оп.4, Д.608, Л.49; Д.601, Л.60. すでに飢饉が忍び寄っていたバシキール共和国でも、同食糧人民委員ミリューチンは二〇年の秋蒔きの完全播種までライ麦を食用に用いることを農民に禁じた（РГАЭ. Ф.1943, Оп.1, Д.746, Л.64.）。

55 Там же. Д.25, Л.685; Д.602, Л.108; Бюл. Наркомпрода.1920.25 нояб. С.1; Беднота.1920. 23 нояб.

56 Восьмой съезд РКП（б）. С.255; 7-й Всероссийский съезд советов: стеногр. отчет. М., 1920. С.159; ГАРФ. Ф.130, Оп.4, Д.601, Л.246; Д.535, Л.18,68.

57 РГАСПИ. Ф.4, Оп.1, Д.1256, Л.2-5; ГАРФ. Ф.130, Оп.4, Д.207, Л.170. ブリュハーノフ宛の検討がオシーンスキィに回されたのは、この全権マルゴーリンが元トゥーラ県食糧コミッサールで、オシーンスキィの補佐役であったことに関連した可能性がある。

58 РГАЭ. Ф.1943, Оп.1, Д.590, Л.37-38об.; Осинский Н. Государственное регулирование крестьянского хозяйства. М., 1920. С.30-31; Бюл. Наркомпрода.1920.4 нояб. С.1.

59 Изв. ЦК КПСС.1991.№6. С.178; Троцкий Л. Сочинения. Т. xv. С.241.

60 РГАЭ. Ф.1943, Оп.1, Д.59, Л.36; Д.681, Л.85; Д.59, Л.59, 74-75об.

61 ГАРФ. Ф.393, Оп.10, Д.21, Л.54; Ф.130, Оп.4, Д.208, Л.345-346; РГАЭ. Ф.1943, Оп.1, Д.681, Л.85; Бюл. Наркомпрода.1920.9 дек. С.1.

62 ГАРФ. Ф.130, Оп.4, Д.208, Л.422-422об.; Декреты Советской власти. Т. xii. С.86-87. ただし、『法令集』七六—七八ページに掲載されている、『農民農業経営発展法』草案への同会議での修正の文言と、このアルヒーフ資料の文言とではいくつかの箇所で異同がある。例えば、アルヒーフ資料によれば、第一条は、「農業部は播種委の技術的機関と見なされる」との文言に替わり、「播種委はその技術的機関を設置することなく、県農業部を通して活動する」を挿入する。［播種委に関する条項は］「全ロ中央執行委により公布される」に替り、「人民委員会議により承認される」を挿入すると決議された。

郵便はがき

料金受取人払

左京局
承認
9100

（差出有効期限
平成17年
12月31日まで）

606-8790

（受取人）
京都市左京区吉田河原町15-9
京大会館内

京都大学学術出版会
読者カード係 行

■ご購読ありがとうございます。このカードは図書目録・新刊ご案内のほか、編集上の資料とさせていただきます。お手数ですが裏面にご記入の上、切手を貼らずにご投函ください。

お手数ですがお買い上げいただいた本のタイトルをお書き下さい。

■本書についてのご感想・ご質問、その他のご意見など、ご自由にお書きください。

■お名前

（　　　　歳）

■ご自宅住所

〒

■ご職業

■ご勤務先・学校名

■所属学会・研究団体

●ご購入の動機

A．店頭で現物をみて　B．新聞広告（紙名　　　　　　）

C．雑誌広告（誌名　　　　　　）　D．小会図書目録

E．小会からの新刊案内（DM）　F．書評（　　　　　　）

G．人にすすめられた　H．テキスト　I．その他

●ご購入書店名

都道　　　市区

府県　　　町　　　　　書店

京都大学学術出版会 TEL（075）761-6182
FAX（075）761-6190

63 Ленин В. И. Полн. собр. соч. Т.42. С.185-186; Поляков Ю. А. Вопр. ист. 1964. №7. С.23. 工芸作物の調達問題については、拙著『ボリシェヴィキ権力とロシア農民』、第八章を参照。

64 ГАРФ. Ф.130, Оп.4, Д.207, Л.115,363; Д.208, Л.194,226,585-585об.

65 Там же. Оп.5, Д.641, Л.4. 播種カムパニアに関する邦語文献として、奥田央、前掲書のほかに、鈴木義一「『戦時共産主義』期の国家統制政策」(岡田与好編『政治経済改革への途』木鐸社、一九九一年)、同「ソヴェト政権初期における計画化の試み」(ソビエト史研究会編『ロシア農村の革命』木鐸社、一九九三年)がある。

66 Ленин В. И. Полн. собр. соч. Т.42. С.30; Беднота. 1920. 17 дек.; Бюл. Наркомпрода. 1920. 25 дек. С.1.

67 Котомкин М. В. По указанию вождя.- В Кн.: Хлеб и революция: продовольственная политика коммунистической партии и советского правительства в 1917-1922 годах. М., 1972. С.76. 様々な新聞紙上で、党指導者や会場の様子を絵入りでこの大会は連日大々的に報道された。

68 Восьмой Всероссийский съезд советов: стеногр. отчет. М., 1921. С.268-271.

69 РГАЭ. Ф.1943, Оп.3, Д.458а, Л.15-15об.; ГАРФ. Ф.1235, Оп.95, Д.76б, Л.162-167; Каганович Учет излишков или разверстка.- В Кн.: Продовольственная политика. С.181. 登録と余剰との関係については、拙著『ボリシェヴィキ権力とロシア農民』、第五章を参照。

70 РГАЭ. Ф.1943, Оп.4, Д.299, Л.3; Д.201, Л.193.

71 Там же. Оп.3, Д.343, Л.112; Оп.4, Д.209, Л.1; Изв. ЦК РКП(б). 1920. №21. С.3; ГАРФ. Ф.1235, Оп.56, Д.25, Л.420; Изв. Саратов. совета, губисполкома и губкома. 1920. 8 окт.

72 Восьмой Всероссийский съезд советов. С.23-24.

73 オシーンスキィは、強制＝抑圧措置の適用についても、「勤労経営路線とは反怠け者路線でもあり、彼らへの抑圧措置は充分現実的であり、可能であり必要である」と述べているが、当時、勤労農民は貧農を怠け者と見なしていた事実を考慮に入れるなら、その中に、貧農中心の農民観から勤労農民路線への転換を認めることができる(Осинский Н. Указ. соч. С.24.)。

74 РГАЭ. Ф.1943, Оп.1, Д.590, Л.38об.; Осинский Н. Указ. соч. С.9; Теодрович И. Указ. соч. С. 3-14.

75 Восьмой Всероссийский съезд советов. С.123-127; РГАСПИ. Ф.94, Оп.2, Д.16, Л.172.

76 Ленин В. И. Полн. собр. соч. Т.42. С.180-181. 一二月二五日夜のコムニスト・フラク会議でも、地方からの代議員はこぞって集団化路線に批判的であった。「国有化は最終的に農民経営の解体をもたらした」とか、農民経営は「小さければ小さいほどよい」などの主張がなされた(РГАСПИ. Ф.94, Оп.2, Д.16, Л.316-318.)。二一年三月四日の播種カムパニア実施に関する全ロシア大会でオシーンスキィは、昨年末にわが農業政策に一定の転換が起こり、関心の中心は農民個人経営の向上に移され、コルホーズとソフホーズは単なる補助的手段でしかないと演説し、新たな農業政策の原則を再確認した(Беднота. 1921. 5 марта.)。

77 Восьмой Всероссийский съезд советов. С.41-42,47-49,60-61. 本ソヴェト大会は、共産党以外の党派が参加した唯一の大会となった。

78 РГАСПИ. Ф.94, Оп.2, Д.16, Л.322-323.

79 Там же. Л.380,381,385; Ф.17, Оп.2, Д.49, Л.1,6; Ленин В. И. Полн. собр. соч. Т.42. С.199.

80 Восьмой Всероссийский съезд советов. С.198-199,137-139,146-147.

81 Декреты Советской власти. Т.xii. С.76-87; Троцкий Л. Сочинения. Т.xv. С.241.

82 Коммуна (Калуга.). 1920. 13 окт.; Тверьская правда. 1921. 22,28

янв. カルーガ県食糧委は二一年一月までに割当徴発を完納した農村住民にのみ石油二フントを交付することを定めたが（Коммуна（Калуга.）.1920. 4 нояб.）、凶作に見舞われた同県の事情を勘案すれば、多くの農民は石油なしの厳冬を余儀なくされたことになる。

83 Девятый Всероссийский съезд советов. С.65; РГАЭ. Ф.3429, Оп.1, Д.232, Л.137; The Trotsky Papers. vol.ii, p.48, 360; РГАСПИ. Ф.17, Оп.112, Д.110, Л.67; ГАРФ. Ф.130, Оп.5, Д.723, Л.209, 272.

84 Прод. газета. 1921. 13 янв.; Беднота. 1921. 13 фев.

85 Там же. 1921. 5, 17, 22 фев.; ГАРФ. Ф.393, Оп.10, Д.21, Л.63а.

86 РГАСПИ. Ф.17, Оп.112, Д.119, Л.57-58; ГАРФ. Ф.393, Оп.28, Д.265, Л.50; Прод. газета. 1921. 4, 2 фев.

87 Дубровский С. Указ. соч. С.289; Верховых В. Пять лет борьбы, деревенская беднота и рабочие в борьбе с буржуазией. Борисоглебск, 1922. С.94.

88 РГАЭ. Ф.478, Оп.35, Д.170, Л.42; Ф.1943, Оп.1, Д.829, Л.13.

89 ГАРФ. Ф.1235, Оп.38, Д.3, Л.18-25; Декреты Советской власти. Т.xii. С.151-158.

90 Там же. С.212-220, 233-39; Воронежская коммуна. 1921. 21 янв.

91 РГАЭ. Ф.478, Оп.1, Д.851, Л.17; ГАРФ. Ф.130, Оп.5, Д.641, Л.4; РГАСПИ. Ф.17, Оп.112, Д.119, Л.2-3; Д.125, Л.6.

92 Коммуна（Самара.）.1921. 27 янв.; 2 фев.; Беднота. 1921. 19, 28, 21, 25 янв.; 3 фев.

93 Прод. газета. 1921. 6 фев.; Беднота. 1921. 1 марта.

94 オシーンスキィは、この農業人民委員部フォンドの大部分は都市住民のパン配給を削減することで形成されたと報告した（Беднота. 1921. 24 фев.）。

95 Беднота. 1921. 22 фев.; Коммуна（Самара）. 1921. 27 янв.

96 Прод. газета. 1921. 14 янв.; Беднота. 1921. 22 фев.; 3 марта; 5 апр.; Отчет Народного Комиссариата Земледелия IX Всероссийскому съезду советов. С.34.

97 Красная деревня（Воронеж.）. 1921. 13 фев.

98 Изв. Орлов. губ. и гор. исполкома. 1921. 4, 16 марта; Коммуна（Самара.）. 1921. 27 фев.

99 РГАСПИ. Ф.17, Оп.13, Д.1030, Л.54; Моршанская коммуна. 1921. 4 янв.; ГАРФ. Ф.1235, Оп.94, Д.15, Л.108; Красная деревня（Кр-ск.）. 1921. 24 мая; ГАРФ. Ф.130, Оп.5, Д.723, Л.201 об.; Беднота. 1921. 9 фев.; Сафонов Д. А. Великая крестьянская война 1920-1921 гг. и южный Урал. Оренбург. 1999. С.67.

100 Всероссийский Центральный Исполнительный Комитет viii созыва (i-iv сессии): стеногр. отчет. М., 1922. С.105.［以下ВЦИК viii созыва. と略記］; РГАЭ. Ф.1943, Оп.1, Д.829, Л.52; РГАСПИ. Ф.17, Оп.13, Д.1041, Л.13; Беднота. 1921. 26 фев.

101 Беднота. 1921. 25, 15 янв.; Советы в эпоху военного коммунизма. Ч.2. С.163.

102 Декреты Советской власти. Т.xii. С.210-211.

103 РГАЭ. Ф.1943, Оп.2, Д.535, Л.6-6об.; Д.539, Л.5; Коммуна（Самара.）. 1921. 7, 25 янв.; РГАСПИ. Ф.17, Оп.65, Д.664, Л.268.

104 ГАРФ. Ф.1235, Оп.96, Д.508, Л.153-154; Ф.130, Оп.5, Д.644, Л.4.

105 Там же. Ф.393, Оп.28, Д.13, Л.168; РГАСПИ. Ф.17, Оп.65, Д.375, Л.27-28; Коммуна（Самара.）. 1921. 18 янв. このような地区食糧委への不満は、隣接するサラトフ県で二〇年七月に勃発したサポジコーフ蜂起の檄で、ソヴェト＝ロシアで「すでに久しく勤労農民の権力は存在せず」、「地区食糧委は勤労農民を搾取する施設以外の何物でもない」と表現された（Советская деревня глазами ВЧК - ОГПУ - НКВД. Т.1. С.759.）。

106 РГАЭ. Ф.1943, Оп.7, Д.2527, Л.3, 17; Коммуна（Самара.）. 1921. 4

янв. サマラ県内では二〇年の気温は平年より一度高く、降水量は一〇八ミリ少なく、二〇年には秋蒔きに続いて急に寒気が訪れ、霧が激しく播種と発芽にとって恵まれない条件であった。さらに、降雪も少なく二一年も旱魃を予想させる気配がすでに認められていた。この記事は、同紙の最終面の最下段に小さく掲載されたが、これはその後の大飢饉の予告であった。

107 РГАСПИ. Ф.17, Оп.65, Д.453, Л.127; ГАРФ. Ф.1235, Оп.96, Д.508, Л.111-112; Ф.130, Оп.4, Д.207, Л.116; Беднота.1921.1 марта ; 24,17 фев.

108 РГАЭ. Ф.1943, Оп.7, Д.2334, Л.68; ГАРФ. Ф.130, Оп.5, Д.1, Л.54; Ф.1235, Оп.96, Д.508, Л.159.

109 РГАСПИ. Ф.17, Оп.65, Д.598, Л.95.

110 Прод. газета.1921. 17 марта.

111 Бюл. Наркомпрода.1920. 13 авг. С.1; ГАРФ. Ф.130, Оп.5, Д.723, Л.10.

112 Моисеенко Н. Заготовительный сезон 1920-1921 г. и начало налоговой кампании. - В Кн.: Четвертая годовщина Наркомпрода: С6. статей. М., 1921. С.16.

113 РГАСПИ. Ф.17, Оп.3, Д.128, Л.5; ГАРФ. Ф.130, Оп.5, Д.1, Л.50-51; Прод. газета.1921. 9 фев.

114 Беднота.1921. 23 фев.; Прод. газета.1921. 26 фев.

115 二一年一二月に開催された第一一回党協議会の報告でカーメネフは、同拡大協議会を次のように特徴づけた。二一年春の事件は、若干の革命的前衛的グループが、一揆を起こし始めた零落農民の心情に屈服したことを明らかにした。そのもっとも特徴的な表出がモスクワでの金属工協議会であった。モスクワ金属工は農村ともっとも深い関係を持ち、同協議会で農民の気分が支配的であることがはっきりと露呈され、農民の言葉で農業の荒廃、耐え難い窮状、農村の崩壊について語られた。「零落した農村の気分がプロレタリアートの政治的、階級的意識に勝った」として、彼の理解によれば、同協議会での要求は非プロレタリア的内容であった (Всероссийская конференция РКП (б). бюл. №1. С.9.)。

116 Генкина Э.Б. Указ соч. С.69-70; Ленин В.И. Полн. собр. соч. Т.42. С.308.

117 РГАСПИ. Ф.17, Оп.65, Д.664, Л.261-269. 以下で述べるようにタムボフ県にこの指令が発送されたのは確実だが、アルヒーフのこの文書にそれは含まれていない。

118 ГАРФ. Ф.130, Оп.5, Д.644, Л.4. この内容は二月一三日づけ『食糧新聞』と三月一日づけ『貧農』紙上で公表された。

119 Крестьянское восстание в Тамбовской губ. С.104; РГАСПИ. Ф.17, Оп.112, Д.128, Л. 111-111об.

120 РГАЭ. Ф.1943, Оп.2, Д.1300, Л.25; РГАСПИ. Ф.17, Оп.13, Д.1007, Л.8.

121 РГАЭ. Ф.1943, Оп.2, Д.1300, Л.19.

122 オート麦の不足は凶作のほかに、すでに二〇年春にオート麦種子が不足し、そのために、例えば、ウスマニ郡ではオート麦に替わり黍や所によっては馬鈴薯が植えられ、オート麦の播種面積が縮小していたことも原因となった (Изв. Тамбов. губ. исполкома. 1921. 30 апр.)。

123 РГАЭ. Ф.1943, Оп.2, Д.1300, Л.20, 21, 22; Оп.1, Д.829, Л.48.

124 Там же. Оп.7, Д.2334, Л.129, 146; РГАСПИ. Ф.17, Оп.13, Д.1007, Л.8, 15.

125 穀物割当徴発の廃止諸県を拡大する決議が採択された四月五日のCHK会議で、最優先配給であった「赤い星配給券」によるパンの交付を五〇パーセント縮小し、労働者と職員の定員を削減し、彼らへの給与と食糧支出を統制することが決議された (ГАРФ. Ф.130, Оп.5, Д.13, Л.10.)。

126 例えば、典型的な飢餓県であったサマラ県の飢餓民援助委は寄付集めの集会やコンサートを開いて資金を集めていたが、支援のための食糧貯蔵は中央からまったく交付されなかった(ЦА ФСБ. Ф.1, Оп.6, Д.500, Л.12.)。

127 Крестьянское восстание в Тамбовской губ. С.111; ГАРФ. Ф.5556, Оп.1, Д.39, Л.140; РГАСПИ. Ф.17, Оп.65, Д.663, Л.35. 最終的に全県で五三〇万五五二二プードの穀物が割当徴発により徴収された(РГАЭ. Ф.1943, Оп.6, Д.643, Л.83.)。

128 Там же. Оп.1, Д.829, Л.47; Оп.7, Д.2334, Л.177; Ленин В.И. Полн. собр. соч. Т.54. С.439.

129 РГАЭ. Ф.1943, Оп.7, Д.2334, Л.16-17, 30, 41-42, 68, 133, 135, 226; The Trotsky Papers. vol.ii, p.406-08; Крестьянское восстание в Тамбовской губ. С.120.

第三章　現物税布告の策定

現物税構想の背景

周知のように、二一年二月八日にレーニンにより中央委政治局に提出された『予備的草稿』が現物税布告の直接の基礎となったとは、研究者の一致する解釈である。だが、二月四日に割当徴発の最初の停止指令がすでに発せられた後に、ようやくレーニンがそれに替わる現物税案を執筆したと考えるのは不自然である。公的文書で、割当徴発の廃止と現物税の導入が関連づけて言及されることが第一〇回党大会直前までなかったことは(他党派の主張を除き)、両者の間に直接関わりがなかったことを示唆している。さらに、二月に出された食糧人民委員部の一連の電報は、割当徴発の廃止ではなく停止を命じたのであり、党中央委の指示を受けた二月一〇日づけの飢餓五県への電報では、二月一五日から八月一日までの暫定的停止が明記されていた。つまり、二月初めの時点で、割当徴発の停止が命じられただけで、その廃止は想定されていなかったことになる。繰り返せば、現物税構想は、『予備的草稿』に基づいて割当徴発が現物税に交替したのではなく(第一〇回党大会ではそのような決議なのだが)、もしそれがあったとすれば、これとは別の回路から、導き出されたと見なすのが、合理的ではなかろうか。その背景を、二〇年末の戦時共産主義「幻想」のピーク時に求めてみよう。

第八回ソヴェト大会で採られた農民＝農業路線の位置づけについて、六〇年代後半からソヴェト史学界で様々に議論されてきた。ポリャコーフはこのテーマに関する代表的研究書の一つで、以前から亜麻、麻、棉花のような工芸作物に適用されていたプレミア制を考慮に入れ、強制に基づく『農民農業経営の強化と発展』法令は戦時共産主義政策を強化したと見なしている。近年の論文で、ヤーロフは、この「文書［上記の法令］は確かにネップの精神は吹き込まれていないが、大会での農民問題に関する議論はネップの形成で決定的となる実践的方法を明示した」と評価する。カバーノフは、農業の強制的国家規制の原則がプレミアとしての農民経営への物質的奨励策を含み、「播種の拡大に農民の関心を持たそうとする試みは、農業政策での新しい非常に本質的契機であった」と、この法令による農業政策での一定の転換を認めつつも、この要素を強調するゲーンキナを批判し、全体として「農民経営への国家規制の構想は国内の経済の組織化という「戦時共産主義」の枠から出なかった」と結論づける。これに対して、ゲーンキナは経済的刺戟によるこの方針をネップへの転換に向けての前進として位置づけた[1]。

ゲーンキナのような論者は、基本的に第八回ソヴェト大会での一定の転換を認め、次いで二一年三月の第一〇回党大会における現物税決議により転換が達成されたとして、ネップは二段階の転換を経て成立したと見なす[2]。このような解釈は、ネップ期における農業の復興という状況下で次第に明確に主張されるようになった。二五年に当時の農業人民委員部参与でこの法案の発意者の一人であるテオドローヴィッチは、「この法令を戦時共産主義の白鳥の歌と見る者もいる。われわれは、それをネップへの移行に先行する燕と見なすのがより正確である、と考えている」と、㈠個人農を通しての農業の復興、㈡経営の向上に対する国家支援、㈢個々の経営へのプレミアという基本方針を根拠に挙げて、この法令が持つ画期的意義を評価した[3]。

しかしながら、すでに見たようにこの法案の推進者オシーンスキィの構想は、割当徴発の存続と強制播種を前提にしていたこと、さらに種子カムパニアは追加割当徴発として実施された現実を考慮に入れるなら、この路線は明らかに戦時共産主義政策の枠内に留まっていた。二二年に公刊された農業人民委員部の報告書では、第八回ソヴェト大会で確定された新路線の基本は農業経営への国家規制であると位置づけられた。オシーンスキィ自身が現物税の導入後間もなく、第八回ソヴェト大会で提起された法案は割当徴発の存続と私的交換の禁止を念頭に置いていたことを認めている。したがって、大会の論戦の中で、経済的刺戟として農民の要求である農産物余剰の自由処分権を求めた他党派の主張に、自由商業の要求としてボリシェヴィキが激しい批判を浴びせたのは当然であった。そして何よりも、このような市場経済路線は、当時の党の基本的経済理念と真っ向から対立していたのである。二〇年末は、貨幣の廃止を目指そうとする戦時共産主義期の基本構想が実現されようとしていた、カーメネフの発言によれば、「貨幣が終わりを告げ、間もなくわれわれは貨幣を必要としないであろうと思われた」、共産主義「幻想」の絶頂期であった[4]。

この構想は貨幣税廃止でまず実現されようとしていた。この問題は二〇年一一月三、三〇日のＣＨＫ会議で審議された。一一月三日のＣＨＫ会議で、財務人民委員代理Ｃ・Ｅ・チューツカエフを議長とする特別委が設置され、一一月三〇日の同会議では、地方貨幣税を廃止する可能性についてと、「貨幣税の廃止と食糧割当徴発から現物税への転換を同時に準備し実施する」問題を詳細に検討するよう特別委に委ねたレーニンの提案が採択された。レーニンにとって、一九年五月一九日の演説に見られるように、貨幣とは搾取の名残であるとしても、その廃止には多くの障碍が存在し、かなりの長期間存続するものであった。しかし、その好機が眼前に迫っているように思われた[5]。

貨幣税廃止の検討を委ねたその日に特別委議長チューツカエフへ、レーニンは過渡期における貨幣廃止が持つ意義を次のように書き送った。

「貨幣から貨幣なし生産物交換への移行は議論の余地はない。

この移行をうまく完成するために、生産物交換（商品交換ではない）を実現しなければならない。

われわれが商品交換を実現する、すなわち農民に工業生産物を与える力のないうちは、その時は農民は商品(したがって、貨幣)流通の痕跡の下に、その代用品の下に留まるのを余儀なくされる」[強調は原文]と、貨幣経済から未来の生産物交換へ、つまり資本主義的経済体制から共産主義的体制への移行を定式化した。これが過渡期における貨幣廃止の意味づけであった[6]。

この方針に基づく貨幣税廃止に関する特別委の以下のような政令草案が、一二月一八日のCHK会議で次のソヴェト大会への検討に提出するために決議された。「現存している様々な貨幣税は、ロシア共和国で大ブルジョワジーを清算するため、今日まで私的個人経営で生活している農民と営業都市住民の中間層によって支払われている。だが住民のこれらグループは、ソヴェト権力により実施されている勤労賦課の実施によりソヴェト経済建設に自分の労働力を部分的に提供し、農業から受け取った生産物の一部を国家的割当徴発に引き渡すことで、ソヴェト国家の維持に寄与している。農民個人経営と国家間での貨幣なし生産物交換の中に、社会主義建設に向けて税制の存在の必要性を排除する直接的移行を認める」として、現時点で存在するあらゆる国家的、地方的直接税(貨幣税)の徴収を廃止し、地方的需要を充たす地方特別税のみを残すことなどを決定した。つまり、小ブル農民により勤労賦課と割当徴発が遂行されている状況が、貨幣の廃止、すなわち、レーニンの定式化によれば貨幣なしの生産物交換を実現する可能性を創り出した、と想定されたのである。この草案は実際にはソヴェト大会に提出されなかったが、割当徴発から穀物税への交替に関する法案の最終編纂が承認された二一年三月七日の中央委総会会議で、貨幣税廃止に関する報告が行われたように、依然として継続審議となっており、法案作成作業は、第一〇回党大会まで、すなわち三月一六日にレーニンの政治局への提案によって貨幣税廃止草案が撤回されるまで続いた[7]。

三月一五日の第一〇回党大会朝会議は現物税の審議に充てられ、レーニンの主報告、ツュルーパの副報告に続き、発言者としてまずプレオブラジェーンスキィが登壇した。彼は演説の劈頭、現物税の導入の際に遭遇する重要問題として紙幣制度に聴衆の関心を促した。その後に登壇する一連の発言者はこぞって、穀物専売や自由取引に関する言及に終始したのに対し、彼の問題提起は通常の解釈ではいかにも唐突な感じは免れない。しかしながら、割当徴発または現物税の遂行の延長に紙幣の廃止を展望する、この時期の過渡期経済論を共有する経済理論家プレオブラジェーンスキィにとって、これは避けて通ることのできない問題であった。中央委案に同意して彼は次のようにいう。赤軍、工業、機関を維持してきたソヴェト国家の二大財源は、割当徴発と紙幣発行であった。前者は年々増加し、「わが食糧割当徴発が不動のままであり続けたなら、われわれは二二年に紙幣の印刷を停止することができ、われわれに必要な総額を割当徴発によって取り上げることができたであろう。だが、このようにはならなかった」。割当徴発に替わる現物税の導入により、生産物の一部しか収用できず、そのため当面この任務を実現するのは絶望的である。そこで紙幣流通が存続する以上、通貨ルーブリの法外な減価はそれを賃金の一部として受け取る労働者の急激な生活条件の悪化を招き、農民は貨幣による農産物の交換や販売を行うので、超インフレ状態にある「現行ルーブリの死滅を準備」し、銀ヴァリュータに基づく通貨の安定が必要となる。こうして、現物税の導入により直接貨幣税を廃止し生産物交換へ移行しようとする構想は見送られ、この翌日にレーニンは政治局に貨幣税廃止草案の撤回を申し入れたのである[8]。

二二年にある経済学者はこの時期の雰囲気について、「比較的最近の一年半前までわれわれは、「商品」、「商品交換」、「商品流通」の言葉を単語から抹消しようと思っていた。直接的社会主義的分配の局面が急速に展開し、市場関係という自然な力は過去のものとなる。小ブル的形態に付随する商品生産は徐々に縮小され、ここではほとんど直接的「生産物交換」が前面に押し出され、このため貨幣単位は純粋に計算上の意味しか持たなくなると思われた」と回顧した[9]。

十月革命後の過渡期経済における現物税の役割は、必ずしも一様ではないとしても、まずは、ブルジョワジーに対する収奪としてソヴェト財政政策に位置づけられた[10]。すでに一八年八月二八日に財務人民委員部参与会決議に基づく現物税草案はCHKへの提出のために緊急会議で審議され、九月四日のCHK会議に財務人民委員から初めて提出された。穀物の大衆収奪と区別するために、九月二一日の同会議で、生産物余剰を持つ富農からおもに徴収するとの階級原理が布告草案の導入部に挿入された。これから間もなく財務人民委員部により官報で、現物税の基本構想が次のように示された。ソヴェト共和国は特に赤軍の需要で多くの歳出があり、ソヴェト権力から土地を受け取った農民は納税により国家を維持する義務があるが、この税は以前とは異なり均等な土地利用の下で土地の大きさに対する公平な課税である。都市では所得税が実施されているが、小ブル経営が支配的な農村ではこのような徴税ができないために、現物税が採用される。このように課税一般論を展開した後に、土地の社会化が完全に実施されなかったために、現在の農村には富農、中農、貧農の三グループが存在し、それらに対して階級的課税が適用されるので、この税は勤労農民の利益に合致することが強調された。

最終的に現物税草案は一〇月二六日のCHK会議で承認され、一一月一四日の官報『イズヴェスチャ』で公表された。レーニンは、ソヴェト＝ロシア領内にある九四〇万農民経営のうち、三四〇万経営は免除し、残り六〇〇万経営に播種面積に比例して総量三億プードの穀物を課税すると想定した。しかし、その後実施される割当徴発量から判断して、この数字はまったく空想の産物でしかなかった[11]。

現物税の本質について、一八年一二月に財務人民委員代理チューツカエフは、「社会化され国有化された大工業企業と大農業農場が、その収益の一部を国家の需要に割かなければならないとするなら、現存の小私的生産者［すなわち、農民］は彼らにとってもっとも相応しいやり方で、すなわち、彼らの生産物の一部を現物で控除してこれを行わなければならない」と、言及した。二〇年一二月一八日の政令草案と骨子は同じく、ここでは税の役割としてブルジョワジーの収奪による国家財源の意義が明示された[12]。

だがこのように設定された現物税布告は、逼迫した食糧事情のために実施には至らなかった。すでに一八年夏にいくつかの地方で導入されていた割当徴発制度が、穀物調達の基本路線として確定され、一九年一月一一日にCHK会議は生産諸県に割当徴発制度を導入する布告を採択した。これは食糧人民委員部によって定められた国家に必要な穀物総量が生産諸県に割り当てられ、この割当量は郡、郷、村団へと割当配分され、納付された穀物には固定価格による支払いがなされる調達方法であった。これは、制度上は反対給付として固定価格の支払いや商品の交付がある点で、現物税とは異なっていた。食糧人民委員代理ブリュハーノフが、割当徴発の実施が遅れた理由として挙げたように、「穀物現物税と割当徴発を同時に実施することは絶対に考えられ」ず、二一年の第一〇回党大会におけるレーニンの報告によれば、現物税布告は採択されたが、軍事状況のために施行することができなかったとされる。[13] このように現物税の実施は割当徴発の導入とともに見送られた。

現物税実施の可能性が失なわれる中で、現物税とほぼ同時期に一八年一〇月三〇日づけ布告で実施された臨時特別革命税 временный чрезвычайный революционный налог が階級的課税として機能するようになった。同布告によれば、赤軍の組織化、装備、その維持のために必要な資金を賄うために、都市ブルジョワジーと農村クラークから総額一〇〇億ルーブリを徴収することがこの貨幣税の目的とされた。税額の根拠も定かではないこの税総額が、財務人民委員部によってモスクワとペトログラード市と三〇諸県に割当配分され、一九年三月一五日まで県、市、郡ソヴェトによる徴税が命じられた。財務人民委員部は布告に続く一一月四日づけ回状で、県執行委に課税委員会の設置を命じ、割当徴発とまったく同様のやり方で、郡と郷に課税委が設けられ、一定の課税額が個々の村落に割り当てられた。農村への課税は、「農村には少なからぬ貨幣が退蔵されているだけでなく、都市が食糧不足のために貨幣が乏しくなっているときに、穀物やその他の農産物がある」との理由で、正当化された。[14]

このような課税の階級原理を保証するのが、農村における階級組織として設定された貧農委員会であった。一八年一二月に開催されたヴャトカ県オルロフ郡のH郷貧農委全体集会は、郡財務部の一〇月三〇日づけの富裕階級、投機人、クラーク、富農への総額四〇万三〇〇〇ルーブリの特別税の割当に関する命令を聴き、特別税徴収のための委員会を選出したように、郷や村の課税委に貧農委代表が参加することで、課税割当の際に階級的課税の原則が貫かれると想定された。しかしながら、本来は農村での食糧独裁の拠点である貧農委に、徴税機能を持たせることへの財務人民委員部の反発があり、現地ではソヴェト当該部局と貧農委との軋轢が頻発し、モスクワ県貧農委は、貨幣税の徴収は郡執行委の不可侵の権利であり、貧農委は課税名簿の作成に留まるべきであるとの訓令を出した。さらに、割当徴発の徴収の際にも一般的であったように、多くの地方で階級原理は考慮されず、郷に割り当てられた税額は食い手数に応じて均等に配分された。ヴャトカ県の多くの村で、特別税は資産原理ではなく、「頭割り」で割り当てられた。ある郷では、分与地のデシャチーナ数ごとに、またある村では世帯主に対して均等に、また別の郷では食い手ごとに均等に配分された。このため、貧農への課税は頻出する現象となり、トヴェリ県ノヴォトルジョク郡では、誰も一頭以上の牛を持たないような貧しい世帯からなる村にも課税された。六万四〇〇〇ルーブリの特別税が課税された、タムボフ県キルサノフ郡の中農と貧農の二八世帯からなる村団は、「貨幣収入源はない、状況は悲惨であり、財産が売却されているが支払う能力はない」と窮状を訴えた[15]。

当然にも、特別税の徴収は遅々として進まず、それとともに未納者への抑圧の行使が至るところで認められ、その対象の多くが支払い能力のない貧農であった。ヴャトカ県コテリニチ郡の村では、税不払いの廉で病身の老人さえも郡執行委によって逮捕された。一九年二月にヴャトカ県軍事革命委議長はその実情を次のように報告した。「農村から徐々に恐ろしい情報が入り始めている。貧農とクラークをも区別しない徴税は、軍隊内部に恐ろしい気分を生み出している。なぜなら、何人かの赤軍兵士は、特別税を支払うために彼ら家族の全財産が売却されたことを知っているので。［……］地方でのソヴェト権力の腐敗は極限にまで達している。「コムニスト」と「コミッサール」の呼称は、その職務で頑張るのではなく、ある場合には文字どおり住民にテロルを加えるもっとも卑しい類の人物を指している」。

こうして農村に混乱と憤怒を持ち込んで、最終的に一四億三七〇〇万ルーブリの特別税が徴収された。特別税は、税財源としての意義を果たしたかは別にして、革命政権として持つべき階級的課税の性格は現物税以上に具えていた[16]。

一九年四月までに特別税の徴収は基本的に終了したが、このほかブルジョワジーや反革命分子に専断的に課せられる懲罰的課税として、コントリビューツィアがあった。フランス革命に起源を持つこの徴収は、階級敵の抑圧を名目に中央によっても地方権力組織によっても、現物または貨幣形態でほとんど恣意的に適用され、その意味でもっとも革命的であった。フランス革命の「貢献」である。例えば、一八年八月にレーニンはヴャトカ県全権コミッサール・シリーフチェルに、ヴャトカでの農民蜂起ですっかり掘り崩された資金の補填と、ヴャトカ南部で展開しているクラーク蜂起の鎮圧に関連し、「クラークを絶滅する目的で、彼らの穀物すべてにコントリビューツィアを課すよう」命じた。また、二〇年六月にヴラヂーミル県ゴロホヴェッツ郡対兵役忌避者闘争委は、兵役忌避者を隠匿した廉で八郷の六二村落に合計五八九万ルーブリのコントリビューツィアを課すことを決議した[17]。

このような特別税やコントリビューツィアが、現物税の導入とほぼ時を同じくして実施されたために、現物税に替わり戦時共産主義期の基本的調達制度となった割当徴発は、それ固有の意味付与がなされた。すなわち、割当徴発は、現実的な農産物の調達手段と、未来社会への過渡的移行措置としての両義性を持ち、そのため、理念的にはその実施当初から「商品交換」と結びつけられた。割当徴発の問題が議論された一九年初めの第一回全ロシア食糧会議で、一八年夏にヴャトカ県で最初の割当徴発を実現した経験を持つ食糧活動家シリーフチェルは、ソヴェト食糧政策は資本主義的商品交換から社会主義的生産物交換への移行措置であるとの前提に立って、生産物の唯一の汲出し手段としての割当徴発とそれへの反対給付である全国的規模での商品の割当配分を内容とするテーゼを提起した。実際には商品交換制度は機能しなかったとしても、彼のテーゼは当時のボリシェヴィキから広く支持された[18]。

一九年一月の割当徴発布告では特に商品交換に言及されなかったが、八月に出された一九／二〇年度割当徴発規程では、商品交換が制度として割当徴発に組み込まれた。こうして、ボリシェヴィキ権力は、すでに一九年三月布告によって消費コミューンに再編された消費協同組合を統御することで、調達＝供給制度を一元化した「割当徴発＝商品交換体制」を通して「コミューン国家」の構築を目指そうとしていた[19]。

調達危機が顕著になった二〇年秋のカムパニアでも、商品交換と割当徴発の結合の方針は堅持され、一一月一九日にレーニンとブリュハーノフの連名で出された軍事プリカースに、戦時共産主義期末に特徴的な、政治的には軍事体制の強化と経済的には生産物交換への傾斜がもっとも明白に表明された。この文書の中で、県食糧会議と食糧組織に、㈠ソヴェト、労働組合、食糧機関に改めて臨戦態勢 боевое состояние を布き、㈡食糧週間や食糧月間の広範な食糧カムパニアを設定して最大限を動員し、㈢極限状態にまで労働日を増やし、㈣軍事体制による個人的責任を確立し、㈤革命裁判所巡回法廷を間断なく機能させて司法懲罰機関を発動させ、㈥計画的に生産物交換を実施して、商品の引渡しを調達の進展と厳密に調和させることを義務づけた[20]。これから間もなくレーニンは貨幣税廃止に関する特別委議長チューツカエフに生産物交換への移行に関する覚書を書き送ったことから判断して、彼は割当徴発制度を貨幣なし交換への移行措置に組み入れていたのは明らかであろう。

　原理的には固定価格による支払いと商品の供給による反対給付を伴う割当徴発制度であったが、現実的には元々市場価格よりはるかに安価に設定された穀物調達価格は、ハイパー・インフレーション下では支払いが行われても実質的価値を持ちえず（実際にはほとんどの場合に支払いはなかったが）、工業生産の低落により商品交換は機能しない現状で、割当徴発は次第に反対給付なしの徴収、すなわち、税と同一視されるようになった。こうして、シリーフチェルは割当徴発をたびたび穀物賦課 хлебная повинность と呼んだように、勤労賦課［勤労動員］と並んで割当徴発は国民的義務と見なされるようになった。このような前提で、二〇年一二月一八日の政令草案は、割当徴発を穀物賦課、すなわち、現物税と見て、この制度を通して貨幣税の廃止を想定したのであった。敷衍すれば、割当徴発制度を現物税と生産物交換に機能分離し、未来の共産主義社会の構築を目指したのである。すでに述べたような第八回ソヴェト大会での昂揚した気分は、このような共産主義「幻想」を背景にしていた。

　だが、農業生産の向上を目指すレーニンは厳しい現実にも直面していた。一二月二七日のソヴェト大会党フラク会議で、個々の経営へのプレミアに関して彼は、個人経営が資本主義の土台であることは疑いがなく、どこかの広場にある「スーハレフカ［モスクワの象徴的闇市で、自由商業への志向を意味する］」ではなく、個人農に巣くう「スーハレフカ」が怖いとしても、数年間はこれから逃れることができず、現在農業を復興するためにはこのようなプレミアを導入しても農民経営の改善が必要であることを訴えた。二五日夜の同フラク会議では、地方からの代議員によって様々な農業の復興案が提示された。ブリャンスク県農業部部長ズィコーフは、強制だけに基づく国家規制は成果を持ちえず、生産者に直接の利害関心を持たせる必要があると、イヴァノヴォ＝ヴォズネセンスク県農業部部長は、春に宣告され、地方的条件に基づく余剰量を考慮して計画的に作成されるなら、食糧割当徴発は「農業を発展させる強力な要因となる」と、従来の路線に対する修正案を提示した。しかしながら、これら修正案は、農民に余剰の自由処分権を与える食糧税や農産物自由取引を頑強に拒否するオシーンスキィによってことごとく退けられた[21]。

それでもレーニンは積極的に地方からの代議員と会談を重ね、彼らの意見を聴取した。二二日のソヴェト大会初日に開かれた無党派農民との会合では、地方からの様々な不満が噴出した。「塩や、鉄や、すべての土地に播種するための、あらゆるものを提供することが必要だ。それ以上いうことはない」（ミンスク県）との発言から始まったこのような不満に、レーニンは、批判はもうたくさんだ、とのメモを挟み、それでもさらに続く批判に真剣に耳を傾けた。「農民に［生産への］関心を持たせよう。そうでなければ、何も生まれない。強制によって из-под палки 薪を挽かせている。だが、強制で農業を営むのはできない」（コストロマ県）、「どのように関心を持たせるか、簡単だ。家畜で行われているような一定比による割当徴発を」（ノヴゴロド県）のような発言は、レーニンを納得させたかもしれない。「割当徴発とは、われわれには拳銃をこめかみに当てるような抑圧だ」（ペトログラード県）、「農業を向上させるために、強制から解放する必要がある。強制とは食糧徴発だ」（ペルミ県）などの割当徴発への批判に、レーニンは衝撃を受けただろうか。これら農民代表からの指摘は丹念にレーニンによりメモ書きされ、党中央委員とＣＨＫメンバーに回された。この会合について、翌二三日の大会報告でレーニンは、この会談から農村における焦眉の問題で得るところが非常に多かったとその意義を高く評価したが、農村における階級闘争との文脈でこれに言及したに留まり、農村の困窮や割当徴発との関連は慎重に回避した。このような農民代表からの意見聴取の結果は、一二月末に執筆した『経済建設の任務に関する覚書』に現れた。その中で彼は、「農民への対応。税＋プレミア」に続けて「税＝割当徴発」と記したが、それは、割当徴発の下でプレミアを導入し、農業の復興を図ろうとレーニンは構想していたことを意味する。いうまでもなく、ここでの税とは一二月一八日の貨幣税廃止草案が含意する現物税である。[22]

現物税構想の意味

レーニンが農業向上のための解決策を模索しているちょうどその頃、二〇／二一年度の食糧割当徴発のもっとも重要な地方として設定されていたシベリアで、播種カムパニアの方法をめぐる論争が行われていた。シベリアの党機関紙『ソヴェト・シベリア』一月一六、二二日号で、シベリア州農業部部長で同革命委議長代理であるB・H・ソコローフは、『シベリアにおける農業計画の基本テーゼ』と題する長い論文の中で、播種カムパニアを成功させるために、個人経営の利害関心を引き起こすような対応が必要であり、そのため国家が必要とする収用量を予め固定してデシャチーナ課税として徴収し、残りすべてを播種者の利用に残すとの案を提起した。これは播種拡大への大きな刺戟となるはずであった。彼の構想の前提にあるのは、現行の割当徴発の全否定であった。割当徴発はシベリア農民に「勿体ない行為 безхозяйственность」を持ち込み、集荷した穀物を露天で腐らせ、徴発した家畜を飼料もなしに放置し、農民はそのような「勿体ない行為」に憤っている。もしソヴェト権力以外がこのことを行えば、彼らは武器を持って立ち上がるが、彼らはすでに政治的洗礼を受けているので、食糧組織との摩擦を避けようとそのようなことはせず、種子を食い尽くし、必要以上に屠畜し始める。しかし、「彼らはすでにクラーク的で白衛軍的スローガン、「ソヴェト権力万歳、コムニスト打倒」を受け入れる準備をしている」。大衆の信頼を獲得するような前提条件が創り出されなければならず、「食糧活動の終了が農業活動の始まりである」として、農業復興のために農業部の指導が必要なことを強調した。従来のボリシェヴィキの食糧政策を根底から批判した驚くべき内容であった。

数日後の同紙一月二七日号にMГの署名で、余剰がどれだけあるか分からないのにこの方法を採るなら、余剰が投機に出されるのは明らかであり、クラークを奨励するのは明白であるとの反論が掲載された。このような原則的批判に比べ、同じく翌一月二八日号に掲載された論文でシベリア食糧コミッサール・カガノーヴィッチは、「わが「食糧割当徴発的と食糧部隊的」政策を拒絶している」ソコローフに、感情的とも思える激しい論難を加えた。農民に利害関心を持たせ、残りの余剰を農民の自由に任せるというのはエスエルのチェルノーフが考えているのと同じである。怯えたソコローフは、「国家的規制というソヴェトの原則を拒否し、全ロシア的なスーハレフカの道に立ち、そうすることで農村クラークと都市投機人の地位を強化しようと提案している」。ここでも市場の存在に対して徹底的な非難が浴びせられた[23]。

そして、この対立は政治の舞台にも反映された。一月一八日の中央委シベリア州ビューロー会議で、「同志ソコローフのモスクワへの出張目的について」が特別に審議された。そこでシベリア革命委議長И・Н・スミルノーフは、ソコローフはシベリア革命委とシベリア・ビューローとの合同会議における種子フォンド形成に関する決議に合意せず、中央にこの問題を再度提起するための出張であると述べ、同会議は、中央でこの問題を提起する際に、彼の見解に対してビューローと革命委の見解を際だたせるようソコローフに勧告する決議を採択した。二月二〇日に開かれた第三回シベリア党協議会では、カガノーヴィッチの報告によるテーゼ『シベリアでの播種計画』の中で、農民が引渡す農産物余剰に対して補填する商品が欠けているので、自由取引を認めれば割当徴発を超えるすべての余剰を農民は販売するであろうとの理由から、税の提案は「小ブル的で担ぎ屋的である」として退けられた。五月のВЦИК会議でもシベリア代表は、食糧税政策はクラーク的でエスエル的であり、ただソヴェト権力の敵のみが実施できる政策であるとの意見が党協議会で支配的であった、と指摘しているように、ソコローフの抱く食糧税案はほとんどまったく支持されていなかった[24]。

モスクワへの出張の折りに、彼は二月二日にレーニンと会見し、割当徴発の変更を要求した。そこでレーニンは、それをシベリアに限定することができると思うかと、尋ねた。いや、ヴラジーミル・イリッチ、シベリアは始まりですよ。レーニンはまた尋ねた。［割当徴発を］もっと前に宣告すれば、もっと播種するようになると思うかね。もちろん、経済的刺戟になりましょう、とソコローフが応じた。この会談の後、レーニンは彼に、農業人民委員部で報告し、この問題に関する中央委草案を準備するよう提案し、二月八日にそれを検討することにした。このようなソコローフとの会談がレーニンの現物税構想に重大な影響を与えたと、ゲーンキナは評価している[25]。

翌三日の農業人民委員部参与会会議で、シベリア農業部の活動報告と並んで、シベリアで春以後予備的割当徴発を実施しそれと平行して種子調達を行い、県規模で種子の再分配を実行することなどのソコローフの提案が出され、四日の同会議で彼の提案が審議され、そこではシベリア諸県での種子の再配分の提案が望ましいと認められただけで、具体的にそこでの割当徴発問題には触れられなかった[26]。

これから間もなく、播種カムパニアに関するオシーンスキィの報告が行われた二月八日の中央委政治局会議で、レーニンは『農民に関するテーゼの予備的草稿』を執筆した。これは次のような簡単な内容であった。「㈠割当徴発（余剰の収用という意味で）を穀物税に替えてほしいという無党派農民の要求を叶えること、㈡昨年度の割当徴発に比べてこの税の規模を縮小すること、㈢農民が努力を向上させた際には税率を引き下げるという意味で、税の規模を農民の努力に一致させる原則を認める、㈣税の速やかで完全な納付の条件で、地方的経済取引で税を超える余剰を農民が利用する自由を拡大すること」。これが現物税法案の原型となった。レーニンの草稿について、同会議の議事録は直接には何も触れていないが、「［Л・Б・］カーメネフに、ツュルーパ、オシーンスキィ、カーメネフから構成される会議を招集し、二週間後に政治局に報告するよう」命じたのは、レーニン草稿を検討するためであったのは間違いない[27]。

ソコローフの提案について、議事録によれば、二月八日の政治局報告でオシーンスキィはまったく触れなかった。ゲーンキナは、ソコローフによって作成された、「㈠播種までにシベリアに定められる穀物割当徴発量を事前に宣告するのを認める、㈡この義務的穀物賦課の遂行後に生産者に残るすべての穀物量を生産者の完全な処分に置く、㈢それら所有者にこの残余の自発的引渡しを商品交換かプレミアの特別な条件に基づいて認める」ことなどを内容とした決議草案が、同政治局会議の審議過程で言及された可能性があるとしているが、彼女自身が認めているように、これを直接的にも間接的にも裏付ける証拠はない。また、彼女が引く二月二日のレーニンとの会談や二月八日の政治局への提案に、彼が『ソヴェト・シベリア』紙上で展開したような食糧税案への言及がないことも、彼女の主張の根拠を弱くしている[28]。

彼女は、ソコローフの商品交換に関する提案がレーニンに強い影響を与えたとするが、レーニン草稿は商品交換にはまったく触れていない。この点でも、彼女の主張には説得力がない。だがこれは奇異なことではない。なぜなら、一二月一八日草案が生きている限り、現物税とは生産物交換と一体化されたシステムであるとレーニンは想念していたはずである。繰り返せば、ここで彼が指す税とは、小ブル政党が求める資本主義的自由取引を同時に含意する税ではありえず、未来の生産物交換への移行措置としての税であった[29]。だがそれでも、レーニンの優れた現実感覚は、これに留まることを許さず、播種カムパニアを成功裡に遂行するための農民への具体的奨励策を必要とした。農民に生産への刺戟を与えなければならない現実と、未来への生産物交換を目指そうとする幻想とが重なり合ったことに、『予備的草稿』の特質がある。

では、現物税案の基礎とされるこの草稿を、どのように評価すべきであろうか。

ゲーンキナは、ソコローフ提案にある商品交換の組織化を、レーニンが二月初めに現物税案作成の際に取り入れたとして、「税＋商品交換＋プレミア」の構想がこの段階で成立したと見ている。繰り返せば、党大会までの現物税構想の成立を、ソヴェト大会直後の「税＋プレミア」の構想に二月八日草稿で商品交換が加わったとして、二段階で考えているのが彼女の主張である。それに対して、ソヴェト経済史研究者В・П・ドミトレーンコは、二〇年二月五日のВЦИК会議でツュルーパが、割当徴発は戦争と崩壊で余儀なくされた一時的措置である、経済が復興するにつれ、国家はそれを徐々に縮小し、収用の必要最小限な規模に（税に）まで限定することができる、最終目的はもっとも重要な食糧生産物と工業商品の完全な専売である、農民経営の余剰は商品交換に基づき国家に出されなければならない、国家は自由商業を認めない、と言及したことを援用して、戦時共産主義期のシステムを、「割当徴発（税）＋商品交換＋専売」と規定する。それに対して、レーニン草稿は新しい原則である「税＋商品交換＋私的市場」を提示したと見る。彼はこの構想を、二〇年一一月三〇日のチューツカエフへの覚書に基づく過渡期における商品＝貨幣関係の再評価であると、すなわち、直接的な生産物交換から過渡期における商品＝貨幣関係の適用への後退と位置づける[30]。つまり、彼はこの時機に政策の転換を見ている。

ゲーンキナの過ちの第一は、一二月末の覚書にある「税＋プレミア」を適切に評価しなかったことであり、第二は、レーニンが構想する税制に商品交換が含まれていることを見なかったことである。そのため彼女は、ソヴェト大会から二月八日の草稿執筆までに商品交換構想の源を見出さなければならず、それが商品交換構想を含むソコローフ提案を高く評価する結果となった。プレミアを私的市場と置き換えれば、ゲーンキナとドミトレーンコのレーニン構想の定式は酷似するのだが、その内実はまったく異なっている。すなわち、プレミアを付与することで譲歩したレーニンがさらに、農民に商品交換を認めたのが『予備的草稿』の内容であるとゲーンキナは考え、ドミトレーンコは、従来の「税＋商品交換」体制に商品＝貨幣関係としての私的取引の導入を想定したのが、『予備的草稿』であると見ている。彼によれば、この草稿は戦時共産主義政策からの転換を意味した。

一二月一八日草案の現物税構想をツュルーパの割当徴発構想と比較するなら、ツュルーパの最終的構想は「最小限の税＋商品交換」となる。ここで指摘しなければならないのは、三月の第一〇回党大会の決定により導入される現物食糧税は、当初は暫定的措置と見なされていた事実である（二月の食糧人民委員部から出された指令で、割当徴発は暫定的に停止されたことをここでも想起してほしい)。食糧税の布告とともに出された『共和国農民への檄』の中では、「わが工業が建設されるに応じて、わが原料と引き換えに外国商品の輸入が拡大するに応じて、農民に課せられる現物税の割合は縮小するであろう。未来の社会主義建設の中で、[……]ソヴェト国家は、農民に必要な等価の商品を穀物に対して提供するようになろう」[31]と明言されたように、税は最小限にまで縮小され、基本的農産物余剰は、現物税やもちろん市場にでもなく、商品交換によって収用されることが構想されていた。すなわち「地方的経済取引」を認める以上、一二月一八日草案で想定されているような国家的規模での生産物交換を直ちに実現することはできず、当面は商品交換への後退が余儀なくされ、「税+商品交換」の実現が目指された。第一〇回党大会の議論で、プレオブラジェーンスキィはそこで必然化される貨幣の機能に現実的側面から拘り、ツュルーパはこの将来構想に理念的側面から拘った。そして、最終的に「現物税+商品交換」体制が達成されるや、それは「現物税+生産物交換」体制、すなわち、共産主義社会の実現化への前進を意味した。この構想は、割当徴発制度の理念型であることは何度か触れた。ドミトレーンコが主張するような商品=貨幣関係は、このシステムから極力排除された。そのため、直接的社会主義経済への移行措置として位置づけられていた貨幣税廃止案は、党大会冒頭でレーニンの税構想が表明された後にも破棄されなかったのである。

繰り返すなら、第一〇回党大会までの現物税構想の基本とは、従来主張されていたような、戦時共産主義政策から後退して商品=貨幣関係を利用する新しい原理の探求ではなく、あくまでも、商品交換から生産物交換への移行を展望した過渡的措置であった。だからこそ、貨幣税の廃止との共存が可能と思われたのである。ここにも戦時共産主義「幻想」は色濃く残されている。

しかしながら、当時の農業の崩壊現象とそれに基づく飢餓状況は、この措置を直接実施することを許さなかった。『予備的草稿』が現実と幻想のアマルガムである以上、農業生産の低下への対応策がそこで求められたのであり、従前通りの割当徴発体制では生産的刺戟として不充分であることは明白である。この体制の枠内でいかに農民に生産への刺戟を与えるかが、現物税法案を作成する際にレーニンがもっとも悩み抜いた問題であった。

農民に経済的刺戟をどのように与えるかの議論は、商品交換との関連で、討論形式であれ、しばしば新聞紙上で公表されるようになった。農業の国家規制に反対していた経済学者C・Г・ストゥルミーリンは、一月半ばの『経済生活』紙上の論文で農民へのプレミアを具体的に展開した。多くを播種することで生ずる徴税後の余剰を、プレミアとしてまたは商品交換制度で、食糧人民委員部により分配される工業製品の商品フォンドと交換することができる、「自由取引への回帰としてのそのような商品交換は決してわれわれを脅かさない」、「徴税後に農民に残る収穫余剰の自由な処分を、農民に委ねることが重要なのである」と、彼は断言した。さらに、モスクワ県食糧コミッサール・П・ソローキンとモスクワ県農業部部長M・ローゴフの論文『割当徴発か税か』が、二人の署名入りで、レーニンの指示により討論用資料として、二月一七日と二六日の『プラヴダ』に掲載された。一七日論文では、農民に生産意欲を与えるために割当徴発を現物税に替えること、二六日論文では、より具体的に税の規模をこの年度の穀物割当徴発予定量の四億二三〇〇万プードから約三億プードに縮小するよう主張した。ここまではレーニン草稿に沿っていたが、一七日論文で、税のほかに食糧、原料、飼料を国家が確保するために、税の完納後に残る余剰を国家が引き渡す商品の等価物として徴収する商品交換構想が提示された。この『プラヴダ』論文が際立っているのは、個々の経営への課税と従来の集団的商品交換に替わる個人的商品交換を結びつけ、個人農民への刺戟を与えつつも、自由市場を国家的統制の下に置こうとする点であり、この構想はレーニンのそれと基本的に合致しているからこそ、レーニンは再三彼らの論文に触れ高く評価した(二月二八日のモスクワ労働者・農民代表ソヴェト総会の演説でレーニンは、農民の不満に応える形で、「『プラヴダ』に責任ある寄稿家の署名で税についての提案が掲載された」と、これら論文について言及した)[32]。

二月八日の党中央委により設置された特別委(ツュルーパ、オシーンスキィ、カーメネフ)にレーニン草稿に基づく草案を作成することが委ねられ、この特別委の草案は二月一九日の党中央委政治局に提出されたが、そこでは資料が中央委員全員に配られただけで、草案の検討は二月二四日の中央委総会に持ち越された。二四日の同総会は、草案を基本的に採択し、穀物の徴収で貧農に関心を持たせる条項を修正して、詳細に草案を検討することを、ムラーロフ、ツュルーパ、ポポーフからなる新たな特別委に委ねた。三月三日までに同特別委の草案が作成され、レーニンは送られた草案に注意書きを加えツュルーパに送った。このヴァリアント[改訂案]では、割当徴発から税への交替の目的として、農民経営を強化し生産性を向上させること、農民に国家的義務を正確に確定することが挙げられた。税は村団ごとに算定され、貧農組織の統制の下で法により定められる基準で割当配分されることになった。税の完納後に残る余剰の問題については、完全に自由な処分権が農民に与えられるとされたが、交換は村団内では無条件に認められるとしても、村団外では食糧機関を通して実施され、それ以外の交換は投機と見なすと定めた(これが本来の「地方的経済取引」の範囲と考えられる)。つまり、村団外の交換は商品交換のみが認められたのであり、このために食糧人民委員部に商品交換のための特別フォンドが創設されることになった。このように作成された第二ヴァリアントは、村団ごとの税の算定方法、村団外の市場の禁止事項など、戦時共産主義的要素を色濃く残していた。このヴァリアントにレーニンは、割当配分は貧農による統制ではなく、納税の支払人グループ別の農民によって選出された組織により行い、交換が投機を生み出さないように特別の規程を作成するよう求めた。そして、春の畑作業以前に税を公示することを定めたこの草案では、播種前に食糧税を公表するよう定めたが、レーニンはこれに反対し、大会直後の発表を要求した。このレーニンの最後の注意書きは、割当徴発から税へ移行の混乱を大会前に党内に持ち込むことを懸念したのかもしれない。

実際、多くのコムニスト、特に食糧活動家からの自由取引への拒絶反応は激しかった。ウクライナ食糧人民委員M・K・ヴラヂーミロフは三月二日のトロツキー宛の機密暗号電報で、この危険性を次のように訴えた。「ユートピア主義者と無党派は、税を超えて労働者との交換に残される量が自分の自由処分になることを特に強調して、農民が税の解釈に込めている意味を理解している。この危険性は、そのような交換に向かおうとする労働者がはっきりと示している風潮のために、さらに強まっている。もしこれが国家的規制の枠外に置かれるなら、食糧組織による調達は話にならない。〔……〕すべての責任ある食糧活動家は、そのような条件下での活動は不可能であると確信している。ウクライナ共産党中央委拡大総会での予備投票で、ウクライナにとって税は受け入れがたいことが明白にされた」。この電報はレーニンに伝えられ、翌日彼は、「私見によれば、ウクライナのコムニストは間違っている。事実に基づく正しい結論は、税に反対するのではなく、マフノー〔匪賊運動〕などを完全に撲滅するための軍事的措置に賛成することだ」との返事を書き送った[33]。レーニンは来るべき党大会で、このような党活動家の反対を押し切らなければならず、クロンシュタットを含めて自由商業の要求を掲げて各地で反ボリシェヴィキ蜂起が吹き荒れる中では、「取引の自由」はきわめて慎重な対応が求められた。

貨幣税廃止についての報告が行われた三月七日の党中央委総会で、第二ヴァリアントは最終的編纂のためにレーニンを議長とする特別委に委ねられ、この特別委で作成された第三ヴァリアントが党大会に提出された[34]。

しかし、レーニンにとって取引の問題が未解決のままであった。二〇年末の播種カムパニアの広汎で周到な情宣活動に比べて、割当徴発から現物税への交替による「政策転換」に関する事前カムパニアがまったくなかった事実は、「政策転換」が完全に準備不足であったことを示している。

二一年の党大会直前に執筆された『割当徴発から税への交替に関する演説プラン』によれば、基本的問題は、「(α) 取引の自由、商業の自由(=資本主義の自由)、(β) このために商品を手に入れること」であり、これにより「経済的に中農を満足させることができる」〔強調は原文〕と考えられた。これが生産拡大への刺戟である。しかし、ここでの「取引の自由」とは一般的な自由取引を意味するのではない。二〇年一一月のチューツカエフへの書簡で言及されたように、「商品交換を実施する能力、すなわち農民に工業生産物を与える能力がない」ならば、「農民は商品(したがって貨幣)の痕跡」に留まらざるをえないとの前提で、市場問題が想定された。繰り返せば、「税=商品交換体制」実現に向けての過渡的措置として、農民に対する自由取引の利用が設定されたのである。この『演説プラン』では、「生産を強化し、取引を押し進め、息継ぎを与え、小ブルジョワジーを強くするが、それ以上に大生産とプロレタリアートを確固たるものにする。小ブルジョワジーと、その取引をある程度まで活発にすることなしに、大生産、工場、プロレタリアートを確固としたものにすることはできない」［強調は原文］と言及しているように、小ブル農民に「取引の自由」を認めることで、「農民に工業生産物を与える能力」を与えるよう工業の復興が目指されたのである。これがぎりぎりの選択であった[35]。

　ここには、従来の負の循環論法からの逆転の発想が見られる。つまり、当面は農民を犠牲にしての片務的（商品交換なしの）割当徴発が実施されているが、工業を復興した後に正常な「割当徴発（税）＋商品交換」体制が将来実現されるとの主張は、戦時共産主義期に党指導者によって繰り返された。今日指そうとするのは、経済的刺戟として農民に取引の自由を与えることで、まず農業の復興を達成して、次いで工業を回復した後に「税＝商品交換体制」を構築することであった。それだからこそ、レーニンは「取引」に関してきわめて慎重であった。党大会後に執筆した『食糧税について』で、レーニンは「農民が商売をやる以上、われわれも商売をやらなければならない」との労働者の小ブル的イデオロギー、別の表現によれば、「心に巣くう「スーハレフカ」」を厳しく非難した。党大会の開会当日レーニンはツュルーパに、「問題の重点は「取引」、農民にとっての自由な経済にある。あなたはこのことについて不充分にしか考察していない。［……］NB［注意せよ］///このことをよく考え［……］定式を見つけてほしい」と書き送ったが、レーニン自身その明確な回答を持たないままに、党大会を迎えなければならなかった[36]。

ミニ・ネップ論

　一九八九年の『ネジェーリャ』（『イズヴェスチヤ』の日曜版）に、若手の戦時共産主義史研究者C・パヴリュチェーンコフの興味あるネップの開始に関する説が掲載された。掲載紙の性格上、典拠となる資料は示されていないが、次にその内容を要約しよう。

ネップは突然でなく、党の会議からではなく生まれた。ネップの理念は当時のロシアにおける最大多数の階級である農民に深く根を下ろしていた。二一年春に（すなわち新経済政策にとって根本的決定が採択された後にも）ジノーヴィエフは、「この布告［現物税について］はわれわれが出任せに考えついたのではなく、机上で思いついたのではなく、われわれはそれを一連の穀物のもっとも豊かな諸県の農民の要望書から、農民の要求からそれを汲み上げた」と演説した。農民の自由穀物商業の要求もあった。内戦の開始に先行する一八年春に、すでに自由商業の問題が穀物諸県のソヴェトと中央権力との闘争の原因になっていたのは偶然ではない。無党派農民協議会または郡ソヴェト大会で、中央の食糧独裁への激しい批判が頻繁になされた。自由商業を求める闘争が、一八から一九年にコルチャークとヂェニーキンに農村住民の多くを引きつけた。兵役忌避者は商業の自由が宣告されるなら軍務につくと表明した。一九、二〇年の割当徴発とその結果は、党員とソヴェト活動家の間に不安を生みだした。例えば、二〇年九月に故郷のトヴェリの村を訪れた共和国海軍作戦本部コミッサールは、「農村に対するそのような政策はわが革命を余りにも高くつくものにするかもしれないことを最終的に理解すべきである。……（新聞に）農村で急変が起こったと書かれている。急変が起こったのはおそらく本当だろう。飲酒は広まり、闇醸造施設は増加し、権力を罵倒し、コムニストという言葉は悪口になった」と書き送った。二〇年六月にコムニスト・チェー・カー員は、党中央委に次のような二〇ページの手紙を出した。革命は危険に晒され、それは余りにも進みすぎた、状況を断固として改善し、まず急いで食糧問題を解決することが必要であり、食糧政策が変更されないなら革命の破滅は避けられない。「もう二年以上も民衆はソヴェト体制の下で飢え、それでも彼らから穀物を取り上げている。ソヴェト権力に対して決起し、ヂェニーキンとコルチャークに走り、今後も走るであろうし、そのように内戦は長引いている」。これを終わらせるには、穀物固定価格を廃止し、穀物自由商業を認めることが必要である。これらの手紙は明らかに、コムニストの間で農民の要求に譲歩する必要があるとの見解が、急速に広まっていたことを物語っている。農民の要求である商業の自由と食糧税は、メンシェヴィキとエスエルの代表により、第八回全ロシア・ソヴェト大会の演壇で聞かれた。

そこで誰がネップを考え出したか。最近しばしばトロツキーが二〇年二月に党中央委に、農民に対する政策の変更を提案した事実が想起されている。彼の意見によれば、共和国の経済的衰退と闘うには次の二つの方法によって可能である。

(一) 割当徴発を比率現物税に替え、農民には階級原理でなく引き渡される穀物量に応じて工業製品を供給する。

(二) 強制的割当徴発を農耕の強制的措置で補完し、農業の集団化の傾向を発展させる。

これらの方法は原則的な相違にもかかわらず、第一のヴァリアントは中央ロシア、シベリア、ウクライナのような自立した層の農民に、第二のヴァリアントは中央諸県の経営の弱い農民に適用することで、これらの間に矛盾はないという。トロツキーの提案には、ネップの完全な形、「現物税＋自由商業」はない。だがそのようなものは第一〇回党大会の決定にもなく、そこでは地方的経済取引の範囲と商品交換だけについて言及していたが、それでもこの決定はネップに生命を吹き込むのに充分であった。しかし当時のロシアの軍事体制の下では、農業政策の変更を実現させるには、この経済的合目的性の分銅は軽過ぎ、戦時共産主義を拒否するための「大量の危機」が蓄積された二〇年末にこの分銅は増量された。

しかしネップの理念を案出したのはトロツキーが最初ではない。二〇年一月下旬にモスクワで第三回全ロシア国民経済会議大会が開かれ、この大会で、食糧割当徴発を廃止し、割当徴発の半分で現物税を確立し、残りすべてを自由交換で受け取るとのラーリンの提案が採択されたことは知られていない。すなわち、大会は新経済政策を提案したが、当時その必然性は党指導部に認められなかったため、この大会決議は公表されなかった。ラーリンはこのため最高国民経済会議幹部会のポストを失った。さらにネップの「著作権」に進むなら、一八年の「食糧独裁」の確立期に「その導入に反対した」カーメネフ、ラーリン、ルィコーフと食糧人民委員部の若干の責任ある活動家に遡らなければならない。

二〇年六月半ばに党中央委は、農村活動に関する第二回全ロシア会議を召集した。すべての共和国からモスクワに到着した党活動家は、貧農大衆の中にさえ政策への不満があることをスヴィチェールスキィに公然と語った。問題は差し迫っていた。割当徴発を税に替え、農民に譲歩することが必要であった。

オシーンスキィが指摘したように、農村は「食糧人民委員部の測候所」であった。そのため、二〇年六月末に開かれた第二回全ロシア食糧会議で、農民に対する今後の政策に関して意見の相違が顕わになったのは当然であった。食糧人民委員部の指導部は食糧独裁システムの強化を主張した。クバニ食糧コミッサールのプリゴージンを先頭にして一部の代議員は、割当徴発を播種デシャチーナ当たりの税に替えるよう提案した。会議では僅かな力関係の差で守旧派が勝利した。

二〇年の夏から秋にかけて、スモレンスク県で最初のいわゆるミニ・ネップの実験が行われた。食糧人民委員部の一〇月報告書で、スモレンスク県では穀物カムパニアは九月一日に始まり一〇月一日までに終了したと報じられた。当時他県では食糧組織は通常任務命令の遂行に一年を要していた。だがここでは穀物は抑圧なしで入荷していた。この理由は、農民に国家への穀物と馬鈴薯の納付量が示され、これ以上は取り上げないことを事前に(六月に)通告したことであった。西部戦線でのポーランド攻勢の開始は、赤軍の後方の強化、農民の抱き込みを必要とし、そこで食糧政策が変更された。二〇年九月のレーニンの机上に、スモレンスク県の資料に基づき「最近ソヴェト権力に対する農民の対応は著しく改善されたが、その理由は食糧政策の変更である」、と指摘したチェー・カーの報告書があった。だが、この実例は全国的な路線変更の出発点とはならなかった。

最近新聞で第三回全ロシア・コムソモール[コムニスト青年同盟]大会の代議員の質問へのレーニンの回答がはじめて公表された。これに二〇年秋のレーニンの構想が示されている。レーニンはコムソモール員に次のように語った。「いかなる農民家族にも余分な一プードも残さないようにする」、「穀物余剰が完全に労働者国家に引き渡されるようにする、その時国家は工業を復興し、農民に生産物で支払う」。党指導部には「戦時共産主義的方法による」社会主義への飛躍の確信が存続していた。

戦時共産主義期の理論家には、割当徴発により「掛けで」農民から穀物を取り上げ、工業を復興し、農民に借りを生産物交換により返済するとの共通の理念があった。だがこの構想は農民の気分を過小評価していた。最終的にネップの出現は、定式化された理念によってではなく、経済的危機によってでさえなく、社会的階級的勢力の相互関係の変化により規定された。反革命が黒海に放逐された後に、社会主義国家は巨大な農民と対峙するようになった。状況が切迫し、党と国家の指導部に農業の崩壊の現実的認識が生まれた。

オシーンスキィが最初に農業の迫りつつある危機の問題を取り上げ、二〇年九月五日の『プラヴダ』で、後に第一〇回党大会でネップの理論的根拠とされる非常に重要なテーゼを定式化した。だがこの時期オシーンスキィの判断はまだ客観的一貫性を持っていなかった。彼は穀物専売の廃止の結論を出さなかった。彼の考えは反対に向かった。一〇月に彼は農民労働の生産性の向上を目的とする強制措置の布告の発起人となる。この布告に戦時共産主義システムを保持しようとする期待が結びつけられた。オシーンスキィは後に回想した。「レーニンはわたしの判断に非常な関心を持っていた。彼はそれらの実践的結論（計画的軌道に農業を乗せようとする試み）は支持したが、これら結論の強制的要素には強く反論した……」。

第八回ソヴェト大会の準備資料は、当時レーニンは国家と農民との関係の原則を再考しようとしていたことを証明している。これは第八回ソヴェト大会後の彼の戦術に現れた。大会活動の初日に、レーニンの要請でカリーニンにより無党派農民代議員会議が開かれ、そこで覚書を執筆するが、それによれば会議の多数が割当徴発から税への交替を公然と支持したことが分かる。大会でオシーンスキィらが食糧税を要求したメンシェヴィキやエスエルを激しく批判したときも、レーニンは一度も税に反対しなかった。レーニンは党と国家の複雑な状況を判断し、決定的時機に適正な判断をしなければならなかった。若干のコムニストは、中農との同盟路線さえ誤りと見なしていた。必ずしも全員が農業はすでに危機に向かっていると認識していなかった。ネップを決定したレーニンと党指導部の多数は党の一定部分と対立した。このことを第一〇回党大会での激しい議論だけでなく、党大会後に著しい規模に達した責任あるポストの配置転換、平党員と職員の離党が証明している。だが別の出口はなかった。二一年一月に突然（思いもよらずにか?）急激に食糧と運輸の状態が悪化し、国内状況が尖鋭化した（動員解除兵士からの新たな勢力が農民反乱に加わった）。一連の軍事部隊の気分は危険な性格を帯び始めた。このような状況でまず政治局で、次いで党大会で路線の変更が決定された。

二月はじめレーニンは、シベリアで割当徴発を税に替えるようとの草案を持ったソコローフと会見し、彼に党中央委総会までに文案を作成するよう委ねた。二月八日の政治局会議でレーニンは、割当徴発を税に替える問題を提起し、この会議が新経済政策の出発点となった。

パヴリュチェーンコフは以下のように結論づける。一八年の食糧税の実施は、農民の多数は革命の成果である平和、土地、生産的管理からの解放を受け取りながら、多くの「強固な」農民はクラークを頂点として自由商業を享受し、豊かになり、税の支払いを革命への義務であると見なさなかったために不可能であった。社会主義国家は富裕農に組織的に税を支払わせる力を持たず、そのため非常措置、食糧独裁、武装遠征隊、貧農委などに依拠するのを余儀なくされた。だが過激なこれらの措置は、農民大衆を反革命側に引き入れ、そのため内戦はいっそう激化した。階級闘争の論理は、食糧政策の欠陥にもかかわらず、労働者との同盟のみが地主とツァーリの脅威を避けることができることを示した。二〇年春の播種カムパニアまでに、農民の側ではネップ導入の条件は整えられていた。彼らは経営を零落させない条件で、賦課の支払に同意していた。だが戦時共産主義システムの国家集権化の惰性は、当時のこの転換を許さなかった。残念ながら、二一年の飢餓の爆発がこの転換をもたらした[37]。

この議論は、もっとも早くに現れたペレストロイカ期の典型的ネップ論といってよい。特徴を二つ挙げることができる。一つは、ネップを「市場社会主義」を実現するための可能性を開く、新たなヴァリアントと見なす見解であり（ソ連の存続を模索しつつ）、もう一つは、新経済政策の可能性がすでに二〇年に存在していたとの主張である。これは当然にも、戦時共産主義への否定的評価と表裏一体をなすものであり、トロツキーやルィコーフら反対派の言説の発掘をも意味した（いわゆる「歴史の見直し」の一環として)。

彼の議論は新たな資料を引用し、現在でもこの点で非常に平易で刺戟的である。レーニンやオシーンスキィに対する評価の誤りなど、個々の問題の批判は控えて、ここでは本論との関わりで、そこで述べられているスモレンスク県での二〇年のミニ・ネップだけを検証する。

ロシア西部に位置するスモレンスク県は割当徴発の際には消費県に認定され、二〇/二一年度の穀物割当徴発量は、二〇年七月の食糧人民委員部政令に基づき食糧穀物六〇万プードと飼料穀物四〇万プードの合計一〇〇万プードが課せられた後、製粉税一二〇万プードが加算され、最終的に二二〇万プードと確定された[38]。

スモレンスク県での割当徴発の成功は、パヴリュチェーンコフも依拠したであろう、一〇月に出された県食糧会議議長からの次の報告書で確認することができる。

「スモレンスク県は食糧に関しては生産県でなく消費県で、[……]この県からの穀物の搬出は考えられない。[……]それでも一〇〇万プードが住民に割り当てられ、一二〇万プードは製粉税による徴収が企図された。まず前者の一〇〇万プードは六〇パーセントがライ麦、四〇パーセントがオート麦に分けられたが、今年のオート麦はまったく異常な凶作であったことに配慮して、同プードでライ麦に替えることが決定された。県で穀物カムパニアは九月一日に始まり一〇月一日に終わった。この時最初の一〇〇万プードはほぼ完全に収集され、次の一〇〇万[正確には一二〇万]プードの製粉税による収用は二〇パーセントを超えた。とりわけライ麦は一〇〇パーセント以上を九月二〇日までに、すなわち食糧カムパニアの開始から三週間以内に収集した。[……]いかにしてこれらの数字で示される結果が達成されたのか。まず、食糧機関の組織性に触れなければならない。すでにスモレンスク県では、昨年は約一一〇万プードの割当徴発と一二〇万プードの製粉税が遂行された。今年は穀物はずっと自然の流れで納付された。食糧部隊は一度も出動しなかった。住民は割当徴発を国家的賦課として見るのに慣れ、そのようなものとして実行し、[供給されない]商品交換についてさえ一度も問題を起こしていない」。

このような順調な調達を促した要因として、報告書では県の強固な食糧組織に続けて以下の二点を挙げている。「調達の速やかな進捗を促した第二の有利な状況は、今年採られたすべての穀物に対して製粉税と割当徴発を分離したシステムであり、後者が収用された直後に、農民に、これが全部で今後追加の徴収はないであろうことが、明示されたことである。第三の促進の要因は、農民に自分で割り当てさせ、郷以下の配分を階級原理に一致させるようにとの勧告を付けた適切な割当である(それはすでに六月に知られていた)」。[39]

この報告書に基づく事実関係を、パヴリュチェーンコフのようにミニ・ネップと評価することはできない。割当徴発の完遂を促進した要因としてそこで挙げられているのは、階級原理で割当徴発が実施され、追加徴発が行われないことが宣言されたことである。これらの方針は、割当徴発実施に関する食糧人民委員部指令ですでに指示され、一九年一一月一日づけ同指令は割当徴発を遂行した後の追加徴収を禁止した。階級原理の適用については、村団に下ろされた割当配分は村団の慣例に従って、頭割りで均等配分されるのが通例であり、これはほとんど遵守されなかった。土地は均等に分与されたのだから、割当徴発も均等に配分しよう、というのが共同体農民の通念であった。二〇年九月の『経済生活』紙が、伝統的な村スホード[寄合]は割当配分を頭割りで分け、その政治的意義を奪っている、とその実情を報じたように、食糧人民委員部は繰り返しその適用を地方組織に命じた。[40] つまり、スモレンスク県での成功は、割当徴発法令が遺漏なく実現された結果であり、そのため、食糧人民委員部機関誌にもこの報告書が掲載されたのである。

ネップへの移行の際に、割当徴発は内戦で余儀なくされた行き過ぎの制度であることが繰り返し指摘されたが、割当徴発制度の基本理念とその現実的適用を混同してはならない。彼が指摘しているように、その当初から割当徴発への批判が、特に地方活動家から再三明言されていたにもかかわらず、党指導部がこの制度に拘ったのは、これが穀物調達のもっとも有効な方法であっただけでなく、これが未来への過渡的制度と位置づけられていたためであることはすでに再三指摘した。

まさに彼が指摘するように、第八回ソヴェト大会でレーニンは税については一度も反論しなかった。それはレーニンがすでにこのときネップ構想を抱いていたからでなく、現物税を経て到達する未来社会を彼は想定し、そのための現物税法案が検討されている最中であったからにほかならない。共産主義「幻想」が存続する限り、内戦が終了してもこの構想が破棄されることはなかった。レーニンが抱く現物税の概念は、小ブル政党のような資本主義への回帰ではなく、未来への移行措置として位置づけられていたことを、ここでもう一度繰り返そう。大会直後の『覚書』に、「税＝割当徴発」と書き加えたのは、小ブル政党による税の主張との区別を明確にするためであった。割当徴発制度を過渡期の経済政策に適正に位置づけることなく、現物税の持つ両義性（現実と幻想の）を区別していないのは、ゲーンキナと同根の誤りである。

したがって、割当徴発の実施過程でスモレンスク県でも様々な逸脱が認められたのは、当然であった。一〇月末までに割当徴発の一八〇パーセント以上を遂行したグジャトスク郡では、耕作地の少ない村に穀物、肉、バターの割当徴発が課せられたが、凶作と家畜不足でこの村は割当徴発を遂行する力はないと、八月に申請書が出された。また別の郷の村から旱魃と凶作のために割当徴発として課せられた飼料と食糧を遂行することができないとの請願を九月に受け取った県食糧コミッサールは、割当徴発の任務命令が旱魃と凶作のため郡全体にとって重い負担であることをВЦИКに通告した[41]。同県は早い時期に割当徴発を完遂し、県食糧会議議長は「自然の流れ」による納付であると評したが、個々のケースを検討すれば、過重な任務命令があったのはほかの諸県と同様であり、ことさら異なった制度が同県で適用されたと考えるなら、それは大きな誤解である。彼の（というより、多くの研究者が持っている）最大の過ちは、苛酷で農民の抵抗を伴う割当徴発と負担の少ない円滑な徴収を可能にした現物食糧税という、二項対立的図式である。実際には、割当徴発と現物税との境界を確定するのは難しい作業である。

むしろ、スモレンスク県で短期間に割当徴発を完遂した最大の要件として、製粉税 помольный сбор との併用を挙げることができる。ここでの製粉税の数字が異常に大きいのが特徴的である。元々は麦粉の投機を防止するために製粉所を規制する目的で、地方ソヴェト権力によって様々な形で実施されていた製粉徴収が、一九年八月の食糧人民委員部政令によって全国的規模で実施されたのがこの制度である。自家消費分以上が製粉され投機に回されないよう、すべての製粉所は県食糧委により登録され、地方住民の消費用に穀物を加工する製粉所は郡食糧委または地区食糧委によって選定され認可を受け、それ以外の製粉所は閉鎖された。そこで製粉される穀物一プードに対する製粉料四フント（すなわち、一〇分の一）が製粉税であり、これは割当徴発と並んで食糧人民委員部機関によって徴収された。一九年秋の食糧カムパニアで導入された製粉税は、追加の割当徴発と理解されるおそれがあるために、レーニンとツュルーパは一一月一日づけで、指定された割当徴発を遂行した村には追加割当徴発と共に四フント製粉税徴収を禁じた。それでも、二〇年二月のペルミ県オハンスク郡ソヴェトから伝えられたように、この税の基本的矛盾は、この徴収は一九年収穫から納付されるにもかかわらず、この量は余剰から控除されず、農民は余剰の有無に関わりなくこの負担を強いられたことにあった（厳密に言えば、固定価格による支払なしに）。製粉税とは農民にとって（ごく一部は割当徴発を完遂することで免除されたとしても）追加割当徴発と同義であり、ボリシェヴィキ権力にとっては余剰を認定せずとも確実に徴収できる有効な穀物調達手段となった。こうして、割当徴発の対象地域が生産諸県から消費諸県にも拡大されるにつれて、製粉税は割当徴発の重要な部分を構成するようになり、このため概ね消費諸県での割当徴発の遂行率は、スモレンスク県に限らず相対的に高くなった㊷。

スモレンスク県の南西に接するゴメリ県にも、二〇／二一年度に割当徴発七八万プードと製粉税一二〇万プードが課せられ、一一月一五日までの調達カムパニアの一ヶ月半で穀物割当徴発は一〇六パーセントが遂行された。ここでは製粉税の徴収のために、農民の予想される製粉量に基づく特別命令書を村ソヴェトは受け取り、これに応じて穀物の一定量の製粉を順次製粉所に命じ、製粉業者は帳簿に製粉申請者と製粉量の登録が義務づけられ、この命令書なしに製粉を行う権利を持たなかった。だがこのような統制は、それぞれの村全体が一定の製粉所に固定されて登録されている場合にのみ可能であったが、現実にそれはなかった。個々の農民は通常はその距離に応じて郡内の任意の製粉所に穀物の加工を申し込み、彼らの正確な製粉量を確定するのは非常に困難であった。そのため村ソヴェトの登録量と製粉量が大きく食い違った。これを是正するためにそれぞれの製粉所に特別製粉監督官を配属することが決定されたが、多くの製粉所をカバーするには、識字力があり誠実な監督官は余りにも少なすぎた。結局、ほぼ二〇―三〇箇所の製粉所ごとに一人の監督官が配置されただけであった。こうして、製粉税は統制という意味ではほとんど効果を挙げなかったが、追加割当徴発としては十二分に効果を挙げた[43]。

二〇／二一年度割当徴発規程によれば、徴収された製粉税を県食糧委が利用するのは禁じられ、割当徴発を完遂した県においてのみ製粉税が免除された。しかし、すでに述べたように、二〇年の凶作が明らかとなった秋には、割当徴発と凶作との関連についてCHKの諮問を受けたブリュハーノフを長とする食糧人民委員部特別委は、割当徴発に製粉税を含めるのが合理的であるとの答申を出した。そのため、凶作であろうが、農民がパンを食する以上その徴収からから逃れることはできなかった。モスクワ県ズヴェニゴロド郡の村からの、不作のために割当徴発を遂行することができない旨の申請に対し、製粉税徴収を停止してはならないことが厳命された。それだけではなく、穀物加工のたびに徴収される製粉税は、貧農を含めたあらゆる農民に重くのしかかり、特に飢餓地方では重い負担となった。ヴォログダ県カルゴポリ郡で三月に開かれた郷ソヴェト大会は、凶作のために割当徴発を遂行できないことを確認し、「ロシア共和国の法令の公平さを信じ、小資力・無産農民からの製粉税の徴収を廃止し」、大衆を飢餓から救うようにとの決議を採択した。八月のトゥーラ県での市民全体集会は、「われわれの請願にもかかわらず、穀物を脱穀する際の製粉徴収は続けられ、それは市民にとってまったく力が及ばない。市民は一プードから三六フントしか受け取れない。避けられない餓死を防止するため」、ВЦИКに割当徴発の免除と製粉税の即座の廃止を要求した。これら要求はことごとく退けられ、八月にはヴラヂーミル県の村で、製粉税により徴収された穀物の搬出に反対して三〇〇人の農民が決起した。

農民の激しい抵抗の中でも製粉税の徴収は継続され、一二月一日までに調達された割当徴発量のうち製粉税は、生産諸県では六パーセントに過ぎなかったが、消費諸県では二七・六パーセントを占めた[44]。

パヴリュチェーンコフの主張に反して、スモレンスク県でも二〇／二一年度の割当徴発は軍事プリカースとして開始され、県食糧会議議長の報告にもかかわらず、割当徴発の完遂後に食糧部隊が村を訪れ、追加調達を実行し、その任務命令不履行の廉で農民を逮捕した事実が報じられた。県食糧会議議長の報告にもあるように、県内は特にオート麦が大凶作で、県食糧委が旱魃を理由として食糧人民委員部に割当量の縮小を請願した中での調達活動であった。パヴリュチェーンコフはレーニンの机をもう少し丹念に探したなら、すでに二〇年三月に「チフスの発生で大勢の人が死んでいる」との民衆の窮乏を伝えるヴィヤジマ郡からの、「反ソヴェト暴動が準備されている」とスモレンスク郡から報じた、県のきわめて厳しい農村の現状に関する県チェー・カー報告書に気づいたであろう[45]。

註

1　Поляков Ю. А. Указ . соч. С.225; он же . Вопр. ист . 1964.№7, С.23; Iarov S.V.Op.cit.,p.124; Кабанов В.В. Указ.соч.С.45-46 ;Генкина Э. Б. Переход советского государства к новой экономической политике. M.,1964. C.70. しかし、その後に執筆された彼女の前掲書ではこのような主張は明確ではない。因みに、E・H・カーの立場はきわめて慎重で、この法令に「依然としてきわめて都市的な考え方」を認める一方で、「ボリシェヴィキ権力の最初の三年間を通して、食糧不足の問題は、生産の問題としてではなく、徴収と分配の問題としてしか扱われていなかった。[……] 内戦が終了したとき、ソヴェト農業政策の基本的任務は農業生産を刺戟することであることが明らかとなった。ここまでは大会もこれを認めた」と、一定の変化を評価している(Carr E.H. The Bolshevik Revolution,1917-1923, vol.2, Penguin books,p.259. 邦訳　宇高基輔訳『ボリシェヴィキ革命』第二巻、みすず書房、一九六七年、一九五ページ、ただし、訳語は同じではない)。

2　都市と農村を国民経済として統合することを目指した「八・ソ体制」が破綻した結果として、ネップ体制が成立したと主張する考察(石井規衛「『ネップ』初期研究」『史学雑誌』八六編一二号、一九七七年)は、その別のヴァリエーションである。

3　Теодрович И. Восемь лет нашей крестьянской политики . М., 1926. С.24.

4　Отчет Народного Коммисариата Земледелия . С.9; Беднота . 1921. 5 апр. ;Девятый Всероссийский съезд советов . С.60. このような趨勢を評価するゲーンキナ(Генкина Э. Б. Государственная деятельность. С.57.）が、この時開催されたソヴェト大会でネップへの最初の転換を認めるのは、論理的に矛盾する。

5 Ленин В.И. Полн. собр. соч. Т.38. С.352-353. この時期のソヴェト政策に関する研究者の評価が分かれるのは、レーニンの演説の中に厳しい現実認識と楽観的将来構想が、混在していることも一因となっている。例えば、一一月二一日のモスクワ県党協議会でレーニンは、集団経営を退け個人農民経営が長期的に存続する可能性を指摘しながらも、「共産主義とはソヴェト権力プラス全国の電化である」との、荒唐無稽なテーゼを出したように（там же. Т.42. С.30.）。後者は明らかに、この時期一般的であった共産主義「幻想」の産物である。

6 Там же. Т.52. С.22-23. このような構想は、十月革命直後から指導的ボリシェヴィキに共有され、一八年四月の最高国民経済会議でラーリンは『ソヴェト権力の経済政策』に関する報告の中で、「われわれはできるだけ紙幣なしでやって、貨幣が単なる決済単位でしかないような状況に至るよう、国内で新しい原理により生産物の商品交換を確立しようとする構想に達した」と、主張した（Бюл. Высшего Совета Народного Хозяйства. 1918.№1. С.30.）。

7 Ленин В.И. Полн. собр. соч. Т.42. С.51; Т.38. С.353; Т.51. С.351; ГАРФ. Ф.130. Оп.4. Д.208. Л.506; РГАСПИ. Ф.17. Оп.2. Д.61. Л.1. 三月一六日にレーニンは、「（現物税の導入と銀ヴァリュータの準備のために）[貨幣税廃止に関するВЦИК草案を]破棄するよう提言する」と中央委政治局に書き送った（Ленин В.И. Полн. собр. соч. Т.54. С.439.）。割当徴発を貨幣の廃止と結びつける議論は多くのボリシェヴィキ指導者に共有され、スヴィヂェールスキィは二一年に現物税の導入について、「一定の条件下で、食糧割当徴発は共産主義の直接の導入の手段になりえたが、これら条件が欠けていたので、内戦の終了と共にそれは別の方策にその地位を譲らなければならなかった」と回顧した（Свидерский А. Из истории продовольственного дела. - В Кн.: Четыре года продовольственной работы: Статьи и отчетные материалы. М., 1922. С.19.）。

8 Девятый съезд РКП（б）. С.425-427. ロシアには銀と共に金貯蔵もあったが、これは外国貿易のためのフォンドとして設定された。国外から商品を輸入するために、これは是非とも必要であり、この国内流通は想定されなかった。プレオブラジェーンスキィにとって重要なのは、流通する銀貨幣が農民に退蔵されずに、国家に環流されることであり、そのために地方的取引で優勢なクスターリ・小工業を凌駕するような大工業の発展が必要とされた。彼の議論によれば、地方的規模の取引では大工業に対しクスターリ・小工業が有利に力関係を保持するとの理由で、全国的規模の市場取引が望ましいとされた（там же. С.428.）。

9 Степанов И. Предисловие. - В Кн.: Гильфадинг Р. Финансовый капитал. М., 1922. С.vi.

10 例えば、このような原則論のレーニンによる表明として、一八年八月初めの一連の食糧法令の基礎となった『食糧問題に関するテーゼ』、同年九月に執筆された『農村経営への現物税布告』の覚書などがある（Ленин В.И. Полн. собр. соч. Т.36. С.353; Т.37. С.31-32.）。

11 РГАЭ. Ф.1943. Оп.1. Д.205. Л.216; Изв. ВЦИК. 1918. 24 сент.; 14 дек.; ГАРФ. Ф.130. Оп.2. Д.2. Л.280; Ленинский сборник. Т.xviii. С.147,150.

12 Труды 1-го Всероссийского съезда земотделов, комитетов бедноты и коммун. Вып.1. С.34.

13 ГАРФ. Ф.130. Оп.3. Д.3. Л.2; Декреты Советской власти. Т.iv. С.292-294; РГАЭ. Ф.1943. Оп.1. Д.24. Л.41; Ленин В.И. Полн. собр. соч. Т.43. С.28,30.

14 Декреты Советской власти. Т.viii. С.467; Собрание узаконений и распоряжений. 1918. №.80. ст.841; №.81. ст.846; Петроградская правда. 1919. 22 фев.

15 ГАРФ. Ф.130, Оп.3, Д.359, Л.62; Комитет деревянской бедноты Московской области : Сб. Материалов и документов. М., 1938. С.338-339; Быстрова А. С. Комитеты бедноты в Вятской губ. Киров, 1956. С.67; Беднота. 1918. 29 дек.; ГАРФ Ф.130, Оп.3, Д.698, Л.13.

16 Там же. Ф.393, Оп.10, Д.49, Л.4; Ф.1235, Оп.94, Д.63, Л.241-242; Цыбульский В. А. Из истории финансово-налоговой политики в годы гражданской войны. - В Кн.: Из истории гражданской войны и интервенции. М., 1974. С.346.

17 ГАРФ. Ф.130, Оп.2, Д.708, Л.65; РГАСПИ. Ф.17, Оп.84, Д.68, Л.6.

18 РГАЭ. Ф.1943, Оп.1, Д.26, Л.10,23. 同様な見解は、Сафонов Д. А. Указ. соч. С.37. を見よ。

19 この議論の詳細については、拙著『ボリシェヴィキ権力とロシア農民』、第七章「商品交換と市場」を参照。

20 ГАРФ. Ф.130, Оп.4, Д.546, Л.158; Бюл. Наркомпрода. 1920. 25 дек. С.2.

21 РГАСПИ. Ф.94, Оп.2, Д.16, Л.316-323; Восьмой Всероссийский съезд советов. С.146-147.

22 Ленин В.И. Полн.собр.соч. Т.42. С.173-174, 382-387. 奥田央はこの『覚書』の中に、プレミアにより生産を向上させようとする方針のほかに、「さらに割当徴発制度の現物税への切りかえをくわえるという構想が、確かに当時のレーニンのなかには育ちつつあった」と、この時期にレーニン構想の一定の変化を見ようとするが（奥田、前掲書、四七ページ）、同意できない。第一に、もしそうならこの構想を翌年二月八日に具体的に表明するまでに余りにも時間がかかりすぎている、第二に、農民代表がレーニンに指摘したような農村の現状は、請願書その他ですでに彼は熟知していたはずで、彼の思考にこれら農民の意見が決定的インパクトを与えたとも思えないからである。繰り返せば、この税を二月八日の『予備的草稿』で言及される現物税と結びつけるのが、従来の解釈である。

23 Советская Сибирь. 1921. 16, 22, 27, 28 янв. ソコローフが指摘したシベリアでの「勿体ない行為」については、拙著『ボリシェヴィキ権力とロシア農民』、四七七、五八五ページを参照。農業人民委員部と食糧人民委員部との軋轢が、この両者の対立を増幅させたと考えられる。なお、歴史の後知恵で言えば、この両者の主張を取り入れたのが、第一〇回党大会でのレーニン報告となる。

24 РГАСПИ. Ф.17, Оп.13, Д.905, Л.5; Оп.12, Д.498, Л.142-43; ВЦИК viii созыва. С.215.

25 Генкина Э. Б. Государственная деятельность. С.79-80.

26 ГАРФ. Ф.130, Оп.5, Д.641, Л.16, 19.

27 РГАСПИ. Ф.17, Оп.3, Д.131, Л.1; Ленин В.И. Полн.собр.соч. Т.42. С.333.

28 また、彼女はレーニンの予備的草稿が同政治局会議で採択されたとするが、これを証明する資料もない（Генкина Э. Б. Государственная деятельность. С.79-80.）。さらに、彼女は『ソヴェト・シベリア』紙上で公表された彼の論文には何も触れていないために、彼女が典拠とする資料の範囲ではソコローフは税については何も言及しておらず、レーニン草稿に彼の影響を見るのは難しい。ヤーロフは、この動議は私的に準備され、予備的審議の対象ではなかったと見ている（Iarov S.V. Op.cit., p.125.）。

29 戦時共産主義期の割当徴発構想については、拙著『ボリシェヴィキ権力とロシア農民』第七章を参照。

30 Генкина Э. Б. Государственная деятельность. С.80; Дмитренко В. П. Советская экономическая политика в первые годы пролетарской диктатуры. М., 1986. С.197, 202.

31 ВЦИК viii созыва. С.97; Декреты Советской власти. Т.xiii. С.250-253.

32 Экон. жизнь. 1921. 14 янв.; Правда. 1921. 17, 26 фев.; Ленин В. И.

Полн. собр. соч. Т. 42. С.363. 『プラヴダ』の論文の取り扱いについて、党中央委書記Н・Н・クレスチーンスキィ宛のレーニンによる二月一六日づけの以下の二点の覚書が残されている。第一の覚書は、彼らの論文が編集部に送られたときに、彼は掲載を許可すべきかをレーニンに照会し、レーニンは未見ながらカーメネフを信用して明日掲載するようにとの指示である。第二は、彼らの公務上の肩書きがこの論文に公的性格を持たすとの懸念をクレスチーンスキィは表明したが、それに対してレーニンは、討論資料用論文とするとの条件を提示した覚書である。これらの指示を受け、二月一六日の中央委政治局会議は、論文の公表を許可する決定を下した(там же. Т.52. С.73.366-367.)。

33 The Trotsky Papers.vol.ii,p.388-90,394.

34 現物税案の作成過程と草案のヴァリアントに関しては、Ленинский сборник. Т.хх. С.57-62; Декреты Советской власти. Т.xiii. С.204-205; 荒田洋「食糧税への移行」門脇彰・荒田洋編『過渡期経済の研究』日本評論社、一九七五年、参照。最終草案で「交換は地方的経済取引の範囲内で認められる」とされ、ゲーンキナは、二一年一二月の第一一回党協議会でのカーメネフの発言を根拠に、この規定はツュルーパの発意であるとしている(Генкина Э. Б. Государственная деятельность. С.91.)。しかし、同党協議会でカーメネフは、ツュルーパが春には県を超えない範囲での地方的取引を擁護したと言及しているだけで、彼が起案したと直接には触れていない(Всероссийская конференция РКП (б). бюл. №1. С. 12.)。取引の範囲を厳しく制限しようとするのは食糧人民委員部の方針であったとしても、その具体的範囲についてはいかなる公的文書にも明示されなかった。

35 Ленин В. И. Полн. собр. соч. Т.43. С.371-373.

36 Там же. Т.43. С.218; Т.52. С.91-92. カーメネフが二一年一二月の第九回全ロシア・ソヴェト大会で、農民市場なしに工業を復興することは不可能であり、農民市場はわれわれにとって脅威ではないと発言したように、農業の復興に基づきロシア経済の再建を目指そうとする「政策転換」をここで認めることができる(Девятый Всероссийский съезд советов. С.94.)。

37 Павлюченков С. А. С чего начинался НЭП // Неделя. 1989.№15. С.8-9.

38 РГАЭ. Ф.1943. Оп.11. Д.204. Л.3; Бюл. Наркомпрода. 1920.13 авг. С.1. スモレンスクのミニ・ネップに関する記述は、別の著書でも彼によって繰り返された(он же. Крестьянский Брест, или предыстрия большевистского НЭПа. М., 1996. С.200-201.)。

39 РГАЭ. Ф.1943. Оп.1. Д.682. Л.68-70. この報告書はより簡潔な形で、食糧人民委員部機関誌に掲載された(Бюл. Наркомпрода. 1920.14 окт. С.1.)。

40 ГАРФ. Ф.1235. Оп.55. Д.10. Л.317; Экон. жизнь. 1920. 17 сент. 例えば、二〇年八月三一日にブリュハーノフにより出された割当徴発の遂行に関する詳細な指令では、割当の方法に多くが割かれ、郷執行委はその配分の際に土地面積や頭割りで均等に配分してはならない旨を命じた(Бюл. Наркомпрода. 1920. 8 сент. С.1.)。

41 Там же. 1920. 28 окт. С. 2; ГАРФ. Ф.1235. Оп.56. Д.9. Л.88.334-335.

42 Бюл. Наркомпрода. 1919.16 авг. С.2; ГАРФ. Ф.1235. Оп.55. Д.10. Л.317; Ф.130. Оп.4. Д.325. Л. 411а.

43 Бюл. Наркомпрода. 1920.7 дек. С.1;21 дек. С.4. 製粉税については拙著『ボリシェヴィキ権力とロシア農民』第七章「製粉税」参照。

44 Бюл. Наркомпрода. 1920. 20 нояб. С.2;18 дек. С.1; ГАРФ. Ф.1235. Оп.56. Д.9. Л.16; Д.33. Л.176; Д.25. Л.732; ЦА ФСБ. Ф.1. Оп.4. Д.162. Л.44.

45 ГАРФ. Ф.130. Оп.4. Д.602. Л.487; Беднота. 1920. 5 нояб.; ЦА ФСБ. Ф.1. Оп.4. Д.160. Л.26а; РГАСПИ. Ф.17. Оп.65. Д.453. Л.84.

第四章　「現物税＝商品交換体制」の成立

第一〇回ロシア共産党大会

二一年三月八日から九日間の日程で第一〇回ロシア共産党大会が、モスクワにおいて開催された[1]。

この党大会は異常に緊張した情勢の中で招集された。大会直前に「労働組合論争」でレーニン派が勝利を収めたとはいえ（例えば、ペトログラード党協議会の選挙では、総数一七四人の代議員のうちトロツキー派は一一人しか取れず、レーニン派が圧勝した）、党内は依然として緊迫していた。国内情勢もきわめて厳しい情勢にあり、西シベリア、タムボフ、ウクライナなどを震源とした農民蜂起がほとんどロシア全土を揺さぶっていた。さらに、都市労働者の生活は悪化し続け、特にペトログラードでは燃料危機のために企業閉鎖が拡大し、危機が頂点に達した二月末にクロンシュタット叛乱が始まった[2]。

二月一一日にプチロフ工場を含む九三企業で、食糧配給の増加と防寒用の衣服と靴を要求して三月一日までのストが宣言され、二月二一日に信管工場で催された集会では、人民権力への移行を要求する決議が採択された。これに対し、ペトログラード・ソヴェト執行委は工場を閉鎖し、すべての職員と労働者の再登録を行うことを宣告した。労働者の騒擾は公然とした無秩序に転化した。二四日朝には、信管工場の労働者約三〇〇人が街頭に登場し、それにほかの工場労働者が加わった。「ヴァシリエフスキー島の信管工場がサボタージュ волынка を始めたことが明らかとなった。この晴天の朝に、工場はロックアウトされた。労働者は和解せず、集会を催してそれを開けさせたが、仕事に取りかからず、市民的自由、憲法制定議会、懲役的法令の廃止の要求を提出した。翌日になると信管工場にラフェルム［煙草］工場が合流したが、憲法制定議会の要求は自由を遵守するソヴェト改選の要求に和らげられた。三日間でストはヴァシリエフスキー島全部を席巻し、ゴロド地区に移った。それはまったく独自に広まった。最初の日々に、五〇人以上のコムニストが武装解除され、工場から追い出され、「ラフェルム」では打擲を受けた。街頭では自動車や辻馬車から引きずり下ろされた」と、ペトログラードからチェー・カー宛の秘密報告書は伝えている。[3]

まさに同じ舞台で四年前の二月革命を髣髴させる光景であった。立場はまったく逆であったが。守備隊が派遣され、ヴァシリエフスキー島に集まった二五〇〇人の群衆が蹴散らされた。二四日の午後に党ペトログラード委員会ビューロー緊急会議が招集され、翌二五日には市内に戒厳令が布告された。革命の保塁であったクロンシュタット海軍基地でもすでに不穏な情勢が生まれ、二月二〇日に党中央委書記局は党モスクワ委員会に、この状況を根絶するため、一五〇人の不屈で意識の高い平党員を、ペトログラード中央委に即座に動員するよう極秘に命じた。ペトログラード守備隊は飢餓状態にあり、当てにならなかった。二月にペトログラード県委書記は共和国革命軍事評議会議長代理に、「守備隊の食糧事情は危機的で、非常に頻繁に赤軍兵士は家々を回って施しを請い、最近は管区の部隊で衰弱による大量の失神が確認されている」と、その現状を警告した。同様な条件が叛乱前夜のクロンシュタットにも存在し、ひどく飢えた労働者階級の中の苛立った気分は、生存条件が不断に悪化するにつれ増幅された。多くの叛乱参加者の尋問は、水兵と赤軍兵士の中での不穏な雰囲気はほとんど全面的に農民的なものが反映され、彼らの苛立ちは、農業の危機、地方権力の職権濫用、割当徴発の負担などについての故郷からの知らせによって際限なく強まったことを証言している、と秘密報告書は指摘する。[4]

また地方の農民蜂起は拡大し、それらすべてが反コムニスト運動として展開され、彼らの生命が脅かされるようになり、三月七日の党中央委総会で、コムニストを緊急に武装化するとの提案が原則的に承認された。武器なしでは彼らは民衆から自分の生命を護ることもできなかった。大会代議員たちは、「クラーク反乱」によって占拠されている地区をライフル銃で武装して通過し到着した。

マフノー運動が跋扈するウクライナ情勢も緊迫し、南西戦線革命軍事評議会はトロツキーに一月半ばのキエフの状況を次のように報告した。プチヴリ＝ルィリスク＝コロデヴェッツ地区では、「貴殿も知るように、元将校の指揮下に機関銃と大砲を持つ六〇〇〇人の匪賊が蠢動している。これらの郡は革命からずっと、もっとも不安定な地区の一つであり、そこには本質的に二年間ほとんどいかなる権力も存在せず、いかなる権力も認めなかったし、今もそうである。動員は実施されず、穀物は登録されず、国家のためにも、赤軍のためにもいかなる賦課も実行されず、各人は思うように生き、ここではあらゆる不穏分子が容易に潜み活動することができる。前線革命軍事評議会から最初の情報を受け取った後、この地区の匪賊行為を永遠に終わらせることが決定された。この地区に三九五人からなる県軍事委の部隊と、四〇〇人の第一二軍の派遣部隊が送られた」。こうして、一月一七日にこれら部隊と匪賊との最初の戦闘が行われ、赤軍部隊は敗走し、五三人が捕虜になった[5]。

大会が始まっても多数の代議員がクロンシュタット叛乱の鎮圧に出向き、報告者の何人かが、例えばジノーヴィエフやトロツキーが欠けたために、大会の議事日程を変更し、予定された報告者を別の報告者に変更しなければならなかった[6]。大会も終了した三月二〇日の中央委書記局会議で、ようやく鎮圧に赴いた大会代議員の帰還が認められた。四月二二日づけで内務人民委員部から共和国革命軍事評議会に提出されたリストによれば、鎮圧に動員された代議員のうち、死者六人、行方不明者七人、負傷者四人の犠牲者が出た[7]。まったく異様な環境の中で開かれた大会であった。

大会第一日目の中央委報告でレーニンは、「農民に地方的取引である程度自由に振る舞う可能性を与え、割当徴発を現物税に替えなければならない」と、税への変更を予告したが、それでも、「強制なしでやっていくことはできない」ことをつけ加えるのを忘れなかった。この報告に対して、A・C・ソスノーフスキィは、農民への譲歩は遅すぎるし不充分であるとし、「ある人物がまさに昨年の党大会の前にこのことを提案し、そのような前進の必要性に注意を喚起した」と述べ、二〇年二月にトロツキーが提起し、レーニンと中央委により否決された現物税案を想起させたが、レーニンはこれにはまったく言及しなかった[8]。割当徴発から税への交替は不意討ちであるとのД・Б・リャザーノフには、二月の『プラヴダ』に税についての論文が掲載されたが、誰も応えなかったのだと反論した。名指しはしなかったがソローキンとローゴフの論文を指している。大きな「政策転換」にもかかわらず、リャザーノフが批判したように、大会へのこの提案が唐突であるとの印象は拭えなかった。

クロンシュタット叛乱の鎮圧のために議事日程が変更になり、三月一五日朝会議でようやく食糧税の審議が行われ、レーニンが主報告に立った。

ロシアのような国で社会主義革命が最終的成功を収めるためには、㈠一つまたはいくつかの先進国の社会主義革命による支持の下で、㈡国家権力を掌握するプロレタリアートと農村住民の大多数との協調により可能であり、そのために以前よりずっと中農になった農民を満足させなければならない。中農を満足させるためには、「第一に、取引の一定の自由、私的経営にとっての自由が必要であり、第二に、商品と生産物を供給しなければならない」と述べ、ここで初めて「税＋（限定された）私的市場＋商品交換」を定式化した。「われわれは商業と工業の国有化の道を、地方取引の禁止の道をあまりにも先に進みすぎた」、これは疑いもなく誤りであった、とレーニンは主報告の中で従来の路線からの転換に触れた。

副報告に立ったツュルーパは、協同組合機関でなく食糧人民委員部による交換の組織化を提案し、第九回党大会で採択された協同組合を食糧人民委員部に従属させる決議の廃止を求めるレーニン案に反対した以外は、「農民を欺くことはできない」とのレーニンの発言の正しさを繰り返した。しかし、彼の報告はレーニン以上に割当徴発の停止については慎重であった。党中央委の署名をつけて一三県で割当徴発が停止され、政治的に必要な地方で調達を縮小し停止する可能性を認めたが、それでもロシア全土での割当徴発の停止はありえないことを強調した[9]。

この報告に続いて討論が行われ、当然にも議論は取引の問題に集中した。完全に税に賛成したプレオブラジェーンスキィに続き、アルタイ県代表パホーモフは、このような移行は理性にかなっていると食糧税に賛成し、「国家権力をプロレタリアートが握っている以上、あらゆる軍隊がそれに奉仕している以上、農夫の資本や下からの資本主義が創り出される危険はない」と、自由市場の危険を過小評価する発言を行った。それに対して、カフカース食糧人民委員部全権フルームキンは、専売の廃止はプロレタリアートの破滅を運命づける、「われわれが現在まで取り上げてきた五〇パーセントでも税によって徴収できるとのいかなる根拠もない」と述べ、自由商業を一切認めず、商品交換のみを認めるよう求め、そのための独自の食糧税案を提起した。専売を否定するなら、「商人たちは商業機関を掌握し、そこから彼らの強力な権力が生ずるのは避けられない」。食糧人民委員部で生産物交換を司っていたフルームキンの案は、割当徴発を修正する必要性を認めながらも、専売制を保持しつつ、税を完納した後に農民に残るすべての余剰を個人的商品交換により国家が汲み出し、農民の自由取引を認めなかった点で中央委案と異なっていた。

彼らの議論は、中央委案に賛成するにせよ反対するにせよ、全国的規模での自由市場の展開を想定していなかったことで一致する。それに対し、最高国民経済会議議長代理ミリューチンは、「専売を維持し地方的自由取引に移行しないなら、本質的にこれ[現物税]は割当徴発と何ら異なることはない」とフルームキンを批判して、政治的にも経済的にも農民に譲歩する必要を示して、レーニン案に賛成した。「小ブル的反革命の波が湧き上がり、農民との協調に向かうのが必要であるだけでなく、割当徴発は今や大々的に袋小路に陥っている」。登壇した発言者の中でこれが唯一割当徴発への非難であった。この時に最大の規模で広がっていたシベリア農民蜂起の原因を、パホーモフは食糧割当徴発に見ることを拒否して、そこで優勢なエスエルの農民組織である「農民組合」の政治的影響に求めた。ここで討論は打ち切られ、レーニンの結語の後、中央委案とフルームキン案の採決に移り、大会は中央委案を採択した⑩。

討論でも示されたように、食糧税への移行で最大の問題は取引の自由にあった。ペトログラードを含めて各地の労働争議の中でも、農民蜂起の中でも、公然と自由商業の要求が掲げられ、第八回ソヴェト大会より以上に自由商業への警戒心が党内に認められた。レーニンは、「自由商業のスローガンを掲げ、いつもプロレタリアートの独裁に反対していた小ブル的アナキー的自然発生性が現れている」としてクロンシュタット叛乱を非難し、ソスノーフスキィは、自由商業の要求を「小ブル的自然発生性はヂェニーキンとコルチャークが合わさったより大きな危険である」と表現した。したがって、大会でレーニンは資本主義一般とプレミアとしての農民取引とを慎重に区別しなければならなかった。「プロレタリアートの政治権力の根底を損なうことなしに、商業の自由、資本主義の自由を小農民のためにある程度復活させることができるだろうか。[……]できる。問題はその程度にある。[……]地方的取引の自由から飛び出してはならない」[強調は引用者]。重要なことは、地方的取引に限定して、「小農民が経営を拡大し、播種面積を増やすように、多くの刺戟を与える」ことであった⑪。

「現物税＝商品交換体制」の確立

第一〇回党大会の最終日の三月一六日にВЦИК幹部会は、自分の経済的資源を農夫が自由に処分することで農民経営を強化し生産性を向上させ、彼らへの国家的義務を正確に確定する目的で、割当徴発を税に交替する旨の大会決議を承認し、農民に播種に取りかかるよう訴えるとともに、専門委員会にВЦИК会期内での承認のため法令の基本条項を三月二〇日までに作成するよう委ねた。繰り返すまでもなく、この時点で現物税決議は『農民農業経営の強化と発展』法令の延長上に位置づけられていた。三月一六日づけの『貧農』紙で、三月一五日の共産党大会で食糧割当徴発から現物税への交替のための議論が展開され、党のこの決定は詳細な布告を作成するため近日中にВЦИКとСНКに移されるであろうと予告され、この決議は、翌一七日の新聞で大々的に公表された。

党大会決議は「原則的方針を定め、スローガンを提起するだけ」で、その細目規程は各種委員会に作成が委ねられた。こうして、現物税関連法案の策定作業で、特に取引の問題は党大会での議論が不充分で曖昧さを残していたために、専門特別委の役割は決定的意味を持った。これらの審議過程で、次の二点が特徴的である。第一に、現物税に関する細目規程は、すでに始まりつつある春の畑作業に間に合わせるために、非常に性急な日程で策定が急がれた。そのため、原則的問題でさえも充分な議論が尽くされなかった。第二に、これら議論はこの法案の持つ農民経営の強化という原則的枠組みを超えて展開され、その流れの中で、現物税構想にある共産主義「幻想」を堅持しようとする食糧人民委員部と、現実を容認しようとする特別委（特にその構成員である、ミリューチン、А・М・レジャヴァー、カーメネフ）との乖離は徐々に広まった。

三月一八日の党中央委政治局会議で、一六日の中央委総会で指名された現物税法案作成に関するミリューチン特別委の政令案について、㈠プレオブラジェーンスキィとカーメネフに、明日までにВЦИКの名で現物税についての宣言書の作成を終え全政治局員に原文を送付するよう義務づけ、㈡草案に、а.党大会の決議に従って協同組合についてのいくつかの文言、б.連帯責任でなく個人的責任について、в.地方的取引についての言葉を大衆に分かりやすく説明し、バザール、市場などについて言及し、г.税に関する法令の施行期間を明示し、д.いくつかの地域で新たな基本法令の適用を遅らせないように、食糧人民委員部に調達が終了した生産物の自由取引を実施するための提案を一週間以内にСНКに提出するよう委ね、е.貧しい農村住民への供給に関する条項を残すとの詳細な指示が与えられた[12]。

プレオブラジェーンスキィとカーメネフにより作成された農民へのВЦИК宣言書は、翌一九日の政治局会議で急ぎ採択され、現物税政令と同時に『共和国農民への檄』として公示され、次のように税の原則が述べられた。「税は連帯保証なしで徴収される［……］。税を完納した後に農民に残される余剰は彼らの管轄となる。彼らは、国家により外国と工場から農村に提供される生産物や農具と彼らの余剰を交換する権利を持ち、協同組合を通して、及び地方的市場とバザールで、自分に必要な生産物との交換のためにそれを利用することができる」[13]。

政治局の指示を受け、ВЦИК第八会期の最終会議に間に合うよう法案作成を委ねられたミリューチン特別委から、二〇日のВЦИК会期最終会議に法案は提出され、そこで読み上げられ、翌二一日の同幹部会で修正なしで採択され、三月二三日に政令として公表された。現物税政令のおもな規程は次のような点であった。

「農業の強化とその生産性の向上、総じて農民にかかる国家義務を正確に確定する」ことを目的とし、税規模は割当徴発より少ないとされた。この政令では個々の農産物の税規模は確定されず、逐次出される農産物ごとにそれは定められ、経営内の収穫、食い手数、家畜の規模に応じて、累進税率により現物で徴税される。これら基本方針は大会決議と政令は同じであるが、中央委政治局会議決議を受け、決議と政令で異同があった。徴収の際の連帯責任については、決議では、税規模は村団ごとに算定されるとして割当徴発で制度化されていた連帯保証が踏襲されていたが、政令ではこの条項は撤廃された。この規程は、納税の責任を個人経営に負わすことで、個別農民経営の経済活動を促すことを目的としたが(個人的商品交換制度に対応して)、実際には個々人による自由取引への道を開くのに与ったといわれている。しかしながら、二〇年一一月二七日に農民経営発展法案が特別委で審議された際に、すでに連帯保証を廃止する方針が確定され、個人農民経営の「強化と生産性の向上」を現物税政令が目的に掲げる以上、この廃止は当然の帰結であり、むしろ、この時まで同条項が残っているのが不自然であった。第八回ソヴェト大会でレーニンはあれほど個人的プレミアに拘泥しながらも、これとの関連で連帯保証制の存続に対する反対論が、草案作成過程で彼自身からもまったく出なかった事実は、不可解としかいいようがない。この制度が割当徴発の徴収と深く関わっていたことはすでに述べた。次いで、税完納後に残る余剰の問題については、決議では、「交換は地方的経済取引の範囲内で認められる」とされていたのが、政令ではより具体的に、「交換は協同組合組織を通して、及び市場とバザールで、地方的経済取引の範囲内で認められる」と定められたが、その後の委員会で議論されるように、現物税政令でも取引の問題は依然として曖昧さが残されていた。そして、極貧農には特別規程により国家供給を受けることが、新たに政令に追加された。貧農に関する特別措置は個々の農産物の布告ごとに盛り込まれるとされ、例えば、穀物、馬鈴薯、搾油用種子では耕地一デシャチーナ以下の経営への免税措置として規定されたが、それ以外の一連の現物税布告では極貧農への免除については触れられなかった(14)。

政治局とВЦИКが大会決議に基づく現物税の基本方針を定める一方で、食糧人民委員部参与会では現物税の具体的実施規程が検討されていた。三月一六日の同会議で、政令実施についての方針が議論され、スヴィヂェールスキィにそこでの審議を踏まえて現物税草案をСНКに提出するよう委ね、参与スミルノーフ、ヒンチューク、スヴィヂェールスキィからなる特別委に、現物税、食糧人民委員部組織、食糧業務における協同組合の役割、「地方的取引」についての基本的草案を緊急手続きで一九日までに提出するよう委ねた。二一日の参与会会議で、徴収組織と交換の問題が検討され、前者については、税の受領所は調達事務所とされ、地区食糧委は解散され、税執行の際に郷、村ソヴェトを通して県、郡食糧委が強制力を行使することが確認され、税の割当配分は食糧人民委員部の責任で実施することが定められた。後者の交換の問題については、もっぱら全国的規模で商品交換を実施することのみが言及され、「食糧組織は住民ならびに協同組合と余剰に対する商品交換を遂行し、その際にそれらは必要な場合、技術的機関として協同組合を商品交換業務に引き入れる」とし、「割当徴発を遂行した諸県での商品交換の組織化について、穀物、その他の生産物の割当徴発を完全に遂行したヨーロッパ＝ロシアの諸県において、商品交換制度で個々の経営に残される余剰の汲出しに着手する」ことを決議した。

三月一八日の政治局決議に準じて、「地方的取引」の問題は、二一日の参与会会議で付託された特別委議長スヴィヂェールスキィの提案に基づき、二四日の同会議で具体的に審議され、『国家と住民の間での交換に関する法規』と『地方的経済取引内での交換に関する法規』がそこで採択された。これら法規が後の布告『交換について』に発展するが、ここでは交換と取引をきわめて限定していた。前者の法規によれば、個々の住民は食糧組織を通してのみ国家施設と交換することができるとされた。後者は次のように、いっそう具体的に取引を制限した。「㈠地方的経済取引の範囲で、税の遂行後に住民に残される農産物とそのほかの農産物、及び工場・クスターリ工業生産物との自由交換が認められる。㈡交換は個々の市民との間で、ならびに消費協同組合連合を通して、及び市場とバザールで行うことができる」と述べている文言からは、地方的範囲で自由取引が認められているかのようである。しかし、それに続く文言によれば、販売の目的で生産物や商品を獲得することは無条件に禁止され、税の完納まで農産物の流通は禁止され、「住民の間で販売または分配する目的で、税の完納後に住民に残される農産物とクスターリ工業品を獲得するのは、消費協同組合連合にだけ認められる」との規定は、農産物余剰に対し一般的自由取引を禁じ、市場での現物交換と、国家（食糧人民委員部）と協同組合による商品交換のみを想定していた。食糧人民委員部は、現物税政令を戦時共産主義政策の枠内で捉え、貨幣による通常の売買はこの構想から完全に排除された[15]。

三月二五日の政治局会議は、ミリューチン特別委に替わり、カーメネフを議長とし、ミリューチン、ツュルーパ、レジャヴァー、オシーンスキィからなる特別委を定め、月曜［三月二八日］に政治局で食糧税に関して報告するようカーメネフに命じた。この特別委への彼の指名は、自由取引の拡大方針を予想させるのに充分であった。なぜなら、モスクワ・ソヴェト議長としてカーメネフは一八年八月に、穀物の自由搬送を制限しようとする食糧人民委員部の指示に反して、モスクワ労働者に対して一・五プードの自由搬送を認め、闇食糧取締部隊を解除する決定を下し、事実上労働者の「担ぎ屋行為」を合法化した前歴を持つからである[16]。予想に違わず、二七日のカーメネフ特別委で地方的経済取引の問題が審議された際に、税の完納後に残される農産物と工場・クスターリ製品との自由交換が認められた。五月の第一〇回党協議会でのミリューチンの発言によれば、この特別委会議では、ほとんどすべての生産物の専売が廃止され調達の重心はすでに自由市場に移っているので、自由商業の範囲が検討課題となった。そこでは、仲介人でなく生産者のみに市場での商業権を限定しようとの見解があったが、同特別委は完全な自由商業の立場を採った。ここでもカーメネフは、食糧人民委員部の構想とはまったく相容れない方針を打ち出した[17]。

この方針で策定された法案は三月二八日（月曜）の政治局会議で、取引の形態として、自由交換に加えて「販売と購入」が挿入され（第一、二条）、最後の第五条を「畑への完全播種のため、播種期間中に穀物や馬鈴薯を販売し、販売によって自分の畑に完全播種をなさなかった農夫は、播種委によって厳重な責任が問われる」と書き直され、承認された。ミリューチンによれば、都市と農村との商業関係が想定されている以上、買付人や卸商人は地方的取引の発展にとって必要であり、「地方的」との言葉を定義するのは難しく、鉄道が国家の手にある限り、卸商人は国家統制下にあるとの見解が支配的であった。この決議を受け、『割当徴発を完了した諸県での農産物の自由交換、販売と購入について』の三月二八日布告では、穀物、飼料用穀物、馬鈴薯、干草の割当徴発が完了した諸県がそれぞれに列挙され、それら諸県で農民に残る当該農産物余剰を自由に販売し、交換し、交換、販売、購入の目的でこれら生産物を荷馬車で自由輸送することが認められ、闇食糧取締部隊が廃止された。ここでは経済的取引の範囲にはまったく言及されなかった。翌二九日づけ法務人民委員部回状訓令は、割当徴発規程違反と自由交換に関して告発された審理を、それらが犯罪行為と見なされなくなったために、停止するよう指示した。党大会決議にあった「地方的経済取引」の制限はこのようにして撤廃された[18]。

特にこの三月二八日布告の規程で重要なのは、闇食糧取締部隊の廃止であった。戦時共産主義期に自由商業は原則として禁止されていたが、それでも、担ぎ屋行為は広く認められた現象であった。資格証明書を提示しなかったり受領書の交付なしに没収したりなど、闇食糧取締部隊による不法な活動の訴えは、枚挙に暇がないほど関係官庁に届けられた。そして、ここで忘れてならないのは、国家的供給制度が機能しない以上、農民や労働者は担ぎ屋行為なしに餓死から逃れることはできず、担ぎ屋の多くが飢餓民であった事実である。したがって、彼らからの穀物の没収は、餓死を意味した。

ヤロスラヴリ県のソヴェト職員は、一年半分の稼ぎで手に入れた家族四人のための麦粉三プードなどが没収され、レーニンにその返却を訴えた。ニジェゴロド県セルガチの労働者は、何千ヴェルスタを休暇で出かけ、その帰りを辛抱強く待ちわびている家族の命綱であるパンとライ麦を没収した闇食糧取締部隊からの保護をレーニンに求めた。二〇年春にモスクワ県セルプホフ郡の農民の窮状は次のように伝えられた。「農民は飢えている。彼らは隣接する南部の諸県から馬に乗って穀物を運び込もうと試みているが、彼らは途中で現金も穀物も馬の飼料さえ奪われてしまう。馬で搬送できるよう、闇食糧取締部隊を解除して欲しいとの農民の泪の訴えを提出する」。そうでなければ、種子を搬送できずに畑は播種なしに残され、一揆の脅威が生ずるであろう。このような訴えが多数寄せられた。労働者も飢餓から免れない以上、これに対する労働者の不満も各地で認められた。二〇年夏にはトムスク県ノヴォニコラエフスク郡から、「最後の僅かな生産物まで没収する闇食糧取締部隊への、労働者の大きな不満が認められる」と報告された。[19]

しかしながら、これら民衆の訴えにもかかわらず、二〇年後半になって特に顕著になる直接的生産物交換を目指そうとする「幻想」もあり、すでに広汎な規模で食糧危機が昂進する中で、自由商業への禁圧が強まり、次第に担ぎ屋に厳罰が適用されるようになった。

二〇年八月に出された二〇／二一年度の割当徴発指令の中で、特に担ぎ屋行為への厳罰が明記された。これは以前のCHK会議で確認された、「食糧人民委員部の計画的供給が決して完全に実施されたことがないのは何人にも秘密でなく、このため、住民の様々なグループが、様々な決して組織的でない自給手段に頼るのを国家は黙過せざるをえない」と、担ぎ屋を必要悪として容認していた政策からの転換であった。この指令に基づき、八月末から九月初めにかけてモスクワ、チェリャビンスク、リャザニなどの諸県で、非常臨戦態勢下で担ぎ屋との闘争の措置が執られた。こうした抑圧的措置は、二〇年の旱魃による凶作が明らかになった後に適用され、これは飢餓民からの生存権の剥奪であった。このため、この時期以降に急増した民衆の直接行動の多くのスローガンに、「コムニスト打倒」と並んで自由商業の要求が掲げられ、自由商業の禁止は民衆の怨嗟の的となった。チェー・カー情報によれば、サマラ県ブズルク郡の村で一〇月に家畜と穀物の自由商業を清算しようと試みた際に、煉瓦や棒切れで武装した群衆によって無秩序状態が生まれた。同じ頃、ウファー県の村のバザールで、自由商業を禁止したために五〇〇人の群衆が決起し、食糧部隊からライフル銃を奪い始めた[20]。飢餓の下で、このような政策は明らかに誤りであった。

二一年になると状況はさらに厳しさを増した。クロンシュタット叛乱に関する秘密報告は、ペトログラード労働者の間に見られる、「割当徴発制度、自由商業の禁止、闇食糧取締部隊の行動に怒りを掻き立てられた」事実を指摘した。こうして、三月一日づけのクロンシュタット艦隊旅団乗員集会の決議は、言論、出版、集会の自由などと並んで、「直ちにすべての闇食糧取締部隊を解除する」ことを要求した。都市での飢餓が深まるにつれ、闇食糧取締部隊への労働者の憎悪も高まった。

だがより深刻なのは、播種カムパニアとの関連であった。国家フォンドはいうまでもなく、現地での再配分による種子フォンドさえも期待できない状況で、農民が自力で種子用穀物を余所から搬送しようとしても、闇食糧取締部隊によってそれらが没収され播種ができなくなる事態が頻発した。そのため、タムボフ県モルシャンスク郡委は三月に、郡播種委から種子が受け取れず、余所から入手しなければならないために闇食糧取締部隊を解除するよう請願した。闇食糧取締部隊は播種カムパニアの障碍となり始めていた[21]。

こうして、現物税法案が審議された三月七日の中央委総会で、全ロシア労働組合中央評議会フラク局から提起された「いくつかの地方での闇食糧取締部隊の廃止」の検討が、ツュルーパ委員会に委ねられ、三月二八日布告に闇食糧取締部隊の廃止が盛り込まれた[22]。地方取引の制限撤廃以上に、この決定は重要な意味を持った。

この時も、モスクワ・ソヴェトはさらに前進した。三月三〇日に議長カーメネフの署名で、㈠モスクワ全県での闇食糧取締部隊廃止に関する二一年三月四日の幹部会条例を厳格に執行する、㈡すべての行政機関に、県内での農産物の自由交換、販売、購入にいかなる妨害も加えないよう命ずる、㈢農産物の交換、販売と購入は、市場とバザール及び特別の建造物で認められる、㈣自由交換の布告に合致する条件で建造物での商業運営の認可書の交付規程を作成するよう管理部に命ずる指令を公表した。この指令では、農民による自由取引の枠さえ破棄され、仲介的商業活動が、赤の広場、スーハレフカ広場などの九箇所を除いて認可された[23]。モスクワでは事実上全面的に商業が容認された[24]。

これらカーメネフの一連の行動は、「都市と農村との社会関係は修復されなければならない」、との判断に基づいていた。一二月に開かれた第一一回全ロシア党協議会で、彼はこの事情を次のように語った。農村は二分の一にまで貧困化したとしても、都市は五分の一にまで貧困化した。そのため、相対的に農民が経済的に強力になり、都市労働者に対しても農民と同等な経済的権利を与えるような方策が案出された結果、農民に限定されていた「自由取引」の枠が労働者にも拡大されたのである。彼はこの報告の中で、新政策は農民への譲歩であることを繰り返し強調し、彼の見解によれば、レーニンが初めて一三県での割当徴発の停止を表明した二月の金属工協議会の登壇者の要求は、農民の気分が反映されたにすぎなかった。このような農村の気分が強く反映された「都市と農村の社会関係」の修復が必要であり、このため、農民以上に労働者への譲歩が必要であった。このような彼の思惑により、自由取引の制限は骨抜きにされ、現物税法令の持つ本来的目的は失われた[25]。

このような流れで、現物税法令に新しい生命が吹き込まれると共に、農民への譲歩としての政策転換の意義が次第に強調されるようになった。

三月二〇日のВЦИК会議で食糧税について報告したカリーニンは、食糧税は「疑いもなくソヴェト共和国の建設における新しい時代を開くであろう」ことを認め、農業の改善をその基本問題の一つとした第八回ソヴェト大会で新路線の第一歩が認められていた、とその意義を強調すると同時に、その起源を遡らせてこの転換の正当性を主張した。すなわち、「小農民経営が尽力した労働に報われるであろうと感じるように、経済的関心を持たせることが必要である。[……]ソヴェト権力は農民の創造力が展開できるように法案を作成した」と。このような議論は当時盛んに喧伝された。『共和国農民への檄』では、「穀物割当徴発の廃止とそれに替わる税の実施は、農民住民にとって大きな緩和となり、それと同時に革命の成功が、そこで維持される労働者と農民の同盟を強化するであろう」と謳われた。こうして、適正な路線が現物税の導入によって始まったとする「神話」が生まれ、負担が軽減されるであろうとの「幻想」が農民に振りまかれた。

現物税が農民への譲歩であるとの議論は、すでに第一〇回党大会の発言でミリューチンによって再三繰り返されていたが、レーニンは強制なしで現物税を実施できないことを率直に表明し、ツュルーパはその副報告の中で、農民の間で税がきわめて好意的に迎えられるであろうことを認めながらも、「積極的あるいは消極的抵抗なしで一粒の穀物も取り上げることはできない」と、徴税の際の農民の抵抗を適格に予想していた。党大会での「原則的方針」からの流れの変化は明白であった[26]。

現物税が農民への譲歩であるとの主張の論拠に、税規模の問題があった。

税規模の問題はカーメネフ委員会により三月二七日の会議で審議された。そこでは、統計資料からの算定に基づき、平均またはいくらか平均以下の収穫の下で、ウクライナを除くソヴェト＝ロシアの穀物余剰を約五億プードと見積もり、この委員会は三億から三億五〇〇〇万プードの穀物税の徴収を可能と見たが、中央委の提案により、この数字は二億四〇〇〇万プードに圧縮された。レーニンが出席した翌二八日のＣＨＫ会議で、ウクライナとトルケスタンを除く共和国全土の二一／二二年度の現物税規模を、前年度の穀物割当徴発予定量四億二三〇〇万プードに替わり、平年作で二億四〇〇〇万プードを超えないと定める政令が採択された[27]。

だが、最終的に確定された、割当徴発によるウクライナ、トルケスタン、アゼルバイジャン、クリミアを除くロシア共和国の二〇／二一年度の調達量、二億八三八七万プード余（遂行率六七・一パーセント）と比較すれば、現物税規模は決して少なくはなかった。すでに悲惨な現実が明らかになっていた二〇年の中央農業諸県での凶作と、ヴォルガ流域諸県を中心に忍び寄る新たな旱魃を考慮に入れるなら、この数字の実現さえ危ぶまれるはずであった。農業人民委員部の下にもテオドローヴィッチ、Ａ・Ｃ・イジューモフ、Ａ・チャヤーノフらから構成される食糧税委員会が設置され、この委員会で、

一、税総量の確定とその県ごとの配分手続き、二、税構築の諸原則、三、徴税機関の問題が検討され、三月三〇日の同会議でH・Д・コンドラーチエフ教授らからなる、食糧税確定に関する特別委が選抜された。同日この特別委は、「主要四大穀物の理論的に可能な(商品)余剰の総量は二億プードである。だがCHKの目標として、食糧税は総量二億四〇〇〇万プードと算定された。これから判断して、食糧税の課税として理論的に可能な主要四大穀物の余剰より二〇パーセント多い生産物量を収用しなければならない」ことを確認した。すでに現物税政令の策定当初から、余剰に食い込む徴税であることをボリシェヴィキ政府は充分に認識していたのである。このような状況の下で、食糧人民委員部参与スヴィヂェールスキィは五月に開かれた第一〇回党協議会で、「税は支払人が負うべき賦課である以上、国家的強制なしの税の受領はナンセンスであろう。税制の実施は強制原理で行わなければならない」ことを予告した。二一年の大飢饉の下で徴税の際に適用される様々な強圧的措置はこの予告を決して裏切らなかった[28]。

自由交換の範囲は次第に拡大された。四月一日づけ食糧人民委員部プリカースにより、三月二八日布告に基づく自由交換の規程はベロルシア共和国に拡大された。四月五日にCHKは、食糧人民委員部に割当徴発を完了していない諸県にも三月二八日の自由交換についての布告を拡大する権限を与え、これを受け四月二二日づけ食糧人民委員部プリカースにより、三月二八日で公示された諸県以外にも、バシキール共和国、タタール共和国、アストラハン、オレンブルグ、チェレポヴェツ、タムボフ、サラトフなど一九県とカレリア・コミューンとチュヴァシ州にも馬鈴薯の自由交換、販売、購入を拡大することが認められた。五月二四日づけCHK政令により、特別に指定される物産を除き、現物税の遂行後に住民に残される農産物の自由交換と売買が認可された[29]。法的にあらゆる農産物の自由販売が容認され、ロシア全土で食糧を求めて人々が溢れだした。

註

1 この大会は元々二月六日に開催が予定されたが、説明なしに一ヶ月以上延期された(Iarov. S.V.Op.cit.,p.118.)。

2 Правда.1921. 27 фев. この大会でのミリューチンの報告によれば、労働者への配給基準は三〇〇〇カロリーとされたが、最優先労働者への配給券でさえも一二〇〇から一九〇〇カロリーしか確保されなかった(Десятый съезд РКП (б). С.434.)。このような現状を排除して大工業の生産を復興することが、ミリューチンにとってもカーメネフにとっても最重要課題として設定された。

3 РГАСПИ.Ф.17, Оп.84, Д.272, Л.100.

4 Кронштадт 1921.С.8,33; РГАСПИ.Ф.17,Оп.84,Д.228, Л.8;Д.198, Л.1; Д.229, Л.1. クロンシュタット叛乱についての邦語文献としては、筆者とネップへの移行に関して見解が異なるが、藤本和貴夫『ソヴェト国家形成の研究』、ミネルヴァ書房、一九八七年、がある。

5 РГАСПИ.Ф.17, Оп.2, Д.61, Л.2; Трифонов И. Я. Классы и классовая борьба в СССР в начале НЭПа (1921-1923 гг.). Ч.1.М.,1964. С.5; РГАСПИ.Ф.17, Оп.84, Д.93, Л.16.

6 大会代議員七〇〇人のうち約三〇〇人が鎮圧に出向いたと、ゲーンキナは典拠なしに述べているが(Генкина Э. Б. Государственная деятельность. С.100.)、ペトログラード委から提出された大会代議員動員者リストによれば一八三人を数える(РГАСПИ.Ф.17, Оп.65, Д. 555, Л.96.)。

7 Там же. Оп.112, Д.138, Л.2; Оп.65, Д.555, Л.96. この数字には異同があり、大会での登録なしに直接クロンシュタットに送り出されたために情報を正確に把握できず、犠牲者の確認が遅れ、四月にペトログラード委が党中央委に提出した資料によれば、死者四人、行方不明者七人、負傷者(発疹チフスの患者を含め)一一人となっている(там же. Л.91-93.)。

8 Десятый съезд РКП(б). С.36,37,79. 同大会でトロツキーは、「わたしは昨年の二月に現在審議され採択されるであろう割当徴発から税への交替についての提案を中央委に出した。わたしは自由貿易論、自由商業への志向として非難され、中央委で四票を得ただけであった」と、このことについて触れた(там же. С.349-350.)。

9 Там же. С. 89,113,404-409,421.

10 Там же. С.431-433,444-445,434-436. フルームキン案は中央委案とほとんど同じで、「第六条、税の完納後に農民に残る食糧、飼料、原料のすべての貯蔵は、自らの経営の改善と強化のため個人消費の向上のために利用するか、あるいは、個人的消費財と経営財との交換で国家に拠出することができる」との条項のみが相違点であった(там же. С.445.)。

11 Там же. С.33-34,78,413.

12 ГАРФ. Ф.130, Оп.5, Д.1, Л.92; Десятый съезд РКП (б). С.407; РГАСПИ. Ф.17, Оп.3, Д.138, Л.1. 時機を急がされたために、税法令の作成と公表は異常な早さで行われたことは、現物税実施に関する包括的報告書の中で、スヴィヂェールスキィ自身が指摘している(Четрые года продовольственной работы. С.31.)。

13 РГАСПИ.Ф.17, Оп.3, Д.138, Л.2-4; Декреты Советской власти. Т.xiii. С.250-253. 三月一八日の政治局会議では、明日宣言書を採択するための緊急会議が開かれるかもしれないとの理由で、政治局員と署名が必要なВЦИК幹部会員と人民委員全員に明日一〇時半までの禁足令が出された。いかにも性急に作成されたとの印象は拭えない。

14 РГАСПИ.Ф.17, Оп.3, Д.138, Л.1; Прод.газета.1921. 20 марта; ВЦИК viii созыва. С.89-91 ; Десятый съезд РКП (б). С.608-609; Декреты Советской власти. Т.xiii. С. 245-247. 免税については、四月二一日づけСНК布告(там же. Т.xiv. С.115.)。

15 ГАРФ.Ф.130, Оп.5, Д.644, Л.9,11,12об.-15.
16 Изв. ВЦИК.1918. 28 авг. 詳しくは、拙著『飢餓の革命』、四四三―四六ページ、参照。
17 РГАСПИ.Ф.17, Оп.3, Д.141, Л.1; Протоколы десятой всероссийской конференции РКП (б). М.,1933. С.17.
18 РГАСПИ.Ф.17, Оп.163, Д.125, Л.9; Протоколы десятой всероссийской конференции РКП (б). С.17; Декреты Советской власти.Т.xiii. С.283-84; Изв. ВЦИК.1921. 4 мая. 食糧人民委員部参与となるН・Л・メシチェリャコーフは個人的見解と断りながらも、「地方的」とは県、すなわち、荷馬車輸送の範囲と定義し、荷馬車輸送での取引の自由とは間接的に「地方的」取引であると解釈している(Мещеряков Н. Союз потребителей.1921.№5-6. С.4.)。公的文書で「地方的経済取引」の具体的範囲は明示されることはなかったが、第一一回党協議会でのカーメネフの発言を勘案すれば、食糧人民委員部は県内取引を「地方的」と見なしていたと推測できる。
19 ГАРФ.Ф.130, Оп.3, Д.507, Л.14-37; Д.508, Л.22; РГАСПИ.Ф.17, Оп.65, Д.489, Л.54; ЦА ФСБ. Ф.1, Оп.4, Д.162, Л.41.
20 РГАЭ.Ф.1943, Оп.1, Д.745, Л.72; ГАРФ.Ф.130, Оп.4, Д.321, Л.291; Советская деревня глазами ВЧК-ОГПУ-НКВД.Т.1. С.350,358.
21 РГАСПИ.Ф.17, Оп.13, Д.1030, Л.1,18,54. サマラ県では三月二八日布告の発布後に開かれた県ソヴェト拡大会議で、「闇食糧取締部隊は至る所で解除されている。現在は、共和国全土での闇食糧取締部隊の解除にともない、県から県への種子材の搬送が支障なく行えるようになった」と、県食糧コミッサール・レーキフはこの布告に関連づけて、播種材の確保を促した(Коммуна (Самара.).1921. 30 марта.)。
22 РГАСПИ.Ф.17, Оп.2, Д.61, Л.1.
23 Прод. газета.1921. 30,31 марта. 四月四日づけモスクワ・ソヴェト幹部会条例によれば、農産物の自由売買を夕方六時まで行うことが認可された(там же.1921. 7 апр.)。
24 すべてで無制限に市場が開かれたわけではなく、自由交換に関する布告を受けてトヴェリ県ヴィシネヴォロチョク郡執行委により六月初めに出された『自由商品交換に関する規程』によれば、農産物と製品の常設の自由商業と交換は、広場、市場、家屋で認められ、商業認可書は、勤労手帳または身分証明書、軍役証書、勤労賦課通帳の提示により交付された。商業証書の他人への移譲は禁止され、家屋での商業は、劇場、映画館、公園のビュッフェ、軽食を扱う喫茶店、喫茶食堂で朝九時から晩八時までが認められた。商業広場でのバザール日は、市管理部の下で毎週日曜と木曜の朝八時から昼四時までと定められ、歴史的記念日と革命祝日の商業は無条件に禁止された(Изв. Вышневолоцкого уездного исполкома и укома РКП (б).1921. 12 июня.)。
25 Всероссийская конференция РКП (б). бюл.№1. С.8-9.
26 ВЦИК viii созыва. С.85,87; Декреты Советской власти.Т.xiii. С.250-253; Беднота.1921. 23 марта; Десятый съезд РКП (б). С.434,37,417.
27 Протоколы десятой всероссийской конференции РКП (б).С.16; ГАРФ.130, Оп.5, Д.12, Л.25; Декреты Советской власти.Т.xiii. С.285.
28 Четрые года продовольственой работы. С.18; РГАЭ.Ф.478, Оп.1, Д.558, Л.3; Протоколы десятой всероссийской конференции РКП (б). С.43.
29 Систематический сборник декретов. Кн.7. С.168; ГАРФ. Ф.130, Оп.5, Д.13, Л.9; Беднота. 1921. 27 апр.; Собрание узаконений и распоряжений.1921.№40. Ст.212.

第五章 戦時共産主義「幻想」の崩壊

現物税布告を受けて

第一〇回党大会の様子は、第八回ソヴェト大会ほど賑々しくはなかったとしても、逐次報道され、割当徴発から現物税への交替の決議はその採択の数日後に、中央紙や地方紙に掲載された（例えば、官報『イズヴェスチャ』では三月一七日に、サマラ県の党機関紙では三月二〇日に）。

地方組織はこぞってこの決定に好意的に反応した。タムボフ県ウスマニ郡の三月二八日の郷協議会は、食糧割当徴発の廃止と食糧税への交替に関する党大会の決議を聴き、農業経営の発展の分野における労農権力の新事業を歓迎する決議を出し、別の郷協議会は四月二一日に現物税に関して、「勤労農民に応えるソヴェト権力として、労農権力を歓迎する」ことを決議した。北カフカースのクバニでの食糧活動家州大会は早くも三月一六日に、「食糧活動の改善とその向上に向けての唯一の措置である、現物穀物税の導入を歓迎する」と、レーニンに打電した。五月に開かれた第八回ペンザ県ソヴェト大会からも、現物税布告を歓迎する電報が送られた[1]。

ラジオや文書を通じて、地方権力は急遽食糧税の施行に関する指示を受け取った。概ねこれも適正に伝えられた。四月八日に開催されたタムボフ郡執行委拡大会議で、次のような内容の食糧税に関する報告がなされた。「食糧割当徴発から現物税への交替についての意義を説明し、二〇年に三億六〇〇〇万プードが徴収されたのに対し、二一年で食糧税は二億四〇〇〇万プードと算定されている。農民にとって税は多くの利点を持ち、工業と農業を発展させる。それに加えて、国内で工業が発展するに応じて、税は年々縮小されるであろう。次いで、食糧税についての布告の説明がなされ、生産物の自由交換については、これは決して投機ではなく、もし農民に穀物の余剰が生まれるなら、それは国家フォンドか商品交換を通して協同組合に入らなければならない」。ここでは、税の過渡的性格と商品交換制度による余剰の汲出しの原則が正確に指摘されている。続いて、農産物の自由商業も次々と認可された。四月八日のプスコフ県食糧参与会会議は、三月二八日布告に準じて全県で穀物の自由商業を認めることを決議し、リャザニ県食糧参与会の四月五日会議は、「㈠家畜、バター、卵、原料を除くあらゆる調達を禁止する、㈡市場その他の場所で農産物の自由交換と販売を認可する、㈢県内のあらゆる徴発・闇食糧取締部隊を解除する、㈣県内への農産物の自由搬入を認可する、㈤生産物の徴発と没収を禁止する、㈥労働者部隊を廃止し、県播種委に畑作業のためにそれらを利用するよう提言する、㈦県内・郡内再分配を廃止する」ことを決定し、現物税体制への準備を整えた[2]。

四月にはトヴェリ県の無党派農民から、「割当徴発は農民から経営を復興しようとするあらゆる希望を奪った。食糧活動家は、農民の気分や生活のやり方を考慮せずに到来し、将来の富と引換えに余剰も余剰でないのも奪った。［……］そのような政策は、農民からあらゆる積極性と、播種を増やして畑作を改善しようとする意欲を奪った。［……］現在は、農民自身が自分の富を増やすために、生産物を手に入れようとできるだけ多くを播種し、できるだけうまく耕作するように努めるであろうから、国家は播種の際に農民に播種面積を増やすための強制的措置を執る必要がないであろう」、との声も『プラヴダ』で聞かれるようになった。六月に農業人民委員代理テオドローヴィッチは、「現物税の確立は播種拡大への物質的関心を創り出した」と春の播種カムパニアを評価したように、食糧税の導入はロシア農民に肯定的影響をもたらしたのは事実であるとしても、このような評価は、おもに公式に語られる事実の一端でしかない(3)。

割当徴発停止のそもそもの発端となった困難な春の播種カムパニアは、現物税が導入されても、その改善の糸口を見出すことができなかった。

各地で大規模な春蒔きカムパニアが始まったが、強制播種の指導機関である播種委の選出は難渋し、これについて二一年末の第九回ソヴェト大会でオシーンスキィは、この春に多くの県で播種委は農民のはっきりとした抵抗に遭遇した事実を報告した。特に農民は戦時共産主義期の経験から、セリコムを貧農委の復活と見て、強制的に「コミューンに追い立てる」であろうとの危惧を抱いていた。オリョール県オリョール郡では、「悪意のある反播種カムパニア」が行われた郷で、セリコムと郷播種全権に圧力をかけて活動を強いた。このような事態が各地で頻発し、四月一八日づけでCHK議長と農業人民委員代理の名ですべての播種委宛に、「播種計画の実施の際には食糧割当徴発を想起させるような、すなわち上からの無条件的プリカースのやり方を完全に峻拒すること、現物税は下から播種を拡大しようとする強力な刺戟を創り出すこと、［……］地方的条件に合致した播種計画の義務を現物税の実施によって強固にすること」を、改めて命じなければならなかった(4)。

すでに二〇年から続く旱魃は秋蒔き穀物を悲惨な状態にしていた。サマラ県プガチョフ郡で、昨年に秋蒔き面積が半減しただけでなく、その発芽状態は、二八パーセントだけが満足で、五二パーセントはひどく悪く、三〇パーセントは枯れ、一七パーセントは発芽さえしなかった。春蒔き用面積はほとんど耕起されなかったが、その僅かな土地に播種できなければ餓死するしかなく、そのための乏しい穀物を決して引き渡そうとはしなかった。こうして、種子用穀物の調達は遅々として進まず、各地で春蒔き用種子の確保は徐々に困難になっていた。地方からの種子の配送も、「地方の同志たちは種子を積載したがらない。彼らは自分の所に残して保存するほうを望んでいる」ため、種子調達カムパニアを通して、最終的に共和国全体で播種面積の三分の二から四分の三に相当する種子が確保されただけであった、とВЦИК会議で報告された。その一方で、完全播種を中央から厳しく要求された地方播種委は、実際には種子がなくとも実状と合致しない過大な播種計画を策定し、このため必要以上に播種不足を膨らませていた。これを是正するため、先に挙げた四月一八日づけ播種委宛の電報で、播種計画を作成する際に、各村落の地方的条件に合致し、種子が確保される任務のみを与えること、作物の播種の比率に関して、地方的条件や種子の有無を考慮するよう指示が与えられた[5]。

播種カムパニアが停滞する中でも、二年連続の旱魃による影響は党中央ではほとんど考慮されなかった。より正確にいうなら、その影響は過小評価され続けた。これについて五月三〇日のВЦИК会議でオシーンスキィは次のように触れた。昨秋とこの冬に降水量は不足した。朝霜 заморозки が長きに渡った。様々に降水不足の影響を受けたとしても春蒔きは秋蒔きよりましである。春蒔きは旱魃地方で壊滅的でなく、いくらか持ち直している。ウクライナでは収穫はきわめて良好である。農業中央部と非黒土地方では収穫は平年並み。タムボフ、ヴォロネジ県、ドン州で平年以下。このような評価に比べ、現地はより深刻な判断であり、この評定の差があらゆる分野に重大な結果を招いた。

サラトフ県では春の播種カムパニアは一月前半に開始され、この時までに県播種委の訓令により、すべての郡で播種委が組織された。カムパニアの開始時には全県の九〇パーセントの郷でセリコムが設置されたが、間もなく匪賊の襲撃のためにそのほとんどが解体された。多くの郡播種委の報告によれば、セリコムはいかなるイニシアチヴも発揮せず、それらは机上だけの組織で、実際の活動は村ソヴェトが担った。中央から与えられた春蒔きの義務的播種には九二〇万五二二五プードの種子が不足し、当初は種子保管所からの国家援助が期待されたが、最終的に一五六万プードの春蒔き種子だけが受け取られた。このような僅かな種子援助も、匪賊に奪い取られ、完全には利用できなかった。四〇九人の党活動家が投入され、大々的に展開されたにもかかわらず、二一年の春蒔きカムパニアは全県で計画の四五・八パーセントしか達成されなかった。農業人民委員部への報告書では、この理由として、役畜と飼料の不足、苦しい食糧事情、匪賊の活動が挙げられた。さらに、この不調な播種カムパニアに追い打ちをかけるように、少ない降雪量や春の早い訪れや旱魃による被害が六月になると徐々に現れ始め、秋蒔き播種と春蒔きはほとんど全滅し、収穫の見込みはないと、報じられた[6]。

皮肉なことに、播種カムパニアの障碍を現物税体制が産み出していた。いわゆる担ぎ屋の大きなうねりが、鉄道輸送を完全に解体し、種子フォンドの搬送を滞らせただけでなく、大量の穀物を至る所で搬出し始め、地方での種子の確保をほとんど不可能にした。

すでに三月末にブリャンスクから、自由交換の布告によって何千もの担ぎ屋があらゆる駅に溢れ、あらゆる列車が積載過剰となり、鉄道は危険な状態にあると報じられた。同様な事態が各地で生じていた。だが、一般には担ぎ屋と呼ばれるこれら群衆は、その多くが飢えに苦しむ民衆であった。中央ロシアとシベリアの中間に位置するチェリャビンスク県執行委議長からの四月一四日づけ電報は、そのことを以下のようにはっきりと伝えている。「サマラ県執行委により交付された、規程に違反する鉄道運行のため、チェリャビンスクとさらにはシベリアにまで、鉄道による担ぎ屋の巨大な波が押し寄せ、それらを規制する力はない。担ぎ屋は、大部分が郷執行委の通行許可証を持ってすべての列車を奪い、個々の車輌に群をなして乗車している。チェリャビンスク県での担ぎ屋の氾濫は、[同県で種子フォンドの]必要量に対して四〇パーセントしか確保されていない現状の下では、[……]文字通り播種カムパニアを挫折させるおそれがある。当面、チェリャビンスク県は戒厳令の状態にあり、その南部地方では匪賊行為を根絶する作戦行動が実施され、[……]そのような状況下で、県への担ぎ屋の殺到は許し難い」として、CHKに対し「匪賊行為ともいうべき、チェリャビンスク県とシベリアへの担ぎ屋に対する通行証の交付を無条件に禁止するよう、サマラ県執行委にもっとも速やかに訓令を出すよう要請」した。ウラルにあるエカチェリンブルグ県からも、同県とその先にあるシベリアに、サマラからの担ぎ屋の大きな波が押し寄せた、と報告された[7]。

これは、より飢えた者による飢えた者からの掠奪である。四月半ばのサマラ県の政治情勢について県チェー・カーが極秘電報で、「サマラ郡では、大衆の間で経済的理由のため、特に種子不足に起因する不満が続き、そのため多くの農民は播種に取りかかろうとせず、食用のために月五フントの交付と、種子と食糧の要求を再三繰り返している」と報告したように、農民の手元に播種用の種子などまったく残されていなかった。食糧危機のために、特にプガチョフ、バラコヴォ郡では異常に殺気立ち、栄養失調のため農民の発病が認められ、バラコヴォ郡の郷では、種子を受け取った農民は自分たちの間でそれを分け、食用にしていた。自給しようにも現地にはすでに穀物はなく、地方権力ができる唯一の措置が飢餓民への通行証の発行であった。

その一方で、チェリャビンスク県も飢餓から免れていなかった。県は二〇年の旱魃による凶作に喘ぎ、二〇年九月に開かれた全ロシア・エスエル協議会で地方代表は、ペルミと並んでチェリャビンスク県での気分は、食糧危機のために殺気立っていると報告したような食糧事情で、この年度の食糧割当徴発は穀物飼料の五一、馬鈴薯の三六、肉の一六パーセントが遂行されただけであった。報告書の中で同県チェー・カーは、「所によっては農民から最後の穀物までを非常措置で汲み出すことで」この成果を達成したことを認めた。それでも飢えた民衆は、続々とチェリャビンスクに集まり、県執行委議長代理からレーニンに宛てた二一年六月の電報の表現によれば、「チェリャビンスク郡とチェリャビンスク県は担ぎ屋の全ロシア的溜まり場」となり、約一万人の担ぎ屋で溢れた。彼らは、村ソヴェト、郷播種委、セリコムなどの証明書を持っていた。さらに、オリョールとトゥーラ県からも何千もの農民の波がそこに押し寄せているとの情報もあった。県執行委はそれを阻止するのに無力であり、線路が担ぎ屋を満載した列車で塞がれているために、鉄道は運行を停止し、中央への穀物直通列車は立ち往生していた。繰り返すまでもなく、オリョールもトゥーラ県も二〇年に凶作県と認定されていた(8)。

サマラ県の東に隣接するオレンブルグ県を含むキルギス共和国にも、自由交換の認可に伴い大量の農民、投機人、担ぎ屋が殺到した。食糧人民委員部に入った電報によれば、オレンブルグの状況はきわめて厳しく、市場には穀物がなく、収穫の見込みもなく、栄養失調のために大規模なコレラ感染が広まっていた。県内では、「穀物の困窮を目前にして、貧農はクラークの煽動の下に嬉々として種子集荷所から穀物を掠奪し、種子を手に入れるとの口実で食用のために穀物の奪取に向かい、種子用の穀物が食べられてしまうとの危険な局面に直面して」いた。このため、キルギスCHK議長は、穀物自由交換の抑制を訴え、担ぎ屋は村から大量の穀物を搬出し、「穀物を文字通り貧農の鼻先から」奪い取り、われわれの活動を解体させたとして、サマラ県執行委に通行証の交付を停止させるよう国防会議議長レーニンに要請した。キルギス共和国も厳しい飢餓状態にあり、キルギス食糧人民委員部は、中央の認可なしにオレンブルグ県内の穀物需要を確保するために共和国領内にあるセミパラチンスクとアクモリンスク県から独自に穀物の搬出を行っていた。だが、「もっとも困難な政治的時機に中央への供給に予定されている穀物を、そのように利用するのは許し難い」として、キルギス共和国によるる穀物調達はレーニンとブリュハーノフが連署する八月六日づけ電報によって禁止され、飢饉にあるキルギス共和国は援助を受け取らなかっただけでなく、ロシア中央諸県のために飢えを強いられたのである。こうして、飢餓地区の認定が遅れ、ここでの飢餓民の犠牲者は膨大な数に上った。[9]

北カフカースのクバニには県播種委や郡播種委の通行証を持って穀物を求めて、おもにヴォロネジ、タムボフ、ツァーリツィン、サラトフ県から約二万人が到来していた。五月二三日の南東クライ経済会議は、種子材を購入する目的で南東地区領内に殺到する農民に対し断固とした措置を執ることが必要である、との農業人民委員部全権代理の報告を聴き、地方執行委の通行証を持ってこの地区に送り出されている担ぎ屋と農民の流入により、食糧活動全体が解体されていることを憂慮し、「南東地区で種子材と食糧を購入する旨の公文書の交付を、ヨーロッパ＝ロシアのすべての執行委、特にヴォロネジ、タムボフ、サラトフ県の執行委に緊急に停止させるよう要請」した。その一方で、ヴォロネジ県執行委議長は六月初めに、「現地のあらゆる穀物資源の枯渇、さらに旱魃と穀物貯蔵の涸渇のため、収穫の実現までわれわれの需要を「現地で」調達できる可能性がないので」、クバニとウクライナへ調達のために出立する認可をCHKに求めた。「拒否された場合には、窮地に追い込まれる」[10]。困窮した民衆にとって、種子用であれ食用であれ僅かな穀物を求めて担ぎ屋となって彷徨う以外、生存の道は残されていなかった。

現物税の実施に向けて

食糧税による主要農産物の徴収が、前年度の割当徴発予定量より大幅に減量された以上、共和国が必要とする農産物の不足分は、国家的商品交換制度によって調達すると想定され、その調達予定量は、二一／二二年度でウクライナとトルケスタンを除き、穀物一億五〇〇〇万プード、馬鈴薯三七五〇万プード、搾油用種子一〇〇〇万プードが最低限の量であると定めた。このように商品交換は、穀物調達で現実的に大きな役割を果たすと同時に、政策理念的にも生産物交換への移行措置として重要な位置を占めるはずであった[11]。

レーニンは現物税の導入による政策転換を最小限に抑えようとし、食糧人民委員部はそもそも、これが従来の割当徴発制度そのものを抜本的に変更するような政策転換であるとの認識を持っていなかった。党大会で現物税決議が採択された直後の三月一六日の食糧人民委員部参与会会議で、現物税布告は一時的性格を持つことが確認され、この方針はそれ以後の食糧人民委員部における現物税政策の基底となった。レーニンは五月の第一〇回党協議会で、食糧税政策を根本的政策転換として解釈するエスエルやメンシェヴィキを批判して、食糧税とは一時的な困難によって余儀なくされた譲歩であることを強調した。四月に行われた食糧税に関する報告の中で、レーニンは、「食糧税とは、われわれが過去からのあるものと、未来からのあるものを、その中に見るような措置である」と述べた。「過去からのあるもの」とは税であり、「未来からのあるもの」とは社会主義的生産物交換であり、その過渡的措置が「現物税＝商品交換体制」にほかならなかった。敷衍するなら、三月二〇日のВЦИК会議でカリーニンが述べたように、税のうちで「社会的に必要な徴収は残されるが、税の他の部分は徐々に縮小され、いつか廃止され」、最終的には工業が復興するにつれ、農民は工業生産物との交換以外に農産物を提供しなくてもよいような、社会主義的生産物交換体制への移行措置として現物税は想定されていたのである。当時にあって食糧税はこのように解釈されるのが普通であった。タムボフ県播種委機関紙は論文『割当徴発から商品交換へ』の中で、端的に次のように述べている。「割当徴発が廃止され、割当徴発量の二分の一の食糧税が導入された。これは、ソヴェト権力が農民から必要量の半分を食糧税として受け取ることが必要であり、残り半分を商品と交換で受け取ることを意味する。［……］だが食糧税は七年間の戦争の後遺症で経済が解体されたために引き起こされた一時的措置である。ソヴェト権力は商品交換を目指している」。同様な内容は、党クルスク県委が出した食糧税の情宣活動に関するテーゼの中にも、八月に開かれたスモレンスク県食糧会議における県食糧コミッサールの、「工業の発展と農業の向上に応じて、食糧税はそれに比例して縮小され、最終的には社会主義的原則で構築される商品交換にその地位を譲るであろう」との発言の中にも見出すことができる[12]。

だが、播種カムパニアに比べて、税カムパニアは周到な準備に立ち遅れていたのは明らかであり、そのため地方コムニストに食糧税政策を理解させる目的で、予定を早めて五月二六日に開かれたのが第一〇回全ロシア臨時党協議会であった。レーニンは開会冒頭の食糧税に関する報告で、「現物税＝商品交換体制」の過渡的性格を強調した。「われわれは一時的条件と食糧と燃料の障碍によって、この路線に踏み出すのを余儀なくされただけである」。これに続く報告の中でミリューチンは、新経済政策の一般的原則論とそれに基づく工業問題に触れたが、彼の論調は専売制と中央集権体制を破棄して新たなシステムを構築することに力点が置かれていた。強力な国家機関と自由な活動を保証された協同組合がある限り、完全な自由商業は脅威ではない、と彼はいう。工業生産についても彼は楽観的で、この政策転換によって、泥炭採掘は戦前水準に達し労働者数は上昇していると評価した。彼の問題関心は経済活動での生産性向上にあり、そのための措置が経済活動の自由であった。夏以後に彼が想定したような方向でネップ体制が構築されることになるとしても、そこでの彼の論調は明らかにほかの報告者とは異質であった。

同日の夜会議で食糧人民委員部参与スヴィヂェールスキィが、食糧独裁の下でのこの税制に関する詳細な報告を行った。彼は課税の指標と程度、徴税手続きを詳述したが、レーニンと共通するのは、食糧税の導入を根本的な政策転換と見なす見解を批判し、強制力を伴う食糧独裁がこれまで以上に必要であるとの認識であった。「われわれは一定の強制なしでは、もっとも控えめな規模でさえ徴税することはできない」。彼は次のような言葉で長い報告を終えた。「わが食糧機関の中央集権化は復興されなければならず、われわれが専売を実施していたときに食糧独裁に依拠していたように、現在でもわれわれは食糧独裁なしでやって行くことはできない。もしわれわれが些かでも食糧独裁を揺るがすなら、われわれは完全な徴税ができないだけでなく、半分も徴収できない。それでも、完全に徴収された税でさえ、わが国家需要のすべてを充たすことはない。そのため、わたしの報告を締めくくるにあたって、破壊された機関とその中央集権化を復興し、割当徴発の実施時にそうであったように、税の実施時に食糧独裁を強化するような措置を執るのを支援するよう、同志諸君に訴える」。翌二七日朝会議でレーニンは現物税に関する報告の結語で、「強制を伴う食糧独裁が二重にも三重にも必要である」と述べ、スヴィヂェールスキィの発言を支持した。五月三一日のBЦИK会議でシベリア革命委について報告した同議長代理チューツカエフは、「シベリアの条件下で、全般的抑圧とヴラヂーミル・イリッチがわが党協議会で語ったような強制的措置の助けを借りて食糧税を実施することができる」と発言し、レーニンに応えた。現物税の導入により、戦時共産主義期に特徴的であった強制的措置が放棄されたと考えるなら、それはまったくの誤解である[13]。

六月になるとレーニンの小冊子『食糧税について』が出版され、パンフレット、ビラ、会議などを通しての広汎な食糧税情宣カムパニアが始まった。この中で、地方の食糧活動家に食糧税を周知徹底させるために、六月一六日に開催された第三回全ロシア食糧会議は特に重要な意味を持った[14]。

ここでは当時の厳しい状況を背景に、おしなべて報告者の基調は沈鬱で現実的であった。レーニンの開会演説は、昨年に続く二年連続の凶作の下で税と商品交換により社会主義建設を目指すことの困難に触れた。それに続くブリュハーノフの演説は、昨年と異なる新しい三契機を指摘した。第一は、内戦の終了であり、第二は、昨年は食糧危機にもっぱら工業地区が陥ったが、現在は農民の著しい部分も飢えているという、食糧危機の拡大であり、第三は、播種カムパニアに穀物資源を割かなければならなかったことである。極東を除き内戦は終了したが、食糧戦線は昨年以上に厳しいとの状況判断があった。ここでもスヴィヂェールスキィが現物税に関する報告を総会で行った。その内容は第一〇回党協議会とほぼ同じである。彼は、専売と割当徴発により引き起こされた「破滅的性格の」農業危機について具体的な数字を挙げて詳論し、税導入の目的は農村住民の経済状態の改善と経済的昂揚であると述べたが、そのための具体的方策を提示することはできなかった。それぞれの税の特質を列挙した後で、彼は報告の締めくくりに、課税規模について次のように触れた。ツァーリ時代の税に比べて、軽くないのは疑いもないとしても、割当徴発に比べて無条件に軽い。したがって、農民の経済状態が税の実施によって緩和されることを、この報告の中で彼は繰り返し語ったが、説得力に乏しかった。むしろ、現物税は充分な準備なしに施行され、その負担は決して軽くはないとの印象だけが残る報告であった[15]。

新政策に関する思惑は党内で必ずしも一致してはいなかったとしても、ボリシェヴィキ指導部が抱いていた新体制構想の最初の破綻は、周辺穀物地方からもたらされた。

周辺穀物地方での混乱

三月二八日布告による穀物の自由交換と販売は、ヨーロッパ＝ロシア四四県に対して認められたが、この規程はシベリア、ドン州、北カフカースには及ばないことが、スヴィヂェールスキィにより表明された。しかし、シベリアでの播種カムパニアの重要性を考慮して、穀物の自由交換の公布以前に食糧人民委員部は三月二〇日づけ電報で、シベリア・ビューローとシベリア播種委に種子の自由買付を認可するよう命じた。これを受け取ったシベリア当局は、この実施は種子割当徴発を損なうおそれがあるとして、地方での意見聴取を行ったが、「自由買付は郷内で構築され始めている［種子の］再分配を損なう」、「種子買付と平行して食糧投機が蔓延し、播種の準備作業を行っている農民はそれに唆されて、割当徴発が損なわれる」、「シベリアでは［自由買付のために］遠距離を出かけなければならず、そのため播種作業の準備を整えている役畜を完全に消耗させてしまう」などの反対意見が多数の県播種委から寄せられた。現行の調達活動を損なうとして、シベリア組織は依然として自由取引に否定的であった[16]。

このような対応の一因として、そもそもシベリアで割当徴発は廃止されるのかの問題があった。党大会決議では、割当徴発が現物税に交替するとの原則論が示されただけで、これに関する三月二一日づけВЦИК政令でも、一般的規程に言及していたものの、その適用範囲や条件に関しては何も触れられなかった。

食糧人民委員部にとって割当徴発の全面解除はありえない話であった。第一〇回党大会でツュルーパは次のように述べている。割当徴発停止の通知が駆け巡ったが、これには慎重でなければならない。二月一日現在で、月間一六五〇万プードの最小限の消費計画の下で食糧備蓄は八三〇〇万しかなく、そのような状況では［二一年夏以後に開始される］現物税の徴収まで調達を続行しなければならず、したがって割当徴発を全面的に停止することはできない。北カフカース全権フルームキンは、現地での調達が停止されれば、地元住民のために穀物を搬入する必要があることを警告した。われわれが穀物なしにならないためには、全土で割当徴発を廃止することはできない。

このような認識の下に三月二一日の食糧人民委員部参与会会議で、北カフカースとシベリアにおいて完遂していない穀物調達の問題が審議された。同会議は、北カフカースで四月一日から割当徴発制度で穀物一〇〇〇万プードと地方的条件に応じて商品交換またはプレミア制度で五〇〇万プードを調達するよう、フルームキンに義務づけた。さらに同会議で、シベリアでも北カフカースに準ずる措置を執ることが可能であると認められ、二〇／二一年度割当徴発の重要拠点と見なされていた周辺穀物地方では、割当徴発の継続と新たな商品交換制度の実施という新旧両体制での調達が想定された。

だが、現地シベリアでは党指導者の間に割当徴発の続行に関して意見の対立があった。シベリア・ビューロー議長スミルノーフらは、「従来の食糧割当徴発を継続し、それによってさらに六〇〇から七〇〇万プードを調達する可能性を保証する」と考えていたのに対し、シベリア食糧コミッサール・カガノーヴィッチ、シベリア播種委議長ソコローフらは、四月一五日以後に食糧割当徴発を停止し、四月末からの泥濘期と畑作業までの時期を利用して、五月末までに中央から商品を受け取る条件で、現物プレミアによる調達を実施する、ただし、シベリアには現物プレミア・フォンドがまったくないので、「商品を受領する確固とした保証がない場合には、割当徴発を五〇パーセント以下しか遂行していない地区で割当徴発を継続する」との方針を主張した。しかし、「三月二六日のラジオで、食糧人民委員部政令によってシベリアで割当徴発の今後の遂行を停止し、商品交換による穀物調達を実施することが決定された」、と伝えられた。三月二一日参与会決定に反するこの中央からの通達に、シベリアの指導部は混乱した⑰。

しかし、三月二六日のラジオ情報は誤報であった。三月二九日のシベリア・ビューロー会議で、「シベリアでの割当徴発の廃止についてのカガノーヴィッチの要請に対し、シベリアにとって割当徴発は当面廃止されない旨の中央委からの回答」が確認され、この原則に基づく調達方法が改めて議論された。ここでカガノーヴィッチは、先の立場を翻し、「さらに六〇〇から七〇〇万プードの穀物を供出できるシベリア全土で、割当徴発を継続することが中央にとって必要である、と指摘し、商品との交換による穀物の受け取りは、シベリアにある商品フォンドが割当徴発を遂行した郡の間で分配するには余りにも僅かであるために、現時点では可能とは思えない」と、党中央委の方針を支持するよう主張した。彼は、従来のように村や郷全体にではなく、割当徴発を遂行していない個々の農夫に「圧力」をかける「新しいやり方」を適用することで、割当徴発の継続を正当化し、割当徴発の八〇パーセントを遂行した郡にのみ自由商業を認めるとした。本来の食糧人民委員部の強硬路線に彼は立ち戻ったようである。だが、この意見には反論が続出し、最終的に同会議で、「㈠直通電話によって伝えられた、シベリアでの割当徴発の継続についての中央委の提案を受諾する。㈡割当徴発の遂行率を七五パーセントと認める。㈢七五パーセント以上の割当徴発を遂行したすべての郡で自由商品交換を認可する」との、折衷的決議が採択された。

この決議を受け、三月三一日にシベリア革命委は、三月二八日の交換に関する布告に準じて、アルタイ、オムスク、トムスク、エニセイスク県のいくつかの食糧地区とイルクーツク県とヤクーツク州全体での、穀物と飼料の自由交換、販売、購入の権利を農民に認めた。ただし、種子材の自由取引は一切認められなかった。この決議は翌四月一日の同機関紙『ソヴェト・シベリア』紙に掲載された。この決議について、カガノーヴィッチは四月一日づけの食糧人民委員部への電報の中で、「手に負えない地区の住民の間に、これ以後割当徴発を遂行しようとの志向を産み出すために」、穀物割当徴発を七五パーセント遂行した地区に自由交換の権利を与えたと通知したが、機関紙に公表された同決議では、この文言は完全に省かれた[18]。

しかし、割当徴発七五パーセントの遂行率というのは、シベリアの現実をまったく考慮に入れない決定であった。二〇年末までに、シベリアでの割当徴発の遂行率は、トムスク県が最高の四四パーセントで、イルクーツク県の四三パーセント、アルタイ県の四一・八パーセント、オムスク県の三八・二パーセント、エニセイスク県の三二・九パーセントがそれに続き、セミパラチンスク県に至っては二四・六パーセントしかなかった[19]。

すでに二一年に入ると、割当徴発の遂行はいっそう厳しさを増していた。オムスク県では二〇年一二月半ばから始まった二〇日間以上も続く猛烈な寒波のために、現地に戒厳令が布告されて臨戦態勢が導入されたにもかかわらず、調達活動は麻痺状態に陥った。もちろん、ことさら寒い冬の気象条件だけがその原因ではなかった。凶作と民衆蜂起がシベリア全土を覆っていたことが最大の原因であった。トムスク県からの春の状況報告がこのことを証言している。「穀物の不作と反革命的情宣活動を原因としてその時までに始まった農民騒擾は、あらゆる活動を根本から崩壊させた。ノヴォニコラエフスク郡での食糧活動についての報告は、種子フォンドがまったくないため、［播種カムパニアの］活動は完全に麻痺し、無党派農民の間だけでなく、［コムニスト］細胞メンバーの間でも組織的側面でカムパニアへの準備が不足していたことを伝えている。「専門家（スペッツ）が駄目にしている」[20]と。このほか、食糧割当徴発のために派遣された赤軍兵士は、［食糧活動での］あらゆる無秩序と手抜かりを見て、不満を漏らし始めた。これらすべてが匪賊運動を増長させ、軍事的措置ではそれを根絶することはできない」。ここでは中農と貧農の側からも、ソヴェト権力との関係が非常に悪化し、「食糧組織の無思慮な行動、おそらくは無分別な戦術や種子材であろうとも穀物は取り上げられるであろうとの、割当徴発の汲出しについての住民の誤った情報のために、不満と激怒が強まり、その結果、村落では共同納屋の周りに六〇〇から七〇〇人の女性と子供が群れをなし、納屋から穀物を掠奪した。食糧部隊は女性と子供に対して武装力の適用を避けたために、郡全体で七〇万のうち三二万八〇〇〇プードの播種材が盗まれ、しばしば郷播種委はこのような窃盗を幇助した」。

このようなシベリアでの実情は、第一〇回党大会で現物税に関するツュルーパの副報告の最後に語られた次の言葉で、多くの党員が知ることとなった。わたしはチュメニから、最近の出来事［農民蜂起］に関連して割当徴発による徴収は失われつつあるとの電報を受け取った。割当徴発不履行の廉で四人の責任ある食糧活動家は銃殺の判決を受け、五人は裁判を待っている。同志の一人はこう書き送っている。匪賊によって、穀物、原料、種子が地方で大量に清算されている。機関の堕落、革命裁判所による活動家の逮捕や匪賊による殺害のため、活動のあらゆるテムポが落ちている。イシムとトボリスク郡には技術的機関はなく、状況は絶望的で、どこからも支援はない[21]。

割当徴発への不満は労働者や党内にも広がりつつあった。一月四日のエニセイスク県委幹部会会議で、二〇年一二月末に開かれた労組の大集会で労働者の間に割当徴発へのきわめて大きな不満が認められ、反ボリシェヴィキの決議が採択され、コムニストの一部はそれに賛成したこと、一月八日の同幹部会会議では、「反革命的一揆の勃発を速やかに根絶する可能性はなく、村細胞はその活動を停止し」、細胞は「割当徴発に反対して、隠匿した武器に訴えるときではないだろうか」

との要求を出していることが確認された[22]。

このようなシベリアの現状の下で、モスクワのボリシェヴィキ指導部は、シベリアで七五パーセントまで割当徴発を遂行するとの現地の主張に懐疑的であった。食糧人民委員部参与、CHK議長、食糧人民委員からそれぞれカガノーヴィッチ宛に、貴殿の電報はシベリアで割当徴発は少なくとも七五パーセントが遂行されると述べているが、二月末の回答では僅か四八パーセントしか達成されていない、「ロシア内部では不作のために緊張した政治状況が創り出され、六県にははっきりとした飢饉があり、農村住民を養わなければならず、備蓄は種子カムパニアのために消尽され、都市では食糧危機のために反ソヴェト的気分が醸し出され、カフカースとシベリア［からの］穀物の搬入は様々な理由のために僅かなので、それと闘うには苦しい」状況下で、シベリアでの調達計画の実現なしには九月まで持ち堪えることができず、活動の再検討を要請する電報が送られた。

このようなモスクワからの指示に対し、シベリア指導部は七五パーセントの遂行に拘り続け、四月一日にレーニン宛の電報で、「三月三一日にシベリア革命委は、次のようにこの措置を実施するよう決議した。七五パーセント以下しか遂行しない郡でのみ割当徴発を継続し、その徴収をおもに穀物の大量保有者から行うようにし、ほとんど至る所で登録が行われた倉庫にある未脱穀にもっぱら関心を集中する。すでに七五パーセント以上の割当徴発を遂行した郡に対して、穀物飼料の流通の自由が直ちに認められ、［……］イルクーツク、ヤクーツク［に認可され］、セミパラチンスク県には、割当徴発の遂行の低いパーセントのためにこの措置は及ばず、残り四県の二八郡のうち一一郡で穀物の交換の自由が認可された。種子の保管を確保するため、同じくシベリア革命委の決議により、郷播種委に登録された種子は自由取引が認められないことが確認された」と、旧来の方針の堅持を伝えた。このことについて、食糧人民委員部は下方修正による割当徴発の継続を指示し、四月一五日づけの電報で、シベリア全体で割当徴発を七〇パーセント遂行し、最小限でも七五〇〇万プードの調達を実施する条件で自由交換の権利を裁可した[23]。

しかしいったんは、割当徴発の遂行が七五パーセントに達していない地方で食糧税の布告を猶予する旨の中央委とCHKの同意書 согласие を受け取りながら、これら地方で新食糧政策の普及を図るようにとの指示が与えられ、七〇パーセントまでの縮小案が新たに提示されたとしても、すでにシベリアでの割当徴発の遂行は事実上不可能になっていた。カガノーヴィッチは中央からの不明確な指示に苛立ち、「貴殿の説明は遅い。これに関するあらゆる論文、決議、説明の後で、割当徴発の遂行を継続するのは不可能である。［この混乱した］状態は、中央からのあらゆる確固とした指示がないために、いっそう深められている。シベリアであらゆる割当徴発が廃止されるとのラジオの後で、割当徴発を継続するとの電報四七一／6号があり、バター価格は二四〇〇［ルーブリ］に定められ、その後で政令四七九／п号で価格は一〇〇〇に定められ、税は固定価格で適用される旨のいくつかの指示に続いて、税は無償で徴収されると命じられ、これら矛盾した不明瞭な指示は、住民には権力の困惑と解釈されている。［……］当面、われわれによって調達の増加に向けてのあらゆる措置が執られているが、大きな成功を期待してはならない」、とレーニン宛の電報が四月一二日に届けられた[24]。

北カフカースでも同様な混乱が起こっていた。割当徴発の約四三パーセントを遂行したスタヴロポリ県から、間もなく県ソヴェト大会が開かれるが、モスクワからのラジオ放送を聴いて、大会の代議員や党活動家はそれを割当徴発の即座の廃止であると解釈しているが、北カフカースでは夏の調達カムパニアは、割当徴発として行われるのか、それは即座に廃止されるのか現地指導部は明確な方針を持ちえず、正確な指示を与えるようツュルーパに要請された。フルームキンは、八月初旬までに新しい現物税制度の準備に取りかからなければその徴収に著しい停滞を招くとして、食糧人民委員部に税制度による調達の指示を直ちに与えるよう、五月に再三要請した。しかし、食糧人民委員部は現物税に向けての適切な指示を与えることなく、北カフカースでの割当徴発の継続に拘り続けた[25]。

このような現地の要請に明確な指示を与えることができなかったのは、食糧人民委員部は周辺穀物地方での割当徴発の継続に依然として固守し、中央での方針の不統一が混乱を招いたのは明白である。

現物税体制を構築する際に、食糧人民委員部の原則は、三月二一日の参与会で決議されたように、強制力の適用と商品交換による余剰の汲出しであった。すなわち、実質的には党大会で否決されたフルームキン案と同一の基調であった。交換についての布告草案がカーメネフ委員会で審議され、農産物余剰の自由交換が認められたその日の食糧人民委員部食糧税特別委会議でも、これに関する議論が展開された。そこでは、税の遂行後に農民に残される農産物の自由交換と売買が認められたが、農産物余剰を販売のために獲得する権利は協同組合のみに認められ、仲介的商業は排除された。五月三一日づけでブリュハーノフと食糧人民委員部参与スミルノーフの連名で、今後の調達活動に関する総括的報告が党中央委に提出され、その中で、「三月二八日［ママ］づけ割当徴発から食糧税への交替に関する布告によって、［二一年八月からの］次回の食糧カムパニアに対してのみ、穀物調達の原則とシステムが変更される」とされ、現物税による徴収は次年度限りの一過性的性格を持つことを述べた後で、唯一の食糧源である北カフカース、シベリア、ウクライナ、トルケスタンでの二〇／二一年度の割当徴発は継続されなければならず、「食糧税の宣告を「中央により適法とされた」措置と見なすのは絶対的にできない」ことを強調した。食糧人民委員部はこの段階でも、共産主義「幻想」に囚われていたのである。[26]

シベリア・ビューローはこの間の事情について、シベリアに適用されまだ完遂されていない食糧割当徴発を実施しなければならない一方で、部分的に自由交換に移行して完全播種を実行しなければならないという、食糧政策の二面性 двойственность によって、食糧活動における困難が創り出されたと指摘した。中央での混乱のために、シベリア現地は完全な閉塞状態に陥っていた。四月中の政治状況について、商品交換による調達も自由市場の開設とロシアからの担ぎ屋の流入により損なわれ、「食糧税の導入までもっぱら生産物の内部再分配によって生き抜いてきたシベリア貧農は、新経済政策を非友好的に迎えている」と、シベリア・ビューローの報告書は伝えた。

スヴィヂェールスキィが三月二七日のモスクワ党組織情宣活動家集会で、食糧税の問題は、社会的、経済的、政治的なあらゆる側面に関わるもっとも緊急な問題でありながら、一連の課題が依然として未解決であると認めたように、中央と地方、そして中央の指導部内にさえ、原則論的な対立を孕みながら現物税体制は施行されたのであった[27]。播種カムパニアに比べれば、現物税カムパニアは、まったく周到さと一貫性に欠けていた。

しかし、現実が食糧人民委員部の「幻想」もレーニンの構想をも、根底から覆していた。すでに触れたように、中央ロシア諸県から夥しい数の担ぎ屋がシベリアに押し寄せ始めた。早くも四月二日づけでチュメニ県食糧コミッサール代理から次のような状況が報じられた。「CHKの自由商業の布告を受け取ったため、すべての村団は自由商業を理由に挙げて、あらゆる割当徴発をこれ以上遂行するのを拒否している。村団と郷の市民による、干草、亜麻繊維、羊毛、馬鈴薯、皮革原料の割当徴発の遂行はできなくなっている。同じく、卵とバターの本年度の割当徴発も停止している」。すでに現実は割当徴発の継続を許さず、四月二八日づけ電報でブリュハーノフはカガノーヴィッチに、「一二〇〇万［プード］の量で追加調達を商品交換により実施する」よう命じ、シベリアでの割当徴発の遂行は事実上停止した。七月に出されたシベリア食糧委の活動に関する報告書は、「割当徴発は実質的に春の泥濘期の訪れとともに終了し、この時までに、農民にある貯蔵は著しく消尽され、政府の新食糧プログラムの公示が割当徴発の信頼を最終的に失墜させたこともあって、それ以後、多少ともまとまった穀物量を割当徴発によって受け取るのができないことが分かった」と、このことについて言及した[28]。

北カフカースにも膨大な数の担ぎ屋が群れをなして殺到し、大量の穀物を汲み出す中で、そこでの調達活動は完全に停滞した。三月にはドン州執行委から、州全体で輸送手段が不足し、そのための修理材もなく、飼料もまったくないために、穀物の荷馬車輸送は完全に停止した事実が報告され、四月に食糧人民委員部は、「北カフカースでの穀物の積載はほとんどゼロにまで低落し、中央の状態は破滅的」であることを確認した。この危機的状況はさらに進行した。四月二九日の国防会議で、商品交換によって穀物三〇〇〇万プードの追加調達を九月一日まで実施し、このうち北カフカースに一五〇〇万プードを割り当てることが承認された。しかし、六月にロストフから北カフカース全権フルームキンに、次のような内容の電報が届けられた。異常に厳しい収穫見込みを考慮して、機関全体を完全な緊張状態に置いたとしても、三〇万プード以上を追加調達できる現実的見込みはまったくない。これだけを追加調達しても、住民には収穫の三〇パーセントも残されない。ロストフの労働者の間でコレラが猖獗しているために非常に緊迫した雰囲気が創り出され、北部で凶作が見込まれるので農民はしっかりと穀物を保持しようとしている。非常に多数の担ぎ屋が流入したため、穀物価格が高騰している。「畑作業の開始時に旱魃や蝗などの害虫による被害のために凶作が明らかとなった現状では、貴殿によって与えられた追加任務を実際に発送すると確約するのはまったく不可能と見なす[29]」。

そして、ここでの反ボリシェヴィキ運動が混乱に拍車をかけた。特にドン州では、匪賊勢力が依然として強く、いくつかの地方では全権を掌握したことが州執行委会議で確認された。住民は彼らと共鳴しあい、「ドン州で活動している匪賊は、現地の生活に入り込み、食糧の提供さえも享受し、そのためこれら匪賊との闘争は非常に困難である」。いくつかの地方では、食糧税の実施とともに匪賊行為は著しく強まっている。彼らは食糧事務所を掠奪し、小さな部隊で集荷所を襲撃し、食糧活動家を殺害している。匪賊の大きな任務と目的は、多少なりとも構築されつつあるソヴェト権力を壊滅状態にすることであり、われわれの組織に柔軟性がないことにつけ込んで、それは成功を収めている。三〇、四〇人が徒党を組んでソフホーズを攻撃し、村で作成される税名簿は、襲撃してくる匪賊によって真っ先に破り捨てられ、彼らはこのようにしてソヴェト活動を挫こうとしている[30]。

ある食糧活動家は五月一三日の『経済生活』紙で、現物税への移行によって、ほとんど至る所で、特に新収穫まで消費地区への穀物供給源と見なされたシベリアと北カフカースで、割当徴発の遂行は根本的に解体された、と指摘した[31]。こうしてボリシェヴィキ指導部の意図に反し、周辺穀物地方での割当徴発は崩れ去った。

ウクライナの現状

この状況は、ウクライナにとっても例外ではなかった。ウクライナはロシア十月革命から間もなく一八年四月に、ブレスト講和に違反して侵攻するドイツ＝オーストリア軍の占領下に入り、その後は、何度も革命派と反革命派の政権交代を繰り返した。一九年二月にボリシェヴィキがキエフに入城し、その後は順次ボリシェヴィキ軍がウクライナを軍事的に占領しながらここでの「解放」が実現された。だが、このような軍事占領に対しウクライナ農民が決起し、ここでの情勢はさらにもつれた。ここでの土地政策は集団化幻想が濃厚に反映され、優良地のほとんどがソフホーズに引き渡されたことへの根強い不満があった。一九年五月にウクライナ食糧人民委員部が設置されたが、モスクワにとってウクライナはロシア共和国の重要な食糧源として位置づけられ、七月のロシア共和国食糧人民委員部決定により、ウクライナ食糧人民委員部は完全にモスクワ指導部の管轄に置かれ、一九年夏までにロシアの工業地区で編成された食糧部隊の多くがウクライナに送られた[32]。

ボリシェヴィキ政権が樹立したそのときから、激しい農民蜂起の洗礼を浴びたウクライナでは、ロシア共和国と幾分異なる食糧調達が行われた。ウクライナ食糧人民委員ヴラヂーミロフによれば、きわめて緊迫した政治情勢により、㈠食糧活動は党と密接な関係を持ちつつ実施され、党の代表が食糧活動の政治的監視を行う地区食糧コミッサール代理に就き、㈡農村における階級闘争が徹底されたのが、特徴とされる。要するに、ロシアに比べいっそう暴力的であった。このような原則の下に、二〇年五月九日のソヴェト＝ウクライナ労農政府法令によって設置された貧農委員会 комнез を通し、二月二六日に布告された割当徴発が実施された。ウクライナの一九年と二〇年の収穫余剰は六億プードと想定され、この四分の一強に当たる一億六〇〇〇プードの穀物（小麦、ライ麦、オート麦、大麦、黍、蕎麦）が、割当徴発としてウクライナ一〇県に割当配分された[33]。

しかし、すでにウクライナ全体が農民蜂起に覆われ、四月後半のウクライナ情勢に関する中央委への報告書では次のように述べられた。「ウクライナは現在周期的な蜂起の波を蒙っている。ハリコフ、ドネツ、チェルニゴフ県で蜂起ははっきりと手に負えなくなり、隣接のクルスク、エカチェリノスラフ、キエフ県からそこへと浸透している。後者では、蜂起はすでに完全に組織的性格を帯びている。例えば、エカチェリノスラフ県では、アレクサンドロフスクとパヴログラード郡で武装したマフノー・パルチザンはしばしばドネツ県に侵入している」。ポルタヴァ県食糧コミッサールは県内の食糧活動の行き詰まりをCHKに次のように報告した。「県内での破滅的状態を確認し、県食糧参与会は、この現象の基本的原因を不断に強まりつつある匪賊運動と認めなければならないと考えている。組織的に脆弱な食糧機関と武装したクラークの下にある村の権力組織の活動に、ウクライナの現状が直接に反映されている。革命委の権威は地に墜ち、農民は武装した匪賊のテロルを受け、ソヴェト権力の揺るぎなさへの信頼は失われている」。同様な文書が多数モスクワに送られた。

このような困難な情勢を現地食糧活動家は、ウクライナの特殊事情に求めた。ハリコフ県からツュルーパへの報告では、「県の農村の階級構成は大ロシアと異なり、ここでは貧農は余りにも少なく」、ウクライナでの革命によって「貧農は地主地をほとんど占拠せず、クラークがそれを買い占めたために、三デシャチーナ以下の貧農経営が僅かしか増加しなかったのに対して、一〇デシャチーナ以上のクラーク経営が著しく増加し、経営数で一五パーセントを占めるクラークが全耕地の四〇パーセントを所有している」状況の下で、農民「蜂起の現象は避けられない」。なぜなら、「あれこれの地方で、クラークは数的に貧農に勝り、貧農自身では彼らに対抗することができず、われわれが彼らを支援しなければならない」。こうして「われわれは農村を分化させ、クラークに対して貧農を決起させ、次いで彼らを組織するために」、一八年後半にロシア共和国では農村に混乱と不満を持ち込んだだけの貧農委が、二〇年五月にウクライナで設置されたのである。この時期のウクライナ情勢についてトロツキーは、「農民の中でソヴェト権力への側に大転換があった。逆に、労働者の中には大きな不満がある。状況はわれわれの一八年夏と似ている」と打電したが、ロシア共和国で貧農委期に多数の反ボリシェヴィキ蜂起が惹起したことを、彼は失念してしまったのだろうか[34]。

貧農委設置指令によれば、貧農委の構成、権限と義務は、一八年のロシア共和国とほぼ同様であったが、ここでは割当徴発遂行への支援が特に強調された[35]。徴収の際に、故意に穀物の引渡しを阻止する人物を排除し、スホードに譴責を命じ、世帯と教会に彼らの名簿を送り、それを新聞に公表し、工業製品の供給を受け取る権利を剥奪し、これらの措置が効果を挙げない場合には、武力を要請する権限が貧農委に与えられた。貧農委に大きな軍事権が与えられたのも、ここでの特徴であった。貧農委の指導手引書によれば、「クラーク反乱」が起こる可能性のある郷と村で、頑強なクラークを直ちに予防検束し、彼らを人質として郡執行委に護送することを貧農委に義務づけ、襲撃者、強奪者、アタマン［反革命軍の指導者］、徒党指導者、鉄道・電信の破壊者、その他の重大犯を現場で射殺する権限が付与された。郡食糧委が郡ごとの割当配分を受け取った後、直ちにその郡で郷貧農委・郷執行委大会が開かれ、そこに地区食糧委も参加して郷の間で割当が行われた。郷では同様に、郷の割当配分を受け取ったその当日に、村貧農委・村ソヴェト大会が催され、村落間で配分が実行された。割当を受け取った村では、食糧エイジェントの指示で村貧農委と村ソヴェトが五戸組または一〇戸組の集会を組織し、そこで名簿が作成され世帯間への割当を行った。世帯間の配分の際には階級原理が強調され、それは一般にはクラークへの抑圧の行使と理解された。

このような強圧的食糧活動のために、一万五七六人に及ぶ大量の動員が実施された。しかしながら、すでに貧農委布告が発布される直前の四月末にトロツキーはレーニン宛に、匪賊運動が猖獗しはじめ、ウクライナ情勢に真剣に配慮する必要があると打電したように、マフノーを先頭にして農民蜂起は深刻な状況にあった。その鎮圧のためには強大な軍事力が必要とされたものの、ロシアと同様に、これら軍事部隊は常に装備と武器の不足に悩まされ続け、期待された成果を挙げることは稀であった[36]。二〇年夏にハリコフ県で、七四七人の国内保安軍兵士と七二〇人の労働者が食糧活動に従事していたが、このうち武装されていた部隊は半分に留まった。樹皮を食べているような飢餓があり、割当徴発は停滞する中で、農民蜂起は拡大し続け、一二月五日の電報でウクライナのチェー・カーは、「右岸ウクライナ全土にペトリューラの匪賊運動が満ちあふれている」と報じた[37]。

ウクライナでの割当徴発の遂行はロシア以上に困難で、レーニンは二〇年一〇月の会議で、「われわれはシベリアからも、クバニ〔北カフカース〕からも穀物を手に入れているが、ウクライナからそれを獲得することはできない。なぜなら、そこでは戦争が起こり、赤軍は匪賊と戦闘しなければならないからである」と、厳しい現状を率直に表明した。カリーニンはより具体的に、ウクライナでは一七〇〇人の食糧活動家が落命したが、それでも受け取ったのは割当徴発の二〇パーセントでしかない、と二一年二月にそこでの食糧活動の困難に触れた。結局、二〇年で実際に調達された穀物は九七二万一〇〇〇プード（約六パーセント）しかなく、このわずかな量では都市住民を賄うにも完全に不足した[38]。

こうしてボリシェヴィキ権力への不満は、徐々に工場労働者にも広がっていた。二〇年六月にいくつかの地方の工場で労働者家族にパンや薪が交付されないために騒擾が発生し、この傾向は徐々に強まった。一一月になると軍需工場の労働者さえも、麦粉やライ麦などをまったく受け取ることができなくなった。碾割りは九月には必要量の一九パーセントが交付されていたが一一月には八パーセントにまで低落し、肉と魚は同じく一一パーセントからゼロにまでなった。ヴラヂーミロフは二〇年末に、「キエフ管区は獣脂、肉、碾割り、野菜に関して苦しい状況にあり、一連の理由によりわれわれはそれを受け取ることができない」との窮状をモスクワの食糧人民委員部に報告した。一二月初めにキエフ市で開かれた市労働者協議会では、食糧問題に関して議論と不満が続出し、多くの発言者はソヴェト権力に反対し、その食糧政策を非難し、論戦は二日間続き、協議会は混乱し、実質的機能を停止した。デマと演説が街頭にも広がり、「地方には反革命的直接行動があり、飢えと寒さで敵意のある叫び声が挙がるような雰囲気が醸し出されて」いた[39]。

このようなウクライナの厳しい情勢にもかかわらず、モスクワのボリシェヴィキ政府は割当徴発の完遂をウクライナ食糧人民委員部に再三要求したが、穀物の輸送にはさらに困難が伴った。二一年二月初めにはオデッサ地区では燃料がないために、約四〇〇輛の貨車が立ち往生していた。穀物を入れる袋もなく、空の貨車も配車されなかった。ウクライナも中央ロシアも飢えていた。政情不安のためにウクライナには膨大な赤軍部隊が駐屯していたが、彼らの食糧事情さえも危機的兆候を帯びるようになった。

ウクライナ赤軍総司令官M・B・フルーンゼは、二月一三日の軍事革命評議会議長トロツキー宛の極秘電報で、その崩壊現象を次のように報告した。「軍隊と管区から、部隊のきわめて苦しい実情に言及する多数の報告が入っている。多くの箇所全域で文字通りの飢餓が認められる。至る所で装備と靴の欠如を訴えている。チフス感染が強まっていることが指摘されている。軍隊の窮乏と供給を行うべき民間組織の冷淡な対応を訴えている。徐々に顕著になる軍事部隊の弱体化と、飢餓のためにもっとも優れた連隊での気分の急速な悪化が指摘されている。上述の状況と、多くの軍事活動家にある軍事的解党主義的 военно - ликвидаторское 気分のために、政治活動は僅かしか行われていない。革命評議会は、現状がこのまま続くなら深刻な騒擾を想定しなければならないことを明言する。この点に関する状況を報告し、危機の根本的原因は、ウクライナへの輸送の完全な麻痺であることを通告する。すべての貨物が途上にあり、前線基地にも部隊にも実際は何も入荷がない。ハリコフ自体が完璧に飢え、パトロールを拒否するケースが認められる」。このような軍事部隊の危機的状況を報じたフルーンゼは、軍需と医療用の軍用列車の優先的運行と、二週間の穀物貯蔵をウクライナ現地で形成するなどの支援をモスクワに要請した[40]。

彼の提案は、翌一四日のロシア共産党中央委政治局・組織局合同会議で取り上げられ、この実践的内容は原則的に採択された。食糧人民委員部は食糧人民委員代理ブリュハーノフと同参与A・Б・ハラートフの連名による三月三日づけ電報で、ウクライナに食糧を放出するような措置は、中央へ搬送が予定され、鉄道にある食糧貯蔵を減退させ、ウクライナ食糧人民委員部は穀物貯蔵を現地で消費しようとする傾向があるためにウクライナでの割当徴発の遂行が困難になるとして、この中央委決議に反対を表明した。しかし、その一方で、ウクライナ赤軍の食糧危機を回避するために、ウクライナ食糧人民委員部にはこの決議の執行を命じた。それに対し、ウクライナ食糧人民委員ヴラヂーミロフから三月五日づけでモスクワの食糧人民委員部に、貴殿の決議を慎重に審議した結果、「きわめて切迫した燃料の障碍があり、運輸に突然降りかかった大きな任務のため」、これを遂行するのは不可能であるとの返電が送り返された。妥当な反応であった。ロシア共和国と同様に、危機的食糧事情によりウクライナでも軍事力を維持するのは限界に近づいていた。

すでにウクライナでの食糧活動が崩壊していることは、ヴラヂーミロフから食糧人民委員部への三月二日づけの電報で明らかにされていた。「活動状況は、計画全体を解体させる性格を帯びている。アレクサンドロフスクと［タヴリーダ県］ベルヂャンスク郡において食糧活動家の大量の殺害を伴って食糧機関全体を完全に崩壊させた後に、マフノーはヘルソン郡の機関をも解体している。匪賊マフノーはドニエプロフスク郡からドニエプルを渡河し、さらに転進し、アレクサンドロフスク地区食糧委の食糧コミッサールと四二人の食糧活動家を殺害した。穀物の積載と搬送の作業は、メレファ＝ヘルソン鉄道の駅で妨げられ、メレファ＝ヘルソン鉄道には［穀物］一〇〇万プード以上が滞貨し、ドンバス［炭坑］のために緊急に穀物が積載された。だが今後の運行はそれ以上に紛糾するおそれがある。そのような状況の下で、ドンバスと赤軍への食糧の確保は、ほとんど未解決の問題として残されている」。食糧事情の悪化により伝染病が猖獗するまでに軍隊内の状況が深刻化し、農民蜂起が勢いを増す中でも、それを打開する具体的方策は執られないままに終わった[41]。

このような状況で、ヴラヂーミロフの立場は微妙であった。彼がヂェルジーンスキィからの情報で、食糧人民委員ツュルーパが割当徴発から現物税への交替に反対していないのを知ったのは、二月末のことであった。それから間もなく、三月二日のトロツキー宛の機密暗号電報で、ウクライナ共産党中央委は税に反対していることを通告し、レーニンの叱責を受けたことはすでに述べた。ほぼ同じような電文が、同日づけでツュルーパにも送られ、税の実施に伴う余剰の自由な処分権を与えるなら、ウクライナでの穀物調達は問題にならない、すべての責任ある食糧活動家は逃げだし、そのような条件では活動ができないので、税は受け入れがたいことを、彼はここでも強調した。続く三月五日のツュルーパ宛の電報では、自由買付を認めれば、ウクライナの資源が涸渇し、市場で穀物を獲得するために工場での資財や機材の窃盗が急増し、そのため「割当徴発を遂行した郷で自由買付を認可するように、との労働者の要求を昨日拒否しなければならなかった」との理由を挙げて、重ねてウクライナへの税の導入に反対する意向を伝えた。だがその一方で、三月一日の食糧人民委員部宛の電報では、割当徴発政策の変更は食糧活動を清算し、経済生活の崩壊的結果を招くとしながらも、農村が商品を獲得するように「農民自身のために、遂行される割当徴発の一定部分を控除するような譲歩を検討している」ことを通告した。これ以後、ウクライナでの調達問題も、モスクワの中央委と食糧人民委員部、ウクライナの中央委と食糧人民委員部の思惑が不統一なために揺れ動き混乱した[42]。

三月半ばにはウクライナ食糧人民委員部は、はっきりと現物税導入の立場を採るようになった。三月一四日づけの電報でヴラヂーミロフはツュルーパに、穀物と飼料に関して割当徴発の七五パーセントの規模で税を五月一日以後に導入するのがきわめて必要であることを通告し、その裁可を求めた。続く三月一八日の電報でも、三月一五日までの割当徴発による穀物調達は僅か六〇〇〇万プード余でしかなく、党大会での税の宣告によりすでに割当徴発の続行が不可能になった事実を指摘し、「即座の税の宣告が必要である」ことを強調した。そこでは、モスクワの食糧人民委員部から、商品交換のための商品フォンドを受け取る可能性はないと通知され、税を超えた分の汲出しはほとんど不可能でありながら、すなわち、残りの余剰は自由取引に流れる可能性を充分予知しながらも、中央ロシアで割当徴発の廃止が宣告された以上、ウクライナでの割当徴発の継続ができなくなった現実に基づき、ヴラヂーミロフは即座の税の実施を求めたのであった。

しかしながら、三月二四日の電報によれば、ウクライナ共産党中央委に出された提案は、次のように割当徴発の継続と新たな調達年度「八月一日以降」からの現物税の実施を目指すものであった。第一に、税は新年度の収穫に対して導入し、第二に、旧い収穫への割当徴発は継続するがその数字は二〇パーセント縮小され、農民が引き渡す余剰に対して商品等価物が交付される。そのように新収穫までは、自由取引は郷の範囲に限定され、割当徴発を遂行した郷には即座に商品交換制度での商品の供給が行われる。ここでは「クラーク反乱」と貧農委を考慮し、「クラークを屈服させる必要のある一定の地区では、農村での以前の政策を切断することなく」集団的供給が行われ、それ以外の地区では個人的商品交換を実施するとした。この提案は、北カフカースとシベリアに対して割当徴発の継続と商品交換による追加調達を指示した三月二一日のロシア食糧人民委員部参与会会議の原則を、ウクライナに適用したことは明らかである。このような現地の決定に対し、三月二七日にモスクワの食糧人民委員部食糧税特別委でウクライナでの調達問題が審議された際に、「ウクライナ領内での生産物調達は継続されなければならない。割当徴発か税の形態を採るかは、現地で確定されなければならない。割当徴発が完了した郷で、直ちに商品交換を実施する。割当徴発を二〇—三〇パーセント縮小する」との決議が採択され、基本的にこの提案を追認した。この決議は三月三〇日の党中央委政治局で承認された[43]。

四月二日のツュルーパへの電報でヴラヂーミロフは、ウクライナ四県で割当徴発を解除したことを通告したが、ここでもすでに割当徴発の続行は不可能になっていた。隣接諸県にすでに税と自由商業が宣言された現状の下では、集荷所から鉄道駅への穀物の搬送は完全に停止し、穀物調達は急激に悪化し、播種カムパニアの遂行さえも脅かされるようになった。

その第一の理由は、ロシアと同じく多数の担ぎ屋の流入であった。四月一五日にモスクワの党中央委はハリコフから次の電報を受け取った。「最近ウクライナに前代未聞の大量の担ぎ屋が押し寄せ、運輸を根本的に解体し、まだ割当徴発を遂行していない諸県の調達を損なっている。多くの個々の担ぎ屋と同じく、様々な労働者組織は、ロシア食糧組織と県執行委の、とりわけウクライナと県境を接するヴォロネジ、クルスク、ゴメリ、トゥーラ県のウクライナへの通行許可証を持っている。購入と商品交換の目的でウクライナへのあらゆる通行許可証の交付の停止について、地方執行委と食糧組織への絶対的指示を与えるようお願いする」。ここでもロシア共和国と同様な光景が展開され、おもにロシアの飢餓諸県から穀物を求めて民衆が殺到した。特にウクライナでは、商品交換による追加調達のための商品フォンドが確保されず、そのため税や商品交換によって徴収されるはずの農産物が自由市場に流れ、このために押し寄せた担ぎ屋によって穀物の中央への鉄道輸送が停滞するといった悪循環が生み出され、ロシアへの穀物の搬出は停止した。

四月二六日に食糧人民委員部が受け取った電報でウクライナ食糧人民委員部は、「アレクサンドロフスク県への担ぎ屋行為は続いており、あらゆる活動を不可能にし」、鉄道運行が悪化した事実を指摘し、唯一の調達手段である商品交換のための商品フォンドの発送を要求した。さらに、五月二三日づけの電報でヴラヂーミロフは、「担ぎ屋行為は留まるところを知らず、すべての県を覆い尽くし、調達・商品交換活動を解体させ、現在までに一輌の商品貨車も受け取っていない」、と担ぎ屋の克服と商品の発送を再度訴えた。このため、ウクライナ・チェー・カーに鉄道の警備が課せられ、レーニンはヴェー・チェー・カー議長ヂェルジーンスキィに、「[ロシア]共和国の飢えた中央のための穀物調達を解体するおそれがある」として、ウクライナでの担ぎ屋との闘争を強化するよう、執拗に要求した。だが、ヴェー・チェー・カー議長は五月三〇日の電報で、ウクライナへの担ぎ屋の流入を阻止し、重要な鉄道区間に軍事警戒線が設営されるなどの措置が執られたにもかかわらず、ロシア共和国から送り出された労働者組織の遠征隊が「ウクライナでの穀物調達を解体した」と、レーニンに打電した。この流れを止めるのは完全に不可能になっていた(44)。

第二の理由は、ウクライナでいっそう強まる匪賊運動であった。三月三〇日に党中央委がキエフから受け取った電報によれば、「組織的で整然とした陣容の、革命的で理想的な匪賊運動の広汎な展開が確認され」、このような「攻撃細胞」が四方八方からキエフを包囲していた。このような匪賊細胞は現地住民の共感を得ながら、徐々に肥大する傾向にあった。そしてこれら運動の対象は、以前と同様、ボリシェヴィキ権力による食糧活動であった。ヴラヂーミロフの電報によれば、匪賊運動はもっとも一般的な軍事的スローガン、「食糧活動家を撲滅せよ」の下で行われ、未曾有の反食糧プロパガンダが行われ、匪賊によって貧農が襲撃されているとのニュースが広がり、貧農委からの大量の脱出が認められた。あらゆる県で食糧活動は限界に達し、食糧活動家の大きな損害を出しながらも、その成果は僅かであった。五月最初の一週間で、アレクサンドロフスク県では六〇人、[ポルタヴァ県]ルブヌィ郡だけで約四〇人の食糧活動家が殺害された(45)。

註

1 РГАСПИ.Ф.17, Оп.13, Д.1003, Л.235,239; ГАРФ.Ф.130, Оп.5, Д.777, Л.1,20.

2 Там же. Ф.393, Оп.28, Д.266, Л.13; РГАЭ.Ф.1943, Оп.6, Д.142, Л.38.

3 Правда.1921. 3 апр.; РГАЭ.Ф.478, Оп.1, Д.537, Л.136.

4 Девятый Всероссийский съезд советов. С.148; Изв. Орлов. губисполкома, горисполкома. 1920. 12 марта; РГАЭ.Ф.478, Оп.1, Д.537, Л.105.

5 ВЦИК viii созыва. С.105,124; РГАЭ.Ф.478, Оп.1, Д.537, Л.105.

6 ВЦИК viii созыва. С.127-128; РГАЭ.Ф.478, Оп.2, Д.473, Л.132; Прод.газета.1921. 22 июня.

7 РГАСПИ.Ф.17, Оп.84, Д.230, Л.24; ГАРФ.Ф.130, Оп.5, Д.796, Л.1-2,5.

8 ЦА ФСБ.Ф.1, Оп.5, Д.105, Л.25,23; ГАРФ. Ф.393, Оп.10, Д.21, Л.160; Сафонов Д. А. Указ. соч. С.64; РГАСПИ.Ф.17, Оп.84, Д.138, Л.18об.

9 ГАРФ.Ф.130, Оп.5, Д.796, Л.29-33,34; Д.799, Л.8; РГАСПИ.Ф.17, Оп.65, Д.645, Л.68. 四七五万強の人口を持つキルギス共和国は、二二年一月で一六〇万が飢餓にあり、その数は増え続け、同年七月には二〇六万以上に達し、オレンブルグ、ウラリスク、アクモリンスク、アクチュビンスク県だけで、二二年一月から二二年七月までに三万七六五七人が餓死した（Итоги борьбы с голодом в 1921-22 гг.: Сб. статей и отчетов. М., 1922. С.205.）。

10 ГАРФ.Ф.130, Оп.5, Д.796, Л.58,59.

11 Протоколы десятой всероссийской конференции РКП (б). С.31.

12 ГАРФ.Ф.130, Оп.5, Д.644, Л.9; Протоколы десятой всероссийской конференции РКП (б). С.6, 59; Ленин В.И. Полн. собр. соч. Т.43. С.149; ВЦИК viii созыва. С.88; Тамбовский пахарь. 1921. 29 мая; Красная деревня (Курск.). 1921. 3 апр.; Торгово-пром. газета.1921. 16 авг.

13 Протоколы десятой всероссийской конференции РКП (б). С.3,4,10,15-27,37-50,61-62; ВЦИК viii созыва. С.212. スヴィヂェールスキィは五月三〇日のВЦИК会議でも、割当徴発の実施の際に国家は強制を行使しなければならなかったように、税制の下でもこの強制を適用しなければならないとして、食糧税を成功裡に実施するためには食糧機関の中央集権化が必要である、と同様の主張を繰り返した（там же. С.150.）。

14 食糧人民委員部は六月七日づけ県食糧委への指令で、県食糧コミッサール、税監督官、集荷所所長などの食糧活動家を招集する県食糧会議を、全ロシア食糧会議の直後に開催するよう勧告した（Прод.газета.1921. 16 июня.）。

15 3-е Всероссийское продовольственное совещение: Речи, доклады, тезы, резолюции. Томск, 1921. С.12-23,26-38. スヴィヂェールスキィはこの会議でも、経営の税負担率について第一〇回党協議会での主張（Протоколы десятой всероссийской конференции РКП (б). С.47.）を繰り返し、税は総収穫のほぼ一二パーセント、純収穫の一五パーセントであり、「割当徴発より軽いが、それでも軽い負担ではない」と報告した。ストゥルミーリンは現物税負担を、純収穫の二〇パーセントと予想した（Экон.жизнь.1921. 16 апр.）。ツァーリ時代の税は、ヴァインシュチェイーンの算定によれば、一二年の農民への課税は純収入の一三・二パーセント、総収入の一一・二パーセントであり、現物税負担は、それよりも重い負担であった（Вайнштейн А. Л. Обложение и платежи крестьянства в довоенное и революционное время.М., 1924. С.45.）。

16 Прод.газета.1921. 30 марта; Четвертая годовщина Наркомпрода. С.18; ГАРФ.Ф.130, Оп.5, Д.723, Л.169.

17　Десятый съезд РКП (б). С.421-422; Прод. газета. 1921. 23 марта; ГАРФ. Ф.130, Оп.5, Д.723, Л.169-169об.

18　РГАСПИ. Ф.17, Оп.13, Д.906, Л.5; РГАЭ. Ф.1943, Оп.6, Д.403, Л.515.

19　Советская сибирь. 1921. 16 янв.

20　「勤労者の敵」、「昨日の反革命家」として農民の間で専門家への不審と反感は根強いものがあった(Сафонов Д. А. Указ. соч. С.142.)。

21　РГАЭ. Ф.1943, Оп.6, Д.403, Л.328; РГАСПИ. Ф.17, Оп.13, Д.911, Л.14; ГАРФ. Ф.393, Оп.28, Д. 287, Л.6-6об.; Десятый съезд РКП (б). С.423.

22　РГАСПИ. Ф.17, Оп.13, Д.337, Л.26, 28.

23　РГАЭ. Ф.1943, Оп.6, Д.403, Л.439, 442, 538, 503.

24　РГАСПИ. Ф.17, Оп.13, Д.904, Л.46; ГАРФ. Ф.130, Оп.5, Д.777, Л.7.

25　Там же. Л.4; Д.723, Л.80.

26　Там же. Д.644, Л.11; РГАЭ. Ф.1943. Оп.1, Д.829, Л.133, 116.

27　РГАСПИ. Ф.17, Оп.13, Д.911, Л.6-6об., 23; Прод. газета. 1921. 1 апр.

28　РГАЭ. Ф.1943, Оп.6, Д.403, Л.539; Д.403, Л.551; Сибирский революционный комитет (Сибревком) авг. 1919-дек. 1925: Сб. документов и материалов. Новосибирск, 1959. С.322. 二一年六月末までにシベリアに課せられた穀物割当徴発量一億一〇〇〇万プードのうち六七三七万プードが納付され、遂行率は六一・二パーセントで、そのうち二〇年一二月までに四四二四万七〇〇〇プード(四〇・二パーセント)が納付された。二一年一から六月の遂行は以下の表で示されるように、四月以降納付量は激減した。五月三〇日のВЦИК会議で、シベリア革命委議長代理となったチューツカエフも同様に、シベリアで割当徴発は三月までに六八〇〇万プードが遂行され、税への移行によって、そこでの割当徴発のそれ以上の実施は不可能になったことを確認した(ВЦИК

1921年に納付された穀物(単位:1000プード)

県名	1月		2月		3月		4月		5月		6月		合計		総計
	穀物	穀物飼料	穀物	穀物飼料	穀物	穀物飼料	穀物	穀物飼料	穀物	穀物飼料	穀物	穀物飼料	穀物	穀物飼料	
オムスク	2490	422	786	109	621	87	180	41	124	13	29	5	4230	677	4907
トムスク	1497	776	952	621	418	296	173	71	30	10	61	49	3131	1823	4954
アルタイ	3384	884	1466	395	1366	310	311	72	36	8	7	6	6570	1675	8245
セミパラチンスク	514	71	239	22	85	13	125	38	36	8	-	-	999	152	1151
エニセイスク	437	77	496	66	733	110	396	32	198	20	29	8	2289	313	2602
イルクーツク	379	198	195	68	282	109	18	6	3	6	-	-	877	387	1264
合計	8701	2428	4134	1281	3505	925	1203	260	427	65	126	68	18096	5027	23123

計算上の誤りは訂正してある。Сибирский революцирнный комитет. С.323.

viii созыва. С.204.)。

29 ГАРФ.Ф.393,Оп.28,Д.324,Л.7; РГАЭ.Ф.1943,Оп.6,Д.403,Л.539; Оп.1,Д.964,Л.88;Д.1150, Л.27; РГАСПИ.Ф.19,Оп.3,Д.225,Л.100.

30 ГАРФ.Ф.393, Оп.28, Д.324, Л.39-42.

31 Бранденбургский. Экон.жизнь. 1921. 13 мая.

32 Кондуфф Ю.Ю. Укрепление союза рабочего класса и крестьянства на Украине в период гражданской войны. Киев,1964. С.101-103. 一九年八月までの一年間で軍事食糧局により組織された五九六個の食糧部隊のうち、モスクワ、ヴラヂーミルなどの工業諸県で四四五部隊が編成され、一〇七の部隊がウクライナに送られた(ГАРФ.Ф.5556, Оп.1, Д.39, Л.103.)。

33 Владимиров М. Ударные моменты продовольственной работы на Украине. Харьков, 1921. С.5-8; Комитеты незаможных селян. Одесса ,1920. С.17-18. ウクライナを一括して扱うのは不正確であり、地勢的、経済的には肥沃な土地と工業企業を持つ南部、むしろ自家消費用の穀物生産が支配的であった南西部、北東部に分けることができる。ロシア十月革命後のウクライナ情勢全般については、中井和夫『ソヴェト民族政策史』、木鐸社、一九八八年、「第三章　内戦と飢饉」を参照。

34 РГАСПИ. Ф.17, Оп.84, Д.93, Л.48,86; Оп.65, Д.489, Л.92; РГАЭ. Ф.1943, Оп.1, Д.682, Л.7-8об .

35 ロシア共和国の貧農委については、拙著『飢餓の革命』第八章を参照。一八年一二月末に貧農委解散が命じられ、一九年一月布告で生産諸県に割当徴発が導入されたため、ロシア共和国では、貧農委と割当徴発は制度的に結びつけられなかった。

36 二〇年のウクライナの政治情勢は、ボリシェヴィキ政権、ペトリューラ軍、マフノー軍との間でいわば三つ巴の闘いが繰り広げられていた。ウクライナ民族主義的ブルジョワ勢力を糾合するのがС・В・ペトリューラの勢力であり、反ヂェニーキン、反ペトリューラではボリシェヴィキと共闘しつつも、農民政策で反ボリシェヴィキ的立場を採るのがマフノー軍である。マフノー運動に関する邦語文献として、アルシーノフ著・奥野路介訳『マフノ叛乱軍史、ロシア革命と農民戦争』、鹿砦社、一九七三年がある(原著は、Аршинов П. История махновского движения,1918-1921гг. Берлин,1923.)。同書に付けられた中井和夫の解説も有益。約一万五〇〇〇のマフノー軍の兵力に対して、五万八〇〇〇人以上の赤軍戦闘員が引き入れられ、二〇年一一月三日にウクライナ軍総司令官にフルーンゼが着任し、本格的な対マフノー軍の軍事行動が開始され、農民パルチザンとの戦闘はマフノーが二一年八月二八日に残党とともにルーマニア国境を越えるまで続いた(см.: Волковинский В.Н. Махно и его крах. М.,1991. С. 189-190.)。

37 Комитеты незаможных селян . С.4-7,11-14; Кубанин М. Махновщина. Л.,1927. С.130,127; РГАЭ.Ф.1943, Оп.1, Д.682, Л.8об.; Владимиров М. Указ.соч. С.10; РГАСПИ.Ф.17, Оп.66, Д.89, Л.343 об.;The Trotsky Papers.vol.ii,p.148.

38 Ленин В.И. Полн.собр.соч.Т.41.С.364; РГАЭ.Ф.478,Оп.5,Д.8, Л.172.

39 РГАСПИ.Ф.17,Оп.84,Д.93,Л.69,106; РГАЭ.Ф.1943,Оп.1,Д.964, Л.1.

40 Там же. Л.18,25,40; РГАСПИ.Ф.17, Оп.112, Д.128, Л.44.

41 Там же. Л.46,50,52,53; РГАЭ.Ф.1943, Оп.1, Д.964, Л.41.

42 Там же. Л.42-42об.,66,67,68.

43 Там же. Л.74,75; Д.829, Л.72,133.

44 Там же. Д.964, Л.78,87-87об.; Д.829, Л.78; РГАСПИ.Ф.19, Оп.3, Д.225, Л.20,23; ГАРФ. Ф.130, Оп.5, Д.796, Л.17.

45 РГАСПИ.Ф.17, Оп.84, Д.205, Л.5; РГАЭ.Ф.1943, Оп.1, Д.964, Л.81; ГАРФ.Ф.130, Оп.5, Д. 796, Л.17.

第六章 現物税体制下の民衆

自由市場と民衆

現物税が布告されると、飢えた大衆は穀物を求める避難民や担ぎ屋となって、ロシア全土に溢れ出たことは再三触れてきた。割当徴発の停止によって食糧供給源を失った民衆は、「自由」市場に依拠してしか生存することができなくなった。地方の共産党員でさえ、ささやかな業務や架空の出張を口実に膨大な数がモスクワを訪れ、食糧やその他の生産物を買い漁っていた。担ぎ屋は至る所に出没したが、特に周辺穀物地帯に大挙して押し寄せた。「鉄道に沿って何か灰色の昆虫が蠢いていた。これは一面灰色の外套をまとった食糧闇商人が大量に群がっている列車である。彼らの下になって、貨車も、機関車も、屋根も、デッキも、連結部も見られない」と、当時のウクライナの有様を特派員は報じた。北カフカースのロストフ＝ナ＝ドヌには四月末には毎日一万人以上の担ぎ屋が到来した。(1)

党大会での現物税の宣告直後から全国的規模で認められた、このような穀物を求めての民衆の大移動が、その後の政治的経済的情勢の中で決定的な意味を持った。これらの運動は、現実的には農産物の多くを「自由」市場に向かわせることで商品交換と食糧税による調達を困難にしただけでなく、「現物税＝商品交換体制」を経て社会主義的生産物交換へと前進しようとした政策理念的幻想を打ち砕いたからである。そして、この背景にあるのは、十月革命の勃発以来止むことのない飢餓の現実であった。

二一年春に現れたのは伝統的地域的農民市場の復活ではなく、全国的規模での担ぎ屋の奔出である。彼ら担ぎ屋の大量の流れは、食糧資源が涸渇した飢餓地方への援助を中央権力は拒否し、地方権力は労働者大衆への食糧配給を停止し、そのような状況下で闇食糧取締部隊を解除して取引の制限を破棄した必然的帰結であった。農民であれ、労働者であれ、飢えた大衆は自らの手で食糧を手に入れなければ、そこに待ち受けるのは餓死であり、このような人々が担ぎ屋の流れを、すなわち「自由」市場を形成した。

多数の飢餓民とともに、余剰持ち農民も確かに存在し、彼らの存在が担ぎ屋を引きつけた。皮肉なことに、割当徴発がこのような構造を生み出したことは、二〇年一二月末に開かれた第九回タムボフ県モルシャンスク郡ソヴェト大会で、次のように述べられた。「幾人かの代表は、穀物は不適切に割り当てられたといっている。三〇パーセントしか汲み出せないところで六〇パーセントが徴収された。今度は逆に、六〇パーセントを徴収できるところで三〇パーセントしか汲み出さなかった。そこで、前者は飢えなければならず、後者は飽食で生きることができる」。ヴォロネジ県でも同様なことが言及された。「食糧割当徴発は必ずしも適切に遂行されなかった。多くの村でそれは頭割りで行われ、そうやって、農村貧民 голытьба から最後のフントまでが徴収され、富農には何プードも残され、隠匿された。割当徴発を一八〇パーセント遂行した郷もあり、四分の一も遂行しなかった郷もある。いくつかの郷や郡にも、割当徴発は多かったり少なかったり不正確に課せられた。この結果、食糧割当徴発の遂行が終わりに近づいている現在、すべての村落、郷、郡でさえ、穀物の残量は一様ではない」。これが内部再分配を実施するための論拠であったが、これから間もなく割当徴発の停止命令が出されたため、人為的に創り出されたこのような穀物の偏在は温存された(2)。

こうして、割当徴発制度は破棄されたとしても、多くの飢餓農民は自ら生きる術を探さなければならず、そのため、公式声明では現物税を歓迎したとしても、現実にはその導入を民衆すべてが好意的に迎えたのではなかった。サマラ県の農民は、彼らが危機的食糧事情に置かれているため、現物税と自由交換の布告をまったく消極的に迎え入れ、不信感を抱いていた。トムスク県クズネツク郡の農民は、食糧税を欺瞞と見て、不審気に眺め、市場には何も運ばれなかった。重い現物税負担に農民が不満を抱いていたとするなら、労働者は市場での物価高騰に不満を抱くようになった。オムスク市での食糧価格は日々高騰し、信じがたいほどに高い価格は、賃上げが実施されても月給では麦粉一プードしか買うことができず、ソヴェト施設の職員と労働者の間で憤怒が引き起こされた。[3]

そもそも、自由交換が認可されたとしても、日々の糧にも事欠く窮民にはそのための交換財がなかった。彼らにとって、市場が開かれても、それは必ずしも食糧生産物を獲得する機会を得たことにはならなかった。物価は急騰し、サマラ県では、労働者への配給券が縮小したためにバザール開設の声が挙がったものの、資力のある住民だけが市場によって生活状態を改善することができたが、貧しい住民は投機と物価の高騰のために市場で何も手に入れることができず、労働者の新たな不満を招いた。バラコヴォ郡農業部部長代理は、飢えた農民は食糧とどれだけが交換されるかも考えずに、農具や馬を販売に出している、家畜は飼料がないために二五パーセントが斃死し、三月中はその二倍以上が穀物と交換されるか肉を食べるために屠畜され、そのため、郡農業部参与会は、「農業は完全に死滅し、休耕地の犂起こしや干草の刈取りのような、中央によって与えられた任務を遂行することができないと見なしている」と報告した。この郡では、凶作にもかかわらず強権的に実施された割当徴発のために、すでに二〇年末から飢えていた農民は穀物を求めて自由交換に殺到していた。繁殖用の家畜や農具さえも食糧との交換財に利用され、播種機は僅か一六フントの小麦粉と引き替えられた。こうして自由交換が公的に認可されたときには農民には何も残されず、自由交換が認可されてもこの郡では市場は開かれなかった。そのため、飢えた農民は穀物を探しに他の地方に出かけなければならず、このようにして大量の担ぎ屋が生み出され、シベリアやキルギスに流れ出た[4]。

現物税の布告とともに市場やバザールが開かれたことは、多くの地方から報告されたが、これは革命以前の穀物商業の復興ではありえなかった。これまで村で開かれていた市場やバザールは、春になり農民経営に穀物貯蔵がなくなるとともに、開かれなくなったからである。通常では姿を消すこの時期に澎湃としてわき起こったこれらバザールや市場は、決して「小ブル的心理」や「心に巣くうスーハレフカ」の表出ではなかった。それらは、当時の条件の下で民衆に残された唯一の生存のための手段であり、すでに交換財を失った農民にとって、なけなしの資財を売り払っても生き残るために開かれた唯一の場であった。

七月三日のサマラ県執行委・党委幹部会合同会議で議長は、飢えた農民は現在自分の最後の家財道具を二束三文で売り払い、充分立派な農家 домик がわずか麦粉七プードと交換されている実情に触れた。このような現象は各地で認められた。ヴャトカ県では特に南部郡が激しい飢饉に見舞われ、ヤランスク郡の多くの住民は油粕 дуранда（亜麻を搾油する際に出る滓の地方名）と樹皮から焼かれたパンを食べ、子供を道連れにした自殺も認められた危機的食糧事情の中で（ノリンスク、マルムィジ郡）、住民は、家畜、農具、衣服、調度品を捨て値で売り払い、馬は麦粉四から五プード、牝牛は三プード、四輪馬車は一プード半と交換されていた（通常の相場では馬一頭はライ麦二〇から四〇プード）。ここでは農耕に利用するために五—六経営がグループを作って一頭の馬だけを残し、残りは交換に出すか食用に屠畜していた。オムスク県タタールスク郡では、住民の多くに穀物はなく、ネコジャラシを食用にしていたが、個人消費のために大量の家畜が清算され、それらはバザールで投げ売りされていた。こうして農民は自らの経営を解体させて、僅かな食糧を手に入れていた[5]。

だが、このようにしてもまだ穀物を手に入れる資産が残されているのはましであった。資財が尽きたときに待つのは、村を捨てての移住である。戦時共産主義期から広く見られたこのような現象は、「飢餓移住」と呼ばれた。二〇年に中央諸県で旱魃の被害が明らかになるにつれ、シベリアへの移住の波が強まり、二〇年九月から二一年一月までに一三万八六八八人がシベリアに移住したが、そのうちトゥーラ県からは三五パーセント、リャザニ県からは二〇パーセント、カルーガ県からは二二パーセントを占め、彼らのほとんどすべてが飢餓諸県からの避難民であった。

二一年六月二一日づけで移住の所管庁である農業人民委員部は県農業部宛に、移住者用の土地区画が涸渇したことを理由に挙げて、多数の移住の請願が入っているが、それを許可しない旨を通達した。それでも、移住の希望は後を絶たなかった。ヴャトカ県ウルジューム郡では、これら農民は住み慣れた土地を捨て百姓家に釘を打ちつけ、行く当てもなく立ち去った。このような飢餓民が四、五〇〇〇人の群れをなし彷徨していた。このような人々が担ぎ屋の流れに加わった。サマラ県プガチョフ郡でも、住民はすべての家財道具を捨て値で売り払い、荷馬車でシベリアかウクライナに向かう光景が方々で見られた。サラトフ県ヴォリスク郡では、移住の希望者は多く、現地執行委の禁止令にもかかわらず、村落から一万人以上の移住希望者名簿が提出された。現金一〇〇ルーブリと襤褸を持って彼の地に到着し、麦粉二三プードと馬二頭をそれで購入したとの、怪しげな手紙が人々に口伝えられ、このことは広く信じられ、ソヴェト権力の支援を当てにできない農民は経営を投げ捨て、苦しい旅に出立した。このためいくつかの村落は空になった。五月に移住が始まったドイツ人コミューンでは、徐々にその規模が大きくなり、通過する村々で移住民が食糧を乞う姿が随所で認められた。こうして住民四四万一七二〇人のうち二一年中に、その一六・一パーセントがその地を去った。七月のサマラ県執行委・党委合同会議で述べられたように、「農村では強力な解体の過程が進行」していた。農業人民委員部の資料によれば、登録なしのシベリアへの移住者は、二〇年で約八万七〇〇〇人、二一年で約七万二〇〇〇人に達し、飢餓が沈静した二二年には三三二〇人に激減した。もちろん、シベリアも厳しい飢饉を免れているわけではなかったが、飢えた農民は一縷の望みを託してあてどもなく旅立った。第九回全ロシア・ソヴェト大会でカリーニンは、すでに盛夏から始まる何週間、何ヶ月間と続く農民移住者の数を一二五万以上と見積もった[6]。

また、革命前のバザールでは、地元住民の間での取引が通例であったが、この時期のバザールでは、おもな購買者は地元の住民よりむしろ遠方からの買付人であった。例えば、トヴェリ県ノヴォトルジョク郡では、市場の開設にともないバザールに充分な量の食糧生産物と商品が出回るようになったが、現地の職員と労働者階級の購買力は低く、ほとんどが到来者によって買い付けられている、と報じられた。凶作の被害はロシア全土で大規模な範囲に及んだために、罹災した飢餓民は穀物を求めて遠距離を出かけることを余儀なくされ、このようにして、全国的規模で担ぎ屋の流れが生まれた。時には移住者や避難民もこの流れを形成した。飢饉が大規模である以上、郡境や県境を越えなければ食糧を獲得することができず、取引の範囲は地方の枠を越えて拡大されなければならなかった。二一年の大飢饉によって地方的取引の制限は否応なしに解除されたのである。ロシア共和国全土で自由取引が展開されたとしても、それは、国営商業機関はいうまでもなく、この時の協同組合機関の脆弱性を考慮に入れるなら、全国的規模で資本主義的市場システムが構築されたことを決して意味せず、食糧を求める担ぎ屋の流れが全国的規模で溢れ出した結果にすぎなかった。[7]

農民に劣らず厳しい食糧危機に陥りすでに交換すべき財を失った労働者は、窃盗で手に入れた交換財を食糧と交換した。十月革命以来、多くが労働者と職員による工場製品または原料や資財の盗みが頻発し、モスクワのスーハレフカ市場はまさにそれら盗品市場の様相を呈していたが、このような現象が大々的に広がったのである。[8]

自由市場を認可する以上、これらの行為が蔓延することは充分に予測され、三月二四日の食糧人民委員部参与会会議で交換に関する法規が議論された際に、窃盗に厳罰を科すことが盛り込まれた。バザールを開設すれば、交換財を持たない労働者が盗みに走るのは火を見るより明らかであり、そのために地方権力はバザールの開設に慎重にならざるをえなかった。三月末に開かれたサマラ市ソヴェト拡大会議で、県食糧コミッサール・レーキフは、良心的労働者にとってバザールが提供するものはなく、そのようなバザールはない方がましであろうと、その開設には否定的であった。この問題は激しい議論を引き起こし、別のメンバーは、バザールの開設とともに様々な国営倉庫と商店からの窃盗行為が強まるので、このような人民資産の窃取を厳しく告発するよう訴えた。そのほか、価格を高騰させる投機人と転売人を厳しく処罰するようにとの声も挙がった。これらの長い討論の結果、「農産物余剰とクスターリ製品と日用品の商業のためにバザールの開設を認可し、同時に投機と窃盗との闘争を強化するよう」、県執行委に勧告する旨が決議された[9]。

こうして各地でバザールが開かれるのに連動して、広く窃盗が発生した。オムスク県では現物税の導入とともに始まった配給券の縮小のために、様々な企業と工場で半完成品と原料の窃盗が急増し、このため工場生産は半減した。チュメニ県でも、「投機市場」が信じがたい規模で広まるにつれ、工業製品が国営倉庫から易々と市場に流れ込み、これらの窃盗と販売に企業や施設の管理部門が深く関わっているとされた。労働者は製粉所で麦粉をかすめ取り、工場では資財を盗み、それへの統制はまったくなかった。サマラ県メレケス郡では、郡の住民の三分の一を飢餓民と認定するほどの厳しい食糧事情にあり、僅かな配給は労働者に不満を抱かせ、地元の工場で製品の窃盗が大量に引き起こされた。メレケス織物工場では製品の四五パーセントが盗まれた。このような窃盗はあらゆる場所で起こった。ソフホーズでもこそ泥と窃盗が広まり、ドンバス炭坑宛の封印貨物列車からも積載された貨物が盗まれる事件が続発した。そのため、ヴェー・チェー・カーは鉄道運輸チェー・カーに四月五日づけで、貨物列車の厳格な監視を指示し、すべての県チェー・カーに五月六日づけで、国営倉庫からの織物や履物の窃盗との闘争を命じた[10]。

このような事態は、おそらくボリシェヴィキ指導部の予測外であった。食糧人民委員部は四月一五日づけ電報でシベリアでの自由交換を認可していたが、五月二一日にブリュハーノフ名のすべての県食糧委への電報で、三月二八日づけの自由交換に関する布告はシベリア、カフカース、トルケスタン、ウクライナには及ばないとして、これら諸県への穀物を求めて出向くことを禁ずるよう命じた。さらに、ＣＨＫは六月二一日の会議で、「伝染病の流行［当時ロシアのあらゆる地方で伝染病が流行していた］」を理由に挙げ、すべての地方執行委に、シベリア、ウクライナ、北カフカース、トルケスタンへの通行許可証の交付を禁じ、ヴェー・チェー・カーにその通行証の点検を命じる措置を執ったが、効果はなかった。あらゆる担ぎ屋禁止令にもかかわらず、もはや担ぎ屋の流れを止めるのは不可能になっていた。「飢餓のため馬泥棒が蔓延し、殺人が行われ、コレラ、赤痢、チフスが広がり」、パニックに陥ったシベリアのアクモリンスク県からも、ロシア農民はパンと仕事を求めて、ウクライナに向かうようになり、飢餓が深まるにつれ、この流れはいっそう強まった[11]。

農民の窮状は別としても、市場が開かれたことで労働者の生活は改善されたと考えるなら、それも大きな誤解といわざるをえない。市場価格の高騰に悩まされ、国家供給から断たれた彼らの生活は、ある意味では農民よりもいっそう悲惨であった。

二〇年末の第八回ソヴェト大会は「国民経済の復興」を目指していたが、それから間もなく露呈し始める工業労働者の現実は、この幻想に冷水を浴びせるのに充分であった。カルーガ県の工場労働者は二〇年秋から半年間食糧配給を受け取っていないため、穀物探しのための休暇を彼らに認めなければならず、そのため工場の操業は停止した。こうして工業生産の向上のためにまず労働者の食糧事情を改善する必要があると認識され、三月一六日に第一〇回党大会で労働者と困窮農民の状態の改善に関する決議が出された。これを受け、三月二四日のВЦИК幹部会は、工場労働者の日常生活を改善するための中央特別委の設置と工業諸県でそれに準じた特別委を組織する決議を採択し、各地で「労働者の日常生活改善に関する特別委」が設置されたものの、彼らの生活条件はますます悪化した。

タムボフ県生活改善特別委から食糧人民委員部への報告によれば、県内で三月中は突撃企業の労働者さえ穀物を受け取らず、肉、獣脂、砂糖はすでに数ヶ月間交付されず、労働者は急激な体力の減退を引き起こしていた。労働者の食堂は閉鎖寸前で、穀物を求めて職員と労働者は四散し、県の経済組織は解体された。モルシャンスク郡の労働者は食糧生産物がないために配給を受け取れず、ボリソグレブスク郡では、突撃企業が完全に停止するおそれがあるほどに労働者への配給は破滅的状況に陥り、労働者の五〇パーセントは飢餓による疾病にかかり、残りの労働者は完全に生産能力を失っていた。このため缶詰工場から五万人分の缶詰の交付を要求したが、この要求は県食糧会議によって破棄され、労働者と職員は穀物を求めて大量に逃亡 бегство し、県食糧コミッサール代理は食糧人民委員部に緊急の支援を要請した[12]。

カルーガ県での厳しい状況は、県執行委議長から党中央委宛に四月に出された報告書に克明に綴られている。

三月中は県外から穀物六万プードを受け取るはずであったが、実際には一万八九〇六プードしか受け取らず、四月中は四万プードを指定されたがまったく入荷はなく、優先的に配給を受ける企業の労働者に家族抜きで充足するとしても、一七万一八一一プードが必要とされたが、県食糧参与会は穀物貯蔵がないために一万九八五八プードだけの引渡しを認めた。このため、「県内の、特に飢餓郡の状況は、あらゆる面で、おもに食糧供給という意味で、きわめて破滅的である。配給基準はこの数ヶ月間で最低限にまで縮小され、いくつかの郡ではまったく何も交付されていない。工場、鉄道修理工場、そのほかの国家的意義を持つ重要企業は止まっている。ソヴェト職員はこの三ヶ月間一フントのパンも受け取らなかった。労働能力を向上させる可能性はない。労働組合は無力である。いかなる情宣も役に立たない。孤児院、託児所、養老院、病院、身障者施設は、栄養失調による重篤の患者で溢れている。死亡率が増加している。共同食堂は食糧がないために、存続することができない[13]」。

食糧事情の悪化は、各地で政治危機へと発展し始めた。サラトフ市では、三月に配給券の縮小に端を発して労働者はストや集会を挙行し、この運動は、現地の最大企業である鉄道修理工場における集会で憲法制定議会の要求を掲げるような組織的で反ソヴェトの政治的性格を持つまでに、急速に高まった。ソヴェト権力の転覆を目的とした直接行動を組織した廉で、一四五人の労働者が裁判にかけられた。県内の匪賊運動は、彼らの一部が春の畑仕事に流れたために、部分的には瓦解が認められたものの、「小さな匪賊の徒党は県内で完全に温存された」。こうして、いったんは鎮静化に向かった匪賊運動も、県南部郡での飢饉が明らかになるにつれ、新たなうねりが生み出されようとしていた。労働者も食糧配給券が徐々に縮小されたために三月は県内の至る所がストで明け暮れ、それらが党・ソヴェト機関によって根絶されたことで四月には労働者の気分も改善されたとしても、五月に入ると再び悪化し始め、各地の工場でストが勃発した。赤軍の状況も次第に深刻になり、規律があると評されたヴォリスク連隊でも食糧への不満が強まった。兵士はパンを受け取る際に、「戦争と一・五フントのパンをよこせ」といっている。状況は二一年を通して時々刻々と悪化した。七月には党県委責任書記、県執行委議長代理、県労組評議会議長から、「県の破滅的状況は強まっている。穀物がまったくないことに関連し、工場の一部は停止し、残りで生産はゼロに落ちた。あらゆる種類の犯罪が広がり始めている。収穫の見込みは絶望的である。移住の動きが強まっている。この状況からサラトフ県は独力で抜け出すことができず、完全な崩壊と死滅の運命にある」と、中央からの援助を要請した。当時約二八〇万の人口を持つサラトフ県での飢餓民は八月中に一〇〇万に達し、餓死者も見られるようになり、その被害はさらに増えつつあった。⑭

現物税の導入によっても、民衆の状態は二一年中に決して改善されることはなく、夏以後は共和国のほぼ全域が飢饉に覆われた。

現物税の実施

二一年に急速に悪化した食糧事情と政治情勢の下で、現物税は実施された。

三月二五日の党中央委政治局会議の決定により、ミリューチン委員会から穀物税法案の策定作業を引き継いだカーメネフ委員会は、㈠税は耕地面積で算定される、㈡税の規模は県ごとの収穫率と収穫予想に基づき春に公表される、㈢県ごとに五カテゴリーに分けられる収穫率は春に公表される、㈣耕地一デシャチーナ以下の経営は免税にする、㈤課税基準を確定する際に食い手と家畜頭数を考慮する、㈥累進課税とする、との穀物税法に関する原則を定めた。三月二九日に党中央委はこれを基本的に了承し、中央統計管理局長ポポーフらからなる下部委員会に法案策定が委ねられ、四月二一日づけで『穀物、馬鈴薯、搾油用種子に関する現物税ＣＨＫ布告』が公布された。

同布告では、デシャチーナ当たり二五プード以下から七〇プード以上の一一等級に分けた収穫率と、〇・五から四・一デシャチーナ以上の七段階に分けた食い手当たりの耕地量に応じて、すべての穀物、馬鈴薯、搾油用種子をライ麦または小麦に換算して、デシャチーナ当たり一〇フントから一一プード二〇フントまでの範囲で税規模が定められた。カーメネフ委員会が提案した課税基準に比べて収穫率は細分化され、税指標は簡素になった。第一〇回党協議会でのスヴィチェールスキィの発言によれば、税指標について、耕地面積、収穫率等級、食い手数、家畜頭数に応じて税を算定する必要があったが、最後の指標を含めるなら、徴税機関にも納税者にも理解できない余りにも煩雑な法令になるとの理由で、この指標は外された。また土地の指標については、播種面積か、耕地か、全農地かの議論が当時盛んに行われたが、播種の拡大を奨励するために耕地面積が採用された[15]。次いで、ライ麦または小麦とほかの穀物生産物に対する交換率も定められ、穀物税の納付期限は二一年一二月一五日とされた[16]。

穀物現物税と同じく、バター、卵、羊毛などについて三月二一日の食糧人民委員部参与会会議で、スヴィチェールスキィ委員会にこれらの税に関する布告草案の作成が委ねられ、三月二六日の同会議でこれら法案が審議され、羊毛、乳産物税には累進性を取り入れ、個々の地帯ごとに課税基準を定めるとの原則が指示された。このようにして作成されたバター、羊毛、卵現物税は、四月六日に農業人民委員部特別会議で検討された後[17]、四月二一日づけで乳産物現物税[18]と卵現物税[19]が布告された。

これに続き、様々な農産物現物税が確定された。五月一〇日づけで羊毛現物税、五月一一日づけで煙草現物税、五月一七日づけで干草現物税、六月一四日づけで肉現物税がCHK政令として出され、七月三日には養蜂生産物現物税が国防会議政令により定められ、現物税は一三種のほとんどあらゆる農産物に及んだ[20]。トヴェリ県キムルィ郡の郷では、勤労賦課と荷馬車賦課を含めて一五種の農産物を現物税により支払った。二〇年に割当徴発は郷の全世帯の五三パーセントに課せられたが、現物税は八七パーセントに及び、したがって、二〇年に割当徴発で徴収されたよりも現物税の方が多くから徴収された[21]。

一連の税法令を整えると同時に、新たに徴税機関を再編する必要があった。このため食糧人民委員部参与会によって選出された、スヴィヂェールスキィ、ヒンチューク、スミルノーフからなる特別委で、県食糧委に従属し、郡食糧委により統制される地区調達事務所が徴税の基底細胞であることが確認され、これに伴い地区食糧委は廃止された。農民への税実施の強制は、県、郡食糧委の命令を実行する郷、村ソヴェトが行い、これら組織が税の割当配分を行うとされた。基本的原則は割当徴発ときわめて類似した徴税の際のこの方針は、三月二一日の食糧人民委員部参与会会議で承認された。こうして、徴税機関として、食糧人民委員部の下に、県食糧委から、郡食糧委、調達事務所、税監督官 инспектор、郷執行委、村ソヴェトに至る徴税システムが設定された。税監督官は郷執行委、村ソヴェトの徴税活動を指導し課税の点検などの多様な任務を持ち、調達事務所に駐在する上級監督官のほかに村を巡回する下級監督官がいた[22]。

穀物、馬鈴薯、搾油用種子の徴税手続きは次のように定められた。まず、県食糧委は税規模の確定のために必要な情報の収集を郷執行委と村ソヴェトに命じ、このため村ソヴェトは、いわゆる予備世帯別名簿 посемейный список を作成する。この名簿には、世帯主名、経営内の耕地面積[23]、食い手数、税の種類、それらに対する課税基準が記入される。その際、各経営の耕地の確定は、世帯主に算定された耕地の規模に関する彼の証言、同じく同村人の証言、村ソヴェトと郷執行委にある登記などの文書資料に基づくとされた。課税算定基準となる収穫率等級は、郡には食糧人民委員部により、郷には県食糧委により一律に確定された。その際、すべての郷から受け取る税が郡収穫率によって算定される郡の税総量より少なくならないように、郷ごとの収穫率を定めなければならなかった。例えば、郡に一〇万デシャチーナの耕地面積があり、郡に確定された等級が四〇から四五プードならば、［デシャチーナ当たりの課税をその一〇パーセントとして］郡の総徴税量は四〇万プードのライ麦または小麦となる。そこで、県食糧委は収穫見込みに応じて二万デシャチーナを持つ郷の等級を三〇から三五プードにしたなら（そこでの徴収量は六万）、六万デシャチーナの耕地を持つ別の郷の等級を四〇から四五プードとして二四万プードの税収を見込み、残り二万デシャチーナを持つ郷の等級を五〇から五五プードにし、そこでの徴収量を一〇万プードとして、これら郷の総徴税規模を合計四〇万プードにする。このようにして、郷ごとの収穫率が定められたが、穀物徴収量こそ割り当てられなかったが、その係数となる収穫率がこのように配分される方法は、割当徴発と原則的に同じであった。このため、食糧人民委員部によって確定された郡の収穫率より、個々の郷では負担が大きくなるケースが生じ、その上、郷内では一律の収穫率が適用されたために、土壌、気象などの生産条件が劣る村落は、さらに負担過重になった。このため現物税の実施過程で、収穫率への不満が特に多数寄せられるようになり、食糧人民委員部は、収穫率の低減に関する訴えが出されても、徴税を停止しないことを五月一九日づけ県食糧委への指令の中で明記し、これに対応した[24]。

この名簿に準じて税監督官により支払人ごとに算出された税額は、納税グループごとに選出される代表[25]によって確認された後、彼らと村ソヴェト議長の署名が付され、この手続きでプリカースを郷執行委から受け取って二週間以内に村落名簿が作成される。次いで、村落名簿三部が郷執行委に送られ、それらに対し上級監督官と郷執行委によって、耕地面積、食い手数、支払人グループの帰属、名簿での計算の正誤が点検される。資料と名簿の間に食い違いが判明した場合は、村ソヴェト代表が即座に召喚され訂正が確認された。ここで点検された村落名簿に郷執行委議長と税監督官が署名する。三部の名簿のうち一部は村ソヴェトに、一部は調達事務所の上級監督官に送付され、もう一部は郷執行委に保管される。郷執行委により返送された承認済みの村落名簿を受け取った村ソヴェトは、各税支払人に署名させその納付量を通知した。また、これら村落名簿に基づき郷執行委により作成された郷報告書 сводка は郷執行委議長の署名を付け、それを検証した上級監督官を通して郡食糧委に送られる。郡食糧委は、受け取った郷報告書を、郡農業部や郡統計部にある統計資料に基づき点検し、それらと郷報告書が完全に合致する場合に、それを承認し、合致しなければしかるべき修正を加え、県食糧委に発送する。県食糧委はその受取りと点検の後、郡報告書を作成し、食糧人民委員部調達管理部に発送する。課税の数字が誤っていたり、不当に重かったりした場合には、名簿作成後の一週間以内に上級監督官を通して郡食糧委に異議を申し立てる権利が、支払人に与えられた。このような名簿と報告書がそれぞれの税種ごとに所定の様式で作成され、点検された。税規模の確定にもこれだけの複雑な手続きが求められた。

税の納付は原則として調達事務所で行われ、村がそこから遠距離にあり、消費組合が村にある場合にはそこへの納付が例外として認められ、後者は最寄りの調達事務所に納付された生産物を引き渡した。

納付される穀物の品質にも割当徴発と同様に、厳格な基準が定められ、穀物へのゴミの混入は三パーセント以下で、水分は一五パーセントを超えず、病気や虫の被害がなく、腐敗臭がないとされた。馬鈴薯は充分に熟し、小さくないものとの基準がさらに加わった。この基準より低い品質の穀物は、引き渡される量からしかるべき割合が差し引かれた。例えば、穀物のゴミ混入率と水分率が基準より一パーセントを超えるごとに、生産物重量から二・五パーセントが減量された。ゴミ混入率が一二パーセントを超えたり、水分が二〇パーセントを超えたりすれば、悪意を持って穀物を毀損したとして、これらはまったく受領されなかった。このような悪質な農産物が納付される場合は、調達事務所長に違反者に責任を負わせるための調書の作成が義務づけられ、この基準を住民に広く周知させる、との指示が与えられた。

調達事務所は税が納付されるごとに受領書を交付し、こうして所定の現物税を完納するか、分割納付の場合にはその最終の支払いを終えたときに、支払人は村ソヴェトに調達事務所の受領書を提示し、村ソヴェト議長は村落名簿に受領書の番号を記載し、受領書に「税納付済み」と記し、この記入のある受領書が、市場で穀物生産物を販売する権利を認める公文書となる（規定上は、税完納者のみが当該農産物を販売できたことを意味する）。納税期限の二週間前に、調達事務所は不払人名簿を作成し、この名簿に基づき上級監督官は郷執行委と村ソヴェトを通して、定められた期限内での税の遂行に向けての措置を執る。また、納付期限を超える未納者は司法＝行政的懲罰が適用された[26]。

地方での農民蜂起は食糧機関を著しく弱体化させ、多数の食糧活動家がこれらの運動の標的となっている状況で、食糧税の徴収には多くの困難が予想され、スヴィヂェールスキィが第一〇回党協議会で、徴税は強制の原理で行わなければならないと指摘し、レーニンはこれに応える形で、わが国のような情勢では食糧独裁が二重にも三重にも必要であると述べたように、様々な抑圧措置が執られた。六月には、二〇年三月一八日づけ革命裁判所政令を発展させた、現物税法違反に関する食糧革命裁判所設置に関する回状が出され、県ごとに同裁判所の下にこれらの違反を審理するための税巡回特別法廷が設置された。これに加え、未納者に対する行政措置としては、調達事務所長に未納者名簿の作成が義務づけられ、県、郡食糧コミッサールに、それぞれ二週間と一週間の期限で未納者を拘留し、税の未納期間中は一時的に地方的市場を閉鎖する権限が与えられた[27]。

食糧税の組織化として、まず各地で調達事務所の設置が三月以後急速に展開された。コストロマ県では、それらは住民の経済的引力圏内に、すなわち、五〇ヴェルスタ以内に地区調達事務所が配置され、その組織化は三月一日から始まり八月一日までに完了した。この結果、直接郡食糧委に従属する四四箇所の調達事務所が組織されたが、倉庫やその他の設備が不備であったために、九月までにさらに四七箇所の補助交換所が設置され、活動の過程でこれらの受領所に二五五二人の職員が従事した[28]。

七月一三日づけの県執行委への電報でレーニンとブリュハーノフは、旱天による今年の異常に早い穀物収穫の実現で満足すべき結果を収めるために、「穀物税と種子フォンドに関するあらゆる活動を実行する際の軍事的任務を設定する」ことに配慮し、次のことを要求した。第一に、八月一日から始まる穀物税の納付を決して遅らせてはならない、第二に、税と同時に二〇年秋の種子貸付の完全な返済を実施する、第三に、ソフホーズからの穀物の引渡しのために予め軍事部隊を配置し全面的にそれらを利用する、第四に、集荷所ならびにソフホーズからの鉄道による速やかな配送を確保する、第五に、食糧委や地方組織での人材不足を克服するために、あらゆる部局の動員を行う。このようにして、この電報は納付を確実にするために、「あらゆる障碍を排除するための断固とした決意が必要であることを警告」した。それに続いて、八月一二日づけ国防会議政令は、徴税への抵抗や納付の遅延の兆候が現れているため、県食糧委に強制的性格のもっとも断固とした措置を即座に執り、抵抗する郷と村に軍事部隊を導入し、革命裁判所巡回法廷を直ちにそこに派遣するよう義務づけ、この指令はブリュハーノフにより八月二〇日づけ県食糧コミッサールへの回状で繰り返された[29]。これら指令の中に戦時共産主義政策との断絶を認めるのはきわめて難しいことを、ここでも繰り返そう。

新しい徴税制度を構築するために地方組織は膨大な準備作業を要求されたが、様々な障碍に直面し、その進展は大幅に遅れた。イヴァノヴォ＝ヴォズネセンスク県では、六月一五日と比較的早く税の算定が始まったが、収穫率等級の解明に多大な時間を要し、算定と登録の作業が終了したのは七月一五日であった。そして、食糧人民委員部調達管理局長Ｂ・Ｈ・セーニンが同参与会会議で、村や郷のソヴェトでは識字力と計算能力の不足のために、村落名簿の作成に多くの時間が潰され、作業が非常に遅れ、三度の書き直しがあった所もある、と報告したように、多くの地方で名簿の作成作業は停滞した。プスコフ県では村落名簿の作成はようやく七月二五日から始まり、情報を受け取るのが遅れたために、収穫等級はすでに徴税カムパニアが開始された八月一〇日に半分の郡で公示されただけで、最終的に八月二〇日までにすべての郡で完了した。ヴォロネジ県でも作成が遅れたために、村落名簿なしに徴税が始まった。クルスク県から報じられたように、前年度までの割当徴発制度よりも著しく複雑な新しい食糧税制度に地方機関は対応できず、カムパニア当初は機関内部でも混乱が認められた。また、組織上の問題もあった。地区食糧委が解散され、郡食糧委の実質的指導の下に現物税の徴税が行われるとされたが、ペンザ県では、地区食糧委の清算と郡食糧委の再建の活動は税カムパニアと重なり、地区食糧委の持つ徴税に必要な情報資料はその過程で破棄され、特にすでに始まっていたバター、卵、羊毛税の徴収は、そのために作業の開始が大幅に遅れた。また、ウラリスク県では、地区食糧委は匪賊の襲撃を受け、地区食糧委の活動自体が停止に追い込まれた[30]。

農民にとっては重い税負担はいうまでもなく、納付そのものが厄介ごとであった。コストロマ県での穀物の納付は次のように描かれた。何百もの荷馬車が倉庫のある中庭を一杯にした。どの荷馬車も真っ先に抜け出そうとしている。だがそこには、受領、管理、事務、門衛を担当するのに一人の係官しかいない。「おい、おっさん、順番だ、列につけ！」。飛んできて、轡を掴んで列に引き戻す。支払人が重い袋を荷馬車から下ろすのを手伝い、検査棒щупло を突っ込む。一一月の冷える朝なのに、玉のような汗が流れる。「持って帰れ、受け取れない、次！」。「どうして、同志、三〇ヴェルスタも運んできたのに」。「次だ！おれたちが土を受け取るのか、穀物を受け取るのか、よく考えろ」。「そのまま、秤に載せてくれよ」。再び、農民の袋に検査棒が刺され、「四［プード］一二［フント］」、階段で上まで運べ」。穀物がぎっしり詰まった、倉庫を指さす。そして、秤の量目を整え、受領書に鉛筆で走り書きをし、ともかく穀物は受け取られた[31]。

羊毛の受領はさらに面倒であった。スモレンスク県ロスラヴリ郡で、郡調達事務所に穀物を納付する際に農民は同時に羊毛税も納めた。そこで秤で正確に計量するのは非常に困難であった。計量は戸外で行われ、風が羊毛の一部を吹き飛ばし、そのため結果は農民の申請よりも少なくなった。農民は当然にも、そのような量り方に不満を抱き、長い口論の末に再計量され、それが書類に記入され、それと引替えに調達事務所で受領書が交付されることになっていたが、ことは円滑には進まなかった。その受取りに数時間待たされた。なぜこんなに待たされるかの質問に係官は応えず、彼を建物から追い出しただけであった。多くの農民は長い間待たされたあげく、名簿を紛失した、後からまた来てくれ、と言い渡された。方々から罵声が挙がったが、係官は次のように言い放った。「証明書が欲しいなら、もう一度税を運んでくれ」。一ヶ月が過ぎても、まだ受領書を受け取っていない。税負担はいうまでもなく、牽引力としての役畜が消耗している中での現物税の納付作業も、農民にとってことさら大きな負担となった[32]。

ノヴゴロド県での活動を、県食糧委組織調達部は次のように報告した。割当徴発から現物税への党大会決議もВЦИК政令の発布も、実際の活動には反映されなかった。食糧税の最初の布告を受け取った五月以後に、徴税の準備作業が開始されたが、この時期は県内の地方に様々な布告を発送しただけで、本格的作業の開始は、税実施に関する詳細なСНК指令を受け取った六月まで待たなければならなかった。まったく新しい方法へと移行するために、食糧活動全体を変更し、税ごとの課税対象に関する資料を集め、技術的機関をカムパニアに向けて準備するには、食糧機関の僅かなスタッフでは余りにも複雑で、カムパニアまでに残された二ヶ月間は余りにも少なすぎた。六月一〇日に税名簿の指令を受け取り、県食糧委組織調達部は三日間で県内での税の実施に関する追加指令を作成し、六月一七日にカムパニアへの準備に着手するようにとの命令を付けて、受け取った布告と訓令の写しを郡食糧委に発送した。同時に、村落名簿、税受領書、布告と指令などを地方に発送するための印刷に着手した。この任務の遂行は特に困難であった。なぜなら、様々な用紙数百万枚を急ぎ印刷する必要があったので。食糧税の実施の際には、それぞれの村落は税ごとに四部の名簿を作成し、県内には六〇〇〇に及ぶ村落があるために、毀損の場合を勘案して各税につき四万部が必要とされ、税名簿だけで、すべての税を合わせて三五万部の様々な書式を印刷しなければならなかった。このほか、税支払人への納付命令書と税受領書は合計六五〇万部が必要であった。さらに、適正な徴税活動の実施のために、すべての食糧活動家、郷執行委、村ソヴェトに、関連する布告と指令を配布するための一〇〇〇プードの用紙が必要であった。食糧人民委員部はそのために用紙三〇〇プードだけを放出し、残りは現地で調達して直ちに印刷するよう命じたが、地方での紙資源の涸渇や短期間での印刷が地方では不可能なことを、食糧人民委員部はまったく考慮していないのは明らかであった。用紙を受け取るたびに印刷が行われ、このためすべての印刷が終了したのは、ようやく七月二五日であった[33]。このような遅滞の理由を、県食糧委と県執行委は食糧人民委員部に再三訴えたが、その方面からの援助はまったくなかった。そのため、肉、野菜、蜂蜜の名簿については、カムパニアが始まった後で、ようやく八月一〇日に印刷が完了し、それから発送が行われた。

税監督官は、もっとも精力的な活動家のうちから、おもに以前の郷食糧エイジェントから選抜されたが、五〇〇世帯につき一人の基準を充足することができず、食糧活動をまったく知らない活動家も、講習の後に引き入れられた。七月中旬に開催された県食糧会議に、地方からの実務的食糧活動家、郡食糧コミッサール、調達部部長、調達事務所長、すでに任命された上級監督官らが参加し、カムパニアへの準備作業で大きな役割を果たした。この会議の後、地方で同様にして郡食糧会議が催され、そこにも多数の活動家が参加し、彼らを指導することに成功した。

県食糧会議の後で、人材が極端に不足していることを考慮し、七月七日に中央から受け取った労組と党の動員に関する電報に準じ、県食糧委によって二一日に郡ごとの動員配分計画が策定され、郡に動員令が発令された。七月二六日には食糧組織に臨戦態勢が布告され、活動家のあらゆる休暇は返上され、郡食糧コミッサールに人材の点検が命じられた。ペトログラードで動員された者によっても食糧活動家は補充されたが、農業を知悉し、算術計算に充分精通している精力的で実践的活動家は少なく、彼らは質的に問題があった。動員された者の多くは、食糧活動に関わった経験もなく、それへの関心がなかっただけでなく、ときにはまったくの文盲で、そのような人材は活動に適さず、すでに活動が始まっている時期に彼らを養成するのは不可能で、徐々に元に送り返された。

既述したように用紙にきわめて困窮していたものの、何とか名簿はカムパニアの開始までに用意され、八月初旬には郡に引き渡された。もっとも迅速な徴税の目的で、緊急の臨戦態勢で名簿の作成が命じられたが、現地の活動家にとって穀物税の割当配分を終了するために定められた期限の八月一一日までにそれを行うのは不可能であった。穀物と干草税に関して、統計局によって確定された数字を住民に提示したが、彼らはあらゆる文書や測量などに依拠して別の数字を示して、下方修正を要求した。村ソヴェトも当然にも彼らの側に立ち、そのため税監督官は名簿を承認することができず、作成をし直したり、それらを差し戻したりして、恐ろしい遅延と抗議が生み出された。肉税の際にはさらに紛糾した。個々人への個別課税を確定するには、分数や割合の計算を行う必要があるが、実際に村落で割当配分を行う責務のある村ソヴェトの圧倒的メンバーは識字力がなく、事務職員もほとんどおらず、いくつかの村で引き入れられた教師も大きな助けにはならなかった。こうして名簿の作成は停滞し、総括的郡報告書を早く終了せよとの再三の命令にもかかわらず、郡報告書の一部が入り始めたのは九月末であった。

穀物の調達は「七月一三日電報に基づき」三方面で実施された。第一に、穀物税の徴収、第二に、ソフホーズからの収穫の収用、第三に、種子貸付の返済である。しかし、現物税として最初に公示された穀物税についての布告は、もっとも複雑で実施するのが困難であった。七段階の食い手当たりの耕地面積と一一等級の収穫率があり、そのように課税基準は七七種となり、基本単位としてライ麦プードが採用され、納税量は個々の農産物ごとに異なる換算率を適用しなければならない。課税基準には住民の期待に反して、土地は播種地でなく休耕地と休閑地や空き地も含まれた。さらに、急ぎ作成された布告の原文には多くの不明瞭さと不備があり、その後の訓令で修正するか補足しなければならなかった。例えば、播種された牧草（クローバ）への課税の際に収穫基準が明示されず、これについての照会が食糧人民委員部へ五月五日と二四日に打電されたが、回答は受け取らなかった。次いで、搾油用種子の基準をいったん受け取った後の五月二八日に追加が指示され、耕地、休閑地、放牧地を課税に含めなければならないとの説明が六月一二日に入り、穀物税に関する詳細な指令は、徴税開始直前の七月二五日にようやく届いた。耕地の隠匿を避けるために、穀物税布告の受取り後直ちに、県統計局の支援で郷ごとの耕地面積の算出に取りかかり、この作業は七月一〇日に終了した。それでも、税の配分は、中央により収穫等級と納付作物比率[34]が確定された後に行われるため、それらの訓令を受け取るまで、県食糧委は税の配分に着手することができず、このためいたずらに時間が費やされた。ようやく七月二四日に郡別収穫等級の電報を受け取り、翌二五日のラジオを通して、支払人への割当の伝達から実際の納付開始までに一一日間の軍事的期限が設定された。そのため郷ごとの収穫等級は県食糧委と県統計局によって僅か三日間で作成され、七月二九日に県執行委で承認された。その際に、ノヴゴロド、クレストツィ郡は収穫が一等級減じられ、その替わり、デミヤンスク郡が引き上げられた。これら郷別課税表は県執行委全権とともに、急遽郡に送られた。八月一二日に受け取った穀物税の遂行期限に関する電報は、直ちに郡食糧委に通知された。

　現物税実施に向けての中央からの訓令には多くの不備があり、要求される膨大な作業は様々な条件により妨げられ、こうして納付開始を過ぎた八月半ばにして、現物税の徴収手続きが確定された。しかし、態勢が整えられても徴税活動は不調であった。

ノヴゴロド県では七月後半から降り続く雨が収穫を大幅に遅らせ、八月一〇日になってようやく秋蒔きの刈入れに取りかかり、春蒔き穀物は同月後半に急ぎ収穫された。このため、この時期は牧草の刈取り、秋蒔きの播種と、さらに、馬鈴薯の掘出しと重なり、脱穀が遅れた。だが、すでにヴォルガ一帯の飢饉は明白になり、秋蒔き用の種子材を緊急に搬送せよとのCHKプリカースに関連し、名簿の作成が遅れていても調達を遅延することはできないので、一デシャチーナ当たり一プードを前渡しで徴収せよとの訓令が与えられた。同時に穀物の鉄道駅までの輸送を強化する目的で、荷馬車賦課を実施せよとの訓令が出され、種子材搬出に関する食糧人民委員部の訓令は九月一五日までに完全に遂行された。だが、穀物税の遂行率は低く、納付の強化に向けての郡食糧委への定期的抑圧も効果がなかった。九月以後、特に一〇月には連日の雨天が完全な通行不能（ラスプーティツァ）を創り出した。道路は何箇所かで決壊し、疲弊しきった馬は確実に傷むか倒れてしまうので、近距離でさえも一〇プード以上を荷馬車で搬送することはできず、重い荷を担いで農民が調達事務所まで運搬しなければならず、遠距離では道路の回復まで納付を拒否しなければならなかった。

今年の春蒔き種子返済に関しては、誰からそれを徴収すべきかの資料をほとんどの食糧組織が持たなかったために、非常に困難であった。春蒔き種子を貸し付けた際に、分配機関が整備されていなかったので、県食糧委は県播種委の計画に従って郡播種委に種子を配分しただけで、それから先は郡播種委の計画に基づき村協同組合を通して配分され、義務的返済の念書 расписки と引き替えに種子が交付された。返済されるライ麦は、その半分をヴォルガ地方への種子材として発送するために九月一日までに徴収し、残りは春蒔きの収穫から一〇月一日までに徴収せよ、との中央からの電報を七月二五日に受け取った。その直後に、県食糧委は種子貸付五〇パーセント返済のプリカースを郡食糧委に出し、徴収すべき郡別総量を指示したが、現地からの情報によれば、貸付名簿がなく配分した際の数字は郡別総量と一致しなかった。このため、食糧人民委員部の電報に準拠して、個人名簿がない場合には、任務を速やかに遂行する目的で、郷ごとに種子返済量を割り当てた。貸付はもっぱら僅かな土地しか持たない小資力農民が受け取り、彼らは現在自分が食べる穀物さえ持っていないので、抑圧と革命裁判所を適用して徴収を強化せよとの訓令にもかかわらず、貸付返済の徴収は遅々として進まなかった。

県食糧委は二一年の現物税カムパニアを総括し、特にこの年に顕著であった自然災害による税の減量や免除に関する食糧人民委員部の規程の不備を、次のように指摘する。穀物税、野菜税、バター税の布告で極貧経営への免税を定めているが、経営の支払い能力を損なうような自然災害を被った経営について、布告と指令でまったく言及されず、八月三日にCHKから免除手続きの政令が出されただけである。これによれば、経営を完全に損壊させるような自然災害の際の免除のみが規定され、部分的に経営に被害が及んだ場合の免除や緩和はまったく認められなかった。県食糧委はこのような措置を不公平であると見なした。布告に準じて、個人的請願は郡食糧委で、村全体からの請願は県食糧委で検討されたが、多くの場合は拒絶され、それは住民の大きな不満を引き起こした。県内でも旱魃は収穫に大きく反映され、さらに春の氷結と旱魃により雑草が畑に生い茂り、七月初めの降雹は作物に甚大な被害をもたらした。九月以後免除に関する多数の請願が入り始めたが、圧倒的多数は二〇から五〇パーセントの収穫の損失であった。損失の事実は農業技師が参加する現地の特別委員会により確認され、県食糧委は公平と緩和の観点から現物税の減量が望ましいと判断し、このことについて食糧人民委員部に照会した。これへの回答として一〇月六日に受け取った電報は、税の部分的減量もこれと同義である収穫率の低減も認めず、具体的解決策は、別の現有する農産物による代納であると通告した。こうして、収穫の七五パーセント以上を損失した経営にのみ、免除が適用された。九月からの二ヶ月間で申請の総数は六〇〇以上に達したが、二六件だけが免除された。従来の請願の動きと異なるのは、これら申請と請願はほとんどが現地食糧組織により処理され、中央組織の判断に委ねられるのは稀であった[35]。

二一年冬までに郡、郷食糧トロイカが組織され、納付への抑圧が強化され、一〇月一一日づけ食糧人民委員部の電報により、すべての穀物の県外への搬出が禁止されたが、支払いの免除や猶予はほとんど実行されなかった。むしろ秋から強化される隠匿耕地との闘争の過程で、それへの追加課税が行われた分だけ未納が増えたが、未納者はもっとも貧しい農民であり、彼らから次の収穫までに残された僅かな食糧源を徴収するのは、抑圧を適用しても非常に困難であり納付の停滞は避けられない、と県食糧コミッサールは報告した[36]。

二〇年秋から翌年秋まで、全県の耕地の五二パーセントを占める南部四郡が猛烈な匪賊運動の舞台であったタムボフ県での徴税活動は、そのためにいっそう困難を極めた。四月には、匪賊根絶のために突撃的に政治＝軍事的勢力を集中する地区として、ボリソグレブスク、タムボフ、キルサノフ郡が選別された。これら地区にすべての党・ソヴェト活動家を動員する指令が出されたが、彼らの多くは様々な口実を設けて動員を忌避した。ボリソグレブスク郡だけは、赤軍部隊による軍事占領に成功した。アントーノフ軍が優勢に展開していた残りの郡では、動員された活動家は、農村での平和的活動を実践できないと見るや、県委の許可なしに帰還し始めた。守備隊が立ち去るや、それまで潜んでいた匪賊が這い出し、赤軍の到着を知ると農民は警鐘（ナバート）を鳴らし、これら匪賊の支持者に対し当局は容赦なく厳罰を行使した。すでに県内では穀物の納付は完全に停止し、県外からの搬入穀物に依拠するしかなかったが、サマラ、ゴメリ、ポクロフスク、オリョール県などからのそれら任務命令は、食糧人民委員部の再三の督促にもかかわらず遂行されなかった。これらの県自体が厳しい飢饉に陥っていた。

五月には対匪賊の決定的な作戦行動が準備されたが、実働赤軍部隊への定期的食糧供給も困難な状況で、その態勢を整えるのに多大な時間と労力を要した。このような匪賊運動の下で、モルシャンスクやレベジャニ郡のように比較的彼らの影響の弱い地方では、食糧新路線との関連で農民の気分の中にソヴェト権力への共鳴が認められるようになったが、依然として匪賊が根強いコズロフ郡では、匪賊の討伐に活動家の勢力が割かれ、農村での党活動は麻痺し、農民の間で新しい布告を説明するためのカムパニアを実施する機会もなく、旱魃による悪い収穫見込みや食糧危機のために、農民は食糧税に対し大きな不信感を抱くようになった[37]。

六月以後タムボフ県では、匪賊運動根絶の活動と並んで、食糧政策新路線を住民に解説するためのカムパニアが広汎に実施され、そのための無党派農民協議会も各地で催され、活動家が動員され、食糧活動に改善の兆しが訪れたかに思われた。しかしそれに水を差したのが、六月末に受け取った中央からの郡別収穫等級表であった。県統計部の資料に基づき県食糧委と県農業部との合意で作成された穀物の収穫率より、それは著しく高かった。現地で確定されたデシャチーナ当り二四・四プードの県収穫率に対しCHKは四二プードと定め、郡によってはその乖離はさらに大きかった。県食糧委はその変更を求めて中央との間で何度も文書を交換し、それでも変更は認められず、七月二九日づけ郡別穀物収穫等級表の変更手続きに関するCHK議長レーニンと食糧人民委員代理ブリュハーノフの回状は、「CHKにより最終決定された等級に正確に準じて」、徴税を遂行するよう県執行委議長と県食糧コミッサールに無条件に命じた。確定された収穫等級に誤りがある場合、中央の評定が過小評価されているなら、県の評価に準じた郷別収穫等級を確定し、中央の評価が過大評価されているときには、「中央により与えられた郡別等級に基づき、郷の割当 разверстки を確定すること。いずれにせよ、CHKにより定められた等級の結果得られた税の一〇〇パーセントの納付に向けてのあらゆる措置を執ることが必要」とされた。これら評定の間で著しい乖離がある場合には、郷別等級確定の作業を停止することなく、その根拠となる資料を食糧人民委員部に送付することが指示されただけで、等級引下げの可能性はまったく言及されなかった。郷から割当量変更の申請が出されても徴収を停止せず、県食糧委は中央から与えられた割当徴発量を増減することができないことを定めた、一九年八月に出された割当徴発実施規程を想起させる内容であった。

県内の三分の一が凶作に見舞われたペンザ県でも八月の報告書によれば、中央で確定された郡別収穫等級は、県食糧委との合意で県執行委により変更され、ゴロディシェ、クラスノスロボドスク、サランスク郡では等級が引き下げられたとはいえ、県全体の穀物納付総量は食糧人民委員部によって定められた従前の量と同じであった。

徴税カムパニアの過程で、共和国全土から収穫等級引下げに関する請願が多数寄せられたのは、中央権力はできるだけ高く、現地当局はできるだけ低く等級を設定しようとする志向がそのおもな理由であったが、それだけではない。二一年は特に天候が不順で、ＣＨＫの郡別収穫等級の根拠となった六月一五日当時の収穫見込みが、時々刻々と悪化したことが、現実との乖離をさらに広げた。旱魃の被災地では、この較差はきわめて大きかった。ペルミ県西部は特に厳しい旱魃を蒙り、一二月に凶作地域の認定を受けることになるオハンスク郡では、郡食糧委により第一一等級、すなわち最高等級のデシャチーナ当たり七〇プード以上の収穫と認定された郷で、八月初めの試験脱穀の結果、デシャチーナ当たりの収穫がライ麦は五から一〇プードしかないことが判明した。このため税の低減を請願しに郡食糧委に赴いた同郷代表は、統計資料に基づき算出された収穫等級は、試験脱穀によって変更できない旨の回答を得ただけであった。

二一年の旱魃によって引き起こされたこのようなきわめて低い収穫率をさらに悪化させたのが、夏にかけて特に強くなる食糧不足の影響であった。トヴェリ県から伝えられるように、ライ麦の刈入れは、農民が穀物を持たないために通常よりも早めの開始を余儀なくされ、そのため完熟していない穀物も急ぎ刈り取られ、乏しい収穫率をさらに引き下げることになった。このような現象は、ほとんどすべての飢饉地方で認められた[39]。

タムボフ県委は七月三日づけで、実情と合致しない根拠不明の郡別収穫等級を受け取り、県で作成された収穫率が認められないような食糧人民委員部の活動を批判し、「当座は税を受け取るのが不可能で、商品交換は妨げられている。投機が広がっている。最近まで食糧を受け取らず、最後の食糧を食い尽くした軍隊が駐屯しているために、状況はきわめて錯綜としている。徴税に取りかかるために、最新の指令を待って活動家が地方に赴いている。農民は苛ついている」と、党中央委に徴税カムパニアでの危機的状況を訴えた。このような混乱のため、県で郷別収穫等級の確定作業が終了したのは七月二六日であった。これと同時に、県食糧委議長と県食糧コミッサールにより、八月二五日までにライ麦税納付の準備を完了するため、あらゆる措置を執るよう命ずる電報が郡食糧委に送られた。エラチマ郡では県食糧委の訓令に準じて、二箇所の調達事務所に上級監督官が、各郷に二七人の巡回監督官が派遣され、郷ソヴェトに食糧税を指導するため三三人の活動家が県執行委などから動員された。郷別収穫等級の確定が遅れているため、それまで食糧税として経営当たりライ麦一〇フントずつが暫定的に徴収された。六等級とされた同郡で郷別収穫等級は最終的に、八等級が二郷、七が五郷、六が一三郷、五が五郷、四が一郷と確定された。

だが、県内で旱魃による被害が明らかになるにつれ、徴税の様々な障碍が顕在化するようになった。八月になると、その多くが農業組織、郷革命委、税監督官などによって裏付けられた、収穫等級の引下げを訴える六〇〇件を超える請願が、個々の郷や村から入り始めた。凶作の下での高い税率によって、すでに多くが代用食を摂っているような農民の気分はすっかり打ちひしがれ、徴税活動は完全に停滞した。匪賊運動から解放されたばかりのボリソグレブスク郡執行委議長は、県執行委によって確定された収穫等級は破棄されるであろうと農民に公言し、彼らにとって応分の食糧税を徴収しただけで、郡食糧委、県執行委、県食糧委の徴税に関する絶対的命令はことごとく無視された。そのため県委の命令により、同郡委と郡執行委の幹部会員は、食糧カムパニアを挫折した廉で革命裁判所法廷に引き渡され、郡に食糧カムパニアを強化するために一連の食糧活動家が投入され、郡執行委議長は更迭された。

状況は一段と深刻さを増したものの、九月に入ると食糧活動家の間で緊張の弛緩が認められ、テムニコフとキルサノフ郡でも党組織の弱体に関連して、食糧活動は滞った。飢饉はいっそう強まり、ウスマニとスパッスク郡では、シベリアなど穀物が潤沢と思われる地方への住民の大量移住が始まった（監督官の情報によれば、ウスマニ郡の一郷だけでも三〇〇家族が村を離れた）。すでに秋には、キルサノフ、タムボフ、ボリソグレブスク、ウスマニ、スパッスク郡の多くの地方で住民は、馬鈴薯の皮、団栗などの様々な代用食を摂っていた。タムボフ郡に到着した革命裁判所巡回法廷は、住民は雑草を食し、そのために死に至るような胃腸障碍の疫病が猖獗している事実を確認した[40]。

タムボフ県食糧コミッサール・トレチャコーフの報告によれば、全県に及ぶ凶作のために穀物税の徴収は進捗せず、一〇月二〇日までに県内で二五八万九八七三プードが遂行され、食糧人民委員部の算定によれば遂行率は三一パーセントであった（県食糧委の算定では五三・四パーセント）[41]。

改めて断るまでもなく、二月の一連のプリカースは、搾油用種子を除く穀物割当徴発の徴収を停止したのであり、そのほかの農産物調達は継続された。その中でバターは、割当徴発に引き続きいち早く現物税による徴収が実施された（バターはその製造シーズンを考慮し、割当徴発の際も調達年度ではなく暦年で徴収された）。

三月二一日の食糧人民委員部参与会決議を受け、四月二一日づけで乳産物現物税に関するCHK布告が出された。これにより、ウクライナとトルケスタンを除くロシア共和国で三四四万一〇〇〇プードと定められた前年のバター割当徴発量に替わり、現物税によるバターの徴収量が二二〇万プードに定められた。個々の所有者に牝牛一頭ごとに課税され、その規模は地帯に応じて三から八フントの六段階が設定された。最高の八フントはチェリャビンスクとチュメニなどシベリア諸県に課せられた。このような割当徴発と同じ税基準に対し、布告の公示後直ちに各地から減量の請願が寄せられた。四月末にオムスクから、昨年の割当徴発で牝牛から三フントずつと定められ、食糧税への転換の際に中央組織によって減量が約束されたが、今年度のバター税は逆に多くなっている、農民に約束と相反する訓令を説明しなければならない、しかるべき減量がなければ調達に支障を来す、と訴えた。セヴェロドヴィナ県からは、県の家畜はもっぱら肥料用で搾乳用ではないので五フント課税は遂行できない、貴殿の電報による食糧税は割当徴発以上なので、この税率は住民の大衆的抵抗を引き起こしている、との不満が表明された。同様な電報が、チェレポヴェツ、イルクーツク、ヴラヂーミル県などから多数寄せられたが、食糧人民委員部は乳産物税の基準の縮小はできない旨を回答し、地方からの要求はことごとく拒否された。

これらの請願の中で、一様にその根拠として牝牛頭数の減少が挙げられた。四フント基準で課税されたウファー県から、昨年の飼料不足のため牝牛が大幅に減少し、それは一二パーセントと想定されているが、すでに牝牛を二頭以上持つ経営は稀で、実際の減少はそれ以上で、それに加えて家畜が極端に消耗していることを勘案すれば、税は完遂されないであろう、と県食糧コミッサールは通告した。セヴェロドヴィナ県では一四年に比べて頭数は五〇パーセント減少した。牛の頭数の減少の原因として、飼料不足と飢餓が挙げられた。ヴォロネジ県食糧委は、バター調達の破滅的状態の原因として、不正確な資料に基づき実施された割当徴発とともに、春にまったく飼料がなくなったために、農民は家畜を飢えから救済しようと大量に屠畜した事実を指摘した。イルクーツク県では、牝牛頭数の大きな減少の理由に、飼料不足と並んで疫病が挙げられた。

この時期、飼料不足と度重なる動員で衰弱し消耗した家畜は、人間と同様に様々な疫病に感染し倒れた。二〇年一二月の一ヶ月間でゴメリ県では、一〇〇〇頭以上の家畜がペスト чума で斃死した。ニジェゴロド県から炭疽病 сибирская язва の流行[42]について次のように伝えている。一九一二年にはロシア全土で一万四九三五件の炭疽病が発生した。ニジェゴロド県でも炭疽病は風土病として毎年いくつかの郡で発症した。一八年には二九八頭、一九年には八九六頭の感染があったが、二〇年には三一八八頭に急増し、二一年になってもその勢いは衰えを見せていない。例えば、セミョーノフ郡では、それとの闘争の手段がほとんどまったく執られず、いくつかの村落では二頭の家畜しか残されず、残りは疫病で全滅した。農民は危機的状態にあるが、農民は斃死した馬や牛を畑の入り口付近で覆いを掛けたままで放置したりして、自分の無知のためにその流行を広げている。このように報じられた家畜の疫病死がロシア全土で見られた。

それに加え、農民の飢餓も乳産物を保持させる大きな理由となった。オムスク県チュカリンスク郡で穀物不足に陥っていた農民は、それと交換するためにバターなどを溜め込んで、その徴税は僅かしか進んでいなかった。さらに、穀物貯蔵が涸渇した至る所で、乳産物が彼らにとって最後の貴重な栄養源になっていた。エカチェリンブルグ県カメンスク郡の郷は、食糧事情は危機的で乳産物が唯一の栄養源になっているため、郡食糧委にその徴税の停止を求めた。ウファー県食糧コミッサールは、「住民の著しい部分が穀物不足の下で、自分の滋養に」バターを利用しているために、その徴税は難しいと指摘した[43]。

ノヴゴロド県食糧委は、実質的に割当徴発の継承でしかないバター徴税の困難を次のように報告した。調達を強化する目的で、行政的抑圧を適用せよと定期的な電報による圧力がかけられ、革命裁判所郡巡回法廷が送り出され、それと同時に卵と並んでバターの自由販売が禁止されたにもかかわらず、税の遂行は期待できない。バター税は割当徴発の形で一定基準による個人的納付として税が導入され、その実質的納付の開始は牝牛が大量に出産する二月中旬と重なった。それでも、この時期の出版物で言及されたように、割当徴発の半分の規模で税が引き渡されるであろうとの期待から、支払人は割当徴発の納付を控えるようになった。さらに、この［四月二一日づけ］布告の公表は大きく遅れ、ようやく五月初旬に受け取ったが、その際にノヴゴロド県に関しては大きな過ちがあり、布告にはこの県名が抜け落ち、住民はこの記載漏れを県からバター税が完全に免除されたと見た。この遺漏について食糧人民委員部に通知され、この課税基準に関するCHK政令を受け取ったのは五月三〇日であった。こうして搾乳期は過ぎ、牧草地での夏季の搾乳に期待が寄せられた。しかし、今年の旱魃はノヴゴロド県にも及び、牧草の成長期である春と初夏に牧草地と放牧地は牧草を生育させなかった。七月の僅かな降雨は牧草を蘇らせたとしても、すでに搾乳期は終了し、そのために順調な税の実施への期待も失せた。こうして、住民への定期的な抑圧や革命裁判所の広汎な適用も、バター納付をいくらか強めたとしても、完全な遂行にはほど遠い結果に終わった[44]。

しかし、事態はより深刻であった。三月末にウラルにあるウファー県食糧委調達部部長から食糧人民委員部に提出された詳細な報告書の中に、バター徴収の不調は割当徴発と飢餓による畜産の解体が根本的原因であることが、明瞭に描かれている。まず、二〇年は農業関係で県にとってきわめて不調であった。余りにも乾燥した春と夏の天候は、所によって完全な凶作をもたらし、そこでの割当徴発による七〇パーセントを超える食糧資源の集中的汲出しは、農民経営にいっそうの解体をもたらした。それに加え、ほとんどの地区で牧草が不作であったために、農民経営で粗飼料［牧草や藁］はまったく確保できなかった。「しぶとい市民の財産の完全な没収、大規模な大量逮捕、峻厳で苛烈な食糧独裁のみが農民住民の抵抗を挫く」といった穀物割当徴発の打撃は、畜産やバター製造のような副次的農業分野にも反映された。乏しい飼料と穀物の貯蔵を消尽させないように、家畜や家禽の割当徴発は急ぎ実施され、それらの頭数が大幅に減少しただけでなく、長期間栄養失調に晒された牝牛の搾乳量は少なく、バター割当徴発を完遂するのは不可能である。「郷から毎日穀物と飼料を求めての陳情を持った農民代理人が到着している。〔……〕穀物と飼料がないために、住民は家畜を屠り、肉を穀物に替えているとの情報が、飢餓地区から何束にもなって入っている。バシキール住民がいる地区では、家畜だけでなく馬も屠畜され、多くの経営で現在馬と家畜はいなくなった。ベレベイ郡で、家畜の完全な撲滅を防ぐため、県食糧委は、郡内の飢餓地区から藁があるが遠距離なために資源を移すことができないバカルィ地区に家畜の追立てを促すよう命じた。牝牛は非常に遠距離を移動したので、お産の時に牝牛が出産できず、農民がそれらを殺した事例が認められた。ウファー郡アルハンゲリスカヤ郷からもこのような情報が入り、そこでは乳牛が僅かになった。これに加えて多くの地区で牝牛の不妊が認められた。こうして、近年牡牛の数は著しく減少した」。

イヴァノヴォ＝ヴォズネセンスク県では、二〇年の旱魃のために充分な飼料を蓄えることができず、多くはライ麦藁を飼料にしたが、それでも冬の飼育時に家畜は食うや食わずのため立つのもやっとなほどに完全に衰弱し、いくつかの経営では縄で吊り下げられていた。春の訪れとともに牧草地での飼育に期待がかけられたが、旱天のために牧草は劣悪で、ここでも飼料不足は回復されず、そのためバター税の減量が要求された。二〇年の牧草の収穫が悪く、衰弱した牝牛を冬季に縄で吊して飼育した光景は、コストロマ県でも見られた。ここでは二一年の牧草の収穫は前年よりも悪く、ほとんどが藁で飼育されたが、藁だけで飼育された牝牛から満足な搾乳量を期待することはできなかった。このような畜産の解体を評して、第九回ソヴェト大会での農業復興に関する副報告は、最近生じている「飼料不足による家畜の完全な絶滅、経営が飢えから逃れるための軒並みの屠畜、牝牛の不妊」は、近い将来の農業崩壊の直接的前兆であると警告した[45]。

現物税は総量が前年度の割当徴発量よりも大幅に縮小されたとはいえ、コンドラーチエフらからなる特別委によれば、平均収穫の下でさえも農民の消費に食い込むとの判断であったが、二一年の凶作が各地で明らかになるにつれ、それへの不満が膨らみ始めた。

特に全面的な凶作に襲われたシベリアではこの傾向が顕著であった。七月に開かれたシベリア経済会議でシベリア革命委議長スミルノーフが、シベリアは中央にとっての食糧基地と見なされてきたが、それは現在では政治的過ちであり、そのようにすれば農民との衝突は必然であり、「今や白衛軍をわれわれは恐れることはないが、もしここで反共産主義勢力が蠢動するなら、軍隊によって農民を打ち負かすことはできず、そのためにここに健全な経済政策が必要である」と演説したのに反し、そこでの徴税は従前通りに強制と抑圧の原理で実施された。オムスク県チェー・カーからの一一月の政治情勢に関する機密報告は、全県での農民の窮状に埋め尽くされた。「オムスク郡の農民の気分は思わしくない。原因は凶作と食糧税の高い税率である。そのため農民たちは郷全体で食糧税の全面解除を請願している」。この郡では、六〇郷のうち四〇郷から食糧税の減量と解除についての請願が寄せられた。「オムスク郡のいくつかの地区で農民の食糧事情はひどい。住民は代用食が半分混じったパンを食べている（ゴロディシェンスカヤ郷）。飢饉のために農民は資産を投げ売りし、より穀物が豊かな地区に向かっている。農民の間で穀物の盗みは当たり前の現象になった。納屋をこじ開け穀物を持ち去っている。盗みはその多くが飢餓地区から到来した市民により行われている」。「カラチンスク郡の農民の気分には敵意がある。農民にまったく力の及ばないのが課せられたので、不満の多くは食糧税に対してである」。ここでも食糧税の免除について一〇三七件もの請願が提出されたが、そのうち一七〇件だけが受理され、残りすべてが却下された。同郡では一一月三〇日までに、穀物税は七・三パーセントしか遂行されなかった。

北カフカースのドン州でも同じことが起こっていた。現物税の導入当初は、カザークと農民はそれを好意的に迎えたが、州への重い課税のために、「食糧税への思わしくない対応が始まり、それへの疑惑と不信が徐々に広がっている」と、七月に中央委に報告された。それと同時に、匪賊運動が再び強まり、これまでは匪賊への支持表明を控えていたカザークは、ソヴェト権力に対し敵対的に対応するようになった。彼らの間でソヴェト権力への信頼が揺らぎ始めた[46]。

現物税の実施の際に悲劇的であったのは、前年までに割当徴発を誠実に遂行した経営が特に大きな負担に耐えなければならなかったことである。六月にニジェゴロド県アルザマス郡の村は農業人民委員部への請願で、村に課せられた食糧税は高く、そのため、生存が危ぶまれている、村の住民はこれまで誠実にすべての国家賦課を遂行したが、そのため穀物がなくなり、文字通り新しい収穫までの四―五ヶ月を飢えて暮らしている（アカザ、苔、麩を食べている）、郷のほかの村団ではこのようなことは見られないのに、村はほかよりも高い税が課せられ、この自明の過ちが県農業部を含めてあらゆる組織により看過されているとして、減税を訴えた。七月にヴャトカ県から、「戦争［内戦］の三年間、マルムィジ農民は赤軍と中央の飢えた労働者のために手元にあるすべての穀物を提供した。農民は革命的責務の必要性を理解し、共和国の苦しい食糧事情を考慮し、一瞬も躊躇することなくソヴェト権力のためにすべての割当徴発を誠実に遂行した。現在マルムィジ郡に飢餓が訪れ、秋蒔きは不作で、所によって春蒔きは完全に全滅した。［……］多くの村落で畑は絶滅し、農民たちは毎日郡執行委、播種委、郡食糧委に向かい、種子［と］食糧を執拗に希（こいねが）っている」として、穀物支援が要請された[47]。

二〇年末から特に厳しくなる食糧事情と現物税の容赦のない取り立てに喘ぐシベリアは、それでも中央権力からはこのことは一切考慮されず、飢餓諸県に認定されることもなく、ただ重要な穀物調達地方としか位置づけられず、現物税体制の下でもそこでの民衆の状態はまったく改善されなかった。権力への憎悪は労働者や職員にも広まった。むしろ、割当徴発の廃止による幻想が破れた分だけ、彼らの幻滅と不満は大きく脹らんでいた。そこでの一〇月中の実情をチュメニ県チェー・カー極秘報告は次のように伝えている。

この間の労働者と職員の気分は、食糧危機のためにまったく異常な状態にある。労働者と職員に粗末な食事も衣服も履物もないことへの不満が見られる。労働者と職員は、自分の家族を扶養して餓死を避けることだけを考えているが、そのためになけなしのシャツなどを市場に持って行き、わずかな食糧のために売り払っている。労働生産性は食糧の欠如と匪賊運動のために著しく低下し、［チュメニ］郡北部の地区ではすべての企業が完全に操業を停止し、残りの郷では施設の技術機関は行き詰まっている стоит на точке замерзания。都市の一連の企業でも、食糧不足のためにこれと同じ光景に出会う。管理職にある労働者と職員は、当該組織の自分のポストにしがみつき、消費組合連合、郡食糧委、調達事務所のような暖かい部屋に入り浸り、投機に耽り、隣接するクルガン、チュカリンスク、ペトロパヴロフスク郡に出向いて、そこで衣服や工業製品を穀物や肉などの農産物と交換し、このような金儲けのための行き交いが頻繁に行われている。

クルガン郡の気分も同様である。イシム郡北部地区の一連の郷には敵意がある。[48] これらの郷の住民は、いかなるものであれ国家賦課の遂行を完全に拒否し、食糧税は順調に遂行されず、穀物税はまだ実施されていない。そのような地区では［反革命の］強力な情宣と扇情的風聞の流布が認められる。曰く。労農権力でなく、略奪者の権力である。コムニスト権力はまもなく崩壊する。すべてのコムニストが寝返っている。コムニズムの統治は終わる。トロツキーとレーニンを打倒せよ。ツァーリにミハーイルを据えよう。中央権力は瓦解した、など。この悲惨な現象の原因は、㈠匪賊運動、㈡政治活動の完全な欠落、［三］穀物、野菜、牧草の完全な凶作である。郡の住民の多数はすでに穀物を持たず、馬鈴薯と様々な代用食を摂っている。イシムの住民は、アクモリンスク州とオムスク県を往来し、そこで馬、衣服、様々な農具を、取るに足らない量の穀物と交換している。一円の住民は一頭の牝牛と馬しか持たず、食糧と家畜飼料がないために、小家畜と有角家畜は住民によって肉に屠畜されている。

このほか、軍事部隊によって自前の補給をするために、匪賊運動の根絶後に当該地区で行われている戦場泥棒 мародерства は、農民の気分に恐ろしい影響を及ぼしている。これら部隊は、当該地区の村ごとに住民から、家畜、干草、馬具、衣服、現金、おまけに農民が自分の家族に用意したなけなしの最後のパンまでも奪っている。このような現象のために、未だに匪賊運動が行われている地域の住民の多数が、匪賊に共鳴している。ペトロパヴロフスク、クルガン、チュカリンスク郡に近い郷では、農民の気分は満足で、これはこれらの郷には凶作とはいえまだ穀物の収穫があるためで、それに、この地区の住民にはわずかであっても秋蒔きライ麦を播種し、将来への希望があるからである。残りの郷の気分は、特に都市近郊では異常である。食糧危機、食糧税、塩や織物のような必需品の不足と欠如が、その理由である。[49]

初年度の現物税徴収は、税法上の様々な不備と欠陥が指摘され、その実施規程の公布は遅れ、さらに未曾有の飢饉がその実施を大きく妨げ、その納付期限は二二年三月一五日まで延長され、ほぼ一億三二七六万プードが納付された。その負担は、中央統計管理局によれば、平均して総収穫の一二パーセント、純収穫の一五パーセントと算定され、この数字は戦前の課税負担を超えていた。二二年三月一七日の第四回全ロシア食糧会議で、スヴィチェールスキィは初年度現物税の負担について、消費諸県ではそれは割当徴発よりも重かったこと、税は割当徴発より少ない規模で算出されたが、消費基準にまで播種面積を縮小した中農にとって決して軽い負担でなかったことを指摘した。さらに、トゥーラ県での経営ごとの課税を例に挙げ、富裕農は割当徴発に比べて明らかに利益を得たが、貧農は割当徴発より重い税負担を強いられた事実が報告され、スヴィチェールスキィによれば、このような現象は各地で認められた[50]。

しかしながら、この時期には現物税の負担率はほとんど意味を持たなくなっていた。なぜなら、共和国全土で認められる飢饉のために、多くの農民にとって自分の経営からの乏しい収穫によって生存するのは難しく、そこからの徴税はその負担率がいかほどであったとしても、農民に窮乏化とさらには餓死をもたらしたからである。二一年一一月後半のオムスク県内の政治情勢について、次のように報じられた。「県の住民の気分は思わしくない。農民は、彼らが持つ穀物よりはるかに多くの量が課せられた力の及ばない食糧税に不満を抱き、憤っている。そのような事実に至るところで出会い、農民に食糧税への敵意を抱かせている。割当徴発よりもはるかに容易に食糧税を遂行できるであろうと確信していた農民は、今やまったく逆の事態に遭遇している。彼らは税を遂行するために自分の穀物全部を引き渡さなければならないだけでなく、さらに[それを支払うために]買い足さなければならない。というのは、オムスク県を襲った凶作が食糧組織に考慮されていないので」。

トムスク県でも同様な光景が見られ、一二月間の県チェー・カーの極秘報告によれば、四ヶ月間配給を受け取っていない労働者と職員は、バザールでの物価高騰のために権力の無策を非難し、農村での党活動は崩壊し、農村では誰も食糧税の意義を説明してくれず、威嚇、逮捕、銃殺の脅ししか聞かされていないとの不満が溢れていた。一二月三一日までに穀物食糧税は三六・三パーセントしか遂行されず、そのため逮捕者は膨大な数に上った。「ヴォロチンスク地区で逮捕者は七〇〇人に達し、そこでは穀物をまったく持っていない貧農も五〇－七〇人が逮捕されている。アンジェロ＝スジェンカ地区では五〇〇人が逮捕され、シェグロフスク郡では逮捕のほかに郡食糧コミッサールにより不払人に過料が科せられ、一八九八人が逮捕され、四一人に過料が科せられた。郡執行委全権によって三〇〇〇人が逮捕され（テレンチエフスカヤ郷だけで一〇〇〇人）、八三八人が革命裁判所に引き渡された」。あらゆる物が欠乏する中でも、抑圧手段だけは潤沢であった[51]。

註

1 РГАСПИ. Ф.17. Оп.65. Д.538. Л.453; Правда.1921. 16 июля; Изв. ВЦИК.1921. 17 мая.

2 Моршанская коммуна. 1921. 4 янв.; Красная деревня (Воронеж.). 1921. 13 фев.

3 ЦА ФСБ. Ф.1. Оп.5. Д.105. Л.11,13; ГАРФ. Ф.393. Оп.28. Д.287. Л.7; РГАСПИ. Ф.17. Оп.65. Д.663. Л.124.

4 ЦА ФСБ. Ф.1. Оп.5. Д.11. Л.13; РГАЭ. Ф.1943. Оп.7. Д.1110. Л.3; ГАРФ. Ф.393. Оп.28. Д.276. Л.51. サマラ市で貧民はバザールの開設に否定的に対応した事実は、三月三一日づけの別のチェー・カー報告書でも指摘され（Советская деревня глазами ВЧК-ОГПУ-НКВД. Т.1. С. 401.）、Советы в эпоху военного коммунизма. Ч.2. С.100-104. にある文書にも、サマラ県での同じような情景が描かれている。

5 РГАЭ. Ф.478. Оп.1. Д.2108. Л.18; Ф.1943. Оп.6. Д.449. Л.61; ЦА ФСБ. Ф.1. Оп.6. Д.523. Л.65об.

6 Берзин А. Сел и лес. хоз-во.1921.№1/3. С.225; РГАЭ. Ф.478. Оп.2. Д.130. Л.21; Оп.1. Д.537; Д. 851. Л.86; Ф.1943. Оп.6. Д.449. Л.61; HIA.RO.109-5.10; Прод. газета.1921.28 июля; 2 авг.; Девятый Всероссийский съезд советов. С.28. 内戦期の移住については、拙著『飢餓の革命』、九七－九九、一〇七ページを参照。二一年七月二八日づけВЦИК幹部会決議は、八月一日以降に条件付きで凶作諸県（アストラハン、ツァーリツィン、サラトフ、［ドイツ人コミューン］マルクシュタット、サマラ、ウファー、シムビリスク、ヴャトカ県とタタール共和国、チュヴァシ州、マリ州）からの勤労分子の移住を認可したが、残りの地域については移住を完全に禁止した（Итоги борьбы с голодом. С.405.）。

7 Крестьянская жизнь.1921. 25 мая. このような理解は、その後に生

ずる「二三年危機」の基本的原因を、依然として存続する地方的農民地域経済と国営商業との分裂に見ることを念頭に置いている(拙稿「ソヴェト「二三年危機」」、『史林』、六五巻一号、一九八二年、同「二三年危機下の農村経済」、渓内謙・荒田洋編『ネップからスターリン時代へ』木鐸社、一九八二年、参照)。

8 Федоров П. Изв. Наркомпрода.1918.№8. С.23. この時期は農村でも共同納屋や集荷場などからの播種材の窃盗が蔓延していた。このような事実は四月にシムビリスク県から、五月にヴォロネジやヴラヂーミル県から、その他多数がチェー・カーに報告された(Советская деревня глазами ВЧК - ОГПУ - НКВД. Т.1. С.414,425,437.)。二一年一月にサラトフ県で一三三二人が入獄し、その大部分が窃盗や強盗などの経済犯であった(Raleigh D.J. Op.cit., p.239.)。

9 ГАРФ. Ф.130, Оп.5, Д.644, Л.14; Коммуна (Самара.).1921. 30 марта.

10 РГАСПИ. Ф.17, Оп.13, Д.668, Л.3; ЦА ФСБ. Ф.1, Оп.5, Д.444, Л.4 об.; Д.15, Л.40; Д.190, Л.91, 132; ГАРФ. Ф.393, Оп.28, Д.276, Л.55.

11 РГАЭ. Ф.1943, Оп.6, Д.403, Л.584; ЦА ФСБ. Ф.1, Оп.5, Д.190, Л.152; Оп.6, Д.500, Л.59.

12 Декреты Советской власти. Т.xiii. С.239-241; РГАЭ. Ф.1943, Оп.7, Д.2334, Л.240,114,162,226. 穀物を求めての住民の大量の逃亡は、離村と並んで戦時共産主義期に頻出する現象であった。一九年三月にはチェレポヴェツ県で食糧危機のために各地で飢餓一揆が始まり、それは県全土に拡大する様相を見せ、飢餓民は生産諸県への大量の逃亡を図ったが、列車が運行していないために、その願いも叶わず、彼らの多くは避難民として流浪することになった(ГАРФ. Ф.130, Оп.3, Д.716, Л.36,96.)。

13 РГАСПИ. Ф.17, Оп.65, Д.663, Л.123.

14 Там же. Оп.112, Д.182, Л.27; Оп.65, Д.603, Л.259,260; Прод. газета.1921. 6 сент. 二一年初頭からのサラトフ市内での労働者の反ボリシェヴィキ的気運の高まりは、地方アルヒーフに基づく文献でも同様に指摘されている(Raleigh D.J. Op.cit., p.378-81.)。

15 Прод. газета.1921. 29 марта; Декреты Советской власти. Т.xiv. С.113-116; Протоколы десятой всероссийской конференции РКП (б). С.38,42. ストゥルミーリンは、すべての土地への課税は多様な輪作の下では余りにも大きな不均等を生み出し、土地の正確な世帯別登録がないことを理由に挙げて、播種面積を課税対象にするよう主張した。彼の提言によれば、実際の播種面積ではなく、国家計画に基づく播種面積を課税対象にし、こうして割当徴発から現物税への移行の際の本来の目的であった播種面積拡大の完遂と、現物税の実施を制度的に結びつけた。また、計画を超える播種分は非課税となり、このような方法は播種の拡大に繋がると、彼は主張した(Экон. жизнь.1921. 16 апр.)。

16 例えば、ライ麦一プードに対し、蕎麦は三五フント、豆類は二五フント、オート麦、大麦、黍は一プード一〇フント、トウモロコシは一プード二〇フント、搾油用種子は二〇フント、馬鈴薯は四プードとした。ただし、馬鈴薯は九月六日づけCHK政令によって、飢餓地区の拡大と馬鈴薯の相対的な豊作を考慮して、四プードから六プードに引き下げた(Собрание узаконений и распоряжений.1921.№72. Ст.589.)。

17 ГАРФ. Ф.130, Оп.5, Д.644, Л.12об., 17. 農業人民委員部特別会議では、「CHK政令草案は本質的に三分の一に縮小された割当徴発と同じで、整合性がない。卵は耕地に課税され、バターと羊毛は家畜頭数に課税され、課税の際に体系がない」と非難を浴びたが、この点で草案は修正されないままであった(РГАЭ. Ф.478, Оп.1, Д.558, Л.14.)。

18 バターは、共和国を六地帯に分け、経営にある牝牛頭数に対して課税され、例えば、第一地帯のタムボフ県では、一頭持ち経営には三フント、四頭以上を持つなら一頭につき五フントずつが徴収された(Собрание узаконений и распоряжений.1921.№37. Ст.197.)。農業人民委員部特別会議での言及に反して、バターの課税は割当徴発と同じ量であった(Декреты Советской власти. T.vii. C.290-291.)。

19 卵は、共和国を五地帯に分け、耕地の規模に対して課税された。例えば、第五地帯のタムボフ県では、耕地デシャチーナ当たり一〇個が徴収された。ここでも、卵は割当徴発と同じ量が課税された(там же. T.xiv. C.120-122; T.vii. C.292-294.)。卵税では唯一課税対象と直接関わりのない指標が設定されたが、スヴィヂェールスキィの説明によれば、鶏数は変動が激しく捕捉が難しく、いくつかの地区では耕地面積と養鶏との関連があるのは疑いないとして、耕地がその指標に採用された(Четрые года продовольственной работы. C.29.)。

20 Собрание узаконений и распоряжений.1921.№38. Ст.235;№49. Ст.252;№38. Ст.239;№51. Ст.281,271. こうして、六月一一日づけ食糧人民委員部電報により、代用食として当時重要な意味を持った樫の実、漿果、茸、ホップ、アニス、キャラウェイ、胡桃、ローリエが現物税から除かれ、無条件で自由販売が認められた(Систематический сборник декретов. Кн. 7. C.169.)。

21 Большаков А.М. Деревня 1917-1927. М.,1927. C.92,456. 第九回ソヴェト大会で報告に立ったトヴェリ県代表は、ライ麦、オート麦、干草、馬鈴薯、肉、バター、卵、羊毛、羊毛皮、鶏、亜麻、種子、ライ麦と春蒔き麦の藁の一四種の課税対象を列挙し、この多様性が事務の停滞を引き起こしていると指摘した。前掲文献の課税対象とは若干の異同がある(Девятый Всероссийкий съезд советов. C.119.)。

22 Прод. газета.1921. 20марта；ГАРФ. Ф.130, Оп.5, Д.644, Л.11-11 об.; Протоколы десятой всероссийской конференции РКП (б). C.44; ВЦИК viii созыва. C.150. 課税情報の収集から軍事力の適用に至る、上級、巡回税監督官に課せられた任務については、六月初旬の食糧人民委員部指令を見よ(Систематический сборник декретов. Кн.7. C.80-85.)。その条項の多くが、公務員の怠慢と不払人への行政措置に充てられた。

23 六月一六日づけ県食糧委宛のブリュハーノフの電報は、課税対象となる耕地を次のように定めた。春蒔き、秋蒔き区画、休耕地と牧草播種地が含まれる(ただし、四年目以上の草刈播種地は干草税が課せられるので、耕地から除かれる)。さらに、宅地付属菜園のうち、馬鈴薯、麻、穀物が占める面積は含まれるが、瓜、果樹作物の占める面積は野菜課税を考慮して除かれる。家畜の恒常的放牧地となり通常耕起されない放牧休耕地толока は耕地に含まない。このほか、休閑地перелог と放置地は耕地に含まれる(РГАЭ. Ф.1943, Оп.6, Д.486, Л.93.)。ただし、別の文書とは若干の異同があり(см.: там же. Л.117.)、その後に出された現物税に関する包括的報告書によれば、秋蒔きと翌年の春蒔きのために耕作される放牧休耕地は課税耕地に含まれた(Четрые года продовольственной работы. C. 33.)。以下に挙げるノヴゴロド県食糧委からの報告にもあるように、このような中央からの指令の不明瞭さと遺漏は、地方での徴税活動の混乱を招いた。

24 Систематический сборник декретов. Кн.7. C.108-109. ペンザ県から徴税カムパニアの障碍として、食糧人民委員部によって確定された収穫等級は過大評価されていたこと、郡ごとだけでなく個々の村落の範囲ですら、収穫にはまったく相違があるにもかかわらず、一律の収穫等級が適用されていたことを挙げ、カムパニア開始当初から凶作を蒙った村落では未納が不可避であることは明らかであり、そのため縮小に関する多数の請願が寄せられたと報告された(РГАЭ. Ф.1943, Оп.6, Д.493, Л.19-19об.)。

25 レーニンは現物税法案の修正の際に、農村住民を税確定に参画させる目的で、耕地の大きさにより農民を四グループに分け、各支払人グループから五人ごとに一人の代表を税規模確定作業に参加させる権利を与えるよう提案し、これは布告に盛り込まれた(Собрание узаконений и распоряжений.1921.№48. Ст.248.)。

26　徴税手続きは追加補正があり、非常に複雑であるが、ここでの記述は、Протоколы десятой всероссийской конференции РКП(б). С.44-46; ВЦИК viii созыва. С. 146-148; РГАЭ. Ф.1943. Оп.6. Д.486. Л.117-123 об.; Систематический сборник декретов. Кн.7. С.108-110. の規定をまとめてある。

27　Протоколы десятой всероссийской конференции РКП (б). С.46, 49, 61-62; Прод.газета.1921. 16 июня; ВЦИК viii созыва. С.148-149. 一一月一七日の未納者に関する食糧人民委員部電報では、自然災害によって別の現物税による代納が不可能なほどに経営が破壊された場合にのみ一年以内の納付猶予が認められたが、月ごとに税総量の二パーセントの延滞料が未納者に加算された(Систематический сборник декретов. Кн.7. С.150-151.)。

28　Продовольственная работа в Костромской губ. (1917-1923 гг.). Кострома.1923. С.11-12.

29　РГАЭ. Ф.1943. Оп.6. Д.477. Л.50; Систематический сборник декретов. Кн.7. С.146.

30　Прод.газета. 1921. 30 авг.;6 окт.;29 сент.;13 авг.; РГАЭ. Ф.1943. Оп.6. Д.482. Л.221.

31　Продовольственная работа в Костромской губ. С.31-32. 食糧人民委員部指令では、これら公文書の記入はインク書きが指示され、訂正も消しゴムを使わず棒線で抹消し訂正事項を上書きするとされていたので(Систематический сборник декретов. Кн.7. С.115.)、このような鉛筆書きの受領書は法的には無効となる。

32　Беднота. 1921. 10 нояб. このほか、納付のために三五ヴェルスタも穀物を運んできたのに、受付時間に遅れたとの理由で当日の受け取りは拒否され、翌日は税種ごとに方々の受領所を回って苦労して納付した、ルィビンスク県の例など(там же. 1921. 29 окт.)。

33　同県で紙不足のために徴税活動が麻痺に陥っていることは、食糧人民委員部機関紙でも報じられた(Прод.газета. 1921. 2 авг.)。すべてが窮乏するこの時期に、紙も例外ではなく、同県だけでなくほとんどすべての地方紙の紙質が灰白色で、粗く、厚くなり、そのため印字もままならない状態になったことからも、厳しい紙事情を窺うことができる。

34　穀物税がどのような種類の穀物生産物によって、どのような割合で納付すべきかについては、共和国の需要や地域の特性を考慮して、県と郡に対しては食糧人民委員部、郷に対しては県食糧委によって、納付すべきそれぞれの穀物ごとの相対比率が定められ、収穫等級と同様に、郡全体の相対比を損なわない条件で、県食糧委は郷に対する相対比を変更することができた。税総量はライ麦単位で算出されたが、実際にそれぞれの穀物の納付量は、この相対比に交換率を乗じて決定された(РГАЭ. Ф.1943. Оп.6. Д.486. Л.120.)。

35　二一年九月七日から一〇月二五日までの期間に、ВЦИК宛に四一八件(そのうち飢餓諸県からは三一件)の食糧税の低減と免除に関する申請が寄せられ、ノヴゴロド県からは四件の申請が届けられた。これら四一八件のうち、三四二件は予め食糧組織のしかるべき段階で処理され、提出の根拠がないとか請願期限を過ぎて提出されたなどの理由で、ほとんどすべてが却下され、二一件だけが「税に関する布告の解釈で、食糧組織による不適正さと不正確さが認められ」、しかるべき食糧組織に差し戻された。ВЦИКでの検討に回された残り七六件は、「これら請願はどれ一つとしてまじめな根拠を持っていなかった」として、ことごとく退けられた(там же. Д.604. Л.156-156об.)。「弱体化経営に対する恩典は、実際にはきわめて慎重に稀な場合にのみ適用された」と、食糧人民委員部が認めているように(там же. Д.449. Л.58-59об.)、飢餓諸県からの申請もほとんどが認定されなかった。

36　Там же. Д.451. Л.1-22; Д.530. Л.127; Д.478. Л.364.

37　Там же. Д.643. Л.78об.; РГАСПИ. Ф.17. Оп.13. Д.1007. Л.30, 48, 106, 112, 113.

38　ＣＨＫと現地で確定されたタムボフ県の収穫等級は左表のようなきわめて大きな較差があった。

39　Прод. газета. 1921. 17 сент.; Систематический сборник декретов. Кн. 7. С. 145; РГАЭ. Ф.1943, Оп.4, Д.299, Л.3; Оп.6, Д.493, Л.1-2 об., 7об.; Беднота. 1921. 3 нояб.; Крестьянская жизнь. 1921. 13 июля. 九月一六日づけＢＣＩＫと食糧人民委員部の電報により、収穫率等級の縮小に関する請願の提出期限は九月二五日までと定められた（РГАЭ. Ф.1943, Оп.6, Д.449, Л.59.）。

タムボフ県の郡別収穫等級表

郡	収穫等級	ＣＨＫによる収穫率（デシャチーナ当たりのプード）	県統計部による収穫率（同）
ボリソグレブスク	6	45	23,8
エラチマ	6	45	24,5
キルサノフ	3	30	17,9
コズロフ	4	35	19,6
レベヂャニ	6	45	25,7
リペツク	5	40	23,7
モルシャンスク	7	50	29,0
スパッスク	3	30	17,0
タムボフ	5	40	24,5
テムニコフ	4	35	20,3
ウスマニ	3	30	19,5
シャツク	5	40	23,2
県平均	5	42	24,4

РГАЭ. Ф.1943, Оп.6, Д.643, Л.79 об.

40　РГАСПИ. Ф.17, Оп.13, Д.1007, Л.123, 125; Д.1014, Л.17; Оп.65, Д.610, Л.275; РГАЭ. Ф.1943, Оп.6, Д.643, Л.79об.-80.

41　Там же. Л.6. タムボフ県には、二〇／二一年度割当徴発量一四二五万プードに替わり、四七三万七四一九プードの二一／二二年度穀物現物税が課せられたことから判断すれば（Изв. Тамбов. губ. исполкома. 1921. 25 авг.）、県食糧委の算定が正しい。

42　この時期に家畜の炭疽病はその名の通りシベリアで特に流行し、二一年八月の状況をチュメニ県チェー・カーは、次のように報告した。「炭疽病は特にチュメニ郡で猛威を振るい、三郷で馬四五六頭、牛八三頭、羊三四匹、豚一一二匹が炭疽病で倒れ、それとの闘争は、医薬品がないために僅かしかなされず、寒気の訪れとともに感染は止んだ」（ЦА ФСБ. Ф.1, Оп.5, Д.444, Л.2.）。一〇月のオムスク県タールスク郡でも、炭疽病とペスト感染が広がり、農民は家畜が死んでしまう前に、急ぎ家畜を税に引き渡そうとしている、と現地チェー・カーは報告した（РГАСПИ. Ф.17, Оп.13, Д.668, Л.47.）。

43　РГАЭ. Ф.1943, Оп.6, Д.469, Л.39, 48, 137-138, 145, 165, 198; Д.578, Л.54об.; ГАРФ. Ф.130, Оп.5, Д.779, Л.40; ЦА ФСБ. Ф.1, Оп.6, Д.523, Л.7; Нижегородская коммуна. 1921. 22, 26 июля.

44　РГАЭ. Ф.1943, Оп.6, Д.451, Л.7-9. 司法的圧力については、些末な事案も革命裁判所で審理され、被告人には上告権も認められていたために、最高控訴院 Верховный Кассационный Трибунал に大量の上告が持ち込まれ、事務仕事は停滞し、そのため食糧人民委員部は一〇月二〇日づけ回状電報で、大量の納税の拒否や行政的措置の適用後も是正されない悪質な不払人のみを裁判にかけるよう地方食糧委に指示した（Систематический сборник декретов. Кн. 7. С. 164.）。

45　РГАЭ. Ф.1943, Оп.6, Д.469, Л.15-16, 41; Д.62, Л.66; Девятый

Всероссийкий съезд советов. С. 112. これから間もなくウファー県は二一年六月までに四〇件の人肉食が記録されるほどの激しい飢饉に襲われ、二〇九万あった県人口のうち代用食を持つ者を除き五八・六パーセントが飢餓状態に陥った。そのため、二一年末までにさらに多数の家畜が清算され（馬の三〇、有角家畜の四五パーセント）、タタールやバシキール住民が住む地方では八〇ー一〇〇パーセントの家畜が屠畜された（Итоги борьбы с голодом. С.267, 269.）。また、藁による飼育が増えたのは、牧草の凶作だけでなく、実入りの悪い穀物はその多くが穀類ではなく藁として収穫されたことにもよる。二一年のシムビリスク県の実例では、穀類一〇〇プードに対して藁二五〇プードの刈り入れ結果であった（HIA.RO.122-6.）。

46　ЦА ФСБ. Ф.1. Оп.6. Д.523. Л.24; РГАСПИ. Ф.17. Оп.13. Д.904. Л.15; Оп.65. Д.296. Л.36. 後のスヴィヂェールスキィの報告によれば、シベリアと北カフカースには収穫に関する資料なしで郡別収穫等級が確定された。このため実情との乖離が著しくなり、一一月に穀物税量の再検討が行われた結果、三二郡で収穫等級は引き下げられ、四七郡で引き上げられた（Четрые года продовольственной ра боты. С.34.）。シベリアでの凶作の事実が明らかになった後のこれら変更であることは改めていうまでもない。

47　РГАЭ. Ф.478. Оп.3. Д.1297. Л.43-43об.; ГАРФ. Ф.130. Оп.5. Д.779. Л.49.

48　チュメニ県イシム郡でこの時期大規模の農民蜂起が勃発した。その原因は割当徴発の苛斂誅求であった。二〇年一二月三一日に郡非常トロイカは、食糧活動家に二一年一月一日までに割当徴発を遂行するよう命ずるプリカースを出し、このプリカースの不履行へのいかなる口実も認められず、期限の延期や任務の縮小を請願する農民代理人の派遣は禁じられた。農民への抑圧は何倍にも強化され、許される限界を超えるようになった。ある村では、割当徴発の遂行を拒絶した農民を食糧部隊員は壁に立たせて銃殺し、いくつかの郷では県食糧委全権はナガン銃と銃尾で人々を打擲し、あらゆる金品を奪い、挙げ句の果てに被害者を逮捕しイシムに送り込んだ。銃殺する権利を持つと公言し、女性に「汚い提案」を要求した非常トロイカ員もいた。同様な行為はほかの郡でも起こり、多くの食糧活動家による刑事犯罪は日常化していた。このようにしてチュメニ県は穀物割当徴発を一〇二パーセント遂行した。シベリア全体で極端に低い遂行率の中で、この数字は突出していた。こうして、窮乏に陥った農民は次第に食糧部隊との衝突を繰り返すようになった。蜂起は一月三一日に始まった。この日の朝イシム郡北部の村から播種カムパニアのための種子用穀物の搬出を妨げようとする農民に、赤軍兵士が発砲し、農民に二人の犠牲者を出した。だが、これまでの抵抗とは異なり、棍棒、大熊手、猟銃で武装した農民は、赤軍との戦闘の末、彼らを村から放逐した。この蜂起にほかの郷が加わり、三日間でこの運動はイシム郡北部一帯を席巻し、ヤルトロフスク郡に及んだ。その伝播速度は信じがたいほどで、隣接地区で憎悪すべき権力の転覆を聞くや、人々は躊躇なく武器を取って立ち上がった。二月中旬までに、西シベリアのほとんどでボリシェヴィキ権力は打倒され、シベリアとヨーロッパ＝ロシアの交通は寸断された。蜂起者のスローガンである「コムニストなきソヴェト」は苛烈に実行された。蜂起軍により占拠された村では、コムニストはしばしば残虐な報復を受けた。逮捕者は凍死するまで何日間も戸外に放り出された。眼を抉られ、鼻や耳を削がれ、刺し殺され、捕らえられた食糧活動家は生きたまま家畜により引き裂かれ、彼らの屍体には「割当徴発は完全に遂行された」との紙切れが貼られた。イシムとヤルトロフスク郡ではコムニストの五〇パーセント、食糧活動家の七五パーセントが殺害された。しかしながら、大規模に展開された西シベリア農民蜂起も、徐々に強化される赤軍部隊の軍事力の前に劣勢を強いられ、二一年夏までに基本的に鎮圧された。「蜂起の根絶で主要な役割を果たしたのは、第一〇回党大会の割当徴発から現物税への交替に関する決議ではなく、赤軍であった」(Москвин М.М. Вопр. ист. 1998. №6. С.46-63.)。この事件に関する資料集 За советы без коммунистов. крестьянское восстание в Тюменской губ. 1921: Сб. документов. Новосибирск, 2000. は、多数の興味ある文書を含んでいる。

49 ЦА ФСБ. Ф.1, Оп.5, Д.444, Л.18.

50 Беднота. 1922. 16 марта; Экон. жизнь. 1922. 30 июня; Прод. газета. 1922. 22.18 марта. トゥーラ県のこの例は、六〇年代後半に行われたネップ論争の中で、現物税が必ずしも貧農に有利でなかった実例として引用された(Цыбульский В. А. Налоговая политика в деревне в первые годы НЭПа // Вопр. ист. 1965. №10. С.48-49.)。

51 ЦА ФСБ. Ф.1, Оп.6, Д.523, Л.2, 127-134. 五月二五日づけСНК政令によって、税不払人への行政措置として、当該期間に彼に算定された税の五分の一の規模で過料を科すことが認められた。この懲罰措置は一〇月三日づけСНК指令でも確認され、その他、未納者への懲罰措置として、革命裁判所による財産の没収、分与地の剥奪などがあり、この処罰は被告人への判決の手交から四八時間以内に執行された(Систематический сборник декретов. Кн.7. С.158, 161.)。

第七章 二一―二二年の大飢饉

旱魃による凶作

サマラ県執行委議長に転出し県飢餓民援助特別委（コムポムゴル）КОМПОМГОЛ議長兼任となったアントーノフ＝オフセーエンコは二一年一二月一六日の県ソヴェト大会で、県内での飢饉との闘争について次のように述べた。二一年のヴォルガ一帯での飢饉の原因をまず内戦に求めた後で、今年の飢饉は、「以前と同様に気象条件、定期的にほぼ四年に一度完全な凶作年を引き起こす旱魃と結びついている。平均的［穀物］収穫の際には七〇〇〇万プードであるが、個々の年の収穫は、例えば一三年のように一億六〇〇〇万プードに達したり、または、一八九一年のように一一〇〇―一二〇〇万プードに落ち込んだりした。今年は、馬鈴薯をそれに含めて収穫は六〇〇万プード以下であった。農民が持つ家畜の現有頭数も穀物と牧草の収穫に完全に依拠している」と、今年の飢饉が近年最悪といわれた一八九一年飢饉の半分の収穫しかない、未曾有の規模であるとの厳しい現状を報告した。だが、二一年の飢饉はすでに割当徴発の下で二〇年に始まっていたことも、ここで強調された。「昨年も住民は代用食を摂りながら、以前の残りを食べるか飢えなければならなかった。二一年の収穫は、平均してデシャチーナ当たり二プードしかもたらさず、それは一、二ヶ月で食い尽くされた。統計部の資料によれば、八月ですでに飢餓民は［約二八〇万の県人口のうち］六〇万人で、一二月にはその数は一八〇万人に達し、彼らはすでにまったく何も食べることができず、代用食（水草 сусак）さえも食い尽くした」。これが二一年のヴォルガ地方の現状であった。それでも、国家的支援はなく、彼の報告の結語は悲痛な叫びであった。

「状況は非常に苦しい。このことについて、われわれは全ロシアと外国に語らなければならないし、援助は充分ではないとの農民の声に耳を傾けて欲しい。もしこの援助が近い将来に増えないなら、何万もの農民は死滅し始めるであろう。今や彼らは何千となって死滅しつつある。人間の死体が掘り起こされて食べられ、飢餓で正気を失って、肉を食べるために自分の血を分けたわが子に襲いかかるとの情報を、われわれは持っている[1]」。

彼が述べているように、二一年の飢饉は突然訪れたのではなかった。すでに二〇年春から旱魃はゆっくり、途上の生き物を容赦なく破壊する目に見えない怪物のように、ヴォルガ東部流域平原から西シベリアの広大なステップに忍び寄っていた。二〇年の春は暖かくほとんど雨が降らず、春蒔きの時期に土は硬く乾燥していた。そのような旱天が夏まで続き、穀物は時機を待たずして熟し、収穫はまったく不調であった。秋になっても降水量は不足し、秋蒔き穀物は充分な収穫を約束するには乾燥しすぎの土壌に播種された。二〇／二一年の冬は僅かな降雪量であった。二一年の春になっても雨はまったく降らず、雪解けとともに暑い天気が直ちに訪れ、穀物は発芽するや枯れてしまった。このような異常な天候がヴォルガ流域で二年連続して発生し、サマラ県のいくつかの郡では二〇年もほとんど降水がなかった。多くの地方で井戸は枯れ果てた。同県での異常気象は次のような公式の数字にはっきりと反映されている。穀物の収穫にとって四―六月の天候がもっとも重大な影響を持つといわれているが、過去二三年でこの三ヶ月間の平均降水量は約一〇六ミリであったが、二一年は七ミリしかなかった。記録を取り始めたこの一七年間（一九〇三―二〇年）で四月の平均気温は六・四度、五月は一六・三度、六月は二三・八度であったが、二一年はそれぞれ一一・五度、二五・〇度、三一・三度であった。夏の間中全県でほとんど一滴の雨も降らなかった。畑と牧草地は燃え尽きた。蝗などの害虫が大量に発生した。森林の多い郡では大規模な森林火災が発生し、村も焼け落ちた[2]。

旱魃のために穀物は異常に早く成熟した。六月初めにすでにサマラから北二五ヴェルスタ辺りの畑で、秋蒔き穀物は穂を付けだした。この地域は初春から一滴の降水もなかった。近日中に雨が降らなければ、干草用に刈り取るしかなかった。春蒔き穀物の一部は黄ばみ始め、二週間は雨なしで保つであろうが、もしこの間に雨が降らなければ、種子も提供せず、丈が低いために干草にもならないのは明らかであった[3]。トウモロコシと向日葵と豆だけが順調に発芽した。甜菜と人参はまったく発芽しなかった。黍とクローバも同様である。馬鈴薯は発芽した後で、旱魃のために成長は止まった。ステップの牧草も近日中に雨が降らなければ、全滅のおそれがあった。このため、県内の至る所で「雨乞い」の祈祷が行われ、郷と村の当局者が旱魃との闘争を提唱する替わりに、教会の旗を持ち、イコンを手にして「キリスト教徒宗徒」の先頭に立っている光景が随所で見られた[4]。

サマラとプガチョフ郡の一部で、六月二日の朝から途切れ途切れに温かい雨が僅かに降り、作物の発芽が好転する期待を抱かせ、そのため、バザールで穀物はたちまち値を下げた。だが、この降水はほとんど彼らの期待を裏切るほどしかなく、事態を緩和することはなかった。プガチョフ郡では四、五月に一滴の雨も降らず、これが三ヶ月間に降った唯一の雨となった。だが、この雨も郡全体の一〇分の一しか潤さず、通年は六月中に四八・三ミリの降水があったが、この時は一〇ミリしかなかった。スタヴロポリ郡では依然として猛暑と旱天が続き、すべての秋蒔きと春蒔き穀物はほとんどが枯れ果て、さらに、青虫、蝗などの害虫が残りの春蒔きを全滅させた。七月半ばで同郡では、秋蒔き穀物の九九パーセントが全滅した。三六八五デシャチーナの播種が蝗の被害を受け、まだ枯れていない春蒔き全部が蝗に食い尽くされると予測されている。ステップの牧草は完全に全滅した。冠水牧草地はヴォルガの水量が少ないために、ほとんど冠水せず、牧草は生育しなかった。そのため、農民は大量に家畜を清算し、また、飼料がないために大量の家畜が疫病死していた。郡の北西部ではその割合は五〇パーセントにも達した。プガチョフ郡では、牧草は小枝のように硬く枯れ果て、飼料のない家畜の衰弱は進み、一月には一〇万五六九一頭いた役畜は、七月までに六万八七九八頭しか残っていなかった[5]。

最後に、南東の風とともに、この地方にとって危険きわまりない「乾燥霞 помоха」が現れ、すべての作物の全滅を完成させた。昨日まではまだ褐色であった小麦と大麦は黄ばみ、オート麦は白色になり、まだ完熟していない穀物は萎れ、早生穀物は全滅した。畑には穂の四分の三が空であったり穂を付けなかったりする藁だけが、二、三列残された。蝗の害から穂を護るためにも刈取りが急がれた。こうして、サマラ県での二一年の穀物収穫は、県平均でデシャチーナ当たり六プードにも達しなかった。バラコヴォやプガチョフ郡では収穫はゼロから二プードまでで、そのため畑は収穫されずに放置された。プガチョフ郡の郷では、刈取りは鎌ではなく、肉刺のできた手で引き抜かれた。七月一六日に始まり、たった二日しかかからなかった。春蒔きの刈入れも三日とかからなかった。脱穀された僅かな量の穀物は、粉に挽かれず、そのままで食された。農民はすでに七月から晩生作物を当てにせず、あらゆる代用食の採取に取りかかった。藁、アカザ、アザミ、樹皮、ぼろぼろになった骨が砕かれ、食用に利用された。仔家畜も屠畜された。七月はそれほどひどい暑さでなかったとしても、旱天は晩生作物にも影響を及ぼし始め、比較的早く播種された向日葵や黍は何とか発芽し、所によっては生育もした。遅く播種されたところでは、禿地のように何も発芽せず、そのような畑が一〇ヴェルスタ以上も拡がり、僅かに向日葵か黍が疎らに生えているのが認められた。これらの生育を待たずして刈入れが始まったが、黍はほとんど実がならなかった。代用食さえ収穫できなかった。向日葵だけが異なっていた。その茎をごちそうとして、飢餓民はたとえ数日でも飢えの苦しみから救われるとして、それらを引き抜き、家に持ち去った。ブズルク郡では春蒔き小麦の収量はデシャチーナ当たり五プード以下であったが、畑は全部蝗に食い尽くされた。スタヴロポリとメレケス郡の収穫はさらに悪かった[6]。

このような光景は、ヴォルガ流域諸県だけでなく各地で見られた。

中央工業地区にあり、二〇年にも旱魃の被害を蒙ったカルーガ県では、二月から播種委が活動を開始し、当初は播種カムパニアに慎重な態度を取っていた農民も強力な情宣活動の結果、比較的順調にカムパニアを推進したと報告されたが、郷によっては種子不足のために、計画の半分も播種できない事態も生じた(例えば、メシチョフスク郡ラチコフスカヤ郷)。このほかにスパソ＝デメンスク郡から報じられたように、割当徴発と徴用のために残された馬匹は余りにも少なく、消耗した役畜にさらに春の飼料不足が追い打ちをかけ、畑作業の最盛期にそれら役畜の一五パーセントが倒れ、人力に頼るしかなかった。このようは播種状態では、旱魃は通常予想される以上に甚大な損害をもたらした。ここでも春からの降水量は僅かで、六月初旬の乏しい慈雨は、メシチョフスクやモサリスク郡でいくらかの改善をもたらした。だが今度は地元住民が「羽虫 мошкара」と呼ぶ小虫が大量に発生し、春蒔き播種、オート麦、黍を食い尽くし、農民はこの駆除方法を知らず、被害は拡大した。またカルーガ郡では、「アザミウマ трипс」と呼ばれる害虫にライ麦が食い荒らされ、ライ麦の根は白い空洞となり朽ちて枯れた。旱魃のために通常よりも早く、県内では七月初めに秋蒔きライ麦の収穫が始まった。カルーガ郡ではこの時期に少しの降雨があり、収穫を持ち直したとはいえ、旱魃の被害を回復するには至らなかった。[7]

ウラル地方にあるヴャトカ県では、一九年の収穫は平年並みであったが、二〇年の秋蒔き穀物の収穫は、春の旱魃の影響があり、大部分の地域で受粉期が風雨の強い天候と重なったほか、五月の寒気によって不稔障碍 черезерница が生じてライ麦の穂は小さく、その収穫評価は、一九年の平年並み(五等級評価で三・〇)から、平年以下(同じく一・九)に落ち込んだ。こうして、すでに二〇年の冬の訪れとともに食糧事情は、特に北部郡で危機に陥り、もっぱらシベリアからの穀物の搬入が命の綱であったが、そこからの搬入が途絶するとともに急激に悪化した。それでも、南部郡の農民は新しい収穫を期待して、近づく災厄を見ることなく将来の飢饉がはっきりしない間は穀物を売っていた。しかし、二一年春から三ヶ月間はまったく雨が降らず、カマ河流域を襲った異常な旱魃は、住民が待望していた収穫を全滅させた。ミノハムシと蝗が出現した。開花期に訪れた台風ほどの突風が、さらに甚大な損害を与えた。六月末にあった僅かな降雨も事態をほとんど改善せず、ライ麦は熟したが実を付けなかった。穀物が不足する地方では、早期に刈入れが行われた。春蒔き穀物は花を付けたまま刈り取られた[8]。

ヴォルガを挟んでサマラの西に接するシムビリスク県では、収穫を前にしてセンギレイ郡で、秋蒔きと春蒔き穀物、菜園作物は全滅した。比較的良好といわれたスィズラニ郡でも、ライ麦は播種面積の二五パーセントでデシャチーナ当たり二から三プードの収穫、約五〇パーセントで八プードを超えず、残り二五パーセントは一二プードしかなかった。小麦とオート麦は収穫期以前に多くの地方で、飼料用に刈り取られた。シムビリスク郡ではひどい旱魃の後に僅かな降水があったが、部分的で一部の郷は潤ったが、残りの郷の畑は乾いたままであった。だが降雨があった地方でさえ、それほどの恩恵をもたらさなかった。水分は地表を湿らせただけで、たちまち蒸発し、作柄の改善の役には立たなかった。サラトフ県クズネツク郡でも穀物の収穫はデシャチーナ当たり五プードを超えなかった。黍は旱魃で全滅した[9]。

シムビリスク県の北西に隣接するニジェゴロド県では六月までに、「熱帯」を思わせる暑さと旱天は穀物と牧草の成長を止めたが、五月二四日に降った大量の雨は、乾燥した大地には恵みと農民には期待をもたらした。畑の作物は一斉に生長し始めたが、雨の後に猛暑が再び訪れ、「太陽は灼熱の大地を容赦なく焼き尽くし、瞬く間に雨の水分を奪い取った」。秋蒔きはすでに開花したが、成長は止まった。パヴロヴォ郡での猛暑は六月下旬に気温三〇度を記録した。さらに、郡の一部で降雹のために二〇〇〇デシャチーナの播種が全滅した。クニャギニノ郡では六月二日の降雹で一七〇デシャチーナが、旱魃で八二二デシャチーナの秋蒔き穀物が全滅した。いくつかの郷では春蒔きはまったく発芽しなかった。ヴァシリスルスク郡では、牧草は全滅し、ライ麦は熟したが、多くの穂に実は付かなかった。六月に二郷だけに雨が降り、残り一一郷では依然として乾燥と暑さが続いた。マカリエヴォ郡では六月九日に中程度の雨が降り、ここでは発芽した春蒔きはいくらか改善され、発芽しなかった春蒔きの一部だけが発芽した。早蒔きオート麦は丈が低いままに穂を出し、早くもライ麦は成熟した。アルザマス郡では郡一帯で、雹の混じった雨が降り、作物に大きな損害を与えた。クニャギニノ郡ではその後も旱魃が続き、春蒔きは成長せず、牧草は全滅した。今度は、ちょうど秋蒔き穀物の刈り入れ時に毎日雨が続き、収穫を妨げるとともに、ルィスコヴォ郡では大雨のために春蒔きの成長は止まった。この郡ではライ麦の平均収穫はデシャチーナ当たり二五プードで、オート麦、小麦、黍などは凶作で、馬鈴薯だけが満足な収穫であった[10]。

タムボフ県は匪賊運動が拡大を見せていただけ、いっそう厳しい状況にあった。匪賊運動の中心の一つ、キルサノフ郡では、多くの郷で昼間は匪賊が妨害を加えるため畑作業は夜間に行われ、播種委とセリコムは匪賊の襲撃の対象となり多数の活動家が殺害され、播種カムパニアは困難を極めた。その結果、全県で県播種委により最小限として予定された播種面積八一万デシャチーナに対し六四万一五一二デシャチーナ（七九パーセント）に播種されただけであった。その大きな原因は種子不足であった。二二年一月に国防会議に提出された県内の食糧資源に関する長文の報告書によれば、播種カムパニア以前にほとんど至る所で、過酷な割当徴発の遂行によって食糧資源はすでに枯渇していた。前年度の割当徴発により県平均で年間一人当たり穀物五・七プードだけが残された。だが個々の郡ではさらにひどい状況にあり、ボリソグレブスクとウスマニ郡では三プードも残されていなかった。そのため、住民は様々な代用食を摂り、種子用の穀物も食用に利用された。したがって、畑にデシャチーナ当たりライ麦を四プードしか播種しないケースも認められた。このように、二一年春の播種段階で凶作は充分に予想された。

昨年に続き、時折ほんの僅かな雨が降る以外は、五月から秋蒔き穀物の刈入れまで厳しい旱魃が続いた。キルサノフ郡では、五月下旬にはもうライ麦が出穂し、開花し始め、いくつかの地方では秋蒔き穀物が燃え上がるほどであった。この郡では七月末までにライ麦の刈入れは終了し、そこではデシャチーナ当たりの収穫率は五から一三プードしかなかった。ほかの郡も同様であった。モルシャンスクとコズロフ郡では、旱魃のために秋蒔きは枯れ、春蒔きは生育しなかった。テムニコフ郡では、近日中に降雨がなければ穀物は全滅するおそれが生じ、飢饉のために非常に重苦しい気分が漂っていた。村でも森林でも火災が頻発した。餓死者も出た。反宗教活動がしっかりと根を下ろしているにもかかわらず、郡一帯で旱魃に関連して祈祷の波が方々に拡がり、僧侶があらゆる箇所で活動を始めた。もちろん、彼らの意志に反して、事態は緩和されなかった。それに続いて、収穫期の長雨と寒い明け方の後に吹いてくる熱風に襲われ、穀物の収穫は馬鈴薯と蕎麦を除き完全に凶作となった。ボリソグレブスク郡では、青虫と水腐れ вымочки のため二〇〇〇デシャチーナ以上の播種が全滅した。秋までに黍は慈雨のために持ち直すかに思えたが、多くの地方で予期せぬ早期の寒波に襲われ、実は成熟しないままに凍ってしまった。そのため、ほとんどの黍が規格外となり、刈り取られないままに残された。全県平均でライ麦は七月一日にはデシャチーナ当たり一八・九プードの予想であったが、実際には一四・九プードしかなかった[11]。

タムボフ県でも家畜の激減が凶作の被害をさらに昂進させた。ボリソグレブスク郡では、牽引力として重要な馬頭数は、一七年の七万九〇三一頭から二一年には三万五七六一頭にまで減少した。馬一頭当たりの耕作面積の負担は、播種地が大幅に縮小しても、同じく七・七デシャチーナから一三・四デシャチーナに増えた。このため、農民は畑作業に牛を利用するようになり、それにより幾分農民の負担は緩和されたものの、このため牝牛の搾乳は悪化し、彼らの重要な栄養源を奪う結果となった。

このような乏しい県内の食糧資源も、匪賊によって掠奪されただけでなく、一二月にはボリソグレブスク郡の郷で、匪賊を追撃した赤軍部隊によって一万プード以上の穀物や馬鈴薯のほかに藁や肉などが大量に奪い取られた。この事実は赤軍部隊と郡食糧委によって確認されたにもかかわらず、これらを食糧税として算入するようにとの県食糧コミッサール代理の請願は、食糧人民委員部によって却下された[12]。

飢饉の惨状

飢饉がいつ始まったのかを確定するのは難しい作業である。なぜなら、十月革命直後から飢餓や餓死の存在はすでに指摘されているからである。一八年末に開かれた第一回全ロシア食糧会議で、北部オロネッツとアルハンゲリスク県からの代表は異口同音に、住民の多くが苔を食べ、蠅のように餓死している現状を報告した。モスクワ市食糧委機関誌は一八年四月三〇日号で、飢餓により全国的規模で深刻な混乱があることを指摘し、そこで原因として強調されたのは、戦争による全般的経済の崩壊を別にすれば、農民から適正に穀物を受け取ることができていないこと、及び鉄道輸送の解体であった。例えば、サマラやサラトフ県では、ある郡では穀物の投機が蔓延していても、別の郡では飢餓状態で餓死者も出ている。タムボフでは、麦粉がないためにパン焼場が閉鎖されていると同時に、ホテルでは投機人が高い価格で麦粉の取引を行っているという。妥当な評価である。

一七、一八年の穀物収穫は決して不作ではなかった。当時の食糧活動家の算定によれば、戦前平均に比べて幾分かの収穫の落ち込みがあったとしても、それは穀物輸出の停止と相殺されるか過不足バランスでいくらかの余剰があった[13]。それでも革命直後から厳しい飢餓状態を各地に出現させたのは、以下のボリシェヴィキの政策的過誤の結果であった。第一に、穀物貯蔵が偏在し局地的飢餓が認められ、分配機関が未構築であったにもかかわらず、その自由流通を厳禁したことである。このため闇食糧取締部隊が怨嗟の的になったことはすでに述べた。第二に、割当徴発の下で窮民への食糧供給が穀物商業を禁止する際の担保となるべきであったが、実際にはそのように設定されていなかった。割当徴発の基本方針を審議するために招集された第一回全ロシア食糧会議でブリュハーノフは、この制度の下で農村住民の二五パーセントだけが供給計画に含まれている、と明言した。彼はそこで次のような驚くべき発言を行った。「すべての需要を一様に充たすことはできない。このため、緊急の需要を充足する目的で［一八年］九月から食糧フォンドが形成された。それは飢餓によって生ずる反革命的直接行動に対する政治的性格を持つ。［……］セヴェロドヴィナとアルハンゲリスク県は穀物に困窮しているが、他県を飢餓に陥れることなしに［それらに］供給することはできず、栄養失調のままにせざるをえない。［供給の］平等はありえず、それを考えてはならない」。こうして、その当初からボリシェヴィキ権力は、飢餓を地方に封じ込め、中央の都市労働者に食糧を確保することで、政治的基盤の安定化を目指したのである。この意味で戦時共産主義期から始まる飢餓は人為的である[14]。

割当徴発による完全な農業の荒廃の下で、二〇年に始まる旱魃は自然災害以上の打撃をもたらした。すでに割当徴発が全国的に展開された一九年春にも、ヴォログダ県ニコリスク郡ヴォズネセンスク地区の農民は、播種用に二五万プードの穀物を残さなければならないが、食糧エイジェントは穀物を残すことを拒否して、すべての穀物を搬出し、畑は播種されないままに残された、と窮状を訴えた。ウファー県ビルスク郡からも、ペルミ県オサ郡からも、食糧部隊は種子にも飼料にも何も残さず、一切合切奪い去り、播種面積は縮小し、役畜を失った経営が崩壊しつつある事実が報告された[15]。割当徴発は農民から、生産意欲も未来の希望をも奪い取っていた。

二〇年になると飢餓による播種不足が各地ではっきりと現れるようになった。スモレンスク県ムスチスラヴリ郡では、郡食糧委は飢えた農民から最後の馬鈴薯を奪い、畑は何も植えられないままに放置された。ヴォロネジ県パヴロフスク郡の地区では、昨年の秋蒔きから播種不足が続き、乏しい播種も家畜の踏み荒らし потрава により全滅し、春蒔きに期待がかけられたがそのための種子がなく、郡内のほかの地区から種子材を搬入するようにとの県食糧委と県農業部の訓令が出されたが、ほかの地区からの搬入は拒否され、春蒔きの播種不足が生じた。ヴォログダ県では春蒔き播種の時期が迫っていても、県で実施された内部調達による穀物は飢えた住民によって食用に消費され、余所からの種子の搬入はなく、農民の間で、特に貧しい赤軍兵士家族の中で播種不足が顕著になっていた。リャザニ県スコピン郡で、種子用馬鈴薯の徴収に県食糧全権が訪れ、冬季の調達で住民には春蒔き用の種子さえも残されず異常な播種不足が明らかになっているにもかかわらず、彼はそれでもさらなる徴収を命じた[16]。

このような割当徴発に起因する農業の荒廃は、わずかな異常気象にも持ち堪えることができず、二〇年の収穫を待たずして、全土で飢饉は明らかになっていた。七月五日づけでカルーガ県コゼリスク郡執行委からВЦИКに、次のような電報が届けられた。「六月四日の郡執行委幹部会会議で、苦しい食糧事情に関する幹部会議長の報告を聴いた。いくつかの例外を除き、コゼリスク郡のすべての市民は現在、あらゆる代用食として雑草や樫の実などを食べている。ひどい飢饉のために大量の農民住民が、自分の播種を投げ捨て他県に逃げ出し、穀物諸県への通行証を要求して、郡執行委を取り囲んでいる。地方から入る同志の情報によれば、春蒔き畑の大部分は播種されず、秋蒔きはいくつかの地方で劣悪なのは明白である。餓死があった。栄養失調のためにあらゆる疾病に多数が罹っている」として、飢餓住民の支援と移住の許可を求めた。この電報はВЦИКを経てСНКにも伝えられた。すなわち、モスクワに隣接する県の窮状を、ボリシェヴィキ指導部全員が完全に知悉していたにもかかわらず、この問題が取り上げられたのはようやく九月二一日のСНК会議であった。そこでは、リャザニ、カルーガ、トゥーラ、ブリャンスク、オリョールの五県が凶作県に認定され、食糧人民委員部に罹災地区の調査が命じられた。その結果、一一月二日のСНК会議は、もっとも凶作を蒙った県にツァーリツィン県を追加した。[17]

しかしすでに、これらの認定地区をはるかに超えた範囲で、共和国の至る所から凶作に関する情報が入っていた。ヴォルガ流域諸県の収穫は非常に悪く、サマラとサラトフ県の多くの地方で熱風によって穀物が全滅したと、七月に報じられた。サラトフ県カムィシン郡では、六月前半まで旱魃が続き、それに煙霧 мгла が加わり三万デシャチーナのライ麦と一万五〇〇〇デシャチーナの小麦が全滅し、さらに降雹で二五〇〇デシャチーナが被災し、凶作に追い打ちをかけた。ヴャトカ県では播種の七五パーセントが絶滅した。これらの情報は食糧人民委員部内でも充分に確認され、八月二三日の参与会会議で、ロシア西部とウクライナに関してスヴィヂェールスキィは、すべての県で割当徴発は大きな負担となっている、それは、割当徴発の根拠となった収穫予想が、旱魃の結果覆されたために起こった、例えば、ゴメリ県では畑は完全に焼け野原となり、このため不穏な空気がある、ゴメリ、ブリャンスク、ヴィテブスク県食糧会議は、割当徴発の遂行ができないと予想している、「これら諸県での今年の食糧事情は、昨年より著しく悪化している」、との厳しい現状を報告した。比較的順調な収穫とされた西部地方でさえこの有様であった。認定された六県に対し、罹災地区は余りにも広大であった。

食糧人民委員部は全ロシアで由々しき事態にあるとの認識から、県食糧委に九月一三日づけで、「凶作の結果、飢えた農民住民への食糧援助に関する方策の作成に至急着手するよう」命じた。その中で、「穀物の全体的に低い収穫の下では、飢えた農民住民に穀物生産物の搬送を期待することができない」との理由で、飢餓民援助のための食糧フォンドとして、県内の食糧資源の再分配を利用し、特に凶作を蒙った地方では食糧配給所を通しての食糧供給が指示された。飢餓の現実を前にしても、現地の食糧資源以外に被災者援助の国家フォンドは想定されなかった。この方針に基づき、一一月二日づけCHK会議決議は、凶作を蒙った地方の農村住民への食糧援助強化のために、「必要な穀物フォンドを現地で形成する目的で、それら余剰を持つ資力のある農民から余剰を精力的に収用するのを食糧人民委員部に義務づける」ことを定めた。要するに、凶作罹災地での割当徴発の強化が命じられたのである。次いで、リャザニ県の県執行委と党委に食糧人民委員部は一一月二四日づけで、食糧供給所の組織化による飢餓民用の食堂の開設と食糧フォンドの創設を指示した。しかしながら、凶作県内の内部再分配に基づく食糧援助に成果を期待できないのは明らかであった[18]。

割当徴発と飢饉との関連についてはは九月一四、二八日のCHK会議で取り上げられ、ブリュハーノフにその検討が委ねられた。これを受け、一一月一五日の会議でブリュハーノフ特別委は、僅かの例外としてモスクワ、チェレポヴェツ、ポクロフスク県とドイツ人コミューンで割当徴発を低減する以外、穀物割当徴発を変更する必要がないことを、公表を必要せずとしてCHKに勧告した[19]。タムボフ県などの実情を視察したスヴィヂェールスキィは一〇月一一日の食糧人民委員部参与会会議で、昨年までの穀物貯蔵が存在するために、今年の凶作でもタムボフ県は割当徴発の半分を遂行可能であり、それでも割当徴発を完遂できないのは、「穀物を取り上げるという意味で、われわれはまだいかなる英雄的措置を執っていない」からであると結論づけた[20]。

こうして、飢餓の原因に割当徴発はまったく関連づけられず、したがって、割当徴発の免除や軽減の請願は凶作諸県でも考慮されなかった。一〇月半ばにリャザニ県食糧委は郡食糧委に割当徴発からの解除について、次のような訓令を与えた。郷または村団から割当徴発の解除についての農民代理人によって請願が提出された場合に、㈠郷または村団が当該割当徴発を五〇パーセント遂行するまで割当徴発の解除や再検討について協議できず、㈡すべての割当徴発を一〇〇パーセント遂行しなければならないが、ごく例外的場合にのみ八〇パーセントの遂行を認め、㈢その遂行後に郡食糧委は割当徴発の再検討を行い、㈣この解除された割当量によって郡全体の割当総量を減じさせない条件で、それ以後の収用を停止することが指示された。凶作県にも割当量の変更はまったく認められなかったのである。県食糧会議は、ザライスク郡執行委議長と郡食糧コミッサールを、郡に課せられている割当徴発に対してまったく根拠のない請願を送りつけ、郡での調達を停止し、現地住民の気分を完全に損ねた廉で裁判所に引き渡し、郡食糧会議に、試験脱穀の資料を割当徴発の根拠と見なすことなく、厳格に割当徴発を遂行するよう命じた[21]。

こうして二一年を待たずに、飢餓はロシア全土に猛烈な勢いで襲いかかった。

サマラでは二一年春の農民代理人の言葉によれば、すでに二〇年のクリスマスから村は代用食に移り、おもに樫の実を食べ、それにアカザか麦粉を半分混ぜてパンを焼いていた。二一年に入ると代用食を利用する地域が飛躍的に拡大した。ヴォルガ流域から東部のウラルまで、農民の大部分にはすでにまともな食事はなく、彼らは藁、雑草、樫の実をパンに混ぜていた。ヴォルガ中域にあるチュヴァシ州では、夏にもほとんどの農民に食糧備蓄がなくなり、代用食を摂り、越冬用の樫の実とアカザの採取に従事していた。そのような代用食にも市場では高値が付けられていた。それさえも枯渇した民衆はパニックに陥り、焦土から逃げ出し、避難民の膨れあがる巨大なうねりに合流した。サマラ県では二八〇万の人口のうち、三〇万以上が県外に脱出した[22]。

次いで彼らを待ち受けるのは、伝染病であった。この事実は多数報告された。六月に現地チェー・カーは、ヴォロネジ市(人口約九万)での多数のコレラ患者を確認した。六月二一―五日で一四八人の患者が記録され、カラチ郡では四人のペスト感染が確認された。六月初めのサラトフ県チェー・カーの報告によれば、コレラ感染が蔓延し、六月八、九日にサラトフの医療機関に二六人のコレラ患者が入院し、そのうち半数は到来した避難民で、一〇日にはさらに五六人のコレラ患者が記録された。県チェー・カーは、「農民は雑草を食し、そのためコレラ感染が猖獗している」と伝えた。このような伝染病は避難民とともに全土に運ばれ、難民キャンプは特に感染率と死亡率が高かった。第九回ソヴェト大会での保健人民委員の表現によれば、「現在では飢餓住民が雪崩打って鉄道沿線に伝染病菌をまき散らしている」。そのため七月一三日のシベリア革命委会議は、コレラ感染を防ぐためにスラヴゴロド線の鉄道旅客輸送を禁止することを決定した。それでも、多数の避難民の流入とともに、特にシベリアで伝染病が猛威を振るった。八月の情勢についてチュメニ県チェー・カーは次のように報告している。「飢饉のためにコレラのような伝染病を持ち込んだ避難民の大量の流入が、チュメニ県にも現れた。ヴォルガ流域地方の飢餓諸県の避難民が大量に群がっている。チュメニ市で多数がコレラに感染した。コレラ患者の死亡率は九〇パーセント」。医療関係者と医薬品の不足のために、これと闘うのはほとんど不可能であった[23]。

サマラ県プガチョフ郡の実情は次のように描かれた。夏以後特に、飢餓は刻一刻と強く感じられ、飢餓のための発病が増加した。八月で病人は七五五九人、九月には一万九二三人、一〇月に一万一九六三人になり、死亡者もそれぞれ、一二五一人、三〇四五人、四二五一人と増えた。だがこのような公式資料は不完全で、さらに多くが死亡した。チフスや赤痢に感染し、個々の郷ではコレラも流行った。それでも、あらゆる病気より恐ろしいのが飢えの苦しみである。始めは頬がこけ、顎がせり出し、眼が朦朧とし、次いで手足、顔、身体全体が浮腫み始め、死に至る。若年者は体重の二〇パーセント、成人は四〇パーセント、老人は五〇パーセント以上を失って死亡し、そのため子供は三日間以上食事なしでは生存できず、このため飢餓民の間で特に子供の死亡率は高かった(サマラ県では一九一二〇年の死亡率二・八パーセントが、二一年には一三・九パーセントにまでなった)。二一年八月で四九万七九四人を数えたプガチョフ郡の人口は、二二年四月には餓死、移住などによって一七万七七三四人(三六・二パーセント)に激減した。特に一六歳以下の男子は三万二七六一人から七二八四人になった[24]。

飢えについて手紙は次のように伝えている。「人々が浮腫んでいると、ブズルクから書き送っている。一人当たり日に桶三杯の水だけを口に入れている。二〇日くらいで病気になり、次第に死んで行く。村住民の三分の一が意識朦朧となっている лежит без памяти。新たな病が現れた。嘔吐が始まり、口中と舌の皮が破れ、人が死んでいる」。同郡の七村で現地消費組合によって調査が行われ、二一年一一月前半から一二月一〇日までに一六歳以下の子供一一八人、一七から四九歳までの成人七〇人、五〇歳以上の老人四八人の死亡が確認された。そのうち罹災したある村(デニスキノ村)の光景は次のように報告書で描かれた。「㈠ハリウラの家。土間の床に六五歳の女性が横たわり、百姓家は完全に破壊され、床には生きる屍となっている家族の最後の生き残りの女性が倒れているだけである。残りの家族全員が餓死した。㈡別の住居。火事の後に掘られた土小屋。汚物の中に三歳から七歳までの子供と三五歳の戸主が伏している。全員が動かない。主婦一人だけがかろうじて歩いている。㈢ハイルリンの家。戸主はすでに死亡し、三歳から八歳までの子供三人を持つ四〇歳の妻が残された。彼女は何とか動いているが、子供は身動きもせず横たわっている。このような家がデニスキノでは一〇〇軒を数え、約二〇〇人が餓死の際にある」。

この惨状を医療の欠如と孤児院の劣悪な環境がさらに深めた。バラコヴォとプガチョフ郡を調査したアメリカ援助局(ARA)指導官は、二一年冬の実情を次のように報告した。飢えた農民の絶滅はもう間近である。プガチョフ郡の一連の郷で、村落の住民は全身が浮腫み、医療機関がないために急速に死につつある。「冬の訪れとともに、死亡率の急激な上昇が見られる。なぜなら、スイカの苦い茎、あらゆる根、ゴボウ、ネナシカズラのような雑草を食する最後の機会を、寒波が住民から奪い取るので。都市といくつかの村の孤児院は筆舌に尽くしがたい光景である。飢えた人々が疎開を始めたときから、孤児院には急速に人が溢れるようになり、定員過剰になった。都市や村の住民が遺棄した子供が収容された孤児院は悲惨な光景で、五〇人しか収容できない孤児院に二〇〇から三〇〇人が溢れ、彼ら全員が醜悪なまでに浮腫んでいるか、骸骨のように痩せ細り、全員が半裸で裸足である。息苦しいほど空気はよどみ、そこでは病気に感染した子供の多くが隔離されていない」。

年が明けるとここでの状況はさらに悪化し、二二年一月にプガチョフ郡ポムゴルは県執行委議長アントーノフ＝オフセーエンコに、伝染病と飢餓のために死亡率は一五から二〇パーセントに達し、雪が大地を覆い尽くしたために代用食の採取さえ不可能になり、死者は路上に放置されたままで、屍肉を食べるために白昼でもそれらは盗まれ、人肉食も見られるような郡の悪夢(カシマール)から状況を改善するために食糧援助を要請した[25]。

そこでの悪夢は人肉食で頂点を極めた。一二月二三日の第九回全ロシア・ソヴェト大会で報告に立ったアントーノフ＝オフセーエンコは、「農民の血の滴で綴られた」県内の飢餓の惨状を描く際に、ブズルク郡で認められる屍肉食の現実に触れた。通常ならば秘匿されるようなこれら多くの実例が、当時の新聞、雑誌、書籍などで報じられた。サマラ県執行委・県党委機関紙『コミューン』二二年一月一五日号は人肉食について、「穀物と肉から見捨てられたサマラ県の広大なステップ郡で悪夢が演じられ、軒並みの人肉食 повальное людоедство という異常な現象が認められる。飢えのために絶望と無分別に追い込まれ、眼にして口にできるあらゆるものを食い尽くした人々は、人間の屍体を切り刻み、自分の死んだ子供を貪り食っている」と報じた。「プガチョフ郡スラヴィンカ村で、一人の農婦アーンナ・ゴロヴコーヴァは死んだ自分の一三歳の娘エレーナの身体を、残った三人の娘と分け合った。子供は自分の姉妹の肉体を食べたが、母親は自分の娘の屍肉を食用にしなかった。現地当局がこの屍肉食 трупоедство を摘発したとき、娘の屍体から、頭部、踝、胸部だけが残され、腕の骨は村人によって食用に盗まれていた」ような、いくつかの実例を挙げ、「人肉食の犯罪者は告白し、それを極端な飢えで説明した。これらは事実、正確にいえば、そのごく一部である」と、この記事は結ばれた。まさに、このような事実はその後も多数報道された。飢えた人々は（なぜか、実行犯の多くが女性であった）、痩せさらばえた屍体には肉などほとんど残っていなかったが、墓場や納屋などあらゆる場所からそれを盗み、あるいは殺害して屍肉食や人肉食に及んだ。飢えや疫病による死者の数は増加の一途をたどったとしても、彼らを埋葬することなど思いもよらなかった。ブズルク郡では、「一連の村で死体が通りに集められ、春まで空の納屋に積み込まれる。なぜなら、衰弱した農民にとって、墓掘りは力の及ばぬ作業なので。個々の市民の遺体は墓地で雪をかけて覆うだけで、風がそれを吹き払い、犬に食いちぎられた屍体が顕わになっている」。プガチョフ郡では、「飢えた者は食用のために墓場から屍体を掘り起こしている。死んだ子供は墓場に運ばれず、食用のために残されている」。

プガチョフ郡の多くの郷で二一年の冬になると援助もなく、代用食さえ食い尽くされた。クレヴェンスカヤ郷執行委は一二月一〇日づけの報告書で、「郷の人口は七一三六人で、そのうち五六〇一人は代用食さえ持たない」と、ボゴロドスカヤ郷執行委は同じく二二年一月二日に、「住民は悲惨な状態にある。代用食も全部食い尽くされている。家畜は屠畜されるか生産物と交換され、それらも食い尽くされた。飢餓の病がもっとも広く蔓延し、餓死は一日一五人に達し、死体は埋葬されず、穀物納屋や馬小屋に置かれている」と報じられる現状の中で、特に同郡で人肉食が頻出した。以下はその供述書の一部である。「セメノフカ村で、三人の女性は一二月中に納屋から死体六体を盗み、それを食した。一月初旬にそれが発覚し逮捕され、犯行を自供した。人肉の味を賞賛している。二二年一月一〇日」。「バルテネフカ村。一月六日に盗品の捜索の際に、現地の村ソヴェト議長は、極貧の市民の所で桶一杯に入った生肉を発見した。これは切り刻まれた肉であり、その肉を検証した結果、人肉であることが判明した。この市民はこれを自白し、彼と家族が飢えていたので、前夜に一夜の宿を借りに立ち寄った身元不明の男性を切り刻んだと自供した。妻と共に切り刻み、皮膚を剥ぎ、すべての内臓を抜き出し（腸を切断して除去し）、頭部、足首、手首を中庭の雪に埋め、柔らかい肝臓と心臓を一月六日に炙って食べた。ペチカには人肉入りスープの鍋が置かれていた」。イヴァノフカ村で、餓死した夫を食用にした事件が当局によって摘発された。死体を収容しようとしたとき、「死者の妻は子供と一緒になって半ば食いちぎられた屍体にしがみつき、喚いた。「渡すもんか、食ってやる。それはわたしたちのものだ、これを取り上げる権利は誰も持っちゃいない」。大変な苦労をして、屍体の残りの部分を取り上げ諦めさせることができた。二二年一月五日」。

次に挙げる文書は、すべてから見放され、人肉食に至った、ブズルク郡アンドレエフスカヤ郷の三〇歳の男性の尋問調書である。「文盲で既婚。家族は自分と妻、七歳の子供ミハーイルと乳飲み子からなる。おれたちの村では二一年九月から全員一人残らず飢えている。［……］最初は、雑草や飼犬や猫を食べたり、骨を集めてそれを砕いて雑草の粉末に混ぜたりしていた。わたしは本で人肉食があることは知っていたが、それでもわたしは人肉を食べなければならなかった。わたしの家に女性が訪れ、二週間おれたちと共に住んでいた。彼女は餓死した。彼女は［村から一五ヴェルスタに住む寡婦で］五〇歳であった。彼女は夜中に死に、そこでかかぁが、彼女の死体から肉をこそげて食べるために、それを煮込もうとわたしに持ちかけた。わたしは同意した。わたしはナイフでふくらはぎの肉を削ぎ、煮込んで、子供に与えて自分も食べた。その後でおれたちはさらに切り刻んで食べた。頭部と脇腹を除いて、全部を食い尽くした。わたしは、自分たちが人肉を食べたことを申し開くために、かかぁをソヴェトに送り出した。おれたちの誰かを共同食堂に登録させるため、わたしはそうした。おれたち家族のうち、七歳の子供しか共同給食を受け取らず、わたし自身がドイツとの戦争での傷痍軍人で、左腕の骨が砕かれた。おれたちの村には三箇所の共同食堂があり、そこでは一五〇人しか賄われていないが、ここの人口は二八〇〇人もいる。子供にはパン四分の一フントとスープ大匙一杯が与えられている。家での食事はつましく、子供の分から一切れでも取り上げると泣き出してしまう。子供を施設に預けようとすると、この子には父と母がいて、そこは孤児しか受け入れないといって、預からなかった。わたしは、この村で何某が人肉を食べたことは聞いたことがなく、おそらく他の奴も食べているのだろうが、このことは秘密にされている。わたしは自分のことを喋った。わたしを故郷に送り返さないように希うだけだ。好きなところに送ってくれ。腹が一杯になるためなら身を粉にして働くつもりだ。ミトンを縫うことができ、以前は御者を勤め、そのほかにパン焼き工場で助手として働いていた。家族は家に残り、かかぁは病気で衰弱したために、あいつはわたしと離れることはできない。もうこれ以上申し上げることはない。二一年春にはまともな経営を持ち、馬七頭、牝牛三頭、羊一〇匹を飼っていたが、馬二頭は白衛軍匪賊に持ち去られ、二頭の馬はオオカミに食われ、残り全部を食い尽くしてしまった」。

より抱括的な事例は、現地チェー・カーの報告により公式に確認できる。二二年二月六―九日間の県内の状況についてサマラ県チェー・カーは極秘として、「飢餓は食糧がないために恐ろしい規模に達している。プガチョフ［郡］では三日間で餓死者は三七八人、メレケス［郡］ではいくつかの村で毎日五人から一〇人が死に絶え、サマラ市と郡では一六六人が餓死した。人肉食が増えている。スタヴロポリ郡全土で二件、サマラで一件の人肉食が記録された」と報告したが、その後もこのような惨状はいっそう強まり、二月二四―二七日間の報告書では、「屍肉食と人肉食が頻繁に繰り返されている」と指摘した㉖。

最大の飢饉を蒙ったサマラ県での数々の惨劇は、人肉食や屍肉食の生々しい実態を含めて多数の出版物で広く知られることになったが、このように悲惨な光景は、厳しい飢饉が発生した至る所から現地チェー・カーによりВЦИКポムゴルに報告された。サラトフ県から、二二年「一月三日。人肉食のケースが見られる」、バシ共和国から、「一月二〇日。飢餓は日ごとに強まり、住民の八〇パーセントが飢えている。代用食は枯渇し、人肉食のケースがある」、タタール共和国から、「一月二四日。スパッスク郡で人肉食が認められる」。次のような極秘報告もある。「ヴォロネジ県。一月三一日。ボグチャル郡で飢餓のために人肉食が目立っている。サマラ県。一月三一日。メレケス郡スタロサヴチンスカヤ郷の農民は、屍体を食糧にする許可を求めて郷ソヴェトに集まった」。「アクチュビンスク県。一月三一日。住民は動物の屍肉、雑草、犬を食用にしている。人肉食が頻発している。飢えのために自分の子供を井戸に投げ込む事件が目立っている。死亡率が高まり、死体は三週間以上も放置されている」。「ドネツ県。二月八日。飢餓は強まっている。全県で飢餓民の数は四七万五九〇〇人に達し、そのうち七万五〇〇〇人が子供である。人肉食が頻発している。ウラリスク県。二月九日。県内で飢餓が強まっている。ウラリスクとイレック郡で人間の屍体を食用にするケースが頻繁である」。これらはすべて公式の報告書であるが、これ以上の引用は余計であろう。ハリコフ大学神経精神病学科長フラーンク教授は、人肉食と屍肉食についてオデッサ、ドネツ、ザポロジエ、ニコラエフ、エカチェリノスラフ県を調査し、殺人が行われ人肉食に至った信憑性の高い二六件と殺害された死体が販売された七件を確認し、あらゆる県で屍肉食は日常的であったと結論づけた[27]。

二一／二二年の飢饉の特徴は、ヴォルガ流域にあるドイツ人コミューンを始めとする非ロシア人地域で、過酷な割当徴発の結果として特に被害が大きく現れたことである[28]。キルギス共和国でも旱魃が始まり、ステップ地帯で家畜が大量に斃死したため、大量の飢餓民がオレンブルグ県に溢れ、穀物は絶滅し、残った僅かの収穫にも雲のような蝗の大群が飛来し、すべてを食い尽くした。ヴォルガ中域にあるマリ州では、白樺の樹皮、樫の実や雑草が食され、彼らの多くはシベリアへの移住を望んで通行証を求めに郡執行委に押し寄せている、との二一年八月のチェー・カー報告が党中央委に提出された。

七月八日に受け取ったВЦИК宛の以下に挙げるチュヴァシ州執行委からの報告書は、その悲惨な状況を克明に描いている。「公式資料によれば、六月一日までに飢餓住民の数は三二万五六七五人に達し、それは州の全農村人口の四三パーセントをなす。七月までにこの割合はすでに八〇パーセントに達し、七月中も毎日増加して一〇〇パーセントになるだろう。公文書で確認された資料によれば、飢餓住民の状態はむごたらしい ужасное。飢餓民のほぼ三三パーセントは、半分をオート麦、半分を砕いた菩提樹の葉からなるパンを代用食としている。五五パーセントは、三分の二を砕いた樹皮や菩提樹の葉または様々な雑草を混ぜた、オート麦からなるレピョーシカ［麦粉からの焼き物］を食べ、残り一二パーセントは、まったくパンもレピョーシカもなく雑草のスープ болтушка を食事にしている。飢餓民の状態は、旱魃のため放牧地の草がまったくなく、そのため住民は家畜から何も得るものがないので、さらに悪化している。飢餓のための死亡が大規模に現れている。しばしば、一、二日ごとに家族丸ごとが絶滅している。病気や飢餓による浮腫は日常的現象になった。これら飢えた住民は、たとえきわめて僅かであったとしても、ライ麦の刈入れを苛々して待ち望んでいる。飢えた住民がまだ充分に熟していない収穫を刈り取り、それを消費し始めているとの電報情報が、六月二五日以降色々な郡から入電している。この乏しい収穫で飢餓民を賄うのは、完全に不可能である。［……］二一年の収穫はまったく異常な条件の下で行われた。穀物はしかるべきように成熟せず、黄ばみ枯れてしまった。その結果、穀物の実入りはきわめて悪かった。農民の意見では、穀物はまったく発芽せず、農業技術者は発芽率を三〇パーセントと見ている。もし、三〇パーセントの発芽なら、残り七〇パーセントを畑に蒔く見込みもない。これらを考慮に入れ、想定される収穫を種子材に利用するのはまったく期待できない。この状況は、春蒔きのきわめて悪い作柄によって深刻になっている。旱魃のために春蒔きの圧倒的部分は発芽せず、発芽しても同じ理由でほとんどが枯れてしまった。そのため、収穫のすべての期待を失い飢えた住民は、ライ麦を種子に保全することなく、餓死へと自分の運命を委ねた[29]」。

飢饉の救済を求めて

統計資料によれば、ロシア共和国での馬鈴薯と搾油用種子を除く穀物の二一年の総収穫は一〇億五五八九万二〇〇〇プードで、中央農業地帯を中心として旱魃被害のあった前年の総収穫一三億一四〇八万九〇〇〇プードを大きく下回る、未曾有の凶作となった。六月二六日づけ『プラヴダ』紙上で、一八九一年を凌ぐ、罹災者二五〇〇万人の飢饉の存在が初めて公式に報道され、同月三〇日づけ『経済生活』紙は農民が大量に村を捨てている飢饉地区の惨状を伝え、中央権力による以下のような飢餓民救援が始まった。

第一は、飢餓民援助機関の組織化である。七月一八日づけВЦИК幹部会決議で設置されたВЦИК飢餓民援助中央委(議長カリーニン)は、飢餓民の援助を組織する目的ですべての県と州に飢餓民援助委の設置を命じ、七月中にほとんどの地方で組織化が終了した。この時は飢餓民の数は一〇〇〇万人と想定された。イヴァノヴォ＝ヴォズネセンスク県では、七月一五日の県党協議会で県委の提案により、全国的規模で凶作を蒙った飢餓民を援助するカムパニアを実施するため、県委、県執行委、県労組評議会代表からなるコムポムゴル(コムポムゴル)が選出された。サマラ県プガチョフ郡では、七月二八日の党郡委会議で郡コムポムゴルが設置されたが、飢饉に喘ぐ同郡でもこの特別委は全国的飢餓援助がその目的であり、現地の飢饉対策はこの特別委の活動外であった。一二月の党郡委幹部会会議で、その活動が不充分であったことが確認された。各地でコムポムゴルは活動を開始したが、中央からの支援はなく、そこでの飢餓民援助物資は、集会、コンサートなどでの市民からの醵出と寄付により賄われただけで、二二年春までコムポムゴルの活動は資金と活動家の慢性的な不足に悩まされた。そのため飢餓民救済の名目で教会貴金属の没収が断行され、教会への圧力が強まり、宗教弾圧に向けての新たな段階が始まり、民衆と権力との緊張関係が再び強まった[30]。

八月半ばにВЦИКポムゴル議長カリーニンは、飢饉の視察と新経済路線の組織化のためにサマラを訪れ、プガチョフ郡の村を視察した。その状況はアカザを食べ、餓死者も出たほどですでに悲惨であり、農民は口々に中央からの支援を訴えた。だがそこで彼は具体的援助を明言することはできなかった。その後も、県ポムゴルはほとんど中央政府からの援助を受け取らず、県のあらゆる出版物は「助けてくれ！」と、同胞からの支援を訴え続けた。県消費組合機関誌は一二月に次のような記事を掲載した。四ヶ月前に『イズヴェスチヤ』は、飢饉によってサマラ県のあらゆる生き物が絶滅するおそれのあることを指摘した。勤労者は応えてくれ、一一月までに県ポムゴルは一五歳以下の飢えた子供の一〇パーセントを賄うことができた、しかし、残りの子供九〇パーセントとそれ以上の年齢の住民はどうなるのか。「一面死に絶えた村は今際の言葉を残す力さえない」。「プガチョフ郡デルノフスカヤ郷で、六月に四人、八月に八人、九月に二二人、一〇月に四〇人、一一月の二〇日間で一二〇人が死んだ。……一二月からの月はどうなるだろう。猫や犬を食べ、野原や道で倒れた動物を拾い集めている」。「冬になり、大地は凍てつき、粘土も食べたが、今ではそれを掘り出す力もなく、雑草も食べたが、今やそれも雪に埋もれ、家畜は食い尽くされ、倒れ、売り払われた。[食用に利用して]屋根には藁もなく、鋸屑もない。……寒い。死に至らせる突風が吹き荒れている。……埋葬する者はなく、遺体は納屋に積み上げられている」。「ほんの少しのパンでいいから、助けてくれ！食卓に座って、あなたたちが今日飢えた同胞を助けたかを思い起こして欲しい、もしそうでないなら今助けてくれ。今ポムゴルに行き、パンの一切れを渡して欲しい」、との声でこの記事は結ばれた。援助カムパニアで飢饉は治まりつつあるとの風潮を批判して、県ポムゴル機関誌は二一年一二月二三日の第一号でより直截にその惨状を訴えた。「災厄は収穫のある地方の住人には思い浮かばない。だが、ここパヴォルジエではそれは日ごとに新たな無惨な侵略を行っている。飢餓は減退しているのではなく、強まっている。それは徐々に新しい村を死に神の支配に従わせている」。「残った最後を食べ尽くし希望だけで生きている人々や家族、村や郷の数は日ごとに増えている。パンのことを考えることさえ忘れてしまい、死んだ家畜、皮革、代用食、苔も、飢餓の代用食で歪んでしまった口で全部を食い尽くし、忌まわしい粘土を貪り食っている」。総人口二八〇万を持つサマラ県で、二一年八月には八六万近くが飢えていたが、二二年一月にはその数は二四三万人に迫ろうとしていた[31]。

セヴェロドヴィナ県では、一一月までに飢餓民のために穀物一一九〇プード、オート麦一〇三六プード、馬鈴薯六四七五プードが納付され、これら食糧生産物は小口にされ、ヴャトカ県ポムゴルに発送されたが、これが同県でのポムゴルの活動のすべてであった。一二月にはアクチュビンスク県ポムゴルの管轄にある食糧は尽きてしまった。オムスク県のチュカリンスクやタラ郡では、農民はもっぱら代用食を摂り、動物の屍肉 падаль さえも食している状態でありながら、飢餓民援助委は資金がなく、何ら援助をなすことができなかった。国家からの食糧支援が確保されない以上、地方からの報告は一様に、ポムゴルの活動がほとんど機能しなかったことを報じている。

タムボフ県の一連の郡ポムゴルが執った飢餓住民への措置は、代用食の採取に向けての指令であった。ウスマニ郡ポムゴルは九月二七日づけで郷ポムゴルに代用食採取に関する指令を公示した。それによれば、各世帯主は一〇フントのゴボウと五フントの乾燥タンポポの根を調達しなければならず、広葉樹林から一〇ヴェルスタ離れた経営のために、各経営は乾燥樫の実一プードを引き渡さなければならなかった。コズロフ郡では、代用食としてこのほか、キャベツや甜菜の葉を即座に採取するよう命じられた。シャツク郡のプリカースでは、「現在の穀物不足の下で代用食の採取は大きな意義を持つ」

ことが改めて強調された。このような地方の実情に呼応して、モスクワでは苦しい冬に向けて代用食に関する手引書が緊急出版された。

ヴォルガ一帯で人々は亡霊のようになって一粒の穀物を求めて彷徨し、多数の家畜が屠畜され、チフス、壊血病が蔓延した。このような辛酸な光景は全土で認められたが、国家からの飢饉援助はほとんどなく、そのため、二二年までに地方権力は独自に様々な付加税を導入した。ヤロスラヴリ県執行委幹部会は、県ポムゴルの食糧フォンドを形成するために現物税率を二パーセント引き上げ、このほか、劇場税やダンス税を実施した。セヴェロドヴィナやヴャトカ県でも同様な付加税が導入された。ヴラヂーミル県シュヤ郡の郷ソヴェト大会は、播種した穀物一プード当たり〇・五フントずつの飢餓民援助の課税を行った。ВЦИКポムゴルは、ほとんどその成果を挙げることなく、二二年九月七日づけВЦИК幹部会決議により一〇月一五日までにその中央委と地方組織の解散が決定され、その後の活動は飢餓後遺症 последголод 援助委に引き継がれた[32]。

第二の支援措置は、凶作諸県での秋蒔き区画からの現物税の免除である。ВЦИКは七月二一日づけ政令により、凶作を蒙ったアストラハン、ツァーリツィン、サラトフ県、ドイツ人コミューン、サマラ、シムビリスク県、タタール共和国、チュヴァシ州、ウファー県ベレベイとビルスク郡、マリ州セルヌルとクラスノコクシャイスク郡、ヴャトカ県ヤランスク、ウルジューム、ソヴェトスク、マルムィジ郡で、秋蒔き区画からの穀物現物税の徴収を免除した。ただし、同政令によれば、国税としての徴収は免除されたが、県内の秋蒔き播種に投入する目的で「凶作を蒙った諸県で所によっては満足な収穫があることに配慮し、地方税として食糧税を実施する」とされ、これを受け八月四日づけВЦИК政令は、これら地方税を確定するための手続きを定めた。七月二一日政令でも言及されたように、この規程は二一年春の播種カムパニアの際に実施された県内種子再配分と同様であった。そして、当時この再配分が追加割当徴発と同義であったように、この措置は農民にとって現物税負担の免除をまったく意味しなかった。さらに、八月三日づけСНК政令により、住民による免除申請についての規程が厳格化され、「経営の支払能力を完全に毀損する」[33]火災や旱魃などの自然災害、軍事行動による経営の破壊の場合にのみ免除を請願することができ、罹災の確認文書、当局による確認の期限などが詳細に明文化され、旱魃による被害規模が拡大する中で、このような厳格化は免除の実現をいっそう困難にした。一〇月のリャザニ県食糧委への極秘電報は、自然災害によって破産し、ほかの生産物による代納や次の収穫までの支払いの猶予が不可能な経営にのみ免税を認めるよう命じた。九月七日から一〇月二五日までに、ВЦИКに食糧税の縮小と免除に関して四一八件の申請が寄せられ、その中にはヴャトカ、シムビリスク県などの飢餓諸県からの三一件が含まれたが、「それらのほとんどが却下」された。それとは対照的に、飢餓諸県においても税未納に対する抑圧的措置は徹底して実行された。サラトフ県では一一月までに食糧税未納の廉で三二五人が拘留され、食糧革命裁判所は銃殺二件を含む一四二件に有罪の判決を下した。シムビリスク県では同じく、一九〇人が逮捕され、職務怠慢の廉で一六人のソヴェト員が拘留され、七五人が裁判所に引き渡され、アラトゥイリ郡とアルダトフ郡で食糧市場の閉鎖が実施された。一二月の第九回全ロシア・ソヴェト大会でカリーニンが、「すべての飢餓諸県はあらゆる国家的穀物徴収から免除されている」と公言したその内実は、このようであった[34]。

この間にも飢餓地域の範囲は著しく拡大し、二一年末までにロシア共和国で公式に二二〇〇万人が飢餓民と認定されていたが、実際には二三県の三一九二万二〇〇〇人が飢饉の罹災者であり、それは全人口の二七・七パーセントに及んだ[35]。

今年は一八九一年の規模を超える未曾有の飢饉であると、中央権力はあらゆる機会に言明していたとしても、飢餓地域の認定にはきわめて慎重であった。八月三一日のВЦИКポムゴル幹部会会議は、バシキール共和国、チェリャビンスク県、ペルミ県サラプル郡を飢餓地域に認定するかの問題を審議し、正確な資料に欠けるとの理由で結論を次回に持ち越した。次回九月三日の同会議では、バシ共和国だけが飢餓地域に認定され、残りの結論は再度持ち越された（この調達年度に同共和国の農村住民は穀物三・一プードの消費基準しか残されなかったことが後に判明する）。一〇月一二日の同会議でようやくチェリャビンスク県に関して結論が出された。それによれば、ヴェルフネウラリスク、トロイツク、ミアス郡全体とクルタムィシ郡とチェリャビンスク郡の一部が飢餓地域と認定され、そこでは県内需要のための食糧税を宣告することが県執行委に認可された。一〇月二〇日の会議で、ツァーリツィン県とヴォチャーク州が飢餓地域に認定され、これらの地域を種子供給計画に含めることが決定されたが、食糧税の徴収に関しては何も言及されなかった。一一月二日の会議では、エカチェリンブルグ県三郡を飢餓地域に認定する問題が審議され、これらを飢餓地域に認定したゴスプランの提案は破棄され、一一月以後県内穀物資源は県内需要に回されることだけが決定された。だが、すでに同県での飢饉は厳しい段階にあった。六月には同県カメンスク郡食糧委は、「食糧事情が危機的で乳産物が唯一の栄養源になっている」ことを理由に挙げてバター税の停止をＣＨＫに申請した。七月には「県内には穀物はなく」「状況は破滅的」であるため、食糧人民委員部に食糧援助が要請された。現地チェー・カーは一〇月の状況について、「食糧不足のために孤児院で壊血病が蔓延し、子供の犯罪が増加している」と報告したように、同県の食糧危機は中央でも充分知悉されながら、そこは飢餓地域に認定されなかった。[36]

最終的に二一年一二月に食糧人民委員部により、以下が飢餓地域に認定された。アストラハン県、バシキール自治共和国、ヴォチャーク州、ヴャトカ県、カルムィク州、キルギス共和国、クリミア自治共和国、マリ州、ドイツ人コミューン、ペルミ県（オハンスク、オシンスク郡）、サマラ県、サラトフ県、シムビリスク県、タタール自治共和国、ウファー県、ツァーリツィン県、チェリャビンスク県、チュヴァシ州。[37]

この時ボリシェヴィキ政府は秋蒔き播種カムパニアを目前にして、全面的飢饉の下でいかにして種子フォンドを確保するかの大きな難問に直面していた。

七月一一日に農業人民委員代理は県農業部に、昨秋と今春に貸し付けられた種子を、秋蒔き種子材として穀物には一二パーセント、馬鈴薯には二〇パーセントの利子を付けて徴収するよう命じた。一方、食糧人民委員部はサマラ県など先の七月政令で認定された凶作地域の播種委に、これら地域での秋蒔き穀物の不作と、これらが「非生産的に利用される危険性［つまり、食用にされること］を考慮して、秋蒔きを最大限に播種する目的で、種子を食用に消費すること、播種終了まで秋蒔き穀物を脱穀すること、秋蒔き種子を市場取引に出すことを厳禁し、村ソヴェトに秋蒔き穀物の収穫を登録し、秋蒔き播種に必要な量を控除した残りすべての収穫を余剰と見なし、余剰持ち経営から種子余剰を収用し、郷執行委は受け取ったこれら種子余剰を、郷内再分配に利用して種子の充足を行うよう命じ、この違反者を厳罰に処するよう指示した。飢饉地域の農民に餓死を強いる、驚くべき内容である。さすがに、このような措置は実行不可能であり、七月二八日づけВЦИК幹部会政令により、秋蒔き種子の確保のために、飢餓諸県の消費・農業協同組合に県外で貨幣または商品によって、秋蒔きライ麦と小麦の種子を調達する権利が与えられた[38]。

さらに、ВЦИКポムゴル幹部会会議は八月六日にテオドローヴィッチの報告に基づき、ヴャトカ、サマラ県、タタール共和国、マリ州にはシベリアを、シムビリスクとウファー県にはセミパラチンスク、アクモリンスク、ポルタヴァ県を、ドイツ人コミューンにはゴメリ県を、チュヴァシ州とサラトフ県にはベロルシアを、サラトフ、ツァーリツィン、アストラハン県にはチェルニゴフ県を、協同組合を通して商品交換により秋蒔き種子を調達する地域としてそれぞれを配属прикреплениеさせ、この任務のために国家資金から消費組合中央連合（ツェントロ＝ソユーズ）に紙幣一五〇億ルーブリと商品フォンドを提供することを決定した。七月二八日づけВЦИК幹部会政令を補完したとも見えるこの決定は、しかしその内実はまったくそうではなかった。

六月二一日のСНК会議はすでに党中央委の提案を受け、キルギス共和国領内のアクモリンスクとセミパラチンスクで調達された穀物を中央のために確保し、この穀物の適時の搬送をキルギス食糧人民委員代理Т・М・ポノマレーンコに義務づけるとの公表不要の決議を行い、これら両県の穀物は中央ロシアへの発送に最優先順位がつけられていた。このため、キルギス国防会議全権を兼任するポノマレーンコは、サマラ県執行委と県組合連合の代表が両県で商品交換による穀物調達を実施することを認可せず、サマラの代表団は何ら成果を挙げずにそこから帰還した。このような事態に対し、サマラ県当局は七月三一日の電報で、このためサマラの状況はいっそう困難になり、「ポノマレーンコの行為は飢餓民援助に関する中央のあらゆる決定に背馳し、明らかに飢餓諸県の権利を侵害している」として、セミパラチンスク組合連合との間で締結された契約を根拠に、そこでの調達の認可をВЦИＫ幹部会に訴えた。このような飢餓諸県による独立的商品交換を制御するため、より正確には中央に最優先で穀物を確保するための措置が八月六日の決定であった。両県での調達が棄却されたサマラ県に、ようやく八月一一日と二一日づけシベリア・ポムゴルの電報でそれに替わる穀物調達地としてシベリアが確保された。しかし、そこでも確保された食糧列車はすべてが中央に発送され、一本の食糧直通列車もサマラには発送されず、サマラ県執行委全権は八月二三日づけのВЦИＫポムゴルへの電報で、サマラへの穀物の発送を要請したが、そこでの商品交換による調達は失敗に終わった。

しかし、より本質的問題は、現地の飢餓状況を斟酌することなく党指導部がロシア中央に最優先で穀物を確保しようとした事実である。飢餓地域に認定されながらも、キルギス共和国領内での窮状は完全に無視された。ネップへの移行に関して通常描かれる両首都での復興と「繁栄」の背後には、無数の犠牲が隠されている。ここでの春の播種カムパニアは、種子が供給されないために農民が勝手に国家集荷所から種子材を奪い取るような危機的状況の中で実施された。現地チェー・カーの情報によれば、特にアクモリンスク、ウラリスク、オレンブルグ県できわめて食糧事情は厳しく、アクモリンスク県では湖の水苔を粉末にしてパンに混ぜて食し、そのための疫病と餓死が蔓延していた。ほかの県でも同様であった。このような食糧危機を回避するために、キル食糧人民委員部はこれら先に挙げた自領の両県で飢餓民のために穀物を確保しようと試みた。しかし、八月六日づけのレーニンとブリュハーノフの電報は、「もっとも困難な政治的時機に、中央の供給に予定されている穀物をそのように利用するのは許し難い」として、両県に出されたキル共和国向けの穀物搬出任務命令を即座に破棄し、キル食糧人民委員部に課せられた中央への穀物の確保に全力を注ぐよう同食糧人民委員部に命じた。八月二六日づけのレーニンのポノマレーンコ宛の電報は直截にこのことを指示した。「アクモリンスクとセミパラチンスクですべての穀物は中央への搬出のために確保された。［……］現地での資源を再配分する権限はキル共和国の組織に与えられていない。ロシア共和国食糧人民委員部以外によって与えられた、アクモリンスクとセミパラチンスクの穀物の利用に関するあらゆる訓令を破棄する。これら地方［からの］穀物の搬出はもっぱら中央の任務命令によって行われ、その際に当該地方の県内消費を縮小することで、調達した［食糧］資源のしかるべき搬出が求められる」。

文字通りの飢餓輸出を強いられたキルギス共和国での罹災者は甚大な規模に上り、二二年一月には公式資料によれば飢餓民の数は一六〇万に達し（人口の約三三・七パーセント）、その後も急速に増え続けた。二一年末の政治状況についてオレンブルグ県チェー・カーは、「実際の成果を見ていないとの理由で、農民は新経済政策に馴染んでいない」と報告した。[39]すでに触れたように、二一／二二年の飢饉は特に周辺民族地域で多大な犠牲者を生じさせたが、それは、割当徴発の後遺症とならんで、自然災害以上にこのような政策の必然的帰結である。[40]まさに人為的飢餓であった。中央に優先的に穀物が搬出されたため、先の両県が配属されたウファー県は八月末に、集荷所に穀物と飼料はなく、商品交換で一六〇プードの穀物しか受け取らなかった、と打電したような成果しかここでは挙げなかった。このような措置を通して、全体として八月二五日までに任務命令の四五パーセントに当たる四一三万五九〇〇プードの種子用ライ麦が飢餓諸県に発送された。

二一年の秋蒔きカムパニアが従前の播種カムパニアと異なるのは、そこで外国からの種子購入が模索されたことであった。種子が根付くように気候が似ているフィンランド、スウェーデン、ドイツからの輸入が内部人民委員部で想定され、八月二五日の食糧人民委員部種子委員会の報告によれば、エストニアとラトヴィア産のライ麦やスウェーデンで買い付けたライ麦の一部が、ペトログラードに入荷するか輸出の準備を整えていた。こうして、二一年の秋蒔き播種カムパニアでは一八六万一〇〇〇プードの輸入種子が利用された。この量は、ヴォルガ流域諸県の播種カムパニアで投入された種子フォンド量に相当した。すでに強制的播種の政策は完全に破綻していた。[41]

外国からの支援に依拠しなければ、二一年飢饉の克服は不可能であった。ネップ体制の成立において、十月革命からいったんは閉じられた外国勢力との関係修復が、重要な意味を持つが、その中で非政府団体の際だった活動が特徴的である。

七月一一日づけで総主教チーホンが出したロシアでの飢餓と農業の破壊を克服するための援助を求めるアピールに続き、翌一二日にマクシム・ゴーリキは、世界大戦で失われた人間性を回復する好機であるとして、未曾有の旱魃による飢饉への支援を「すべての善良な人々」に訴えた。後者のアピールを受け、合衆国商務長官H・フーヴァーは七月二三日の電報で、アメリカ人捕虜の即時釈放を絶対的条件として、彼を議長とする「純粋に任意団体で完全な非公式組織」であるアメリカ援助局(ARA)がロシアを援助する用意がある旨を表明し、同ヨーロッパ代表との間で援助交渉がリガで始まった。当時の合衆国は、戦争経済の後遺症として穀物の過剰供給に悩まされ、終戦後の一年間で穀物価格はほぼ半値に下落した。合衆国とソヴェト=ロシアの利害は大筋で合致するはずであった。それでも、クロンシュタット叛乱とそれを支持する外国新聞の影響もあり、ボリシェヴィキ指導部は外国の義捐にきわめて懐疑的であり、内戦期に白衛軍への食糧援助を行ったARAへの不信感も根強く、アメリカ側も自らの特権的立場を強硬に主張し、八月一〇日から始まった援助局代表と、「武器としての食糧」への疑惑を公然と口にする外務人民委員代理M・M・リトヴィーノフとの交渉は難航した。ようやく一九日に合意に達し、翌二〇日に援助のためのリガ協定が調印された[42]。

リガ交渉とほぼ時を同じくして八月一三日にジュネーヴで国際赤十字団体によって国際的援助に関する会議が開かれ、そこには二二ヶ国から政府と任意団体の代表八〇人が出席したが、資金難のために具体的活動を打ち出すことができなかった。しかしながら、その上級コミッショナーに任命されたF・ナンセンは、急ぎモスクワに赴きリガ協定に準じた独自の協定を同月二七日に結んで、国際的支援を訴えた。ボリシェヴィキの手先との西ヨーロッパでの非難の嵐にも屈することなく、ソヴェト=ロシアの飢饉問題を審議するため秋にジュネーヴで開かれた国連会議で彼は、「一、三〇〇〇万の人々が飢饉と死の恐怖に晒されている。この二ヶ月間で援助を受け取らなければ、彼らの命運は決せられる。[……]われわれは私的慈善事業で行えることはすべて行ってきたが、この分野でさえ、われわれは嘘のキャンペーンによる深刻な妨害活動に遭遇している。飢餓民のために発送された列車は、赤軍により占領され掠奪されたと書かれた。これは虚偽であったが、この嘘はすべてのヨーロッパの新聞に広まった。［……］わたしは、このキャンペーンの内情を知っている。わたしが考えている援助を行うなら、ソヴェト政府が強化されるだろうと恐れているのだ。わたしは、これは間違っていると思う。［援助を行うなら］ヨーロッパにはロシアの飢えた民衆を助けるつもりの情け深い人々がいることを、ロシアの民衆が知るようになるだけで、ソヴェト政府を強化することにはならないと思う。だが、これによって、ソヴェト政府が強化されるとしよう。それでも、この会衆の中に、ソヴェト政府を支援するより二〇〇〇万の人々を死なせる方がましだと、あえて発言する人はいるだろうか。［……］恐ろしいのは、ロシアの冬が迫っていることである。間もなくロシアの河川が氷結する。間もなく雪が輸送の障碍となる。われわれの援助を求める声に、いつまでも耳を塞ぐことが許されるだろうか。彼らを救う時間はまだある」と、支援を訴え、ロシアでの飢饉援助のための資金集めに奔走した。彼はおもにイギリス委員会とアムステルダム・プロフィンテルン［赤色国際労組機関］とともに援助活動を展開し、飢餓民援助国際委員会の中心的役割を果たした。また、八月一三、一四日にベルリンで、アムステルダム・プロフィンテルン協議会が開かれ、ドイツ、フランスなどヨーロッパ八ヶ国の代表が出席し、そこで、万国の労働者の苦しい状態にもかかわらず、人類愛とプロレタリア的連帯のためにロシアへの援助が必要である旨の決議が採択された[43]。

ＡＲＡ代表団の一行は七〇〇トンの貨物とともに九月一日にペトログラードに到着し、早くも九月六日にその最初の食堂が開設された。次いで、本部が置かれたモスクワから代表団は、タタール共和国からヴォルガ地方を調査した。彼らの調査報告書は一様に「絶望的」と「悲惨」の文字で埋め尽くされた。二一年初冬にウラルに到着したＡＲＡ局員が見たのも、凄まじい光景であった。孤児院は満杯で、子供が恐ろしい割合で死んでいるのに、ベッドも毛布もなかった。キルギス共和国のオレンブルグ市だけで一日に一五〇人が死亡し、これら犠牲者の多くは街に群れをなしていた避難民であった。最悪なのはヴォルガからの難民キャンプで、彼らは二五から三〇パーセントの割合で死んでいた。キル共和国の北部に位置するウファーでもよく似た状態にあり、市の公式報告によれば、七月から九月半ばまでに餓死した五〇〇人の死体が通りで収容された。ウファーとオレンブルグ県では、住民の多数が穀物生産に従事していなかったので、食糧事情は特にひどかった。ウラルの鉱山地区では、あらゆる操業が停止するかほとんどゼロにまで縮小し、労働者は生きる術を持たなかった。当然にもこれら都市で犯罪が多発した。オレンブルグでは午後九時以降の外出は禁止された。路上で殺害されたり衣服を強奪されたりするのは、日常的となった。人間の頭部だけが発見された事件では、捜査は市場に及び、そこで殺害犯は死体を切り分け、肉をペルシャ人に売り、彼自身がそれをバザールで販売したことが露見した。その結果、ミートボール、カツレツ、あらゆる細切れ肉の販売が禁止された[44]。

刻々と悪化する飢饉の被害に対し、ARAはヴォルガ流域を中心に各地で子供給食を実施した(当初は子供と病人の援助だけに限定されていた)。合衆国により寄付された穀物は七〇パーセントがトウモロコシで、汽船三〇隻分に相当した。この荷揚げされた穀物の配分は、タタール共和国宛に二六パーセント、サマラ県宛に一五パーセント、サマラを経由してタタール共和国とバシ共和国に二七パーセント、サラトフ県とドイツ人コミューン宛に一四パーセント、そのほかシムビリスクとツァーリツィンに九パーセントずつが配分されることになった。最初のARA列車はサラトフには一〇月一六日に、ウファーには一一月一二日に到着し、そこでの子供給食が始まった。一一月にはシムビリスク全県で給食所が組織された。ウラリスク県では、ARAによる孤児院、子供給食所への食糧の供給が始まり、ウラリスク郡では五〇〇〇人分の食堂が開設された。しかし、ウクライナは最終的に五県が飢餓県と公式に認定され、その住民の三六パーセントが飢餓状態にありながら、そこへの調査派遣のARAの提案は、「ウクライナにはいかなる飢饉も存在しない」との理由で拒否され、そのようにして遅れた援助活動はそこでの被害をさらに膨らませた。

このほか様々な機関が飢餓民援助を行った。一一月には医薬品と外科用具を持ってドイツ赤十字使節団がタタール共和国のカザンに到着し、クエーカー教徒も各地で給食を賄っていた。イギリス飢餓民援助委員会は、最終的にナンセンと合

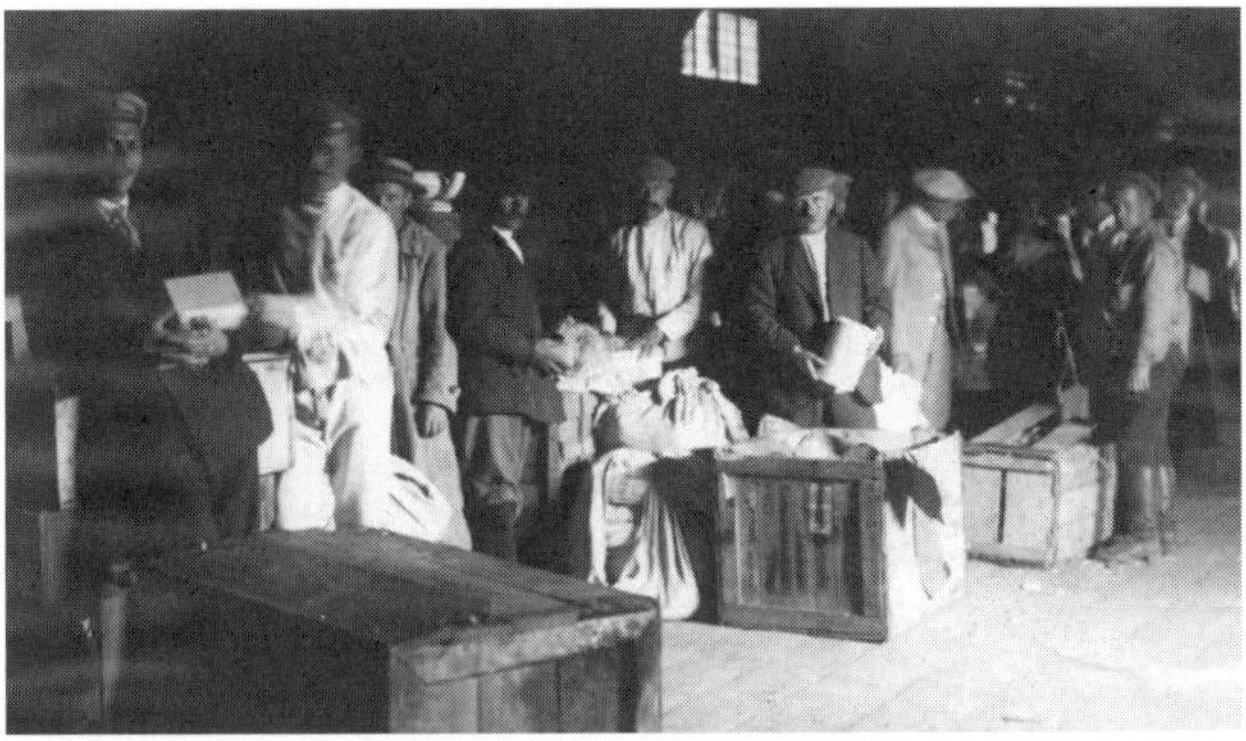

ウファーのARA穀物配給倉庫

カザンの春の目抜き通り

サマラのARA穀物配給所

サマラの飢えた子供たち

サマラの穀物分配所

同で活動することに合意し、一二月にモスクワ・コムポムゴルとともにチュヴァシ州を訪れた後に、そこでの子供四万人の扶養を開始した。このように、飢餓民援助活動は、その多くが国外からの支援であった。一二月一〇日までにロシア国内で国家的支援のために集められた穀物、その他の生産物は一八〇万プードに過ぎなかった。

一二月の第九回サマラ県ソヴェト大会で、県ポムゴル議長アントーノフ＝オフセーエンコはその現実を次のように語った。「食糧援助は、おもに外国からの支援のおかげで、著しく増えた。アメリカ援助局は一二月五日で、一五万の子供と二〇〇〇人の成人を賄っている。援助局の支援は子供二五万人分にまで拡大することができる。その一方で、食糧人民委員部は二五万の子供を扶養するのを約束している。クエーカー教徒は、ブズルク郡で子供五万人の援助を行っている。ウクライナ委員会は、スタヴロポリとメンゼリンスク郡で二万人を賄っている。そのようにして六〇万までの子供が、すなわち困窮している子供の六〇−七〇パーセントが扶養されるであろう」[45]。

それでも、これら乏しい支援に対して飢餓民の数は余りにも多く、現地からの声は悲痛である。ブズルク郡の村相互扶助委員[46]は村の食堂の現状について、次のような書簡を書き送った。「村で孤児のために一〇月二六日に食堂が開かれた。しかし残念ながら、交付される食糧が僅かなために、それはわが村の子供の一〇パーセントしか充たしていない。子供の間で食事が適正に分配されるかを監視するわれわれは、毎日の光景に心を痛めなければならない。夜が明けきらないうちから、通りには小さな容器、壺や茶碗を手にした子供の長い行列が食堂に向かってでき、朝から食堂は子供で一杯になる。肉体的な正常さを示すどんな僅かな兆候を残す子供はもう一人もいない。青白く痩せこけた顔、落ち窪んだ目と頬、痩せ細った胴体を、足がかろうじて支えている。［……］そこで食事を供する時がやってくる。子供の群れはざわつき始め、おずおずと小さな容器、壺や茶碗を差し出す。食堂に登録されている者は最終的に給食を受け、満足して家路につくが、彼らの後には充たされた者をはるかに超える人数の子供の群れが残され、「どうしておれたちには渡されないの、どうしておれたちは見捨てられるの」と泣きつき、哀願し始める」。プガチョフ郡ポムゴル議長は、一九二二年一月一五日づけのアントーノフ＝オフセーエンコ宛の報告で厳しい現実を指摘している。「補助的栄養を摂っているのは、飢えた子供の僅か三〇―三五パーセントしかいない。［ポムゴル］地区支部によって子供一万二三二七人を賄える九九箇所の給食所が開設され、アメリカ援助局は、郡に子供五万一〇一人分の二三五箇所の食堂を、市内に四四六三人分の八箇所の食堂を持ち、このほか地区支部は孤児院の子供二〇〇〇人に食糧を放出している。だが成人住民はどこからも給食を受け取っていない。［……］穀物生産物しかなく、調理品はなく、穀物生産物も不足しているので、給食は総じて正常に行われていない」。二二年一月には食糧不足のために、そこでの援助活動は一時中断を余儀なくされた。

チェリャビンスク県トロイツク郡では、食糧がないために孤児院が閉鎖され、二七〇八人の子供は見殺しにされた。ツァーリツィン県では五〇万以上の飢餓民がありながら、援助局が扶養できるのは一〇万に過ぎなかった。サラトフ県の農民は、二一年一一月前半ですでにあらゆる代用食も食い尽くし、援助についての大きな数字を見ても実際にそれを実感できず、未来を絶望的に眺めるだけであった(47)。

一二月のサマラ県ブズルク郡の現状はヴェー・チェー・カーに次のように報告された。

郡では政治情勢は満足だが、経済的事情としては、飢餓、家畜の疫病死、飢餓による病気が基本にある。農民は怯えている。彼らは状況からの解決策が分からない。彼らは従順に順番を待ち、隣人がそうされたように、その骨ばった［餓死の］手が自分の首を絞めるときを待っている。地方から恐ろしい知らせが入っている。「代用食がない」、「助けを待っている」、「食堂は状況を少ししか緩和していない」。郡全土で「穀物を！」との共通の呻き声が聞かれる。大部分の農民の状況を緩和するために、緊急の援助が必要である。家畜は例外なしに全部が食い尽くされている。春には種子を受け取った農民が、畑に何にも耕作せず、馬鍬で均すこともせず、播種できない危険が増大している。だが、恐ろしい災害を蒙った大部分の市民がいる一方で、「ずるい」少数者はすばらしい生活を送っている。抜け目のない投機人は、うまく自分の商売 делишки をやり遂げて、何百人もの死につつある者に耳も貸さずに、鼻歌交じりで暮らしている。市場は拡大し、価格は猛烈に上昇している。麦粉が九〇万ルーブリ、油粕からの粉が四五万ルーブリ。そのような価格は大部分の者には手に負えず、幸運な者だけが生きることができ、残りは死なななければならないし、死につつある。郡保健部の情報によれば、一二月中に一〇〇人が飢餓のために死亡した。どれだけが死んだかは記録されず、路上でも畑でも死に絶えている。

総じて経済的事情は余りにも苦しく、援助が必要であり、郡は自力ではそれが蒙っている最大の飢餓の悪夢から抜け出すことができない。

それでも権力は徴収に容赦がなかった。サマラ県「プガチョフ郡で、駐屯している軍事部隊への農民の対応は尖鋭化している。それらは農民から最後の生産物と家畜を取り上げ、それらに対して貨幣も、引き渡した生産物に対して農民が貨幣を受け取ることができる受領書расискаも交付していない。住民は言葉の完全な意味で飢えている。屍肉食と人肉食が頻繁に繰り返されている。メレケス郡で、餓死は五〇から一五〇人に達している。ブグルスラン郡では、[二二年]二月中に全部で三〇六〇人が死亡し、そのうち子供が一六七八人。プガチョフで[二月]一六から二二日までに、九六八人がチフスに感染し、全患者の五六・七パーセントが死亡した。医療援助がないために死亡率は高い」と、県チェー・カーは二二年二月下旬の極秘報告書で伝えた[48]。

これがネップ一年目のロシアの現実である。現物税と飢饉は、十月革命以来荒廃し続ける農村に重くのしかかり、疲弊し無気力に陥った農民はそれから逃れる術を知らず、ただ黙って近づく死を待ち受けるだけであった。

註

1　ГАРФ. Ф.393, Оп.28, Д.276, Л.8-27об. タムボフ県の対匪賊全権であったアントーノフ＝オフセーエンコは、六月二〇日の組織局会議で七月一〇日から一ヶ月間の休暇を与えられ、その後サマラ県執行委議長に転出した(РГАСПИ. Ф.17, Оп.112, Д.182, Л.2.)。

2　Fisher H.H. The Famine in Soviet Russia.1919-1923. N.Y.,1927,p.497,504. 二一年九月一八日づけ『タイムズ』紙上で報じられた降水量に関するこれら数字は、ナンセン臨席の一二月三日に県執行委会議でアントーノフ＝オフセーエンコにより繰り返された(HIA.RO. 12-1.)。サマラ県委・ソヴェト執行委機関紙『コミューン』は、四—六月の気温と湿度について、幾分異なる次の数字を挙げている。

降水量の比較　(ミリ)

	4月	5月	6月
1913—20年平均	21.6	37.8	46.9
1921年	1.70	0.3	5.1

気温の比較　(摂氏、度)

	4月	5月	6月
1913—20年平均	5.1	13.8	19.5
1921年	9.1	19.6	21.9

平均湿度の比較　(%)

	4月	5月	6月
1913—20年平均	68	58	61
1921年	62	32	35

Коммуна(Самара.).1921. 17 сент.

3　二一年の旱魃の影響を受けた小麦は、一八年(括弧内)と比べてその劣化は著しかった。丈四〇・三センチ(七五センチ)、穂の長さ六・二センチ(八・一センチ)、穂の穀粒数一二・五粒(二一・八粒)、一〇〇〇粒の重さ一八・二六グラム(二九・九二グラム)。穀物の成長に充分な養分を吸収できず、六月下旬の午後一時で気温三六度、湿度一一パーセントに達した猛暑が災厄を完全なものにした。穀物は早過ぎて熟し、萎れた。このため、デシャチーナ当たり一〇・九プードの収穫となったと、現地の農学者は旱魃の穀物への影響を指摘した(Коммуна (Самара.).1922. 27 янв.)。

4　こうした雨乞いの祈祷は伝染病のように各地に広まり、ニジェゴロド県ポチンキ地区では、丸一週間雨乞いの行列が歩き回っていた(Нижегородская коммуна.1921. 29 мая.)。

5　Коммуна (Самара.).1921. 2,7,12,17 июня ;3,20 июля ; Стрельцов И. Т. В центре голода 1921-1922 г. (Пугачевский уезд.). М.; Самара.1931. С.16-17.

6　Прод.газета.1921. 11 ,18 авг.; Стрельцов И.Т. Указ.соч. С.17-18. 同じく「乾燥霞」は翌二二年にチェリャビンスク県の穀物に大打撃を及ぼした(HIA.RO.ARA.132-12. 但し原文では pomkha と誤って記されている)。

7　Коммуна (Калуга.). 1921. 13 фев.; 26 июня ; 9 авг.; 25,2 июня ; 13 авг.

8　Вятская правда.1921.10 июля ; РГАЭ. Ф.1943, Оп.6, Д.449, Л.61.

9　Прод. газета.1921. 28 июля ;30 авг.

10　Нижегородская коммуна.1921. 5 июня ; 2 июля ; 4 авг. 降雹の被害も各地で報告され、トヴェリ県では五月二三日から二四日にかけて、胡桃大とも鳩の卵大ともいわれる雹が豪雨とともに降り、野菜を全滅させた。次いで五月二九日にも同様な降雹があり、秋蒔きと春蒔き穀物に甚大な被害を与えた(Тверьская правда.1921. 1,2 июня.)。

11　Тамбовский　пахарь .1921. 7,19 мая ; 2 июня ; 12 авг.; РГАЭ. Ф.478, Оп.2, Д.473, Л.167об.; Ф.1943, Оп.6, Д.643, Л.78-78об.,79; Д.604, Л.238; РГАСПИ. Ф.17, Оп.13, Д.1007, Л.119; Изв. Там бов. губ. исполкома.1921. 5 авг. タムボフ県での主要穀物の収穫率は、革命後から低下し、二〇年と二一年に最低水準に達した。

タムボフ県の主要穀物の収穫率
(デシャチーナ当たりのプード数)

	ライ麦	オート麦	黍	馬鈴薯
1896－1910年平均	55,4	44,9	42,5	406,8
1917年	41,3	24,7	38,1	367,5
1918年	37,2	31,4	35,0	332,7
1919年	42,4	49,2	60,8	情報なし
1920年	18,2	28,1	12,2	209,3
1921年	14,9	16,4	12,2	230,8

РГАЭ. Ф.478, Оп.2, Д.237, Л.13,22.

12 Верховых В. Указ. соч. С.81,83; РГАСПИ. Ф.17, Оп.13, Д.1007, Л.440,443.

13 この時期のロシア共和国の穀物総収穫についての評価は定まっていない。当時の食糧活動家オルローフは、六大穀物生産物の総収穫量を一九〇九－一三年の年平均量四〇億四五〇〇万プードに対し、一七年は三六億二〇〇〇万プードと見なす。これは戦前平均の一〇・六パーセントの減少であったが、穀物輸出の停止などにより純収穫の過不足バランスでは、彼は五億一四六万プードの余剰を算出した。しかし、彼は、ウクライナや北カフカースなどが分断されたために、最終的に一八年の穀物バランスは不足に陥ったと結論づける（Орлов Н. Продовольственная работа Советской власти. С.284-288.）。だが、彼の算定根拠を認めたとしても、これら穀物地方が分断される以前にすでにロシア全土で飢餓の存在が認められていた事実を説明できない。臨時政府食糧省の算定によれば、一七／一八年の穀物の総商品フォンドは一四億プード以上で、それは以前の収穫の残余六億六九〇〇万と一七年収穫からの七億プードなどからなり、この時期の軍用と都市住民の穀物需要一一億二〇〇〇万プードを満たすに充分であった（Экономическое положение России накануне Великой Октябрьской социалистической революции. Ч.2. М.-Л., 1957. С.353.）。一八年の収穫に関しては、ロシア共和国二五県の馬鈴薯を除く食糧用穀物の総収穫は一七年の六億四四〇八万七〇〇〇プードに対して八億三四四万九〇〇プードで、馬鈴薯の収穫を考慮に入れるなら、住民の食糧需要を賄うことができると想定された（Соколов В. Изв. Наркомпрода. 1918. №24/25. С.9-19.）。したがって、穀物の総収穫量の減退を、十月革命後の食糧危機の主要な原因と見なすことはできないだろう。

14 РГАЭ. Ф.1943, Оп.1, Д.24, Л.78,91-92; Прод. дело. 1918. №12/13. С.1-2; 拙著『ボリシェヴィキ権力とロシア農民』、一四四ページ。

15 ГАРФ. Ф.130, Оп.3, Д.704, Л.87; Оп.4, Д.586а, Л.17; Ф.1235, Оп.94, Д.15, Л.81.

16 Там же. Ф.130, Оп.4, Д.602, Л.426,410; Д.535, Л.21,20.

17 Там же. Ф.393, Оп.10, Д.21, Л.65; Ф.130, Оп.4, Д.207, Л.113,116,161.

18 Там же. Д.321, Л.19; Изв. Саратов. совета. 1920. 2 июля; Fisher H.H. Op.cit., p.497,504; РГАЭ. Ф.1943, Оп.1, Д.590, Л.40; Д.744, Л.106-111; Д.611, Л.128-129; Д.681, Л.30-30об., 15.

19 РГАСПИ. Ф.19, Оп.1, Д.389, Л.64-65. 二〇年一〇月一五日のモスクワ県郡・郷・村執行委代表者会議で、割当徴発を始めとする食糧政策への不満が噴出し、レーニンはそこでの結語で、内戦の輝かしい赤軍の勝利を喧伝する替わりに、「農民の大部分は地方で創り出されているきわめて苦しい状況を、余りにも痛感しすぎている。農民の大部分は飢えと寒さと力の及ばない課税を余りにもつらく感じすぎている」との現状を認め、「割当徴発はしばしば余りにも法外に重い。二、三週間前のＣＨＫ会議で中央の割当徴発が法外に重いとの問題が検討され、会議は割当徴発を緩和することを決定した」旨の報告を余儀なくされた（Ленин В. И. Полн. собр. соч. Т.41. С.363-364.）。だが、このような審議や決定は該当議事録に存在しない。議事録に依拠する限り、この一一月一五日づけ決議が割当徴発の緩和に関する最初の決定である。モスクワ県が緩和県に含まれたのは、この会議でのレーニンの発言が考慮されたのかもしれない。また、この時期のドイツ人コミューンでの窮状と権力の専横について、二一年一一月にアメリカ援助局から合衆国国務長官宛に機密扱いで送られた、リガへの亡命者による一四ページに及ぶ報告書で生々しく描かれている。その内容は充分信憑性があり、一読に値する（HIA.RO.109-5.）。

20　РГАЭ. Ф.1943. Оп.1. Д.681. Л.101-102. このほか、オシーンスキィがサマラ、ウファー、オレンブルグ県の実情視察に赴いた（там же. Л.73-76.）。

21　Изв. Рязанского губ. совета.1921. 24 окт.;11 нояб.; РГАЭ. Ф.1943, Оп.1, Д.681, Л.15.

22　Книга о голоде : Экономический, бытовой, литературно-художественный сборник. Самара. 1922. С.16,116; ЦА ФСБ. Ф.1, Оп.5, Д.175, Л.232. サマラ県で食された代用食は、アカザから粘土に至る多種多様があり、もっとも重要なアカザは一メートルほどの一年生草で、若葉が赤いところからその名がある。「アカザが畑にあるときに災難はないが、パンもアカザもないときは災難を待ち受けなければならない」との言い伝えがある。その若芽と若葉からスープを煮込み、実は乾燥させて粉にして麦粉に混ぜる。その栄養価は高いが、吐き気の原因となり、長期間摂取すると嘔吐を引き起こす。樫の実は熟していなければ、有毒物質を含む（Книга о голоде. С.41-42.）。

23　Советская деревня глазами ВЧК-ОГПУ-НКВД. Т.1. С.452,454; ЦА ФСБ. Ф.1, Оп.5, Д.175, Л. 6,7; Д.444, Л.2; Девятый Всероссийский съезд советов. С.43; РГАСПИ. Ф.17, Оп.13, Д.913, Л.51. ARA資料によれば、サラトフ県でのコレラ患者は一八年の四一六〇人から二一年には九五四六人に、チフス患者は同じく一万六〇七八人から六万三一九二人に著しく増加した（HIA.RO.109-9.）。だがARA活動家の観測によれば、感染者の三分の一だけが病院の治療を受け、この数だけが登録されたために、実数はさらに多いと考えられる。

24　Девятый Всероссийский съезд советов. С.38; Стрельцов И. Т. Указ. соч. С.5,27; HIA.RO.77-3. 飢饉は人口構成をも大きく変化させ、プガチョフ郡では同時期に、女性は相対的に生存率が高く、男性人口が七〇・三パーセント減少したが、女性は五七・七パーセントに留まり、郡の総人口は男性七万四〇六人、女性一〇万七三二八人となった。

25　Книга о голоде. С.32-34,120,130-133; HIA.RO.77-3; Горех Мих. Голод. М.,1922. С.7; Голод :1921-1922. Сб. Нью-Иорк,1922. С.54.

26　Коммуна（Самара.）.1921. 15 янв.; Голод :1921-1922. С.56; Книга о голоде. С.134-136,142; ЦА ФСБ. Ф.1, Оп.6, Д.616, Л.21,30.

27　ЦА ФСБ. Ф.1, Оп.6, Д.500, Л.91,101,106,112,117,118; Fisher H.H. Op.cit.,p.436. ここで引用した連邦保安局アルヒーフの文書は、ВЦИКポムゴル宛に送られた、県の経済事情と飢餓に関する現地チェー・カー報告書の抜粋であり、そこではあらゆる地方が激しい飢饉に襲われた事実が読み取れる。本文でも引用する、この大飢饉の一〇年後に餓死した両親に捧げられたストレリツォーフの著作は、すでに奥田央『ヴォルガの革命　スターリン統治下の農村』、東京大学出版会、一九九六年、で紹介され、二一年のプガチョフ郡の飢饉の惨状が生々しく描かれている（二九九―三〇〇、三六〇ページ参照）。

28　二一年七月二二日に開かれた第一回ВЦИКポムゴル幹部会会議で、ドイツ人州の状況について次のように報告された。「二年目の凶作を蒙った州の特別な状況が指摘された。すでに二〇／二一年度で［穀物は］約四〇〇〇万プードが不足し、その上九五〇万プードが割り当てられ、そのうち異常な抑圧を行使して穀物一三〇〇万プードが遂行された。現在までに四〇〇〇人が餓死した。新しい収穫は状況を変えなかった。なぜなら、縮小された播種面積の下での収穫は、面積の七〇パーセントが絶滅し、残り三〇パーセントはデシャチーナ当たり五プード以下しかないので。住民は代用食、猫、ハタリス、屍肉を食している」(РГАЭ. Ф.1943, Оп.7, Д.135, Л.9.)。このように割当徴発を凶作の原因と結びつける議論は、当時にあってはきわめて稀であった。

29　Советская деревня глазами ВЧК - ОГПУ - НКВД. Т.1. С.409; Прод. газета.1921. 28 июля ; РГАСПИ. Ф.17, Оп.84, Д.250, Л.51; РГАЭ. Ф.478, Оп.1, Д.2108, Л.1об. 旧ソ連時代に出された二一年の飢饉に関する著書の多くは、飢饉の現実感に乏しく、国外からの援助を過小評価し、それを反革命運動と結びつけた。チュヴァシ州に関しては、その実例として、Александров В. Н. В борьбе с последствиями неурожая 1921 года в Чувашии. Чебоксары, 1960. を見よ。同州からはすでに二〇年一一月に、旱魃と低い土地生産性により播種不足が生じていると伝えられたように、ここでも二年連続の旱魃であった(ГАРФ. Ф.130, Оп.4, Д. 608, Л.22.)。同州での飢饉の惨状は、ポムゴル中央委の公式報告書で、「人肉食、嬰児殺し、屍肉食のケースが頻出した」と指摘された(Итоги борьбы с голодом. С.271.)。同じ傾向はポリャコーフにも認められ、前掲書で農業生産への割当徴発の否定的影響を指摘する彼も(Поляков Ю. А. Указ. соч. С.95.)、二一年飢饉に関する著書では内戦の影響を取り上げるだけで(он же. 1921-й : Победа над голодам. М., 1975. С.21.)まったく粗雑な議論に終始している。

30　Сборник статистических сведений по СССР :1918-1923. М., 1924. С.131; РГАСПИ. Ф.17, Оп.65, Д.645, Л.1; Оп.13, Д.858, Л.59, 86; Оп.84, Д.381, Л.104об.; Власть советов.1922.№1/2. С.27-28. 飢饉援助資金を捻出するため、二二年二月九日づけ布告で、ロシア共和国とソヴェト連邦に含まれるすべての共和国の全勤労者に対し、貨幣税として一般市民税が導入されたのに続き、二月一六日づけ布告は、飢餓住民の救済と播種に供する資金のために教会貴金属の収用を定めた。二二年一〇月までにВЦИКポムゴル中央委の報告によれば、三三プード以上の金、約二万四〇〇〇プードの銀、ダイヤモンドを含む大量の宝石などの貴金属が没収された。この活動は至る所で農民の不満を招き、停滞した。例えば、三月前半のトムスク県の政治情勢に関し県チェー・カーは、生活条件の改善によっていったんは持ち直した住民の気分は急激に悪化し、「教会貴金属の徴収に対する不満が聞かれる」と報告した(Итоги борьбы с голодом. С.416-419; РГАСПИ. Ф.17, Оп.84, Д.381, Л.105, 13, 14, 17; ЦА ФСБ. Ф.1, Оп.6, Д.523, Л.561.)。後者の措置は、ソヴェト権力によるロシア正教会弾圧の嚆矢であった。この政策は、「共産主義」を放棄しネップへと後退する中で、党内引締めのために採られたとする解釈(B.M.Patenaude, Op.cit.p.655.)は疑問。レーニンは、イヴァノヴォ＝ヴォズネセンスク県シュヤ郡で三月半ばに発生した教会貴金属収用に反対する直接行動を、総主教チーホンを頂点とする一連の反ソヴェト計画の一環として弾劾した、モーロトフ宛の厳秘строго секретна 書簡で、「まさに現在、飢饉地域で人々が食べられ、通りで何千ではないとしても何百の屍体が横たわっている現在だからこそ、犯罪的抵抗を弾圧するのをためらうことなく、もっとも苛烈で容赦のないエネルギーでわれわれは教会貴金属の収用を行うことができる(だから、そうしなければならない)」と指示したように、飢饉援助は教会弾圧の絶好の口実であり、その状況でこそ農民大衆の共感または中立を得ることができると見た。実際、現地チェー・カーは、三月二〇日に「紛争は調停され、特別委は数日中に活動に取りかかる」と報じたように、シュヤでの出来事はレーニンが書簡で描いたような大事件には至らなかった。だがレーニンは書簡で、この事件に直接に間接に関与した嫌疑でできるだけ多くの聖職者を逮捕し、同市のみならずモスクワなどの危険人物を銃殺にするような審理を行うよう司法当局に口頭で指示することを政治局に命じた。その際、数十年に渡りいかなる抵抗も考えつかないように、

「反動的聖職者と反動的ブルジョワジー」を多く銃殺するほどよいとの指示を与えた（Ленин В. И. Неизвестные документы. С.516-523; Советская деревня глазами ВЧК-ОГПУ-НКВД. Т.1. С.587.）。民衆を「身震い」させるために、多数のクラークの公開絞首刑をともなう農民蜂起の徹底的鎮圧を命じたペンザ県執行委宛ての一八年八月の指令（本書一六ページ）と同様な発想が根底にある。

31　Коммуна（Самара.）.1921. 17,19 авг.; Изв. Самар. губ. союза потребительных обществ. 1921. №13. С.22;№20. С.1; Бюллетень Самар. губ. Компомгол. №1. С.1.「忌まわしい粘土」も形状が麦粉と似ているために、最後の代用食として利用され、例えば、ペンザ県の郡ではすでに二一年八月にパンへの混ぜ物として大量に用いられていた（ЦА ФСБ. Ф.1. Оп.5. Д.175. Л.195.）。

32　Изв. Тамбов. губ. исполкома. 1921. 1 окт.; ЦА ФСБ. Ф.1. Оп.6. Д.500. Л.12,51,52,58,73; Проф. Голенкин М. О дикорастущих русских растениях как источнике пищевых веществ на зиму. М., 1921. 多くの地方ポムゴルは飢餓民への救援物資に欠けていたが、一一月二四日づけ『食糧新聞』に公示された中央ポムゴルと食糧人民委員部の回状により、国家的商品交換を損ねるとして、それら組織による飢餓民援助のための独自の穀物調達は禁じられた（Систематический сборник декретов. Кн.7. С.184.）。

33　この時期には通常以上に火災が頻発し、そのため民衆の政治的気分にいっそう暗い影を落とした。二〇年秋にはアントーノフ匪賊が村を焼き討ちして、そのためタムボフ郡の三村落が全焼した（РГАСПИ. Ф.17. Оп.84. Д.138. Л.18.）ように、匪賊の狼藉があった。そして二一年になると、七月にチェリャビンスク県から「県内で旱魃による森林火災が頻発した」と報じられたように、旱天による大規模な自然火災が各地で発生した。七月にはマリ州で、ペルミ県で六月末に始まった森林火災はオハンスク郡では七月半ばまで鎮火せず、隣接のヴャトカ県でも同時期に大きな森林火災が起こった。八月初めには延焼面積三〇〇デシャチーナに及ぶ山火事がモスクワ県であった（ЦА ФСБ. Ф.1. Оп.5. Д.175. Л.18,51,145.）。

34　Собрание узаконений и распоряжений. 1921.№58. Ст.374; Систематический сборник декретов. Кн.7. С.131-134; РГАЭ. Ф.1943. Оп.6. Д.604. Л.13,156; Д.1052. Л.25; Д.1054. Л.27; Девятый Всероссийский съезд советов. С.27. 公平を期すなら、党中央も現物税徴税の際に飢饉の問題に決して無自覚であったのではなく、一一月に現物税徴収量の再検討が行われ、全ロシア共和国領内で当初の予定量一億八九〇七万四〇〇〇プード（ライ麦単位）は一億六三二〇万七〇〇〇プードに減量され、個々の地域では、ヴォロネジ、ヴャトカ、エカチェリンブルグ、ペルミ県とヴォチャーク州で一〇〇万プード以上が減量された（Четыре года продовольственной работы. С.38-39.）。その一方で、現物税法の悪質な違反者は革命裁判所に引き渡され、これら凶作諸県での厳しい飢饉にもかかわらず、それら違反者に対して死刑判決も頻繁に適用された。例えば、ヴォロネジ県カラチ郡で住民がもっぱら代用食を摂っている状況の中で、食糧援助を行うことなく、あらゆる抑圧措置を行使し、県内で一一月末までに食糧革命裁判所で二三二件が審理され、三件に死刑判決が下された（РГАЭ. Ф.1943. Оп.6. Д.578. Л.90-90об.）。

35　Девятый Всероссийский съезд советов. С.25. 後者の数字はВЦИКポムゴルの最終会議で出された数字（РГАСПИ. Ф.17. Оп. 84. Д.381. Л.105.）。そのほか、ロシア赤十字社はヨーロッパ＝ロシアとキルギス二二県で二六〇二万八二六七人の数字を挙げている（Голод :1921-1922. С.31.）。研究文献でも飢饉罹災者の数字は様々な理由で大きく異なる（см : Население России в XX веке : исторические очерки. Т.1. М., 2000. С.130-131.）。

36　РГАЭ. Ф.1943. Оп.7. Д.135. Л.54,59,95,110,140; ГАРФ. Ф.130. Оп.5. Д.779. Л.40; РГАСПИ. Ф.19. Оп.3. Д.242. Л.148; ЦА ФСБ.

Ф.1. Оп.6. Д.500. Л.12; HIA.RO.131-3. 二一年一二月の第九回全ロシア・ソヴェト大会の報告でカリーニン自身が、飢饉の認定を受けるには食糧人民委員部の抵抗のために、長い行程が必要であると指摘した（Девятый Всероссийкий съезд советов. С.25.）。

37 РГАЭ. Ф.1943. Оп.10. Д.4. Л.2. ペルミ県について、ＡＲＡ資料によれば、「九月末に中央宛にこれら地域を飢餓地域に宣告するようにとの陳情が送られ、サラプルとオシンスク郡が飢餓対象地域に認定された」とされ、サラプル郡が飢餓地域に含まれている可能性がある（HIA.RO.132-8.）。そして、これら飢餓地域は、二〇／二一年度の割当徴発で一〇〇〇万プード以上の割当徴発が課せられた突撃県と多くが重なっている（括弧内は割当量）。ウファー（一六八〇万プード）、サラトフ（一四五〇万）、サマラ（一四〇一万六〇〇〇）、オレンブルグ（一一七七万六〇〇〇）、タムボフ（一一五〇万）、ヴャトカ（一〇七五万）、チェリャビンスク（一〇二三万三〇〇〇）、エカチェリンブルグ（一〇〇〇万）、タタール共和国（一〇〇〇万）。非生産諸県一〇県の割当量の合計が一五八六万プードであり、そこでの遂行率は二〇年一二月一〇日で九一・二パーセントであったのに対して、突撃諸県の遂行率は五二・七パーセントしかなく（Осинский Н. Правда.1920. 26 дек.）、これら諸県への負担過重は明白である。

38 РГАЭ. Ф.478. Оп.1. Д.537. Л.151; Ф.1943. Оп.6. Д.477. Л.98.

39 РГАСПИ. Ф.17. Оп.3. Д.178. Л. 5; ГАРФ. Ф.130. Оп.5. Д.23. Л.17; Д.799. Л.8.75; РГАЭ. Ф.1943. Оп.6. Д.1171. Л.32; Оп.7. Д.1110. Л.161.166; ЦА ФСБ. Ф.1. Оп.6. Д.500. Л.59; Итоги борьбы с голодом в 1921-22гг. С.205; Сафонов Д. А. Указ. соч. С.71. 八月二六日づけのレーニンの電報に見られる、地方の消費を犠牲にして中央への穀物を確保すべきとの指示は、「生産諸県は最大限にまで消費を縮小し、生産者から余剰を収用し、最短期間で飢えた者に穀物を確保しなければならない」との、二〇年九月三〇日づけのレーニンとツュルーパの連名になる指令（Бюл. Наркомпрода. 1920.2 окт. С.1.）を想起させる。戦時共産主義期には中央ロシアで生産諸県の農民による消費の縮小が強要されたとするなら、ネップ期には周辺民族地域が犠牲になったのである。

40 二二年五月現在で、全住民に対する飢餓民の比率が九〇パーセント以上の地域は（括弧内は百分率）、カルムィク州（九〇）、サマラ県（九五）、タタール共和国（九六）、チュヴァシ州（九二）、マリ州（九〇）であった事実を見れば、このことは明白である（HIA.RO.77-3.）。

41 Прод. газета. 1921. 27 авг.; 1 сент.; Четвертая годовщина Наркомпрода. С.27; Беднота. 1921. 3 нояб. 強制種子調達を伴う播種委の活動は、その後展開されるネップ体制と相容れなくなり、一二月三〇日にその廃止が公示され、二二年一月三〇日布告により農業カムパニアの指導機関である農業委員会にその地位を譲った（Беднота.1921. 30 дек.; Собрание узаконений и распоряжений.1922.№13. Ст.130.）。

42 HIA.RO.18-6; 19-1. リガ協定の全文はB.M.Patenaude. Op.cit.p.745-48. 参照。合衆国大統領ハーディングは、合衆国で集められたチャリティーはアメリカの組織で配分すること、その活動が保証されることを条件に、ＡＲＡに全幅の承認を与える書簡を八月一八日にフーヴァーに送った。交渉の過程は、ＡＲＡ側署名者であるヨーロッパ局長Ｗ・Ｌ・ブラウンが八月二七日づけでフーヴァーに出した書簡で見ることができる。因みにフーヴァーは、ハーディングからの指示を受け、ＡＲＡは「完全に独立した組織である」との理由を挙げて、ジュネーヴ国際会議への招聘を固辞した（HIA.RO.19-6; 18-6.）。

43 РГАСПИ. Ф.17. Оп.84. Д.250. Л.1.2.5; The American Relief Administration in Russia.1921-1923: A Case study in Interaction between Opposing Political Systems.1968.Columbia univ. p.1.76; Fisher H.H.Op.cit..p.52-53.60-64; Книга о голоде. С.8-11; Прод. газета.1921.6 сент. チチェーリンとの間で八月二七日に締結されたナンセン協定はHIA.RO.18-6にある。これら国外からの飢餓援助に対し、八

月八日の中央委総会における飢餓との闘争に関する審議の中で、「外国からの反革命的帝国主義者によって、飢餓諸県の農民に約束された援助の一部は、ロシア農民の隷属化と結びついている」との提案が出され、この目的で情宣ビラを作成するようトロツキーとラデークに委ねた(РГАСПИ. Ф.17. Оп.2. Д.68. Л.4.)。この方針の公式な発言として、白衛軍には大量の資金援助をしたブルジョワ政府が、「真に鬼畜のように冷血な心で」ロシアで猖獗している餓死を座視しているとの、第九回ソヴェト大会でのソスノーフスキィやカリーニンの外国支援に対する悪意ある表現を見よ。これを彼らが共有する反ブルジョワ思想だけでなく、シベリア代表ヤロスラーフスキィが述べたように、シベリアには穀物がありながら飢餓民援助のために穀物を発送できないのは、コルチャークによる鉄道の破壊のためであり、そこで反革命を支援した資本主義諸国は飢餓民を支援する責務があるとの論拠などで説明することもできる。同ソヴェト大会で、いずれの発言者も国外からの支援が不充分であることに苛立ちを隠さなかった(Девятый Всероссийский съезд советов. С.33,35.)。

44 The American Relief Administration in Russia.p.79-91; Fisher H.H.Op.cit.,p.106-09. シムビリスク県スィズラニやサラトフ県でも人肉販売が摘発され(B.M.Patenaude, Op.cit.p.266.)、二〇〇万余の人口を持つウファー県で二二年一月で餓死者は九万二七三一人に達し、多数の人肉食がARAにより報告された(HIA.RO.77-3:132-4.)。衣服についていうなら、それはこの季節にあって防寒の機能だけでなく、ARAはその食堂以外での給食を衛生上の理由から認めなかったために、受給資格者はそこへ出かけるために是非とも必要であった。

45 Голод :1921-1922. С.53; РГАЭ. Ф.1943, Оп.10, Д.14, Л.5; Итоги борьбы с голодом. С.253; HIA.RO.18-6; ЦА ФСБ. Ф.1, Оп.6, Д.500, Л.22,46,60, 61; ГАРФ. Ф.393, Оп.28, Д.276, Л.27; Девятый Всероссийский съезд советов. С.29; РГАСПИ. Ф.17, Оп.84, Д.235, Л.59. この救済活動はすべての欧米諸国、南米、アフリカ、西アジアなどほとんどの国に及んだ。日本では、労働者間での義捐の徴収は警察によって禁止され、救援活動は失敗に終わった。二二年二月で、アメリカ援助局、飢餓民援助国際委員会(ナンセン、子供救済国際同盟、クエーカー教徒、スウェーデン赤十字などが積極的に参加)、第二インター下の労働組合国際同盟、第三インター下の飢餓民援助国際労働者委員会が、国際組織として活動し、特に前二者が最大規模で、おもにアメリカ援助局はヴォルガ流域諸県とバシキール共和国、キルギス共和国をカバーし、ナンセンの活動はドイツ人コミューンとサラトフ全県に及んだ(Голод :1921-1922. С.103.)。これら諸外国からの援助活動は、二二年以降に本格的に実施され、ARAは八月現在で、ロシアとウクライナの全飢餓民の四三パーセントに当たる一〇四二万九三九九人(子供四一七万一四四一人、成人六二五万七九五八人)を扶養していた(Американская Администрация помощи. М.,1922. С.2.)。

46 「食糧税の導入と内部再割当の廃止のために」、貧農は強力な経営からの強制的援助が必要であるとして、二一年五月の布告により相互扶助農民委員会が設置された。これについては、Алексанов П. А. В борьбе за социалистическое переустройство деревни. М.,1971. гл. 1. 参照。だが、多くの研究書で同委が飢餓援助で果たした役割は、ほとんど無視されている。すでに飢饉の兆候が訪れていたサマラ県では、二一年一月に相互扶助農民委の設置が決定された(Коммуна (Самара.).1921. 15 янв.)。

47 Книга о голоде. С.132; ЦА ФСБ. Ф.1, Оп.6, Д.500, Л.71,78,106. チェリャビンスク県では二一年に播種面積の九〇パーセントが旱魃の被害を受け、その結果、農村住民一人当たりの純収穫は〇・七プードしかなかった。そのため、同県でARAの活動が開始される二二年四月までに県内のすべての郡で人肉食が認められ、三月までにヴェルフネウラリスク郡では四二件の人肉食を数え、クルタムィシ郡の一連の村落では人肉食によって命をつないでいる多くの家族があった。二〇、二一年と連続して凶作に見舞われ、デシャチーナ当たりの穀物収穫率も五・五プードを超えなかったツァーリツィン県の食糧事情も同様に悲惨であり、二一年九月二五日から開始された県ポムゴルの活動も圧倒的な飢餓民の増加に対応することができなかった。同県では二二年六月までに飢餓民は県人口約一二〇万の七三・五パーセントに達した(Итоги борьбы с голодом. С.273-277.)。

48 ГАРФ.Ф.393,Оп.28,Д.227,Л.177; ЦА ФСБ.Ф.1,Оп.6,Д.616,Л.30.

むすびに替えて——ネップへの移行の意義

二一年一二月に開催された第九回全ロシア・ソヴェト大会には、その一年前のソヴェト大会が内戦の終了に伴う楽観的気分が支配的であったのに比べ、きわめて沈鬱な雰囲気が漂っていた[1]。そこでカーメネフは、新経済政策の予備的総括について次のように報告した。「われわれが「新経済政策」なる用語を使うとき、われわれは十月革命直後の一八—一九、二〇年に実施を余儀なくされた経済分野での政策を、それと対置しようと思っている。この意味で「新経済政策」なる用語は、おそらく、二一年まで適用するのを余儀なくされたわが経済と、現在の方法を対置するのに的を射ている。だが、もしこの「新」という言葉を拡大解釈し、ソヴェト権力にとって、労農国家にとって、われわれが現在すでにこの数ヶ月間実施しているこの経済政策に何か突然なもの、何か原理的に新しいものがあるだろうかと自問するなら、われわれはこの質問に次のように答えなければならない。突然なものはない、原理的に新しいものはない、われわれが二一年春に不意に考えついたようなものは何もない」として、この方針の起源を一八年春の政策に遡らせて次のようにいう。「もし諸君が一八年春の労農政府の政策に注意を払うなら、現在いわゆるわが新経済政策によってわれわれが吹き込んでいるすべて同じ内容が当時すでに示されていたことが分かるであろう」。

見事なレトリックである。三月の第一〇回党大会で現物税について副報告をした際にツュルーパは、この政策転換による、急激な方向転換の際に乗客が荷馬車から投げ出されるのと同じような危険性を警告し、過去の割当徴発は最善の政策でなかったが、現物税も最善の方策ではなく、「息継ぎ」を与える目的を達成するためだけに実施されることを、レーニンの発言を引いて強調した。これが現物税導入当時のボリシェヴィキ指導部の多くが持つ共通認識であった。しかし、カーメネフはこのように論ずることで、ネップが予め構想された適正な社会主義路線であることを論じただけでなく、ボリシェヴィキ政府は一貫して労農同盟路線を執り続け、これからの逸脱は反革命運動やチェコ反乱のような外的要因によって余儀なくされたとして、十月革命からのすべてのボリシェヴィキ政策を正当化し、免罪したのであった。これが基本的にそれ以後のネップ解釈の源流となった。

西シベリアに赴いた経験を持つシリーフチェルは一八年五月のВЦИК会議で、何千、何万プードの穀物余剰を持つ非常に多くの「農民ブルジョワジー」の存在を指摘し、「おそらく農民全体の一〇分の九がこれであるといわざるをえない。これが正に階級闘争の原理を適用すれば、穀物を取り上げることができる層である」と発言した。彼によれば、ほとんどすべての勤労農民大衆が、階級敵となり、クラークとして断罪された。このような論拠で、食糧独裁が実行されたのであり、都市労働者部隊による農民からの食糧の収奪に法的根拠が与えられ、農村での階級闘争が始まった。「労農同盟」を標榜したとしても、クラークや中農が何者かであるかの議論は、党のいかなるレヴェルでも行われなかった。彼のようなボリシェヴィキ指導者の発言に対し、左翼エスエルは、食糧独裁は本質的に農民への宣戦布告であるとして反ボリシェヴィキ的旗幟を鮮明にした。それだからこそ、穀物の供出を拒否する農民は階級敵であり、彼らに対しては「民衆がそれを見て、身震いし、悟り、悲鳴を挙げるように」、徹底的な弾圧が正当化されたのである。このような一八年五月一三日づけ布告により制度化された食糧独裁は、中央権力内でのボリシェヴィキと左翼エスエルの連立に終止符を打ち、ボリシェヴィキ独裁への道を拓いただけでなく、都市労働者と共同体農民との決定的亀裂を招いた。いうまでもなく、西シベリアでチェコ反乱が勃発し、武装反革命運動と日本を含めた欧米からの干渉戦争が本格化するのはこの食糧独裁令以後である。このような戦時共産主義体制を生み出したのは、「農村での十月革命」、より正確には、農民への抑圧の行使を社会主義革命の強化と同一視した、ボリシェヴィキ指導部が共有する内在的論理からの必然的帰結である。(2) そして、この時の「革命的英雄主義」は共産主義「幻想」とともに肥大化した。

民衆の窮状に対してボリシェヴィキの政策を免罪するような立場は、もちろんカーメネフ一人ではなかった。二一年の飢饉について報告した第九回ソヴェト大会議長カリーニンにとって、ロシアで発生した飢饉とは通常の現象に過ぎなかった。「われわれには、一八九一／九二年に住民の中に大きな記憶として残されている最大の飢饉があった。一八九八年に再び飢饉があり、次いで一九〇八年と一一年にもそれは繰り返された。わたしはこの二〇年間に四回の飢饉を数えた。これが四大飢饉で、何十の諸県で通常起こるよりも大きな割合で人口減少が起こった。だがこのほかに、この間の一連の年に部分的飢饉があった。われわれは、一九〇一年にタムボフ県諸郡の飢饉、〇二年にシベリア管区に広がった飢饉、〇三年にニジェゴロド県諸郡の飢饉を見ることができる。要するに、われわれがロシアの飢饉を検討するなら、ほぼ三年ごとに平均的な、五年ごとに大飢饉に出会う。一〇年ごとにその破壊力で例外的な飢饉が発生し、ほぼ一年ごとに共和国のあちらこちらの地域でちょっとした飢饉(ゴロドフカ)に出会う」。このような認識に立つ彼には(「農民の父」と呼ばれたとしても)、飢饉の原因を深刻に受け止めようとする意識はきわめて希薄であった。彼は二一年飢饉の原因を農業の崩壊に見たが、それは一四年の帝国主義戦争［世界大戦］から始まり、一九、二〇年に白衛軍や赤軍の行動が自然災害を拡大させた結果であるとして、割当徴発や対農民政策とはまったく関連づけなかった。これら両者が、飢餓民援助の統括責任者（中央援助組織の議長代理と議長）であった。

この種の議論はさらに続く。二一年の冬から春にかけて特に両首都を中心に急速に広まった、食糧危機をその主因とする都市労働者の一連の騒擾について、一二月の第一一回党協議会でカーメネフは次のように報告した。農村は都市労働者を賄う替わりに、農民の気分が都市プロレタリアートの政治意識を圧倒した。都市と農村の関係は、農村が卓越するようになり、農民の要求が反映されるようになった。したがって、彼の見解によれば、都市プロレタリアートの権利は復活されなければならず、このような論理で「小ブル的農民」だけに限定されていた自由取引の権利が労働者にも拡大され、当初の現物税構想が完全に葬られたことは、すでに述べた。彼にとって農民の心性は否定されるべきであった。なぜなら、それにエスエルがつけ込み、プロレタリアートと農民の間に楔を打ち込もうとし、同時にブルジョワジーにも農民の中に潜り込む機会を与えたからであり、「コムニストなきソヴェト」のスローガンはこのことによって説明される、と彼はいう[3]。このような観点に立てば、当時の都市プロレタリアの不満は農民の心性の反映でしかなく、都市労働者の固有の不満が否定されただけでなく、このような農民の気分は、現実の反映ではなく反革命的政治運動によって吹き込まれたものとして、彼らの実情が顧慮されることもなかった。このような論理で、ロシア全土で飢饉が蔓延し何百万もが餓死しつつある現実に、党指導者はほとんど沈黙を守った。

この時期にも依然としてプロレタリア革命の幻想に囚われていた党指導部が、十月革命以来のボリシェヴィキの政策によって引き起こされた民衆の窮状にきわめて無自覚であったとしても、それは当然である。戦時共産主義政策とネップとの間で、ボリシェヴィキ党指導部の政策理念に相違を見いだすのは難しい。二一年に極限に達する食糧危機を克服するため、農産物を徴収する際の強制力の行使は完全に正当化され、そこでは農民の事情が配慮されることもなかった。戦時共産主義期と同様な政策理念が、二一年の政治過程で繰り返されるのをすでにわれわれは見てきた。六月二一日のロシア共産党中央委政治局会議はＣＨＫに食糧問題に関する決議を提起し、その決議は同日のＣＨＫ会議で修正をつけて承認された。そこでは、外国での食糧買付を強化することと並んで、周辺地域での追加調達の実施を緊急手続きで行うこと、食糧人民委員部組織に武装力を確保し必要な場合にはその行使を躊躇しないことが謳われ、この決議は公表を必要とせずとして採択された。すでに述べたように、中央ロシアのための主要な調達地の一つ、キルギス共和国では住民の多くがおもに水苔を代用食として利用しているような窮状にありながら、現地の消費分のさらなる縮少を命じて、ロシア共和国食糧人民委員部によって調達が強行されたのは、まさにレーニンを頂点とする党中央委の方針に基づいていた。キルギス民衆の飢餓は完全に無視された。

シベリアも同様である。ここでの飢餓も夏が近づくにつれ深刻となった。七月に開かれた第四回トムスク県党協議会で、シェグロフスクやトムスク郡組織から、食糧危機のために匪賊運動が盛んになり、そのためにソヴェト活動はほとんど停止した事実が指摘された。八月の状況についてチュメニ県チェー・カーは、「イシム、ヤルトロフスク、チュメニ郡は切実な食糧不足を蒙り、これに加えてまだ止まない匪賊運動は大衆の気分を阻喪させ、飢餓のためにコレラのような伝染病を持ち込んだ大量の避難民が流入している」県の危機的現状を報告した。二二年一月の県チェー・カー報告書は、多くの農民は代用食を摂り、凶作のために重苦しい気分が支配的である現状を確認した。それでもシベリアには三九〇〇万プードの食糧税が課せられ、そのうち二一年一二月で六〇パーセント以上が徴収され、これら数字はほかの地方に抜きんでていた。シベリアの実情を考慮することなく中央権力により執行される穀物調達は、シベリア各地で二一年の収穫後にも食糧危機をいっそう昂進させ、権力への憎悪を脹らませていた。

だが二一年に各地で農民蜂起や匪賊運動が荒れ狂ったとしても、これら運動は基本的にはローカルな枠組みを超えることができず、次第に態勢を整える権力からの圧倒的軍事力を前にして次々と敗北を余儀なくされた。二一年体制が構築される際にはこのような軍事力が不可欠であった事実を看過してはならない。

したがって、強制力を伴う穀物調達が特に周辺穀物地域で強化されたのは当然の成り行きである。現物税への移行により、戦時共産主義期を特徴づける軍事的暴力をともなう調達活動が停止されたと考えるなら、それは大きな誤解である。一二月に二万二七六八人の兵員を数える軍事部隊 войска が食糧調達のためにロシア共和国とウクライナに展開し、ほぼこれと同数の民警と民兵団 дружина[4] もこれに従事していた。この軍事部隊の人員は一九年前半にロシア共和国に展開していた食糧軍に匹敵した。

二一年七月三日に開催されたサマラ県執行委・県委幹部会とВЦИК特別委との合同会議で、県執行委議長は農村で生じている強力な解体過程を指摘して、県の現状を次のように描いた。「もし旱魃がなかったとしても、農民はいかなる貯蔵も持っていないために、県の状況は破滅的であったろう。都市の住民には五月中は交付がなく、六月中もまったく何も交付されなかった。割当徴発を最大限に遂行せよとの中央の要求を充たしたために、そのような状況に至った。共和国の利益の名の下に、県の利益が犠牲になった。県統計部と県農業部のあらゆる統計資料は、サマラ県は穀物を搬出するのではなく、搬入が必要であることを示していたが、一四〇〇万プードの［割当徴発］任務は七〇パーセントが遂行された。中央に対する抵抗の試みは成功しなかった。中央は割当徴発の継続が必要であると指示した。そのような現状の下では、差し迫った食糧活動は、食糧カムパニアではなく食糧戦争と名付けることができよう」。このような厳しい県の経済事情を考慮して、同議長は県規模で克服するには非常に難しい「農村の死滅 вымирание」からの救済を中央に求めた。この会議の最後に登壇したカリーニンは、半月分の守備隊への食糧直通列車を約束するだけで、具体的な飢餓民援助について何も触れなかった。

それが招来した悲惨な結果は、第九回全ロシア・ソヴェト大会でアントーノフ＝オフセーエンコによって次のように報告された。県内ではすでに一八〇万人以上が飢え、アメリカからの援助も「渇ききった口中に数滴しか落ちてこない」。「ブズルク郡で七五パーセントが飢え、家畜の減退は五〇パーセント。五六郷のうち二八が極限にまで飢えている。ラムィシコフスカヤ郷で人々は死体を食している。そこでは他人の目の前で死体を埋めるのは危ない。死体が腐るまで番兵を立てる必要がある。郡の状況は日ごとに悪化している。子供の死亡は郡全体で毎日一四〇人に達している。それぞれの村で毎日五人から一〇人の子供が死んでいる。ウシミンスカヤ郷執行委の議事録を受け取った。そこでも屍肉食がある。女性市民は死亡した一一歳の子供を切り刻んで鍋にかけた。そのような悪夢の情報をアンドロンスク地区からも受け取った。あらゆる援助を失った成人は雑草「フウテンソウ」も食べ尽くした（これはプード当たり一〇万ルーブリする毒草）」[5]。この悲劇的事実を列席したソヴェト大会代議員はどのような思いで耳にしたであろうか。

最終的に二一年飢饉の規模は、ポムゴル中央委の清算に関するВЦИКの訴えの中で、「パヴォルジエ、プリウラリエ、カフカース、クリミアの広汎な地区とウクライナの一部で、旱魃はほとんどすべての播種を絶滅させた。この自然災害に三七六二万一〇〇〇人の人口を持つ一八の県、州、連邦共和国とウクライナ五県が罹災し、それはロシア共和国人口の約三〇パーセントをなす。〔……〕以前は常にロシアの穀倉であった穀物生産地区は、穀物余剰を提供しなかっただけでなく、著しい部分で種子さえ収穫できず、二億プード以上の不足を生み出した」と公式に確認された。[6]

このような飢饉の下での現物税の徴税活動は、様々な抑圧的措置を行使して一段と厳しさを増していた。シベリア食糧委議長カリマノーヴィッチは、一二月一五日に始まった食糧二週間で一万五九八件の行政的処罰があり、人民裁判所と革命裁判所税巡回法廷により五五七一件が審理され、そのうち七五パーセントが財産没収を受け、一八六三人の赤軍兵士が不払人の監視に就き、二二箇所で新たな革命裁判所食糧法廷が設置され、トムスク、オムスク、アルタイ県の一連の郡で市場が閉鎖されたにもかかわらず、納税がほとんど増えなかったシベリアの現状を報告した。一一月末のヴォロネジ県食糧会議で、カラチ郡の状況は次のように語られた。徴税に派遣された軍事部隊は匪賊との闘争に利用され、ソフホーズとコルホーズの収穫は匪賊によってすべてが掠奪され、デシャチーナ当たり一〇プードにも満たない収穫の下でいかなる免税措置も執られず、あらゆる抑圧的措置を適用しても予定量の半分も納付されなかった。すでに九月から住民は代用食を摂っている郡に、ほとんど余剰は残されていなかった。あらゆる地方から同様に厳しい徴税活動が報じられた。

当初はロシア共和国で、搾油用種子、馬鈴薯を含めライ麦単位に換算して二億七〇〇〇万プードの規模と定められた現物税は、最終的に一億三八〇〇万プードにまで徐々に縮小され、一二月一五日と定められた納付期限は、延滞料を付けて二二年三月一五日まで延長され、ようやく初年度に一億三二七六万プードの穀物現物税を徴収することができた。[7]

こうした農村での悲惨な光景とは対照的に、二一年の間に大都市の相貌は大きく変容していた。モスクワでは現物税の導入とともに、各広場で自然発生的に市場やバザールが生まれ、夏以後にその数は急増し、商業施設が整備されるようになった。広場はアスファルトで舗装され、電気照明が付けられ、カフェ、電話機などが設置された。街路には着飾った人々が溢れ、商店には様々な品物が並ぶようになった。このような変貌に瞠目したのは、二二年一月にボリシェヴィキ監獄から釈放されたダーンだけではなかった[8]。

カーメネフの方針もあり、モスクワの賑わいは別格であった。ネップへのドラスチックな転換を強調するため、多くの文献は二一年末の都市での驚嘆すべき変容ぶりを描写してきた。しかし、これは二一年ロシアの原風景のごく一部でしかなく、その上で、これらの変貌はボリシェヴィキの政策理念の転換を決して意味しなかったことも、強調しなければならない。二一年の飢饉が単に二〇年から続く旱魃などの自然災害をその基本的原因としない以上、そして十月革命以来綿々と続くボリシェヴィキの農民統治政策に基本的変更がない以上、割当徴発から現物税、さらには単一農業貨幣税へとその形を変えたとしても、ボリシェヴィキ権力による農民からの強制徴発が存続する限り、ネップ期においてもロシア農民の窮状はほとんど旧態依然のままであった。この点でカーメネフは正直であった。第九回ソヴェト大会の報告で、彼は「新経済政策により気楽に生活できるようになった」との考えを戒め、「この新経済政策は大きな犠牲を求めている。それは農民に都市への無償の前渡しを、労働者には勤労の一部の無償の引渡しを要求している」と明言した。

二二年九月七日づけВЦИК決議により、「新収穫の刈入れに伴い、飢饉の直接的尖鋭化が止んだ」ため、ポムゴル中央委は清算されたが、その後もロシア農民の飢餓状態が改善することはなかった。カザン県での二二年収穫は前年よりも悪く、その夏にスパッスク郡だけで子供五〇〇〇人の餓死をARAは確認した。二三年五月に現地チェー・カーは、リャザニ県から「税負担のために農民の経済状態は危機的。不払人の間で資産の没収が行われている。土地の耕作手段を持たない貧農は絶望に陥っている。意識の高い農民分子の間でさえ不満がある」と、クラスノヤルスク県から「農民の間で、特にカンスク郡で、勤労荷馬車税と追加税への不満が尖鋭化している。トロイツコエ村の村スホードで、「ソヴェト権力はコルチャークよりもひどい。それは農民から奪い取って税で苦しめている」との叫びが挙がった」と報告した。二四年春にヴォルガ流域諸県で、税と種子返済により穀物備蓄が消尽したため、農民の経済状態は悪化し、サラトフ県では大部分の住人が代用食を摂っていた。カレリア、キルギス、トルケスタンでも同様に飢饉が認められた。それでも、「ほとんどもっぱら税支払人への抑圧の大量の適用によって」単一農業税の徴税は続けられた。二五年に飢饉はさらに拡大した。革命前はロシアの穀倉地帯と位置づけられていたタムボフ県の各地で、市民の間に餓死と浮腫が認められた。農民史研究者エシコーフはタムボフ県での具体的資料を援用し、二〇年代中葉にあっても家畜の減少、低い農業技術水準などの要因による穀物生産の危機があったことを指摘し、現在も根強く残るネップ期における農業復興の「神話」を完全に否定する。(9)

ネップの導入は、むしろ、都市と農村、中央と地方との亀裂を構造的にいっそう深める結果となった。抑圧的措置を行使して食糧調達を断行しながらも、国家的義務を遂行した飢えた民衆への援助をことごとく拒否する中央権力と、欠乏と困窮の中で苦しみ喘ぐ民衆との乖離は、二一年の飢饉の中でさらに増幅された。ロシア革命以来連綿と続いた民衆の悲劇は、この現実の中でピークを迎えたとしても、それでもまだ止むことはなかった。

註

1　例えば、前大会で共和国の経済問題に関してルィコーフは、「現在ロシアの経済発展の流れを、全般的経済的向上の開始と規定することができるし、そうしなければならない」(Восьмой Всероссийский съезд советов. С.90.) と楽観的展望を提示したのに対し、本大会では、カーメネフは工業の現状について、戦前に比べ「農村は穀物生産という意味で半分に貧しくなったとするなら、都市は工場製品の生産という意味で五分の一にまで貧しくなった」と、農業の復興に関してオシーンスキィは、「農業生産の低落が進行した結果、わが農業は工業よりはるかに貧しく混乱した状態にある」と、いずれも厳しい現状を描いた (Девятый Всероссийский съезд советов. С.54,97.)。

2　Там же. С.49-50; Десятый съезд РКП (б). С.415; Протоколы заседаний Всероссийского Центрального Исполнительного Комитета 4-го созыва:стеногр. отчет. М., 1920. С.258-259,235. 一八年五月に実施される食糧独裁については、拙著『飢餓の革命』、第四章、参照。イタリア人研究者はウクライナ農民を扱った書物で、中農を潜在的クラークと見なしたトロツキーの電文を引き、「クラーク」と「農民」との同一視は農民への全般的敵意によって導かれたとする。また彼は、一九年以来穀物備蓄を持つ農民がクラークと規定されてと指摘する (Грациози А. Большевики и крестьяне на Украине, 1918-1919 гг. М., 1997.

C.148-49.)。クラークや中農の規定に関する議論は二〇年代半ばにも継続され、最終的には暴力的に「クラークの撲滅」が断行され、この論争に事実上の決着が付けられた(Сафонов Д. А. Указ соч. С.76.)。

3 Девятый Всероссийский съезд советов. С.23-25; Всероссийская конференция РКП(б). бюл.№1. С.9.

4 八月五日づけ国防会議政令によって全ロ労組中央評議会に飢餓地域の勤労分子を動員して総員三万以下の規模で軍事食糧民兵団を編成することが義務づけられ、彼らには月間二プード以内の食糧小包を無償で発送する権利が与えられた(Систематический сборник декретов. Кн.7. С.239.)。内戦期の調達活動での軍事力については、拙著『ボリシェヴィキ権力とロシア農民』、一九〇—九八ページ参照。

5 РГАСПИ. Ф.17, Оп.3, Д.178, Л.5; Оп.13, Д.114, Л.19; ГАРФ. Ф.130, Оп.5, Д.23, Л.17; РГАЭ. Ф. 1943, Оп.11, Д.611, Л.19об.; Ф.478, Оп.1, Д.2108, Л.18-20; ЦА ФСБ. Ф.1, Оп.5, Д.444, Л.2,561; Девятый Всероссийский съезд советов. С.37-39. この基調で飢餓援助を訴えるアントーノフ＝オフセーエンコの小冊子が六万部発行された(Антонов-Овсеенко. Спешите на помощь умирающим от голода ! М., 1922.)。

6 Итоги борьбы с голодом. С.427.

7 РГАЭ. Ф. 1943, Оп.6, Д.637, Л.102-103; Д.578, Л.90об.; Поляков. Ю. А. Переход к нэпу. С.312; Екон. жизнь. 1922.30 июня. カリマノーヴィッチは五月一〇日政治局決定によりカガノーヴィッチと交替した(РГАЭ. Ф.1943, Оп.1, Д.964, Л.96.)。

8 Московская промышленность и торговля. М., 1925. С.200; Ball A.M. Russia's Last Capitalist. California, 1987, p.15-16; Berkman A. The Bolshevik Myth. London, 1989, p.304-05.

9 Девятый Всероссийский съезд советов. С.62; Итоги борьбы с голодом. С.424; HIA. RO.12-1; Советская деревня глазами ВЧК-ОГПУ-НКВД. Т.2. М., 2000. С.101,182,185,194,315-317. エシコーフの主張は、二〇〇三年一一月に裾野市で開かれた「二〇世紀ロシア農民史に関する国際学術会議」への報告書による(Есиков С. А. Крестьянское производство в Тамбовской губ. (1880-е - конец 1920-х гг.))。

［地名索引］

ワ行

索　　引（人名・事項，地名）

＊数字の後に続くnは，その項目が註に現れることを示す．

［人名・事項索引］

梶川　伸一（かじかわ　しんいち）
金沢大学文学部教授・文学博士.
1949年　金沢市生まれ.
1982年　京都大学大学院文学研究科博士後期課程退学，日本学術振興会奨励研究員，名城大学常勤講師・助教授を経て，1999年4月より現職.
主　著『飢餓の革命　ロシア十月革命と農民』（名古屋大学出版会，1997年），『ボリシェヴィキ権力とロシア農民　戦時共産主義下の農村』（ミネルヴァ書房，1998年）.
主論文「社会主義建設の模索」（藤本和貴夫，松原広志編著『ロシア近現代史』，ミネルヴァ書房，1999年，所収），「ロシア革命の再検討」（社会経済史学会編『社会経済史学の課題と展望』，有斐閣，2002年，所収）など.

幻想（げんそう）の革命（かくめい）
――十月革命からネップへ

2004（平成16）年11月25日　初版第一刷発行

著　者　梶　川　伸　一
発行者　阪　上　孝
発行所　京都大学学術出版会
京都市左京区吉田河原町15-9
京大会館内　（606-8305）
電　話　075 - 761 - 6182
FAX　075 - 761 - 6190
振　替　01000 - 8 - 64677
http://www.kyoto-up.gr.jp/
印刷・製本　株式会社 太 洋 社

ISBN4-87698-639-8　定価はカバーに表示してあります
Printed in Japan